清水洋子著

『夢占逸旨』の研究

――中国の「夢」の思想

汲古書院

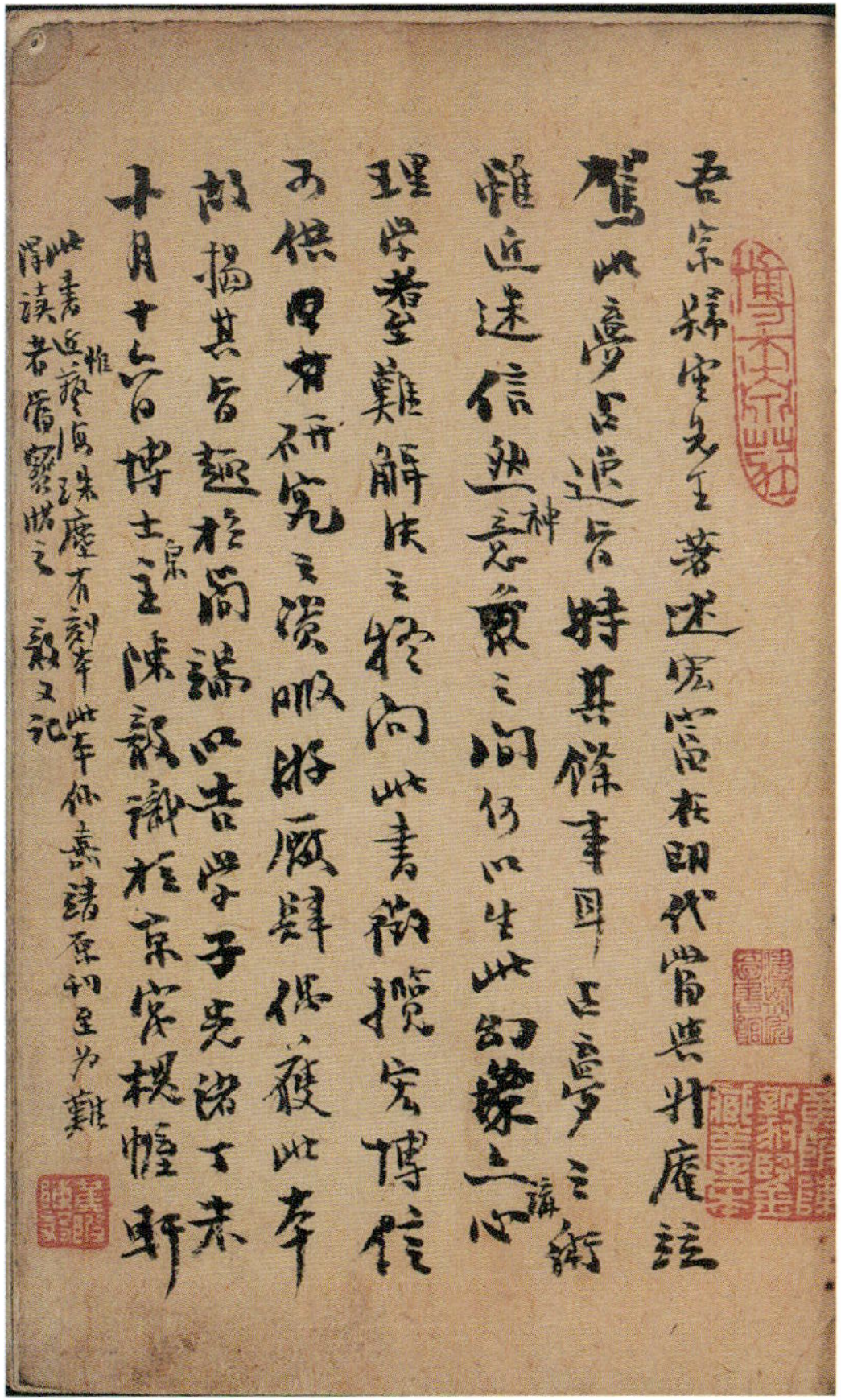

①明嘉靖壬戌原刊本『夢占逸旨』陳毅題記（中華民国中央研究院歴史語言研究所蔵品）

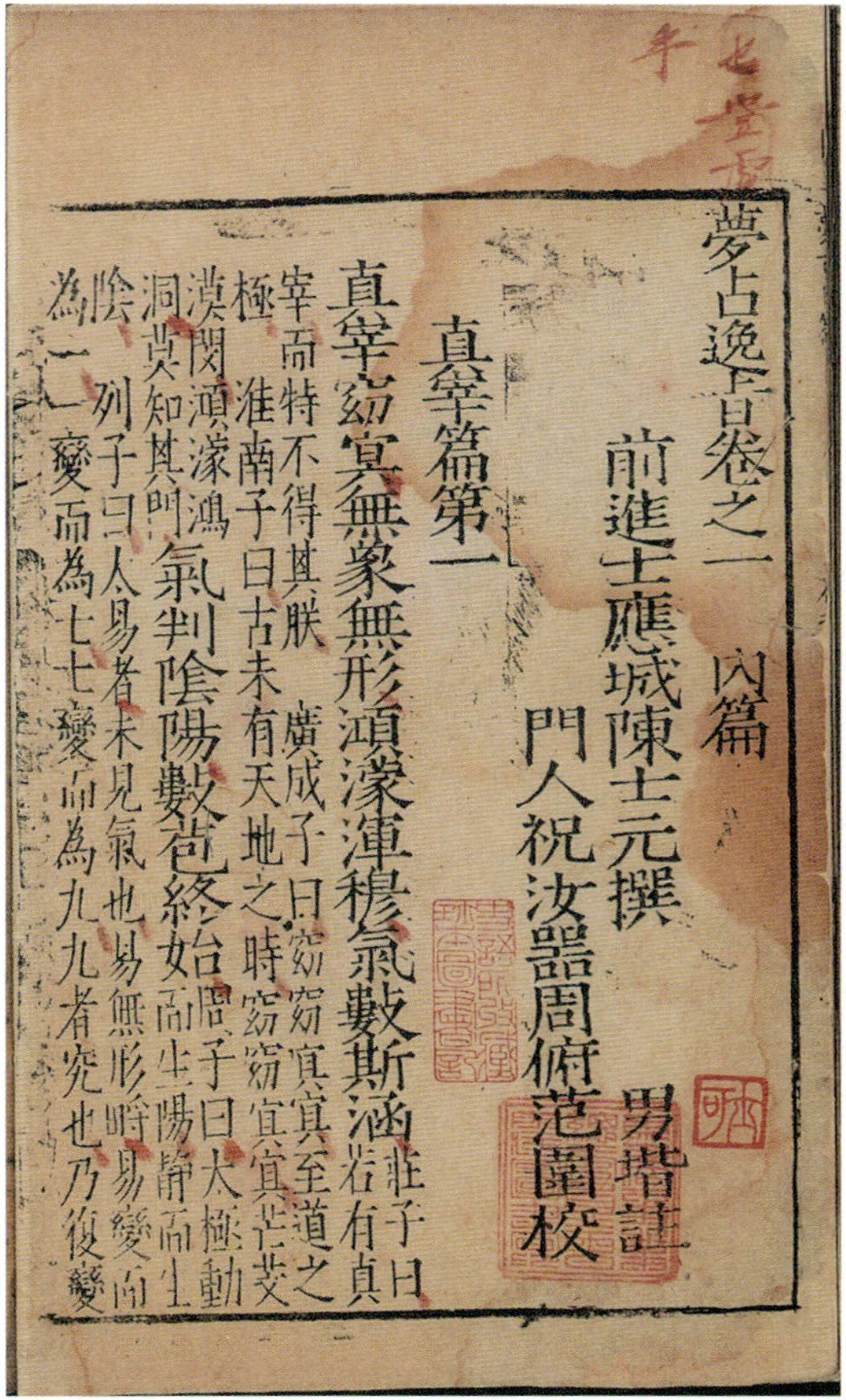

②明嘉靖壬戌原刊本『夢占逸旨』巻一内篇　真宰篇第一（中華民国中央研究院歴史語言研究所蔵品）

『夢占逸旨』の研究——中国の「夢」の思想　目　次

はじめに

『夢占逸旨』は、明代中期の儒者・陳士元（一五一六〜一五九七）が編纂した夢書である。夢と占夢について論じる内篇十篇と、夢の事例を中心とする外篇二十篇とから成る。

『夢占逸旨』が刊行された一五六二年（嘉靖四十一年）は、十二代皇帝世宗の治世にあたる。これは西洋学術の流入や北虜南倭の事変など、諸国との関係も大きく変動した時期であり、国内では学術文化の転換期でもある。特に、王陽明の在世中にかかる嘉靖年間は心学が大いに支持されたことで理学の衰退と心学の復興が顕在化したほか、独創的な経典解釈が好まれたため、経学や訓詁の学は衰退の一途を辿った。

庶民の生活環境も大きく変化した。生活水準が向上し、教育が普及するほか、嘉靖から万暦にかかる刻書印版の盛行により、叢書、類書、辞書、別集が続々と編集刊行され、民衆の知識水準も向上した。こうした時代の流れに乗り、人々の興味関心は大きな広がりをみせていく。おそらく「夢」もその一つであり、個人の安心立命の拠りどころとして、また精緻な幻想世界を創り出すモチーフとして享受されたものと思われる。しかし、急速な情報化社会と豊かな大衆文化の到来は、「夢や占夢の伝統的なありかた」を希薄にすることにもなった。

中国古代において、夢や占夢は国の大事を読み解く媒体として神聖視された。殷墟で発見された甲骨文字史料の中では王が夢の意味を問い、儒家経典の『周礼』では占夢官による占夢の概要を記している。しかし、時代も変われば夢や占夢のありかたも変わる。明代中期頃の人々にとって、古代人の見た夢と占夢は既に過去の遺物であっただろう。

この「遺物」に目を向け、夢と占夢の伝統的なありかたを思索し、「夢とは何か」「占夢とは何か」という問いを投げかけたのが『夢占逸旨』であった。「逸旨」とは、すでに失われてしまった夢と占夢の姿を取り戻そうという陳士元の思いを反映する語であろう。

こうして刊行された『夢占逸旨』（以下、「嘉靖本」と略称）は、万暦に入ると個人選集『帰雲別集』にも収録され（以下、「万暦本」と略称）、清代の嘉慶年間（一七九六～一八二〇）には呉省蘭輯『芸海珠塵』に、道光年間（一八二一～一八五〇）には『帰雲別集』重刻本に収録された（以下、それぞれ「嘉慶本」「道光本」と略称）。嘉慶・道光と言えば、日本では江戸時代後期にあたる。正確な時期はわからないが、江戸時代の日本でも『夢占逸旨』は読まれたようである（江口孝夫『日本古典文学　夢についての研究』、風間書房、一九八七年）。夢の理論書と事例集（読み手によっては自身の夢を占うための占夢書）とを兼ねる『夢占逸旨』は、中国の夢研究における成果の一つとして認知されていたことが窺える。

『夢占逸旨』に対するこうした認識は現代でも変わらず、中国の夢文化に関する書物には、その名や内容の一部が紹介されることもある。しかし、更に『夢占逸旨』の内容そのものとなると、やはり直接原典をあたらなくてはならなかった。ところが近年、海外ではRichard E.Strassberg氏による英語訳（"*Wandering Spirits; CHEN SHIYUAN'S ENCYCLOPEDIA OF DREAMS*"／University Of California Press, Ldt. London, England 2008）、金載斗氏による韓国語訳（『夢占逸旨몽점일지』、은행나무、二〇〇八年十一月）が刊行されるなど、『夢占逸旨』の本文を現代の言葉によって紹介する動きもある。両書は主に嘉慶本に拠る内外篇全ての翻訳であり、[1]『夢占逸旨』の全貌を知る上で極めて有益である。本書も『夢占逸旨』の翻訳を含むという点では両書と共通する。但し、本書の主眼は『夢占逸旨』の翻訳のみではなく、その思想を明らかにするという点にある。そのため、本書では『夢占逸旨』に関する「論考篇」と、内篇のみを対象

とする「訳注篇」の二部構成を取っている。

「論考篇」には、『夢占逸旨』の思想的内容を中心に論じる二章、嘉靖本の流伝や諸版本の比較などについて論じる二章の計四章を収録する。第一章では、道家系文献に由来する「真人不夢」（高い精神性を持つ聖人は夢を見ない）に対し、反論を唱えた陳士元の思想的特質について考察する。そして、『夢占逸旨』における占夢理論構造について考察する第二章では、陳士元の示す占夢理論が古代文献『周礼』の占夢法を基礎としつつ、人間の行動論や精神的問題を取り入れて構築されたものであることを論じる。また、考察の過程では、『夢占逸旨』外篇についても言及する。第三章は、版本間の異同についてまとめたものである。版本間の異同を比較検討し、各版本の特色や版本としての精度を明確にすることを目的としている。第四章では、筆者が二〇一二年に中央研究院歴史語言研究所傅斯年図書館にて実見した嘉靖本（後述）の調査結果をもとに、従来の説を修正しつつ、『夢占逸旨』の版本系統および嘉靖本流伝の経緯について論じる。

次に、「訳注篇」についても概要を示しておく。本訳注は、二〇〇八年から二〇一三年にかけて、『中国研究集刊』にて連載した「『夢占逸旨』内篇訳注（一）～（七・了）」を基礎としている（「初出一覧」を参照）。これは、道光本を底本とし、対校本として嘉慶本を使用し、両者の異同も附すものであった。ところが二〇一二年、筆者は偶然にも、これらの版本を遥かに遡る嘉靖本と万暦本が、中央研究院歴史語言研究所傅斯年図書館に所蔵されていることを知ったのである。そこで同年夏にこれらを調査したところ、その内容は従来の版本と大きく異なり、また、これまで執筆してきた訳注にも修正を要する内容を含んでいた。そこで訳注連載終了後、筆者は訳注の改訂に着手し、現在ようやくその改訂を終えることができた。

また、本訳注が内篇のみを対象とする理由についても簡単ではあるが述べておきたい。『夢占逸旨』はその書名から術数書と思われやすいが、実際は夢や占夢に関する思想書という特徴を非常に強く持っている。したがって、『夢占逸旨』理解のためには、その特徴を顕著に示す内篇の全貌を明らかにする必要がある。

もちろん、夢の事例集とも言える外篇にも興味深い点は多々あるし、思想的傾向を窺い知ることのできる箇所も確認できる。但しそれは僅かであり、外篇の大部分はやはり経書史書などから引用する夢の事例である。「外篇」という名前からも、本篇の位置づけはやはり内篇の補完という点にあるのだろう。

以上の状況から、筆者は今回の訳注の対象を内篇に絞ることにした。また、内篇の理論は、陳士元が修めた儒学を中心に、さまざまな文献を拠りどころとしており、理解の困難な箇所もある。そのため、本訳注では極力語注を多く附すようにした。理解の一助となれば幸いである。外篇については、翻刻だけでも掲載できればと考えたが、今回は紙幅の都合上断念した。外篇の概要については論考篇の第二章を参照されたい。

注

（1）"This translation presents the complete text based on the 1833 *Gui yun bie ji* 帰雲別集, the 1850 *Yi hai zhu chen* 芸海珠塵, and the 1939 *Cong shu ji cheng chu bian* 叢書集成初編 editions."（Editional Notes より）「본서는 중화서국（中華書局）에서 1985 년에발행한《총서집성초편（叢書集成初編）》중의《몽점일지（夢占逸旨）》를완역（完譯）하였다.」（凡例より）なお、叢書集成初編『夢占逸旨』は、嘉慶本に拠る。

『夢占逸旨』の研究――中国の「夢」の思想

論考篇

第一章　陳士元の夢の思想——「真人不夢」をめぐって

はじめに

古代中国において、占夢は一国の運命を左右するほどの力を持つものと考えられた。例えば、『周礼』春官には占夢官が置かれ、『左伝』においては諸国の大事にしばしば占夢が関与する。[1] しかし夢は、現実世界にも影響する重要なものとして語られる一方、次のようにも語られた。

古の真人は、其の寝《い》ぬるや夢みず、其の覚むるや憂い無し。其の食うや甘《うま》しとせず、其の息するや深深たり。
（『荘子』大宗師）[2]

この、いわゆる「真人不夢」の説は、[3] 至高の精神的境地を示す比喩的表現と解されることもあり、[4] また文字通りに、真人は寝ても夢を見ないとする主張だと解されることもある。[5] 後者の解釈において、夢とは精神的な動揺の表れであり、理想的境地に近づくためには消し去るべき対象として考えられている。真人と夢との断絶を肯定的に捉えるこうした理解は、道教においては「無夢」を理想とする修養法を生み、[6] また儒教においては、後述するように、聖人（孔子）と夢とを切り離そうとする解釈を生んだ。

このように、夢は占いや聖人の在り方というさまざまな問題の中で盛んに語られてゆく。だが、その反面、夢の問題に関する個々の記述は僅かであり、類書においてまとめられた場合を除くと、断片的なものとして点在するのみであった。

しかし、明代になると広汎な資料を収集する夢書が複数刊行されていく。その中でも、夢や占夢について独自の理論を展開する『夢占逸旨』が提示する「真人不夢」の否定論は、同書の大きな特徴の一つである。

『夢占逸旨』に言及する先行研究は多くないが、(7)中でもその「真人不夢」否定論に着目したものに劉文英氏がある。氏は、唐の孔穎達(8)や、宋儒をはじめとする「聖人無夢」への異論を通覧し、陳士元に至っては、「陳士元的反駁、不僅態度最為堅決、理論上也最有説服力」と述べ、その反論が最も強固であったとする。(9)しかし、氏の『夢占逸旨』に対する分析は、以下の二点について疑問を残しており、充分なものとは言い難い。

まず、その学問的基盤を程朱学に置く陳士元の「真人不夢」に対する解釈は、程朱学におけるそれとどのような類似点もしくは相違点が認められるのかという点、また、『夢占逸旨』が、夢に関する理論体系を示す書である以上、「真人不夢」への反論についても、そうした体系の中で分析されるべきではないのかという点である。

そこで、本章ではこうした点に焦点を当て、まず「真人不夢」に対する宋儒と陳士元との反論から、両者の関連性を検討する。そして、『夢占逸旨』の「真人不夢」否定論を、同書における夢の理論との関わりから分析し、陳士元の反論がいかなる点で「強固」なものとなりえたのか、またその反論は、従来見られる「真人不夢」への反論を軸とした場合、いかなる意義を持ちえたものであるのか、という点について考察を進めたい。

一　宋儒の理解

宋学は、道家思想や禅宗などの影響を陰に陽に受けて形成された。聖人と夢との関係を考える宋儒の脳裏には、

「真人不夢」という問題が去来していたようである[10]。

まず、「真人不夢」に対する真徳秀（一一七八〜一二三五）の議論を示す。

昔の聖賢と雖も、夢無きこと能わず。惟だ其れ私欲消泯し、天理昭融すれば、兆朕形る所も亦た実に非ざること無し。高宗の説《えつ》（傅説）を得、武王の商に克つは、皆是の物なり。（『西山文集』巻三十三「劉誠伯字説[11]」）

所謂思夢なる者有り。念に正邪有り。故に夢も亦た正邪有り。高宗は夢に説（傅説）を得、孔子は夢に周公を見る。此れ所謂思夢の正なる者なり。（『西山文集』巻三十三「問夢周公[12]」）

真徳秀は、聖賢の夢見について、私欲がなく天理を体得しておれば、その夢に兆しとして現れるものは実現すると述べている。これらの記述には、具体的な聖賢として、殷高宗や周武王、孔子の名前が見られる。中でも、孔子に関連する、『論語』甚矣吾衰章「吾不復夢見周公」節は、聖人と夢との関係を考える上で注目され、宋儒によってもさまざまな解釈がなされている[13]。とりわけ、孔子の夢見の有無そのものについて論じた者として有名なのは、程伊川（一〇三三〜一一〇七）と朱子（一一三〇〜一二〇〇）である。

そもそも伊川には次のような発言があり、聖人の夢見を気の清濁から捉え、聖人の夢見を否定的に捉えているようである。

子曰く、「聖人に夢無きは、気の清ければなり。愚人に夢多きは、気の昏ければなり」と。（『二程粋言』聖賢[14]）

伊川のこうした理解は、『論語』甚矣吾衰章の解釈においても次のように反映されている。

問う、「伊川以為く是れ夢に人を見ざるは、只だ是れ夢寐常に周公の道を行なわんことを存するのみ。集注(15)は則ち以為く之を見ること或るが如しと。知らず果して是れ如何」と。曰く、「想うに是れ時有りて夢に見る。既に分明に夢に周公を見ると説く。全く見ざると道わば、恐くは亦た未だ安からず」と。（『朱子語類』巻三十四(16)）

ここでは、孔子の夢を「実際の夢」ではなく、「寝ても覚めても周公の道を実行しようとした」とする伊川の見解が問題とされている。少なくとも、朱子やその弟子の間では、伊川の解釈は「孔子は夢を見ない」とするものであったと理解されていた(17)。

朱子は、程子がこうした解釈を行った理由について、

或るひと問う、「孔子は周公を夢みざるの説、程子は以て初めより実に未だ嘗て夢みざると為すや、如何」と。曰く、「孔子自ら夢みざるの久しきを言うときは、則ち其の前に固より嘗て之を夢むるなり。程子の意は、蓋し思に因りて夢むる者を嫌うなり。故に此の説を為すなり。其の義を為すことは則ち精し。然るに恐くは夫子の言う所の本意に非ざるなり」と。（『論語或問』述而(18)）

と、聖人である孔子が思念により夢を見るという事態を伊川が嫌ったためであろうと推測する。朱子は、「伊川の説は精密だが、孔子の本意を汲むものとは言えない」と評価し、自身は程子と異なる解釈を示している。朱子は、前掲

の「集注則以為如或見之」の他にも、

孔子固に応に常常夢に周公を見るべからざるなり。然れども亦た必ず曾て夢に見来る。（『朱子語類』巻三十四）(19)

聖人曷ぞ嘗て夢むること無からん。但だ夢の定まるを得るのみ。（同）(20)

と述べる。時に断定的な口調を避ける場合も認められるが、孔子が文字通り「周公を夢に見た」と考えるものである。

また『朱子語類』には、次のような問答が見える。


問う、「周公を夢むるは、是れ真に夢むるや否や」と。曰く、「当初周公の道を行なわんことを思欲する時、必ず亦た是れ曾て夢に見る」と。曰く、「恐らくは心動くに渉《かか》らんや否や」と。曰く、「心は本と是れ箇の動物なり。怎ぞ它に動かざるを教えんや。夜の夢は猶お寤の思のごときなり。思も亦た是れ心の動く処なり。但だ邪思無ければ可なり。夢其の正しきを得れば何ぞ害あらん。心に這の事を存すれば、便ち這の事を夢む。常人は便ち胡夢みて了る」と。（『朱子語類』巻三十四）(21)

弟子が「夢は心の動揺の表れではないのか」と述べて、夢一般を否定的に捉えようとするのに対し、朱子は「聖人の夢は定位を得たもの」とし、聖人の夢と常人の夢とを峻別する。

聖人の夢見に焦点を当てつつ、それを否定的に考える伊川のような立場もあれば、そうした問題を初めから議論の対象外とし、夢を天意との関係から論じる謝上蔡（一〇五〇～一一〇三）のような立場もあった。[22] しかしながら、既に指摘されているように、夢に対する宋儒の基本的な立場は、夢を精神的弱さの反映として捉え、それほど高い評価を与えるものではなかったのである。[23] しかし、朱子や真徳秀の態度は、聖人を夢そのものから切り離すのではなく、あくまでも妄りな夢からのみ切り離そうとするものであった。これは、聖人と夢との関係を消極的に見る宋儒の中で、「夢を見る聖人」の姿を容認し、かつ肯定的に捉えようとする動きと見なすことができよう。

またこのことは、宋代において、聖人観・人間観の基準となった聖人可学論との関連からも注目される。吾妻重二氏の指摘によると、漢代から唐代においては、いわゆる「性三品説」に基づく差別的人間観が存在していたのに対し、宋代では、万人が学問により聖人になりうるという平等主義的な人間観が提示されるようになった。[24]「夢を見る聖人」の容認は、宋代におけるこのような新しい人間観の流れを汲むものと考えられる。すなわち、「夢を見る聖人」の容認は、超人的な存在である聖人が一般の人間に接近することを意味するため、両者の相異は夢の内容に現れることになる。聖人の境地に近づこうと修養する者が、夢を自己省察の糸口とする可能性は十分考えられる。例えば真徳秀は、夢を契機に改名して栄達を望む友人に対し、「彼の期するところの者は外、予の期するところの者は内なり。……昔の君子は、昼に諸の言行を参《まじ》え、以て其の学の進むと否とを質すなり。夜は諸の夢寐を考え、以て其の得るところの浅きと深きとを卜するなり」（『西山文集』巻三十三「劉誠伯字説」）と述べる。君子が夢により己の深浅をはかったとする点は、修養の過程における夢の意義を説くものとして注目される。つまり、聖人可学論によって聖人という目標が万人に解放された宋代において、「夢を見る聖人」の容認は、極めて蓋然性を持つものとして考えられる。

二　『夢占逸旨』の反論（「赤子の心」）

「真人不夢」に対する反論は孔穎達にはじまり、陳士元のそれは特に強固であるという劉氏の指摘は、先にも確認した通りである。ならば、陳士元の論はいかなる点で従来の説より強固だと言えるのだろうか。以下、『夢占逸旨』の「真人不夢」に対する反論を検討する。

> 聖人は夢無しと。[25]茲《これ》蓋し虚譚の云いなり。人にして夢むること無しとは、槁形灰心の流なり。寐《い》ねず覚めず、生まれず滅びずとは、異教を樹《た》つる所なり。聖人は孔子に加うる莫し。孔子 壮んなるときは則ち夢に周公を見、卒するときは則ち夢に両楹に奠せらる。豈に怪を語らんや。赤子の生まれて、方に旬日を浹《めぐ》らんとするや、其の寝《い》ねて寐ぬれば、之に乳するも受けず、之を携うるも驚かず。已にして或いは逌然《ゆうぜん》として笑い、或いは艴然《ふつぜん》として怒り、寤《おび》えて以て啼く。之を夢笑夢啼と謂う。徐《おもむろ》にして之を叩くも実《まこと》に未だ嘗て寤《さ》めざるなり。夫れ赤子感ずること無ければ、何ぞ喜び何ぞ怒らん。而して夢の成る所有るは、則ち気 之が充と為りて、神 之が使と為ればなり。①聖人の心は赤子に異ならず。神を霊府に託し、陰を含み陽を吐く。②夢むること無きに非ざるなり。妄夢もて以て智を乱すこと無きのみ。（聖人）[26]

本篇では、まず、聖人も人である以上、夢を見ない筈がない。聖人が夢を見ないというのは、異教の説であると述べる。続けて、孔子を聖人の最たるものとして示し、聖人が夢をみる証拠として、孔子が見た二つの夢（「孔子壮んなるときは則ち夢に周公を見」「卒するときは則ち夢に両楹に奠せらる」）を挙げる。また、傍線部②の陳澔注（以下、「注」と略称）には、『礼記』檀弓の孔穎達疏を引き、「聖人の五情は人に同じ。焉くんぞ夢無きを得ん」とある。これは、感情の保有という点から、聖人の夢見を肯定する箇所であろう。本篇中盤には、赤子に関する記述が並ぶ。それを受けた「聖人の心は赤子に異ならず」（傍線部①）との一文は、聖人の性質を赤子に関連づけて示すものであり、また、「夢むること無きに非ざるなり。妄夢もて以て智を乱すこと無きのみ」との結論を導くための重要な足場となっている。

このように、本篇は、孔子の見た夢や、聖人や赤子についての記述を交えながら、「真人不夢」を否定する論調で一貫している。とりわけ結論部は、聖人を夢そのものから切り離すのではなく、あくまでも妄りな夢からのみ切り離そうとする朱子や真徳秀の見解と似た印象を受ける。

ところで、聖人の心を赤子に比する『夢占逸旨』の記述は、『孟子』離婁下の「孟子曰く、大人とは、其の赤子の心を失わざる者なり」に基づいている[27]。しかし、『夢占逸旨』の場合は、更に「其の寝ねて寐ぬれば、之に乳するも受けず……之を夢笑夢啼と謂う」と、『孟子』の記述以上に赤子の様子を詳述する。そして、この「夢笑夢啼」を受け、「夫れ赤子感ずること無ければ、何ぞ喜び何ぞ怒らん」、すなわち、赤子にも物事に感じて起こる心の動きがあるため、喜びや怒りといった感情が生じると述べる。

こうしたことから、「聖人の心は赤子に異ならず」とは、聖人の感情の在り方が赤子のそれと同様であることを意味すると考えられる。では、その感情とは具体的にどのようなものと言うことができるのか。そこで以下、陳士元が学問の上で基盤としていた程朱学において、聖人や赤子の心および感情がどのように捉えられていたのかについて見てみたい。

『朱子語類』には、『孟子』の「赤子の心」について、以下のような問答が見える。

問う、「赤子の心は、是れ発するも未だ中より遠からざるは、未だ発せざる時と作して看るべからざること莫きや否や」と。曰く、「赤子の心も、也た未だ発せざる時有り、也た已に発する時有り。今赤子の心を将て専ら已に発すると作して看んと欲するも、也た得ず。赤子の心は、其の未だ発せざる時に方りては、亦た老稚賢愚と一同なり。但だ其れ已に発するも未だ私欲有らず。故に未だ中より遠からざるのみ」と。(『朱子語類』巻五十七[28])

赤子の心の「已発」「未発」についての問答である。[29]弟子は、赤子の心が情を発動するにも関わらず、不偏不倚なる中と隔たりない状態を、未発と見なすことはできないかと問う。しかし朱子は、赤子には未発の状態も已発の状態もあるとし、赤子における両者の性格を語る。すなわち、未発の場合は「赤子」も「老稚賢愚」も同じ状態であるが、已発となると、赤子に私欲は皆無である。これこそ赤子の已発状態が「未だ中より遠からず」となる理由であると。

また、次のような記述も見える。

厚之　赤子の心を問う。曰く、「止だ純一にして偽り無きを取る。未だ発せざる時は聖人と同じと雖も、然るも亦た知ること無し。但だ衆人既に発する時は多く邪癖なるも、而れども赤子は尚お未だ然らざるのみ」と。(『朱子語類』巻五十七[30])

赤子の心についての問答である。赤子の心は、衆人と異なり邪なものではなく、聖人の心と同様な状態として考えられている。但し、赤子については「無知」とあるように、両者が全く同様の心を持つものではない。すなわちそれは、両者が純一無偽な心を持つとはいえ、聖人のそれは全知全能であり、赤子のそれは無知無能という相違があるということである。[31]

このように、程朱学の立場から言えば、『孟子』における赤子の心は、基本的に「純一にして偽り無」く、その感情は、邪僻ではなく私欲を持たないものとされている。

先に見た『夢占逸旨』の理論が、朱子のこうした解釈の流れを汲んで展開したものと考えれば、「聖人の心は、赤子に異ならず」とは、赤子の心と聖人の心とは緊密な関係にあり、それは聖人が赤子の心の状態を「失わない」ことと解される。

したがって、『夢占逸旨』における聖人とは、赤子同様の心の状態を失わず、感情が発動しても私欲のない者と考えられる。そのような特性を有する聖人であれば、夢を見たとしても、それは妄夢とならないはずである。ここにおいて、「夢むること無きに非ざるなり。妄夢もて以て智を乱すこと無きのみ」（傍線部②）との結論が導かれることとなる。

「真人不夢」に対して『夢占逸旨』が出した結論が、朱子や真徳秀の見解と似ていることは先にも述べた。この点から言えば、『夢占逸旨』は朱子たちの理解と連なるものと考えることができる。しかし、『夢占逸旨』の理論そのものは、一般的な宋学の立場に基づきつつ、更に赤子と聖人との関係に注目しながら展開したものであると言えよう。では、「真人不夢」に異論を唱え、聖人の夢見を肯定し、その夢が妄りなものではないとするならば、陳士元は聖人の夢を具体的にいかなるものとして考えたのであろうか。それは、夢に対するより根源的な問題への追究を表すものであったと考えられる。以下、この点について詳述していきたい。

三　夢の理論（発生とその位置づけ）

先に確認した朱子たちの主張においては、夢はただ聖人との関係において語られるのみであり、夢そのものについて更なる議論が重ねられることは殆どなかった。ところが陳士元は、聖人と夢との関係のみならず、夢そのものについて独特な理論を展開する。

夢についての根源的な問題とは、その発生を説明することであろう。『夢占逸旨』が夢の発生を「神（精神）」「気」の作用に拠るものとしていたことは、既に示した「夫れ赤子感ずること無ければ、何ぞ喜び何ぞ怒らん。而して夢の成る所有るは、則ち気 之が充と為りて、神 之が使と為ればなり」との記述からも明らかである。以下に挙げる『夢占逸旨』真宰篇は、「神」「気」と「夢」との関係を体系的に述べている。

真宰は、窈冥にして、象無く、形無し。澒濛《こうもう》は渾穆《こんぼく》なり。気数は斯《ここ》に涵《い》る。気は陰陽を判じ、数は終始を苞《か》ぬ。天は旋《めぐ》り地は凝《さだ》まる。両間は位を定めて人物生ず。人の沖和を葆《たも》つは天地に肖《に》る。精神は融貫し相い盭《そむ》く無きなり。天の気は魂と為り、地の気は魄と為る。気の清なる者の魄は魂に従う。気の濁なる者の魂は魄に従う。魂に従えば貴と為り、魄に従えば賤と為る。清魂は賢と為り、濁魄は愚と為る。此れ寿夭禍福の閫《しきい》なり。貴にして賢なる有り、賤にして愚なる有り、寿にして福なる有り、夭にして禍なる有り。貴にして愚なる有り、賤にして賢なる有り、寿にして禍なる有り、夭にして福なる有り。世変じて恒無きも、幾は則ち先ず肇《はじ》まる。魂は能く来を知り、魄は能く往を蔵《おさ》む。人 昼に興《お》くれば、魂は目に麗《つ》く。夜に寐《い》ぬれば、魄は肝に宿《とど》まる。魂の目に麗くが故に能く見、魄の肝に宿まるが故に能く夢む。夢は神の遊、来を知るの鏡なり。故に曰く、「神遇えば夢と為り、形接すれば事と為る」と。

「真宰」「澒濛」の語は、それぞれ『荘子』『淮南子』などの道家系文献による。[32] ここでは、万物生成の根源である「真宰」から、「澒濛」「陰陽」「天地」を経て「人物」に至るまでの生成論を展開し、また「人の沖和を葆つは天地に消る。精神は融貫し相い盭く無きなり」と、「神」「気」を介した天地人の緊密な関係を記している。[33]「人の沖和を葆つは天地に消る」とは、注に『列子』天瑞篇の「沖和の気は人と為る」を引いていることから、人も天地のように調和した「気」を保つことを示すものである。「精神は融貫し相い盭く無きなり」とは、天地も人のように「精神」を保有することを示すものと考えられる（これについては後述）。つまり、この一文は、天地と人とに共通の特性を認めた上で、両者間が融会貫通するという関係、すなわち、天地人が共に調和の「気」を保ち、更にその間には、互いの「精神」作用が介在するという状態を示しているのである。

「夢は神の遊」「神遇えば夢と為り」とは、『列子』『荘子』に依拠する表現で、睡眠中に精神が浮遊することによって夢が生じるという直接的な夢の発生を表す。但し真宰篇は、天地と人との緊密な関係を予め提示することによって、人間に起こる「夢は神の遊」「神遇えば夢と為り」という現象を、天地との強い結束に基づくものとして描く。つまり、夢の発生に至る一連の過程を、万物の根源的な存在者である真宰から説き起こすことで、夢は天地や真宰と関わる奥妙なものとして高く位置付けられるのである。夢の発生に関するこうした体系的な理論は、夢にそれほどの価値を認めない道家説や宋儒の説にはあまり見られない。但し、夢の発生への言及が宋儒の間に皆無というわけではない。例えば朱子は、

夜の夢は、猶お寤の思のごときなり。思も亦た是れ心の動く処なり。（『朱子語類』巻三十四）[34]

魂と魄と交りて寐ぬるを成す。心其の間に在りて、旧に依りて能く思慮するは、夢を成すことを做す所以なり。
（『朱子語類』巻百十四）[35]

と述べ、覚醒時の思慮から夢を見るとする。また、朱子以外にも、

王（安石）氏曰く、人の精神は天地陰陽と流通す。故に夢は各おの其の類を以て至る。（『呂氏家塾読詩記』小雅・斯干）[36]

のように、夢を天地人の流通と関連づける記述が僅かに認められる。しかし、一般に宋儒は、夢は思念・思慮といった人間の内面の変化から生じるものと捉えている。それに比べると、陳士元は、夢の発生について体系的な理論を構築していると言うことができよう。

では、真宰篇に示されるような過程を経て生じる夢は、『夢占逸旨』においてどのように価値付けられるのか。

天地に禨《き》祥《しょう》有り。皆其の精神の発《あらわ》る所なり。凡そ景星・卿雲・器車・醴泉の類をば、称して禎瑞と為すは、天地の吉夢なればなり。祅星・霾霧《ばいふん》・崩竭《ほうけつ》・夷羊の類をば、称して妖孽《ようげつ》と為すは、天地の悪夢なればなり。吉悪

　の二夢は天地をも占うべし。而るを況んや人においてをや。（昼夜）

天地にある禨祥（天地の禍福吉凶）は、天地の精神から発せられる。「景星」「卿雲」が「禎瑞」となり、「祅星」「霾霧」が「妖孽」となるのは、こうした自然現象が「天地の吉夢」「天地の悪夢」だからであるという。天地も人のように「精神」を保有するとの理解が『夢占逸旨』にあったことは先に確認した。この点も含め、天地がその精神から夢を見るという発想は、『夢占逸旨』独特のものと考えられる。

「吉悪の二夢は天地をも占うべし。而るを況んや人においてをや」（傍線部）とは、天地間の異常現象、すなわち天地の「二夢」から「禎瑞」「妖孽」の占断が可能であれば、人間自身の夢によって諸事を占うことも可能であることを言う。これは、人間の見る夢が天地の精神を反映したものであるとの考えに基づく記述であろう。その根拠として傍線部の注には、

　『荘子』に曰く、「人と天地とは精神往来す」と。『淮南子』に曰く、「……天に風雨寒暑有りて、人も亦た取与喜怒有るは、天地と参ずればなり」と。

とあり、「人の沖和を葆つは天地に肖る。精神は融貫し相い盭く無きなり」（前出）と同様、「神」「気」を介する天地人の緊密な関係が示されている。『夢占逸旨』は、こうした考えに基づきながら、夢を占いの対象として重視すべきことを主張しているのである。

以上は、天地と人との関係から、夢の発生や占夢の問題を述べたものであるが、更に『夢占逸旨』は、こうした問

題を人の精神面からも述べている。

人の形役為るは、興寝に常有り。覚めて興《お》くるは、形の動なり。寝《い》ねて寐《い》ぬるは、形の静なり。而るに神気の游衍するは、則ち造化同流すればなり。……豈に寝興覚寐と動静を為さんや。（昼夜）

人間の身体には、起居や睡眠という「動」「静」の状態がある。しかし、造化の働きと流通する精神は、身体の動静に関わらず自由に動き回るため、夢の発生についても、以下のように述べられる。

故に形は寐ぬると雖も神は寐ねず。或いは寂において斂まり、或いは触るるにおいて通ず。神に触るると斂まると有れば、則ち寐ねて夢むると否と有り。神の触る所、或いは逴《とお》く、或いは邇《ちか》く、或いは永く、或いは暫《みじか》し。（昼夜）

「神に触るると斂まると有れば、則ち寐ねて夢むると否と有り」とは、

神は形に触れ、然る後に夢有り。触るること無ければ則ち寐ぬると雖も夢みず。（注）

と説明する通り、精神が身体を離れて外物に接触するか否かで、夢の発生が決定することを言う。「或いは逴く、或いは邇く、或いは永く、或いは暫し」とは、外物に接触する精神の極めて縦横無尽かつ奥妙な様子を示すものと考え

られる。

このように、『夢占逸旨』における夢の発生は、人間の身体と精神との状態が複雑に関与し合うものとして考えられていた。ならば、こうした夢を占うことについては、どのように論じられているのか。

> 晴晦は象を異にし、躋堕《せいだ》は態を異にし、栄辱は境を異にし、勝負は持を異にす。凡そ禎祥妖孽《ようげつ》の類は、紛沓にして之を綜核する莫し。疇昔《ちゅうせき》未だ嘗て睹聞せざる所と雖も、亦た皆 夢に凝会す。此れ其の一寐の得る所にして、吉悪は従りて占うべきなり。（昼夜）

そもそも「禎祥妖孽の類」は紛然としており、「晴晦」「躋堕」「栄辱」「勝負」のように、明確な区別はできない。しかし、「疇昔未だ嘗て睹聞せざる所と雖も、亦た皆 夢に凝会す」る夢の「吉悪」は占うことができるという。この記述は、「夢に凝会」するものが、「造化同流」における、精神の「触る所、或いは逴く、或いは邇く、或いは永く、或いは暫」いという奥妙かつ縦横無尽な働きによって確実に保証されており、占うに足るとの考えによるものであろう。

このように、『夢占逸旨』は、人間の精神に焦点を当て、身体との関係から夢の発生や占夢を述べる一連の理論によって、占夢の合理性を証明してゆく。次のように、造化との関係から、具体的な占夢法について言及する記述も、また同様である。

> 形神相い感ずれば、夢覚に繇《うらかた》有り。而して造化真機は融合して間無し。故に占夢者は其の歳時を掌り、天地の

会を観、陰陽の気を弁じ、日月星辰の象を審《つまび》らかにして、(37)以て其の夢に参す。(六夢)

身体と精神、夢見時と覚醒時とは、それぞれが連動した関係にあり、造化の働きや玄妙なる理と融合して離れるものではない。したがって占夢には、夢を見た時期、天地の会、陰陽の気、日月星辰に関する情報を加味することが必要であるという。夢を「造化真機」と関連づけ、占夢法の内容をより詳細に示すことにより、その合理性を明記する論であると言えよう。

以上のように、『夢占逸旨』は天地人の緊密な関係を前提とし、主に精神の働きから夢が発生するという構造を作りあげ、更にその夢から吉凶を占うことができると説く。夢を「来を知るの鏡」とする真宰篇の記述を併せ考えても、これらの理論は、夢を占うべき意義を持つものとし、その価値を高めようとするものであると言える。『夢占逸旨』は、聖人との結びつきにおいてのみ夢を論じるのではない。夢の発生や占夢に価値を認めるその理論は、朱子など一般の宋儒の夢説と比べても、独特かつ緻密なものであったと言える。そして、夢の生成理論や夢の位置づけがこのように確固たるものであったことこそ、『夢占逸旨』の「真人不夢」に対する反論が強固たり得た所以であると考えられる。

おわりに

「真人不夢」は従来、夢そのものの価値を否定的に捉える方向に解釈されてきたが、宋代の真徳秀や朱子によって、新たな展開を見せるようになる。それは、聖人の夢見を肯定し、更にその夢は衆人のように妄りなものではないという見解を示すものであった。だが、朱子たちの段階では、夢そのものについて思索を深めるという方向性を強く持つまでには至らなかった。言い換えれば、彼らの夢に対する思考は、「聖人が見る夢」という問題にとどまるものであって、夢の発生や働きについて理論的な追究を伴うものではなかったのである。

宋の洪邁（一一二三～一二〇二）は、「今人復た此の卜に留意せず、市井の妄術の所在林の如しと雖も、亦た一箇も占夢を以て自ら名とする者無し。其の学殆ど絶ゆ」（『容斎随筆』続筆巻十五）と述べた。これは宋人の夢占への関心の低さを象徴的に示す記述である。

しかし明代には、『夢占類考』『夢林玄解』といった大部な書物が現れ、占夢が伝統的な由来を持つものとして紹介される。(38)例えば、『夢占逸旨』も僅かに言及する悪夢祓いについては、『夢林玄解』になると更なる充実がはかられ、「夢禳」という項目として独立している。また、こうした書物以外にも、夢を見た日付と夢の内容を記した日記を残す習慣も顕著なものとなってゆく。(39)明代において、夢がさまざまな媒体を通じ、人々の精神生活に浸透していたことは想像するに難くない。結果として、『夢占逸旨』は、夢を媒介とし、人間意識の根源に対する探究を行ったものであったとも言える。

また、陳士元が周到な論理をもって「真人不夢」に反駁し、同時に夢の価値を高める理論を展開したことは、夢がそれ自体の価値を認められ、独自の理論として成立してゆく一つの到達点を示していると言えよう。そのように考えるならば、本来、聖人と夢との関係を問題とする「真人不夢」否定論は、実は、個別の問題ではなく、夢全体に関わる問題として、夢そのものが思想的に展開してゆく萌芽を内に持っており、それが陳士元において、具体的な理論として結実したとも言える。

注

（1）高木智見氏は、『左伝』において、夢は戦争、外交、立君など、諸国の問題に関与したとする（「夢にみる春秋時代の祖先神――祖先観念の研究（二）――」『名古屋大学東洋史研究報告』十四、一九八九年）。その他、『左伝』における夢の研究に、熊道麟『先秦夢文化探微』（学海出版社、二〇〇四年）がある。

（2）古之真人、其寝不夢、其覚無憂。其食不甘、其息深深。

（3）同様の記述は、『荘子』刻意篇、『列子』周穆王篇、『淮南子』俶真訓、精神訓にも見える。

（4）塩出雅氏は、「真人不夢」を「覚醒時に憂いがないために、夢をみることもない」とする。また別解として、夢を見ても覚醒時と同じく、その然る所以を知るために、その夢によって感情を動かされることがない、とも述べる（「「真人不夢」について――道家の夢――」『武庫川国文』三十六、一九九〇年）。また、舘野正美氏は、万物斉同という「〈道〉の世界の現実を表象」するものが夢だとし、「真人不夢」について「荘子は単なる〝夢まぼろし〟という意味での夢は見ない。そうではなく、彼は〈道〉の表象としての夢を生きる」と述べる（「〈道〉と夢――荘子における〈道〉の思想と夢の表象――」『東方宗教』九十八、二〇〇一年）。

（5）「偉大な聖人は、覚醒時にも憂いなく、睡眠時にも精神的動揺はないから夢を見ないと考えたのである。この「至人無夢」説は、基本的に夢の価値を認めていない。」（湯浅邦弘「孔子の見た夢――懐徳堂学派の『論語』注釈――」『〈心〉と〈外部〉――表現・伝承・信仰と明恵『夢記』――』大阪大学大学院文学研究科広域文化表現論講座共同研究研究成果報告書、二〇〇二年）

（6）『荘子』などのいわゆる道家系文献では、「夢者、情意妄想也。而真人無情慮、絶思想。故雖寝寐、寂泊而不夢」（『荘子』大宗師「其覚无憂」成玄英疏）のように、夢を否定的に捉える傾向が主流である。また、『雲笈七籖』には、悪夢発生の要因となる体内神「三尸」「七魄」の記述が見える。葉豊氏によれば、「三尸説にせよ、七魄説にせよ、道教のこのような夢理論はあくまで『内経』の夢病理説を受容し、体内神という神格化された「気」によってそれに再構築を加えたもの」であり、「夢の「悪的」特性がより一層強くなった」一因であるという（「真人は夢みず――道教の夢理論に関する一考察――」『中国

学志』大有号、大阪市立大学中国文学会、一九九九年）。

　その他、直接的な夢見の現象とはやや異なるものに、陶弘景『周氏冥通記』がある。吉川忠夫『中国古代人の夢と死』（平凡社、一九八五年）、麥谷邦夫・吉川忠夫編『周氏冥通記研究（訳注篇）』（京都大学人文科学研究所、二〇〇三年）を参照。また葉氏は、同書の夢を、修行の進展に伴い消失し、なおかつ覚醒時の現実と同一視されるものとし、陶弘景の夢論とは、夢と現実との境界線を排除することで、『荘子』が説く「真人不夢」との目標を徹底したものであると述べる。

（7）『夢占逸旨』全篇の概要を記すものに、江口孝夫『日本古典文学　夢についての研究』（風間書房、一九八七年）、内篇に着目して『夢占逸旨』の性格を考察するものに、大平桂一「中国人の夢——古代から現代まで——」（田中淡編『中国技術史の研究』京都大学人文科学研究所、同朋舎、一九九八年）がある。

（8）案荘子聖人無夢。荘子意在無為、欲令静寂無事、不有思慮。故云、聖人无夢。但聖人雖異人者神明、同人者五情。五情既同、焉得無夢。（『礼記』檀弓上「夫明王不興、而天下其孰能宗予。予殆将死也」孔穎達疏）

（9）劉文英氏は、「真人不夢」に初めて疑問を呈したのは唐の孔穎達であるとし、続けて程伊川・朱子・真徳秀・張耒・尹志平・張鳳翼・陳士元を挙げる。「真人不夢」に関する従来の研究は、『荘子』などの道家系文献や道教を対象とするものであった（塩出氏前掲論文、葉氏前掲論文など）。「真人不夢」に懐疑的・否定的な説を軸として考察を行うという劉氏の着眼は評価されるべきであろう（劉文英・曹田玉『夢与中国文化』、人民出版社、二〇〇三年）。なお、劉氏の見解については、『夢的迷信与夢的探索』（中国社会科学出版社、二〇〇〇年第二版）、邦訳は湯浅邦弘『中国の夢判断』（東方書店、一九九七年）に基づく）も参照。また、筆者は劉氏の程伊川に対する理解に疑問を持つものであるが、これについては、注（17）に詳述する。

（10）「至人無夢、聖人無憂。夢為多想、憂為多求。憂既不作、夢来何由。能知此説、此外何修。」（邵雍『伊川撃壌集』巻十八「憂夢吟」）など。

（11）雖昔聖賢不能無夢。惟其私欲消泯、天理昭融、兆眹所形、亦莫非実。高宗之得説、武王之克商、皆是物也。

（12）有所謂思夢者。念有正邪。故夢亦有正邪。高宗夢得説、孔子夢見周公。此所謂思夢之正者也。

（13）諸儒の解釈については、既に湯浅氏の論考に詳しい。「孔子と夢と天命と——『論語』甚矣吾衰章解釈と儒家の夢観——」

（『日本中国学会報』四十二、一九九〇年）を参照。

（14）子曰、聖人無夢、気清也。愚人多夢、気昏也。

（15）孔子盛時、志欲行周公之道。故夢寐之間、如或見之。至其老而不能行也、則無復是心、而亦無復是夢矣。故因此而自歎其衰之甚也。（『論語集注』述而）

（16）問、伊川以為不是夢見人、只是夢寐常存行周公之道耳。集注則以為如或見之。不知果是如何。曰、想是有時而夢見。既分明説夢見周公。全道不見、恐亦未安。

（17）但し、伊川は孔子と夢との関係を否定する一方、高宗が夢に傅説を見たことを肯定する。劉文英氏は後者に重点を置き、伊川は聖人の夢見を肯定していたとする（『夢与中国文化』）。更に氏は別稿において（「関于孔子夢見周公的幾個問題」『孔子研究』二〇〇四年第四期、総第八十四号）、伊川は後に見解を訂正したとし（「程頤可能自覚不妥、後来不得不改口」）、伊川の見解における齟齬の解消に努めるが、時間的な前後関係については説明がない。

また、市川安司氏によると、伊川の思想における高宗の夢とは、人と人との「感応」から生じるものであり、至誠を条件とし、邪心を含まぬ純粋な心を働きかけて現れる必然的結果であるとする（『程伊川哲学の研究』東京大学出版会、一九七八年）。このように、合理的な性格が附与された「感応」の夢は特殊であり、単なる現象の夢として一概に論じることは困難のように思われる。したがって、劉氏の見解は一つの理解ではあろうが、にわかには賛同しがたい。

（18）或問、孔子不夢周公之説、程子以為初実未嘗夢也、如何。曰、孔子自言不夢之久、則其前固嘗夢之矣。程子之意、蓋嫌於因思而夢者。故為此説。其為義則精矣。然恐非夫子所言之本意也。

（19）孔子固不応常常夢見周公。然亦必曾夢見来。

（20）聖人曷嘗無夢。但夢得定耳。

（21）問、夢周公、是真夢否。曰、当初思欲行周公之道時、必亦是曾夢見。曰、恐渉於心動否。曰、心本是箇動物。怎教它不動。夜之夢猶寤之思也。思亦是心之動処。但無邪思可矣。夢得其正何害。心存這事、便夢這事。常人便胡夢了。

（22）謝曰、聖人開物成務、誠不厭健不息、不以愛身而自佚也。故孔子於東周之事夢寐以之、及鳳鳥不至河不出図。然後無意於経世、則其不復夢見周公、不亦宜乎。然非聖人之私意、蓋天之無意於斯文也。何以知天之無意於斯文。観聖人可也。豈惟以此知天心。聖人亦自考也。故於吾道之衰不必言明王不興、特曰、吾不復夢見周公。（『論語精義』述而）

(23) 湯浅邦弘「孔子の夢と朱子学の夢論」（『島根大学教育学部紀要』人文・社会科学二十四―一、一九九〇年）を参照。

(24) 吾妻重二『朱子学の新研究』（創文社、二〇〇四年）一〇頁、一七二〜一八一頁参照。

(25) 陳士元は、『夢占逸旨』において、注所引の『荘子』などに見える「真人」を、彼自身の思想的な立場から、「聖人」として捉え直し、論を展開していると考えられる。なお、「真人」「聖人」に関する諸問題を扱う先行研究には、福永光司「天皇と紫宮と真人――中国古代の神道――」（『道教思想史研究』岩波書店、一九八七年）、吉川忠夫「真人と聖人」（岩波講座・東洋思想第十四巻『中国宗教思想』二、一九九〇年）、「真人と革命」（『六朝精神史研究』同朋舎、一九八四年）、簡暁花「嵆康における「至人」について」（『集刊東洋学』八十五、二〇〇一年）などがある。

(26) 以下、『夢占逸旨』内篇から引用する際は書き下し文のみとする。原文については訳注篇を参照されたい。

(27) 孟子曰、大人者、不失其赤子之心者也。

(28) 問、赤子之心、莫是発而未遠乎中、不可作未発時看否。曰、赤子之心、也有未発時、也有已発時。今欲将赤子之心専作已発看、也不得。赤子之心、方其未発時、亦与老稚賢愚一同。但其已発未有私欲。故未遠乎中耳。

(29) いわゆる「未発」「已発」の理解には、主に性を未発、心を已発とする考えと、心の静なる状態を未発、心の動なる状態を已発とする考えがあり、朱子は後者の立場にある。情は心が事物に触れて発動した作用として当然あるべきものだが、その発動の仕方に相違がある。当然の則に合致する情であれば、それは心にある本性に基づいて発動したものであるが、そうでない情は、物欲に感じて発動したものであるとされる。

なお、この点と関連して、『夢占逸旨』本文「赤子之生、方浹旬日、其寝而寐、乳之弗受、……謂之夢笑夢啼」は、「双峰饒氏曰、赤子如飢要乳便是欲。但飢便啼喜便笑、皆是真情。全無巧偽」（『孟子大全』離婁下集注）との類似性を想起させる。

(30) 厚之問赤子之心。曰、止取純一無偽。未発時雖与聖人同、然亦無知。但衆人既発時多邪僻、而赤子尚未然耳。

(31) 大人無所不知、無所不能。赤子無所知、無所能。……蓋赤子之心、純一無偽、而大人之心、亦純一無偽。但赤子是無知覚

底純一無偽、大人是有知覚底純一無偽。（『朱子語類』巻五十七）

（32）この本文の注に「荘子曰、若有真宰、而特不得其眹。広成子曰、窈窈冥冥、至道之極。淮南子曰、古未有天地之時、窈窈冥冥、芒芠漠閔、澒濛鴻洞、莫知其門」とある。

（33）ここでの「真宰」は、万物生成の根本と解すべきだが、『荘子』の「真宰」は、既に生成された万物の中にあり、万物を動かす主体と解釈される（郭注に「万物万情、趣舎不同、若有真宰使之然也。起索真宰之眹跡而亦終不得、則明物皆自然、無使物然也」とある）。ところが、宋明を通じて『荘子』注釈の主流となった林希逸『荘子鬳斎口義』には「真宰、造物也」とあり、『夢占逸旨』の解釈に近い。『夢占逸旨』の『荘子』理解は、郭注よりも林注の影響を受けたものと推測される。

（34）夜之夢、猶寤之思也。思亦是心之動処。

（35）魂与魄交而成寐。心在其間、依旧能思慮、所以做成夢。

（36）「王氏曰、人之精神与天地陰陽流通。故夢各以其類至。」真宰篇注（16）を参照。

（37）「故に占夢者は」以下は、『周礼』春官・占夢「掌其歳時、観天地之会、弁陰陽之気。以日月星辰占六夢之吉凶」に拠る。

（38）明の張鳳翼撰『夢占類考』（一五八五年）は、歴史上の夢を内容ごとに分類した類書。『夢林玄解』は、「夢占」「夢禳」「夢原」「夢徴」からなる占夢書兼類書である。『夢林玄解』の成立過程については、大平桂一「『夢林玄解』の成立　雲なす証言」（『中国文学報』八十二、二〇一二年）が詳細な検討を行っている。

（39）羅一峰『羅一峰先生集』や、董説『昭陽夢史』『董若雨詩文集』所収の「病遊記」「続病遊記」「志園記」などがある。後者については、既に大平桂一氏による訳出がある。「董説が見た夢の記録（一）」（大阪女子大学国文科紀要『女子大文学』国文篇第四六号、一九九五年）、「董説が見た夢の記録（二）」（『颸風』三十四号、颸風の会、一九九八年）を参照。

第二章　『夢占逸旨』の占夢理論について
――『周礼』の占夢法との関係から

はじめに

夢の生成や占夢に関する理論を展開する内篇において着目すべき点の一つに、『周礼』に依拠した論説の多さが挙げられる。

『周礼』は周王朝の儀礼制度を記したとされる儒家経典であり、その中には卜筮を司る職掌についての記述も見える。春官・大卜には、官吏たちが「三兆之法（亀卜）」「三易之法（蓍占）」「三夢之法（占夢）」によって国家の大事を占うとあり(1)、更に占夢の項になると、占夢をどのように執り行うかについて、「占夢、其の歳時を掌り、天地の会を観、陰陽の気を弁じ、日月星辰を以て六夢の吉凶を占う」（『周礼』春官・宗伯）(2)と、端的に記している。『周礼』における占夢は、夢の内容のみに依拠して行われるものではなく、天象（天体の運行や気象）の観測を援用する複雑な技術とされる。占夢に天象観測を援用する事例は『左伝』『史記』にも見え、王に仕える臣下が専門的な知識を駆使して占夢を行う様子が記されている(3)。

では、中国古代における国家運営の中で専門的に執り行われていたとされる占夢は、以降どのような展開を辿ったのであろうか。湯浅邦弘氏は、漢代における易の権威の確立（『周易』の経典化）により、それ以外の占術の地位が相対的に弱まったとの見解から、『周礼』に見える専門的な占夢の地位も低下したと指摘する。(4) 更に氏は、「天体観測に関する膨大な知識と専門的な占術を同時に兼ね備えることによってのみ成立する占夢は、以後徐々にではあるが、その存続に困難を来したことが予想され」るとし、こうした側面が「占夢および占夢者の地位低下を招く大きな要因の一つになった」とする。

『周礼』に関しては、古代以降、新の王莽（前四五～後二三）のように、宇文泰（五〇五～五五六）や王安石（一〇二一～一〇八六）らが実際の政治において『周礼』を尊重する時期もあった。しかし、これらはいずれも『周礼』に述べられた行政・徴税機構に注目するものであって、(5)『周礼』の占夢が再び注目されることはなかったと言えよう。

『夢占逸旨』が『周礼』を大きく取り上げている理由としては、陳士元が程朱学を学問的基盤とした経書研究に取り組む儒者であったことが挙げられる。また、前章にて論じたように、陳士元は、天地人の緊密な関係を前提に夢の発生を体系的に示し、夢が占うべき意義を内包することについて論じていた。したがって、占夢を行政に組み込む『周礼』は、古代における伝統的な占夢のありかたを今に残す経典と言えるため、陳士元にとっては占夢を論じる上で大きな拠りどころとなり得る。ならば陳士元は、『周礼』における占夢にいかなる意義を見出し、また、その点を踏まえてどのような占夢理論を展開してゆくのか。本章では、この問題について考察を進めたい。

一　『夢占逸旨』における天象観測の重要性

本節では、『夢占逸旨』に見られる、『周礼』に依拠した占夢理論の特色について考えたい。まずは、陳士元が本書編纂の動機を語る序文から、『周礼』と関連する箇所を挙げたい。序文は、陳士元が見たという夢から始まる。ある

晩、酒に酔った陳士元は、老人から科斗金文を授けられる夢を見る。そして夢から覚めた後、

将に兆《うらない》を占人に詢《たず》ねんとするも、煇経《うんけい》の地に墜つるを慨《なげ》く。輒ち見聞の末に拠りて、茲の内外の篇を撰し、用て微かな悰《おも》いを述べ、題して『逸旨《いつし》』と為す。常《かつ》ての隠語を払《たす》けんとするも、豈に酔夢の譏《そし》りを逭《のが》れんや。(6)

と、その夢が一体何の予兆なのかを知りたいが、その手だてとなる古の「煇経」も拠ることができず遺憾に思う。それゆえ、自身の見聞するところを広く収集して内外篇とし、思うところを僅かに述べ、占夢本来の姿を明らかにしたと記している。

煇とは、『周礼』春官・眡祲《ししん》に見える語で、太陽の日旁《ひがさ》のことを言う(7)。この煇は、『周礼』において占夢と密接に関与しあうものであるため、占夢のありかたを知るための要となる。

眡祲、十煇の法を掌り、以て妖祥を観、吉凶を弁ず。（『周礼』眡祲(8)）

王は天に於ける日なり。夜に夢有れば、則ち昼に日旁の気を視て以て吉凶を占う。凡そ占う所の者は十煇。煇ごとに九変す。此の術今は亡ぶ。（『周礼』春官・大卜「掌三夢之法、一曰致夢、二曰觭夢、三曰咸陟、其経運十、其別九十」鄭玄注(9)）

つまり「煇経」とは、十種類の日旁（更に煇ごとに九変するため、全部で九十種）から、夢の吉凶を見るという専門的

な占法であったと考えられる。[10] そして陳士元は、この「煇」が占夢における手立ての一つとなることについて、『周礼』に拠りながら「三夢の煇、其の経 皆十、其の別 皆九十」（衆占）と述べ、その陳堦注[11]（以下、「注」と略称）には先ほど挙げた『周礼』眡祲の記述と鄭玄注とが引かれる。

煇についてはこの鄭玄注が伝統的解釈となろうが、後に南宋の葉時『礼経会元』は、「此れ日を以て夢を占う一法なり」と、鄭玄注にも一定の理解を示しつつ、煇を「運（めぐる）」の意味で取り、精神の「めぐり」によって夢を見るとの解釈を示す。[12] 天象という外的環境から煇を「日旁」とする伝統的解釈に対し、人間の内的要素から煇を「精神のめぐり」とするこうした解釈は、人間に内在する現象としての夢の特性を濃厚に示すものである。また、明儒においても、葉氏に似た解釈を示したり、王安石の説を引くなど、基本的には天との繋がりを前提とする人間の精神に留意して占夢を解している。[13]

これに対して『夢占逸旨』は、『周礼』とその伝統的解釈に則りながら煇を解して論を進める。しかしながら、その論は単に経典の内容をなぞるという、既存の枠組みに収まるものではない。本来、先に挙げた『周礼』の記述は、煇と夢との緊密な関係を提示するものであるが、これは両者の結びつきを示すに止まるものであって、煇から夢の吉凶を導くことについての理論的根拠まで示すものではない。そこで『夢占逸旨』では、この点を明らかにするべく、煇を含む天象と占夢との関係を、『周礼』の記述を交えつつ次のように論じる。

> 形神相い感ずれば、夢覚に繇《うらかた》有り。而して造化真機は融合して間無し。故に占夢者は其の歳時を掌り、天地の会を観、陰陽の気を弁じ、日月星辰の象を審《つまび》らかにして、以て其の夢に参す。（六夢）

「占夢者は」以下は『周礼』に拠る記述である（前掲）。ここでは『周礼』の引用に至るまでの傍線部に注目したい。「形（肉体）」の機能する領域と、「神（精神）」の機能する領域とが、それぞれ「夢（睡眠時）」「覚（覚醒時）」という語により便宜的に分け記されている(14)。しかし、より深い意識の世界では、形神や夢覚といった分別もつけようがない。これらは、万物を生み出す造化の働きにおける間断なき変化の一局面として、また、互いに感応しあう状態として存在する。したがって、ここから「故に占夢者は其の歳時を掌り……」と続く理論の脈絡には、人間とその夢はもちろん、「歳時」や「天地の会」といった天象の全てが、造化の働きの中で通じ合い、それゆえ夢を読み解く手立てとして天象を扱うことができるとの認識があると考えられる。このようにして、『夢占逸旨』は、『周礼』における占夢が天象観測に依拠して行われることの理論的根拠について論じている。

本書にはその他にも、『周礼』が伝える内容をより具体的に記そうとする点が見受けられる。先に引いた六夢篇の「日月星辰の象を審らかにして、以て其の夢に参す」は、『周礼』の「日月星辰を以て、六夢の吉凶を占う」に拠る。「占」ではなく「参」を用いるのは、占夢の際に天象の状況を交えて判断すべきことをより明確に伝えるものだと言えよう。また『夢占逸旨』では、より詳細な天象の名を諸資料から補うことで『周礼』の記述を敷衍し(15)、「審らかに」すべき「日月星辰の象」を明らかにする。

其の宿舎の臨を探る。五星の行く所、合《ごう》・散《さん》・犯《はん》・守《しゅう》・陵《りょう》・歴《れき》・闘《とう》・拍《はく》・彗《すい》・孛《はい》・飛《ひ》・流《りゅう》の変、日月、薄《はく》・食《しょく》・暈《うん》・適《たく》・背《はい》・鐍《けつ》・抱《ほう》・珥《じ》・虹《こう》・蜺《げい》の異に及ぶ。（六夢）

そして、続けてそれらを正しく観測するための要点を次のように述べる。

変異も又た伏顕・早晩・贏縮・重軽の差有れば、其の緒脈を繹《たず》ね、其の畳理を剸《さ》き、然る後に六夢の終始、八覚の遅迅、庶《ほとん》ど推《はか》るべきに幾《ちか》し。（六夢篇）

天象の異変は、伏顕（隠れたり現れたり）・早晩（運行や出現の早晩）・贏縮（運行の遅速）・重軽（見え方の濃淡）などさまざまな形で現れる。その端緒を引き出し、「畳理」（玉のひびのように細かな道理）を明らかにすれば、「六夢」の全体、「八覚」の時期を推測できるという。「六夢」「八覚」とは、睡眠時における六つの夢と、覚醒時に起こる八つの事象のことである。[16] つまり、天象の僅かな変異を察知し、そこから夢に見たものの意味や、起こるであろう事象とその時期とが推測できるという。しかしながら、このようにして夢を占うことは容易ではない。この本文に対して陳堦は次のように注釈する。

占夢の必ず其の端を察すること、猶お糸を治むる者の其の緒《いとぐち》を掲げ、玉を治むる者の其の畳《ひび》を開くがごときなり。

六夢八覚は必ず之を天象に験し、而して後に其の吉凶を断ずべし。此れ『周礼』十煇の逸旨なり。

占夢の際には、天象における変異の端緒を見極めることについて強調し、また、それが糸や玉の造形において微細なほころびや裂け目を取っていくように重要であることを述べる。「『周礼』十煇の逸旨」とは、『周礼』において語られていない占夢の詳細を、煇を糸口として述べた占夢の大要であろう。「逸旨」の語も、本章冒頭に挙げた『夢占逸旨』の序文にある通り、陳士元の思惑を含み置いての表現だと思われる。

このように、『夢占逸旨』は『周礼』占夢の古法を、天象と人とのつながりの中で説き直し、天象に関する知識や、天象の変異を鋭敏な感覚で察知すべきこと、更に「六夢」「八覚」という明確な対象を提示することで、既に伝わらない古法の残像を明確にしていく。

しかし、この点についてはある疑問が残る。そもそも、鄭玄の時代には既に『周礼』の煇経も亡逸したとされていた。そこから時代を遥かに下る明代において、天象観測を援用する占夢法が実際に行い得たかは甚だ疑問である。前章にて確認した通り、『夢占逸旨』における夢の理論は、天地人が調和の気によって融会貫通すること、そしてそこには互いの精神作用が介在することを前提にしていた。それゆえ天地には、「景星」や「崩竭」といった瑞祥や凶兆が現れる。そして、天地と緊密な関係にある人間もまた夢を見るのであり、その吉凶は天地と同様に占うことができる。以上が『夢占逸旨』における夢の位置づけであった。

『周礼』の古法をめぐっては、そのような人間の夢をどう占うかが問題となろう。天地人が緊密な関係にあることと、その関係の中で生じる夢を的確に占うこととは別の問題である。天地の夢と異なり、人間の夢はその内容からすぐさま吉凶がわかるわけではない。そのため、人間と融会貫通する天の領域に存在する天象を指標とし、そこから夢の意味を手繰り寄せなければならないのである。「『周礼』十煇の逸旨」が示すのはこうした理念であり、実際の技術・手法ではない。

このようにして考えると、『夢占逸旨』古法篇の役割は、『周礼』占夢の古法に焦点を当て、他の文献を援用しつつ、その輪郭を浮かび上がらせることにあり、実際の占断行為にまでは及ぶものではなかったと言える。しかし、それゆえに、ここには占夢における一種の行動論を語る余地があったものと考えられる。

ならば、そうした内容はどのような追求に基づくものであったのか。『夢占逸旨』の場合、その役割を担うのは外篇であったと言えよう。理論的な内篇に対し、外篇は経書や史書を中心に豊富な夢の事例を収集する、いわば内篇を補完する役割を担う。外篇の中で、陳士元は実際の事例に対する分析も行っている。人間は夢とどのように関わっているのかという点から事例を分析し、そこから占夢の方策を明確な像として描く。そこで次節では、まず外篇の記述を中心に取り上げながら、陳士元の分析について考察したい。

二　占夢の事例に対する分析――『夢占逸旨』外篇について

外篇の構成は、天と関わる「天者」「日月」「雷雨」に始まり、地上の自然物である「山川」、人間に関わる「形貌」「食衣」「器物」、そして什器や動植物などの項目へと続く。

このように、特定の事例ごとに収集を行う点、そして、おおよそ天・地・人という枠組でまとめられる分類方法を採用する点は、『芸文類聚』や『太平御覧』などを代表とする類書とも類似する。(17)

まず、外篇の全体像を確認するために、全篇名を挙げる（便宜上、（一）～（二十）の番号を付す）。

（一）天者　（二）日月　（三）雷雨　（四）山川　（五）形貌　（六）食衣　（七）器物　（八）財貨　（九）筆墨
（十）字画　（十一）科甲　（十二）神怪　（十三）寿命　（十四）鳳鳥　（十五）獣群　（十六）龍蛇　（十七）亀魚
（十八）草木　（十九）施報　（二十）泛喩

篇名は、各篇冒頭の二文字を取ったものである。そのため、必ずしも篇名通りの事物のみが収録されているわけではない。雷雨篇に星や雲に関する夢も見えているように、篇名との関連性が比較的強い事物の夢も収録されている。これら二十篇は、おおよそ以下の三つに分別できる。

第一群　夢の中で見た対象物に収集の重点を置く。
第二群　必ずしも夢の中で見た対象物に収集の重点を置かない。
第三群　事例の収集を踏まえた総合的論述。

第一群については、（一）～（十）、（十四）～（十八）が該当する。例えば（二）日月篇では、太陽や月に関する夢の事例、（七）器物篇では舟や車などに関する夢の事例を集める。この第一群は外篇の全二十篇中最も多い。

第二群については、（十一）（十二）（十三）（十九）が該当する。例えば、（十一）科甲篇は科甲すなわち科挙の及第を主旨とするが、必ずしも科甲に関する何かを夢に見るわけではなく、何らかの夢を見た後、実際に科挙に及第したり、時には爵を与えられるという事例を集める。(18) また、（十二）神怪篇では、夢の中で不思議な出来事が起こり、その後実際に起こった出来事も不思議なものであったという事例、（十三）寿命篇では、夢の中で自分の寿命を告げられたり、何かの夢を見た結果、実際その年齢まで生き長らえるといった事例などを集める。（十九）施報篇では、善行や悪行の後、夢で謝礼や非難を受け、目覚めた後はその善行や悪行に応じた形で禍福がやってくる事例などを集める。

こうした第一群と第二群に対し、第三群の（二十）泛喩篇は、「一篇の締めくくりである。夢占のあり方、夢と覚醒、夢の真理性、偽夢、最後に自著の弁をつけている」(19)とも指摘される通り、総合的な論述からなる。しかし、外篇を構成する大部分が豊富な夢の事例であること、そしてこれらを事項ごとに分類整理することなどから、外篇は類書的な性格を強く持つものと言える。

但し、外篇には、今ひとつの特色として、例えば「日月は極貴の徵なり」（日月）のように、事物が象徴する内容について説明し、時にはその吉凶の占断を示すという、占夢書の内容とも似た性格を挙げることができる。そこで以下、外篇が示す事物の象徴性やその兆候に関する説明を取り上げてみたい。

> 天は群物の祖、至尊の位なり。（天者）(20)

> 日月は極貴の徵なり。（日月）(21)

> 雷雨・星電・雲颷・火氷・晴晦の類、皆天象なり。風雷は号令と為し、雨は恩沢と為し、瑞星・彩雲・電火は文明と為し、氷泮は婚媾の期と為す。（雷雨）(22)

> 山川・道路・土石、皆地の属なり。王充『論衡』に曰く、「山陵・楼台、官位の象なり。人 夢に山陵に升り、楼台に上れば、輒ち官居の位を得。斯の言を信ずれば、則ち峰巒殿閣は、貴顕の標と為す。江海波濤は財富の藪と為す」と。（山川）(23)

財貨の夢は、珠玉銭帛の類是なり。糞穢木石を夢むる者は財貨を得。珠玉銭帛を夢むる者は光顕多し。（財貨）[24]

例えば、山川篇に見える「山陵」「楼台」は官位の象徴とされ、山陵や楼台に登る夢を見ると官位につくという。また、財貨篇の「糞穢」「木石」は一見疎まれやすい汚物だが、財貨の象徴とされている。このような説明は、事物の象徴によって吉凶を占うという象徴的解釈法に通じるものであり、外篇が占夢書としての性格も帯びていたことを示していよう[25]。

但し、外篇は単に吉凶といった占断のみを記すわけではない。注意すべきは、陳士元がこうした事例にそのまま従うような占断行為を必ずしも良しとはしない点である。占いというと、吉か凶かといった結果が最終的な関心事となる。しかし、陳士元が随所で語るのは、事項の多さと比例する占断の多様性、そして占断の過程において求められる慎重な姿勢であった。

占断の多様性に言及する記述としては、例えば「乃ち舟車の器の若きは、夢に応じて亦た殊なる」（器物）などがある。「器物」と一口に言っても、実際は舟や車などその内訳は多種多様である。そのため、夢兆もそうした事物によって異なるという。また、財貨篇ではより端的に「夫れ財貨の夢は一ならず」との記述も見える。このように、一つの篇の中に分類して収録された事物が更に細分化されるという考えは、外篇においては主に「一ならず（不一）」「同じからず（不同）」という表現を伴い、夢兆のことも含めて次のようにも述べられる。

楼台城郭に至りては、厥《そ》の兆同じからず。（山川）[26]

詞賦歌謡の夢の若きは、則ち験を取ること粉然として一ならず。（筆墨27）

夫の坎豕・艮狗・兌羊の若きも亦た皆家畜なるも夢兆同じからず。（獣群28）

また、これらとは別に、ある占断に対しては、それを甚だ疑問視する態度も窺える。例えば、蛇を女子が生まれる象徴とし、衆魚を豊作の象徴とすることは、それぞれ『詩経』小雅の斯干や無羊に見える伝統的な理解だが(29)、外篇では、この「蛇」―「女子」、「衆魚」―「豊作」のように、夢の事象と占断とを一対一に固定することを疑問視する。その根拠となるのは、蛇や魚を夢に見ても、結果として女子の誕生や豊作と結びつかなかった事例の存在である。

范延光 蛇の腹に入るを夢みて異志を蓄う。……南斉遥光の敗、群蛇は夢を城人に見《あらわ》す。然るに詩に虺蛇は女子の祥と為すと謂う。豈に尽く然らんや。（蛇龍30）

豈に特だ詩人衆魚の夢、豊年に応ずるのみならんや。……胡の妻 魚の水盆に躍るを夢みて娃を生む。太守劉之亭 魚の命を乞うを夢む。（亀魚31）

また、

劉敬宣は夢に土を呑みて吉、梁の太宗は夢に土を呑みて凶なり。又た豈に一端に論ずべけんや。（食衣32）

のように、同じ土を呑む夢でも、場合によっては吉凶のどちらもありうるため、その占断は一概に論じられないという。

以上のことから考えられる外篇の基本方針は、一つの事物に対して複数の解釈が存在する可能性を常に想定すること、占断の過程では慎重を期すよう注意喚起をすることであると言えよう。こうした外篇の方針は、「簡単に割り切って読者に安易な判断を与えることをしない」、「個々の夢例を集めて、安直に経典化・規範化しないところに、むしろ価値を見出すべきであろう」という江口氏の見解とも通じるものである。[33]中でも、「安直に経典化・規範化しない」点については、以下の記述からも窺える。

夫れ石曼卿　芙蓉城主と為り、欧仲純　長白山君と為り、蔣児　泰山伯と為り、趙父　澧州の神と為り、玄宗　九天の採訪宮を造り、陸洎　九州の陽明府に判たりて、崔宅　疾を后土に禱り、徐精　子を生み社公と為るが若きは、則ち又た夢の怪誕にして、究詰するに難き者なり。[34]（山川）

これらの事例は、死後の世界や仙界と関わるものである。外篇はこれらを「夢の怪誕」、すなわち夢において怪しくとりとめのないものであり、突き詰めて考えることは難しいとする。これはもちろん、占夢の信憑性を疑い、占夢を放棄しようとするものではない。「究詰するに難き」とは、裏を返せば、占夢には慎重な態度を要するために、ここで「安直に経典化・規範化」できないという判断の言葉である。

では、陳士元が占夢における安易な規範化を必ずしもよしとしない考えに至った要因とは何か。まず、次に挙げる陳士元の言葉から、この点について考えたい。

周の盛んなる時、文治大いに興る。何ぞ吉夢を得るを以て拝受せん。……衛国の嬖人 譏して太叔を逐いしよりして占夢の術 始めて憑《たの》むべからず。安虜 祠を立て、夢を援《ひ》きて以て帝を欺き、楊の妻 子を生み、夢を引きて以て夫を欺くよりして夢始めて占うべからず。悲しいかな。豈に夢の不効ならんや。（泛喩）[35]

ここでは、まず周の文王が吉夢を信じ、丁重に扱ったことを示す。しかし、後には衛国の嬖人が占夢を悪用して太叔を追放したことを挙げ[36]、ここから占夢の術は「憑む」ことができなくなったとする。加えて、安禄山が夢の話を巧みに用いて玄宗を説得したこと、楊氏の妻が夢を利用して夫を欺いたことを挙げ、ここから夢は占うことができなくなったと嘆く。「悲しいかな。豈に夢の不効ならんや」は、夢や占夢の価値が貶められたことに対する憂慮の言葉である。そもそも、

其れ文虔 晴を祈り、許份 雪を禱り、達奚武 雨を請うの夢は、則ち精誠感格し、上下流通す。亦た恒理なるのみ。未だ訝るに足らざるなり。（雷雨）[37]

ともあるように、陳士元の夢に対する基本的な態度は、天と人との「精誠感格し、上下流通」する関係を理論的根拠とし、夢や占夢に普遍的な道理としての意義を見出すものであった。ところが、占夢を悪用する先のような事例は、こうした陳士元の理論の透明度を大きく曇らせる要因となる。陳士元の理論とは本来相容れない、夢に対する不誠実

な態度が認められたところに慎重かつ的確に占夢を行うべきとの考えが濃厚になったものと考えられる。またこのことは、泛喩篇の中でもさまざまな表現を用いて述べられている。

泛喩篇の冒頭は、「泛喩は切思に如かず、博評は約説に如かず[38]」という言葉から始まる。「泛喩」（幅広い範囲にわたる喩えを用いて考えること）は、「切思」（深く考えること）に及ばず、「博評」（博識を以て言葉多く述べること）は、「約説」（言葉を選んで的確に説くこと）に及ばないという。比喩と多弁によって冗長な解釈になればなるほど、夢の核心から遠ざかることになる。「切思」「約説」とは、外部に氾濫する事例に惑わされず、自らの意識を研ぎ澄ませて夢そのものに心を寄せ、言葉を選び取り、要所を的確に突く占断に至ることを示す語と言えよう。意識を研ぎ澄ませて占夢に臨むという点は、「『周礼』十煇の逸旨」を示し、天象の僅かな変異をも察知しうる能力を求めた内篇の主張[39]とも通ずる。「切思」「約説」にしても、「『周礼』十煇の逸旨」にしても、これらは血の通う精神的営為であり、占者の柔軟な思考と判断が肝要となる。そうとなれば、そこにはもはや「安易な規範化」など入る余地はない。紋切り型の思考では、常に変転する夢の霊性を捉えることはできない。

このように、陳士元が多種多様な夢の事例に対する分析を通じて示し得たのは、（一）現出する占夢の実際（一つの夢象から導かれる占断は必ずしも固定されない）、（二）追求不能な夢の存在、（三）夢を利用する人間の所業（本来あるべき占夢の姿から逸脱する悪行）、（四）冗長な解釈を避け、的確に夢の真意を摑むことの必要性（「切思」「約説」）であったと言える。特に、占夢悪用への憂慮と、「切思」「約説」の提示とを考え合わせると、外篇には豊富な夢の事例のみならず、占夢を行う際の慎重な姿勢、そしてそれを支える徳性をも重視する、いわば人道的な占夢観が根底に流れていると見ることができよう。

以上、内篇の古法篇と外篇の記述から、『夢占逸旨』が「『周礼』十煇の逸旨」や「切思」「約説」の説により、占夢の問題をどのように論じていたかを確認した。しかし、こうしたことは占者の内面において処理されることであり、占者自身の深層世界にまで及ぶ、いわば言外に了知すべきものとしての性格も持つ。ここに、『周礼』に拠り、その説を補いながら占夢を論じることの限界があると言える。ところが陳士元は、この限界を異なる切り口から乗り越えようとする。それが、占夢における行動論とも言うべき、「五不占」（占ってはいけない五つの条件）と「五不験」（占っても当たらない五つの条件）である。そこで次節では、「五不占」「五不験」の詳細と、そこに込められた陳士元の意図について考察を進めたい。

三　「五不占」と「五不験」

まず、「五不占」と「五不験」についての記述を挙げる。

古法亡《ほろ》びて夢占うべからざるのみ。帝王には帝王の夢有り、聖賢には聖賢の夢有り、輿台廝僕《よだいしぼく》には輿台廝僕の夢有り。窮通虧益、各おの其の人に縁る。凶人に吉夢有れば、吉なりと雖も亦た凶、吉は幸いとすべからざるなり。吉人に凶夢有るは、凶と雖も亦た吉、凶は猶お避くべきなり。是の故に夢に五不占有り、占に五不験有り。（古法）

人間はその地位に応じて見る夢があり、夢の吉凶は「各おの其の人に縁る」、すなわち、その人の地位や性質によって変化する。例えば、帝王の夢と聖賢の夢とでは、その内容や意味も異なり、また凶人と吉人とでは、同じ夢でも占断は異なる。このように、占断とは夢者の性質、つまり人間の問題に集約される。また、前節で述べた通り、一対一対応の安易な占断は意味を成さないことから、占夢者は夢の核心を見極める、すなわち「切思」「約説」を駆使する必要が出てくる。「五不占」「五不験」は、それを可能にするための状況や条件を、夢者と占者の側から細分化して提示したものと考えられる。以下、両者の内容を注と併せて見ていきたい（便宜上、A～E（五不占）、a～e（五不験）の記号を附す）

まず、A「神魂未だ定まらずして夢むる者は占わず」には次のような注が見える。

輔広(40)曰く、……惜しいかな、古法の伝わらざるや。後世の人、情性治まらず。昼の為す所すら猶お且つ昏惑瞀乱《こんわくぼうらん》し、自ら知覚せざれば、則ち其の夢寐に見る者、率《おお》多《お》くは紛紜乖戻《ふんうんかいれい》し、未だ必ずしも天地の気と相い流通せず。縦《たと》い徴兆の験とすべき者有るも、亦た須《しばら》く迂回隠約し、必ず既に験あるを待ち、而して後に知るべし。古法若し存するも、未だ必ずしも能く占を尽くさざるなり。

「神魂未だ定まらず」、すなわち「情性治まらず」の状態にある後世の人間が見る夢は、天地と流通しない、いわば正道から外れたものであり、応験の徴候が夢に現れても、事前には知り得ないという(41)。

B「妄慮して夢むる者は占わず」の注には、『六書精蘊』に曰く、其の夢や邪なるは、昼に邪想有ればなり。其の夢や漫《そぞ》ろなるは、昼に漫想有ればなり」とある。つまり、昼間に邪で妄りな考えをして見た夢は占うべきではないということをいう。

C「寤して凶阨《きょうやく》なるを知る者は占わず」とは、夢を見た後、その夢が凶と分かる場合には占わないことを言う。

D「寐中に撼《うご》かされ病《おび》えて夢未だ終わらざる者は占わず」とは、注に「撼は人の之を擾《みだ》して覚ましむるなり」とある。つまり、何らかの理由で睡眠が中断され、驚いて起きた時の不完全な夢は占うべきではないことを言う。

E「夢に終始有るも、而るに覚めて其の半ばを佚する者は占わず」とは、夢を一通り見終わっても、その一部を忘れた不完全な夢は占うべきではないことを言う。続けて「五不験」を挙げる。

a「占夢の人、厥《そ》の本原に昧き者は験せず」の注には、「夢に本原有り。能く本原に通ずれば、則ち天地人物と己とは一なり」とある。これは、天人の際をただ客観的に理解するのではなく、夢の「本原《みなもと》」のレベルにまで意識を深め、占夢の本質を理解し体現した占者でなければ、その占いは応験として現れないことを言う。

b「術業の専らならざる者は験せず」は、注に「占夢の術は、必ず専習すれば乃ち験す」とあるように、専一に修行を行わない者の占いは無意味であることを言う。

c「精誠　未だ至らざる者は験せず」について、注には「精誠　鬼神に通ぜざれば、占夢すべからず」とある。程朱学の立場から考えた場合、「鬼神」とは天地を流通する陰陽二気の屈伸往来を指し、「精誠」とは天地と流通しうる人間の内面そのものを指す。このことは、同じく「精誠」について述べた次の記述からも明らかである。

其れ文虔　晴を祈り、許份　雪を禱り、達奚武　雨を請うの夢は、則ち精誠感格し、上下流通す。亦た恒理なるのみ。未だ訝るに足らざるなり。（雷雨、前掲）

ここでは、天候の祈願において「精誠感格」、すなわち、自身の精神と天地とが感通し、「上下流通」しえたことを言う。これと同じように、占う者の精神が、「鬼神」すなわち天地を流通する気に「至る」ということは、天地と流通する存在のレベルにまで自身を深めることに他ならない。

d「遠きを削りて近きと為し、大なるを揉《た》めて小なりと為す者は、験せず」とは、遠大なものを卑近なものとし、大を曲げて小とするように、意図的な曲解を行う者は、占っても当たらないことを言う。

e「依違して端を両《わか》つ者は験せず」の注には、「幡綽《はんしやく》 禄山の怪夢を占うが如きの類」とある。これは、安禄山の夢を占った黄幡綽が、禄山の前では謀叛の成功と解釈したものの、いざ禄山の謀叛が頓挫すると、次は玄宗に対し、禄山の夢は謀叛の不成功を意味していたと述べた話に基づく。(42) 状況に応じて解釈を変える二心の持ち主は、占っても当たらないことを言う。

以上、「五不占」「五不験」のうち、偶発的に起こるC～Eを除くと、残るA、B、a～eは、夢を見る者と占う者の性質や行為に深く関わるものと言える。中でも、B（妄慮）、d（意図的な歪曲）、e（二心を抱く）は悪質であり、dについては更に踏み込んだ注が示される。（以下、便宜上、Fの記号を附す）

F『漢書』芸文志に曰く、「凶阨《きようやく》の患、吉隆の喜を弁ずるは、此れ聖人の知命の術なり。道の乱るるや、患は小人強いて天道を知らんとし、大なるを壊して以て小なりと為し、遠きを削りて以て近しと為すに出づ。是を以て道術破裂して知り難きなり」と。（dの注）

Fは、「道術」（天の運行を測る術）本来の深遠な姿が、「小人」の身勝手な知恵により知り難くなったことを言う。(43) そこで思い起こされるのは、先に見た、古法の喪失を惜しみ、後世の人間の情性と古法との問題を述べる輔広の言葉である。以下、再掲する。（便宜上、Gの記号を附す）

G輔広曰く、「……惜しいかな、古法の伝わらざるや。後世の人、情性治まらず。昼の為す所すら猶お且つ昏惑瞀乱し、自ら知覚せざれば則ち其の夢寐に見る者、率多くは紛紜乖戻し、未だ必ずしも天地の気と相い流通せず」と。（前掲）

この冒頭では、『夢占逸旨』序文の「煇経の地に墜つる」と同様、古法の衰退を惜しむ言葉が見える。ここで天象観測にその要を置く「道術」「古法」の衰退が、人間の情性と関連づけて説かれ、それらが「五不占」「五不験」における論拠の一つになっていることは、後世における人性の堕落が古法衰退の要因であると陳士元が強く意識していたことを意味していよう。

天象は永久不変の法則に支えられ、人間存在における理念的根拠ともなり得る。よって、天象に依拠する古法自体は普遍性を備えたものであり、また衰えることもない。しかし、古法とそれを運用する人間との関係に視点を移すと状況は異なる。つまり、前掲B、d、eやF、Gに見るような人間側の一方的な性質の堕落により、「天地の気と相い流通」し得ない状態が慢性的に作り出されると、結果として、多くの可能性から精確な占断を選択し得る「切思」「約説」そのものが困難となる。

『夢占逸旨』が理念として掲げた占夢の大要は、本来人間が「天地の気と相い流通」する状況においてであれば、言外に了知されるべきものであったであろう。ところが、「了知」することのできる状態から人間が乖離してしまい、人間の不誠実が天地との関係を阻害し、大要を得た占夢は望めない状況となってしまっていた。「五不占」「五不験」は、こうした人間側の問題に対応するため、「神魂」や「本原」を念頭に置き、「切思」「約説」を体現できるよう、人間が自らを深めてゆくための対策として語られたものと考えられる。(44)

おわりに

『夢占逸旨』における占夢理論は、天象観測を援用する『周礼』の伝統的な占夢法（古法）に端を発する。陳士元は、『周礼』における占夢に規範としての意義を見い出し、天象の変異を察知して行われる古法に理論的根拠を与え、天象と人間との関係に対する深い洞察の必要性を説き、「『周礼』十煇の逸旨」を提示した。これは『夢占逸旨』の「逸旨」全てを網羅するものではないにしても、本書の核となる内容であることは間違いないであろう。

また、『夢占逸旨』においては、『周礼』の古法のみならず、占夢の実態、そして夢の対極にある人間にも洞察の目が向けられた。陳士元は、事例を分析する中で占夢の実態を指摘し、そこから「切思」「約説」の重要性を説く。更に、占夢に携わる人間の質的な正しさが肝要であるとし、その実践論として「五不占」「五不験」を掲げ、「切思」「約説」実現への道筋を付けたのであった。このことは、程朱学を学問的基盤とする儒者としての陳士元が、人間の不誠実により古法との関係が悪化したという憂慮を持つにしても、天との信頼関係を回復した占夢の実現を放棄するものではないことを意味している。こうしたことが、おそらくは序文の「微かな悰《おも》い」として本書に込められたのではなかろうか。

造化の働きのもとに天象も人間も結びつくという世界観に支えられた『夢占逸旨』の占夢理論は、『周礼』が遺した占夢本来の姿を追究する中で、数多くある夢の事例を分析し、人間の内的世界の充実に目を向けた、いわば人間性の回復という側面を持ちつつ展開したものであったと考えられる。

注

(1) 大卜掌三兆之法。一曰玉兆、二曰瓦兆、三曰原兆。……掌三易之法。一曰連山、二曰帰蔵、三曰周易。……掌三夢之法。一曰致夢、二曰觭夢、三曰咸陟。……以邦事作亀之八命。一曰征、二曰象、三曰与、四曰謀、五曰果、六曰至、七曰雨、八曰瘳。以八命者、贊三兆三易三夢之占、以観国家之吉凶、以詔救政。（春官・大卜）

(2) 占夢、掌其歳時、観天地之会、弁陰陽之気、以日月星辰占六夢之吉凶。（春官・占夢）

(3) 「十二月辛亥、朔、日有食之。是夜也、趙簡子夢童子羸而転以歌。旦占諸史墨。曰、吾夢如是、今而日食何也。対曰、六年及此月也、呉其入郢乎。終亦弗克。入郢必以庚辰、日月在辰尾。庚午之日、日始有謫。火勝金、故弗克。」（『左伝』昭公三十一年）、「元王惕然而悟。乃召博士衛平而問之曰、今寡人夢見一丈夫、延頸而長頭、衣玄繡之衣而乗輜車、来見夢於寡人曰、我為江使於河、而幕網当吾路。泉陽、予且得我、我不能去。身在患中、莫可告語。王有徳義、故来告訴。是何物也。衛平乃援式而起、仰天而視月之光、観斗所指、定日処郷。規矩為輔、副以権衡。四維已定、八卦相望。視其吉凶、介虫先見。」（『史記』亀策列伝）

(4) 湯浅邦弘「中国古代の夢と占夢」（『島根大学教育学部紀要』第二十二巻第二号、一九八八年）を参照。氏の論考は、従来の研究を整理分析し、それまで着目されてこなかった古代における占夢の展開を追うものとして示唆に富む。

(5) 例えば、王安石の新法制定に関しては、「上以為然。於是設制置三司条例司、命与知枢密院事陳升之同領之。安石令其党呂恵卿任其事。而農田水利、青苗、均輸、保甲、免役、市易、保馬、方田諸役相継並興、号為新法、遣提挙官四十余輩、頒行天下。」（『宋史』巻三百二十七）とある。詳細については、東一夫『王安石新法の研究』（風間書房、一九七〇年）を参照。

宇文泰は、北魏・西魏の政治家。

(6) 以下、『夢占逸旨』の序および内篇を引く際は書き下しのみを示す。原文については訳注篇を参照。

(7) 妖祥善悪之徴、鄭司農云、煇謂日光炁也。（『周礼』眡祲「眡祲掌十煇之法、以観妖祥弁吉凶」鄭玄注）

(8) 眡祲、掌十煇之法、以観妖祥、弁吉凶。

(9) 王者於天日也。夜有夢、則昼視日旁之気以占其吉凶。凡所占者十煇。毎煇九変。此術今亡。

（10）「掌三夢之法。一曰致夢、二曰觭夢、三曰咸陟。其経運十、其別九十。」なお、これは『周礼』の「掌三夢之法、一曰致夢、二曰觭夢、三曰咸陟。其経運十、其別九十」に基づく記述。「運」と「煇」とは通用（「運或為緷当煇、是視祲所掌十煇也」鄭玄注）。また、湖南省長沙より出土した馬王堆三号漢墓の副葬品「天文気象雑占」には、日旁による占いが図解を伴って説かれており、戦国・秦漢にこれらの術が発達したことを示している。

（11）陳士元の子である陳堦は、字は升也。号は吉藪。歳貢。学を好み文に秀でた。『日渉編』十二巻を著す。『光緒徳安府志』や続修『湖北通志』に伝が見える。

（12）占夢乃以日月星辰占之、蓋精神心術之運、与日月星辰之行相交感。……鄭氏釈経運以為如眡祲之十煇、夜有夢則画視日旁之煇、以占其吉凶。此以日占夢之一法也。（巻四上）

（13）例えば、「夢之有運、謂人之神変動而有所之也。亦若今夢書所載天地人事動植之物者、其経運十、毎運其別有九、故為九十。」（王応電『周礼伝』巻三下）、「王氏曰、人之精神与天地同流、万物一気也。列子曰、神遇為夢、形接為事。故昼想夜夢、神形所遇。一体之盈虚消息、皆通於天地応於物類。蓋人之生也、受命於天也。賦形於陰陽。故禍福妖祥成敗得喪之出於所夢者、吉凶固無所逃矣。」（柯尚遷『周礼全経釈原』巻八）

（14）「其寐也神交、其覚也形開。」（『荘子』斉物論）、「神遇為夢、形接為事。故昼想夜夢、神形所遇。」（『列子』周穆王）に拠ると思われる。特に後者は、覚醒時における肉体の感覚や想念が、そのまま睡眠時の夢見に反映されるという、「覚」と「夢」との相関性を示している。

（15）本文の「五星之所行……」は『漢書』天文志を、その注は主に『漢書』天文志の孟康注・韋昭注、『宋史』天文志の記述を翻案したもの。

（16）「六夢」と言えば、『周礼』の「六夢」や『列子』の「六候」（「六夢」と同じ）が想起される。「八覚」は、『列子』において「六候」と併せて記される「八徴」に依拠するものと思われる。「奚謂八徴。一曰故、二曰為、三曰得、四曰喪、五曰哀、六曰楽、七曰生、八曰死。」（『列子』周穆王）

（17）夢書における分類と類書との関係については、湯浅邦弘氏「夢の書の行方――敦煌本『新周公解夢書』の研究」（『待兼山論叢』第二十九号　哲学篇、一九九五年）に詳しい。氏は、「中国の夢は、類書の分類に端的に見えるような、事物の側に力点を置いた枠組によって認識・整理されてきたと推測」し、『夢占逸旨』の分類に対しても、「基本的には類書および従来の夢書の分類を踏襲」すると述べる。

(18) 例えば、省試に赴く前日、夢で美髯を剃られる夢を見た李迪に対し、ある人が必ず状元になるであろうと告げる話など。「劉沆夢落頭」の注に、「青箱雑記曰、劉公沆天聖中、赴省、夢被人斫落頭。甚悪之。人解曰、状元不可得、只得第二。雖斫落頭、留項在。劉留、沆項同音。果第二人及第」とある。

(19) 江口孝夫『日本古典文学　夢についての研究』（風間書房、一九八七年）

(20) 天者、群物之祖、至尊之位。

(21) 日月、極貴之徵也。

(22) 雷雨、星電、雲颷、火氷、晴晦之類、皆天象也。風雷為号令、雨為恩沢、瑞星彩雲雷火為文明、氷泮為婚媾之期。

(23) 山川、道路、土石、皆地之属。王充論衡曰、山陵、楼台、官位之象也。人夢升山陵、上楼台、輒得官居位。信斯言也、則峰巒殿閣為貴顕之標。江海波濤為財富之藪。

(24) 財貨之夢、珠玉銭帛之類是也。夢糞穢木石者得財貨。夢珠玉銭帛者多光顕。

(25) この点と関わるものに湯浅氏の論考がある（注（17）に前掲）。氏は、いくつかの事例を挙げ、事物の「イメージを踏まえて夢の意味が解説されて行く」ことを示しつつ、その解説は、「大局的には、事物の象徴によって占断を導かんとする象徴的解釈法である」と述べる。

(26) 至於楼台城郭、厥兆不同。

(27) 若詞賦歌謡之夢、則取験紛然不一。

(28) 若夫坎豕、艮狗、兌羊亦皆家畜而夢兆不同。

(29) 「下莞上簟、乃安斯寝。乃寝乃興、乃占我夢。吉夢維何。維熊維羆、維虺維蛇。大人占之。維熊維羆、男子之祥。維虺維蛇、女子之祥。」（『詩経』小雅・斯干）、「牧人乃夢、衆維魚矣、旐維旟矣。大人占之。衆維魚矣、実維豊年。旐維旟矣、室家溱溱。」

（『詩経』小雅・無羊）

（30）　自分の腹部に蛇が入り込む夢を見た後唐の范延光が、その夢が王者となる兆しだと知り、謀反の心を起こした話や、南斉の始安王遥光が敗戦する前、城内の人間が城の四方から蛇が出る夢を見ていた話。本文は「范延光、夢蛇入腹而蓄異志、……南斉遥光之敗、群蛇見夢於城人、然詩謂虺蛇為女子之祥、豈尽然哉。」注は「五代史曰、范延光為天雄軍節度使、夢大蛇自臍入其腹、半入而掣去之、以問門下術士張生、張生曰、蛇龍類也、龍入腹中王者之兆、由是頗蓄異志……南史曰、斉始安王遥光、挙事四日而敗、城内人皆夢群蛇縁城四出。」なお、典拠と思われる『新五代史』『南史』の記述はそれぞれ以下の通り。「末帝復詔延光為枢密使、拝宣武軍節度使。天雄軍乱、逐節度使劉延皓、遣延光討平之、即以為天雄軍節度使。延光常夢大蛇自臍入其腹、半入而掣去之。以問門下術士張生。張生賛曰、蛇龍類也。入腹内、王者之兆也。張生自延光微時、言其必貴、延光素神之、常置門下。言多輒中、遂以其言為然。由是頗畜異志。」（巻五十一）、「遥光挙事四日而卒。挙事之夕月蝕、識者以月為大臣、蝕而既、必滅之道。未敗之夕、城内皆夢群蛇縁城四出、各共説之、咸以為異。」（巻四十一）

（31）　「豈特詩人衆魚之夢、応豊年而已哉。……胡妻夢魚躍水盆而生姪。太守劉之亨夢魚乞命。」注には「宋史曰、胡寅、字明仲、安国弟之子也、寅将生、其母以多男欲不挙、安国妻、夢大魚躍水盆中、急往取而子之」とある。なお、典拠と思われる『宋史』の記述は以下の通り。「寅、字明仲、安国弟之子也。寅将生、弟婦以多男欲不挙。安国妻、夢大魚躍盆水中、急往取而子之。」（巻四百三十五）

（32）　東晋の劉敬宣が丸めた土を呑む夢を見て、本土に戻れると思ったところに、桓玄からの招集があり本土に帰還したこと。梁の簡文帝が土を呑む夢を見た後、腹に土を積まれて圧死したこと。本文は「劉敬宣夢呑土而吉、梁太宗夢呑土而凶、又豈可一端論乎。」その注は「南史曰、劉敬宣夢丸土服之、覚而喜曰、丸者桓也、桓呑吾当復本土乎、（一字分空格）梁書曰、梁太宗久受幽縶、夜夢呑土、其后見殺、実口以土焉。」なお、典拠と思われる『南史』『梁書』の記述はそれぞれ以下の通り。「敬宣素明天文、知必有興復晋室者。尋夢丸土服之、覚而喜曰、丸者、桓也、桓呑、吾当復本土乎。乃結青州大姓諸崔、封謀滅徳、推休之為主。時徳司空劉軌大被任、高雅之又要軌、謀泄、乃相与殺軌而去。会宋武帝平京口、手書召敬宣、即馳還、襲封武岡県男、後拝江州刺史。」（巻十七）、「初、太宗久見幽縶、朝士莫得接覲、慮禍将及、常不自安。惟舎人殷不害後稍得

入、太宗指所居殿謂之曰、龐涓当死此下。又曰、吾昨夜夢呑土、卿試為思之。不害曰、昔重耳饋塊、卒反晋国、陛下所夢、将符是乎。太宗曰、儻幽冥有徴、冀斯言不妄耳。至是見弑、実以土焉。」（巻五十六）

（33）　江口氏前掲書。

（34）　若夫石曼卿為芙蓉城主、欧仲純為長白山君、蔣児為太山伯、趙父為灃州神、玄宗造九天採訪宮、陸洎判九州陽明府、崔宅禱疾於后土、徐精生子為社公、則又夢之怪誕、難於究詰者也。

なお、これら八種の逸話についての注は以下の通り。石曼卿…「欧公詩話曰、石曼卿卒、有人夢曼卿言我今為仙、所主芙蓉城、言訖乗青騾如飛。」これは『六一詩話』に見える。欧仲純…「坡詩注曰、欧公子仲純、嘗与東坡説、吾夢道士特告吾授上帝命、汝為長白山主者、何祥也、後一年純仲卒。」これは『東坡全集』巻十九「送欧陽推官赴華州監酒」などに見える。蔣児…「白孔六帖曰、蔣済字子通、妻夢亡児曰、今為太山伯、憔悴困苦不可言、今廟西有謳士孫珂為太山令、願囑珂令転我楽処、済詢得珂告以故、珂許之、後月余夢児曰已得転太山録事矣。」これは『白孔六帖』巻九十に見える。趙父…「幽怪録曰、趙汝澗守灃州、咸淳甲戌五月、間忽謂次子曰、生為太守、死為城隍神、有何不可問其故、答曰、夜来得此夢耳、越数日趙父果卒。」これについては不詳。玄宗…「宣室志曰、唐開元中、玄宗夢神人朱衣金冠謁帝曰、我九天採訪、巡糺人間、欲於廬山西北置一下宮、自有木石基址、但須工力而已。帝寤遣中使、視山西北、果有基址、江辺忽有巨木数千、自至堂殿廊宇、皆得足用。工成、中使夢神人曰、赭堊丹緑在廟北地中、掘之果然。」これは『太平広記』巻二十九などに見える。陸洎…「稽神録曰、陸洎為淮南副使、与李承嗣雅善、乙丑歳九月、洎夢人以騎召、去止大明寺西、可数里至一大府署曰陽明府、入門西序、復有東向大門、下馬入一室、吏引立階下、門中有二緑衣吏、捧一案、案上有書、一紫衣秉笏取書宣云、洎可為陽明府侍郎判九州都監事、来年九月十七日、本府上事、復以騎送帰、奄然驚悟、洎与人言、至明年九月十六日、承嗣復往候之。洎曰、府中已弁明、当行矣、承嗣曰、君無近妖乎、洎曰、君与我有縁、他日当自為隣、明日遂卒、葬于菜蔓湾、承嗣後為楚州刺史、卒葬洎墓之北云。」これは『稽神録』巻一、『太平広記』巻二百七十九などに見える。崔宅…「稽神録曰、江南司農少卿崔万安、分務広陵、帝病脾泄、家人禱于后土祠、万安夢一婦人珠珥珠履衣五重、皆編珠為之、謂万安曰、可取青木香肉荳蔻、合棗肉為丸、米飲下二十丸、如其言、病愈。」これは『稽神録』巻一、『太平広記』巻二百七十八などに見える。徐精…

「太平広記曰、晋咸和初、徐精遠行、夢与妻寝有身、当為巫師、死作社公、明年妻果産、後如其言。」これは『太平広記』巻二百七十六、『広博物志』巻十九などに見える。

(35) 周之盛時、文治大興、何以得吉夢而拝受。……自衛国嬖人譏逐太叔而占夢之術始不可憑。自安虜立祠、援夢以欺帝、楊妻生子、引夢以欺夫、而夢始不可占矣。悲乎。豈夢之不効哉。

なお、これら三種の逸話についての注は以下の通り。

嬖人…「左伝、衛荘公占夢。嬖人求酒於太叔遺。不得。与卜人共譏遺於公、乃逐遺。遺奔晋。」安虜…「唐書曰、安禄山起軍、撃契丹。還奏、夢李靖、李勣求食於臣、乃立祠北郡、芝生於梁、其詭誕敢言不疑如此。」これは『新唐書』巻二百二十五上に見える。楊妻…「天宝遺事曰、楊国忠出使於江浙。其妻思念至深、荏苒成疾。忽昼寝夢与交因而有孕、後生男名朏。及国忠帰、其妻具述夢中之事。国忠曰、此蓋夫婦相念、情感所致。時人無不譏誚。」これは『開元天宝遺事』巻二に見える。

(36) 衛侯占夢嬖人求酒於大叔僖子。不得。与卜人比而告公曰、君有大臣在西南隅、弗去懼害、乃逐大叔遺。遺奔晋。（『左伝』哀公十六年）

(37) 「其文虔祈晴、許份禱雪、達奚武請雨之夢、則精誠感格、上下流通。亦恒理爾。未足訝也。」なお、これら三種の逸話についての注は以下の通り。「長沙耆旧伝曰、文虔、字仲孺。時霖雨廃民業、太守有憂色。虔補戸曹椽、奉教斎戒。夜夢白頭翁謂曰、爾来何遅。虔具白太守。太守曰、昔禹滄水使者若椽此夢、将可比也。明日果大霽。（一字分空格）姓源珠璣曰、許份、知蔡州、嘗禱雪。夜夢使者告、雪已至矣。家人之夢亦然。達旦雪遂渥。（一字分空格）後周達奚武、以太保為同州刺史時、旱武祀華山廟、攀蘿而上、藉草而宿。夢白衣執武手、労慰武。驚覚、旦而澍雨。」これらはそれぞれ、『説郛』巻五十八上、『芸文類聚』巻二（以上、文虔）、『姓源珠璣』（許份）、『古今事文類聚』前集巻五（達奚武）などに見える。

(38) 泛喩不如切思、博評不如約説。

(39) 本章第二節に既出。「変異又有伏顕、早晩、贏縮、重軽之差、繹其緒脈、剸其壘理。」（六夢）

(40) 輔広は南宋の儒者。字は漢卿、号は潜庵。呂祖謙、朱熹に師事した。『宋元学案』巻六十四に伝が見える。

(41) 例えば、『周礼全経釈原』に見える説は、六夢のうち正夢のみが人と天地の間に生じる霊妙な作用としての夢であり、あと

の五夢は「情性治まら」ない夢と見なすものだと言える。「正夢者、無所感動、神霊自覚、安平自夢者也。……大凡人之所夢不出乎此六者。六夢之中有可占者、有不占者。荘子曰、至人無夢。然孔子亦夢周公、則夢亦人所必有者。故惟正夢可以占吉凶妖祥。蓋人心之霊通乎天地、善必先知之、不善必先知之。占夢者占此而已。……噩夢則神有触而動於夢、思夢則心思所求之切、孔子夢周公是也。寤夢則非夢也。神所遊耳。喜夢則因喜而致、懼夢則因懼而感。五者皆非正夢、不可占也。……朱子曰、人之精神与天地陰陽流通、故昼之所為、夜之所夢、其善悪吉凶、各以類至、謂正夢也。」（巻八）

(42) 古法篇注（18）を参照。

(43)『漢書』芸文志の原文は以下の通り。Fとの間に異同は見えるが大意に相違はない。「〔暦譜者、序四時之位、正分至之節、会日月五星之辰、以考寒暑殺生之実。故聖王必正暦数、以定三統服色之制、又以探知五星日月之会。〕凶阨之患、吉隆之喜、其術皆出焉。此聖人知命之術也、非天下之至材、其孰与焉。道之乱也、患出於小人而強欲知天道者、壊大以為小、削遠以為近、是以道術破碎而難知也。」また、「患出於小人而強欲知天道者……」については、顧実『漢書芸文志講疏』に、元鳳三年、太史令張寿王が黄帝調律暦をもって太初暦への批判を上書し、極めて不敬とされた件を言うとある。『漢書』律暦志を参照。

(44) なお、古法篇では、「五不験」「五不占」に抵触しない理想的な状態を「大覚」「大夢」と表現している。

第三章　『夢占逸旨』版本の系譜と修訂意図について
――内篇異同箇所の考察から

はじめに

明代は、夢や占夢そのものに対する興味が人々を夢書の編集へと駆り立てた時代である。当時における好古の傾向も関係してか、これらの夢書には古い時代の占辞も積極的に収集され、その規模は百科事典さながらの大部なものであった。こうした現象には、明末が書籍刊行の隆盛期という、中国出版史において特筆すべき時代であったことも少なからず関係するであろう(1)。

明清の蔵書家による図書目録を参考すると、『夢占逸旨』『夢占類考』『夢林玄解』等の夢書が確認できる（全て現存(2)）。そして、本書で扱う『夢占逸旨』には、以下の通り、複数の版本が現存する。

①嘉靖本…明嘉靖壬戌（一五六二）刊本
②万暦本…明万暦癸未（一五八三）刊行『帰雲別集』所収本
③嘉慶本…清嘉慶年間（一七九六～一八二〇）、呉省蘭輯(3)『芸海珠塵』所収本
④道光本…清道光癸巳（一八三三）『帰雲別集』重刻本所収本

①嘉靖本と②万暦本は、陳士元が刊行に直接関与した初期の版本である。①嘉靖本は単行本、②万暦本は陳士元の自撰集『帰雲別集』所収『夢占逸旨』のことである。両者を比較すると、字体や文字の配置などからして、同じ版木を使用していることが認められるため、先だって刊行された①嘉靖本が、『帰雲別集』に再録されたものと考えられる。この両者間に文字の異同はない。また、注釈者である陳堦の名が明記されている点も、この両者のみに共通している。

③嘉慶本は、①嘉靖本、②万暦本の内容をほぼ踏襲した版本と言える。一方の④道光本は、書式の相違等も含めて上記三者との間に細かな内容の異同がかなり認められるため、③嘉慶本と④道光本とでは、その性質も大きく異なることが推測される。

少なくとも明末清初において、陳士元の著作は入手困難なものとされていたようである（詳細は第四章にて後述）。①嘉靖本、②万暦本も例外ではなく、後に複数の叢書に刻入されてからようやく広く閲覧されるに至った。『夢占逸旨』の場合、広く読まれたのは③嘉慶本であり、これが現在最も見やすい版本である。これに次ぐのが④道光本である。しかしこれら版本の性格や良否はもちろん、版本間の異同についてはこれまで問題視されてこなかった。

とはいえ、このことはすぐさま③嘉慶本が最善の版本であることを直ちには意味しない。叢書の収録本という性格上、③嘉慶本の流通量が他の版本を凌いだため、他の版本の存在自体が希薄となり、版本間の異同にまで検討が及ばなかったというのが実情かと思われる。そこで③嘉慶本と④道光本を比較してみると、典拠の引用や書式に粗雑な点が見える④道光本に対して、③嘉慶本は比較的整っていること、一方で③嘉慶本には④道光本にない失誤が見えることなど、慎重に検討すべき点も存在する。しかし、これまではこれら清代の版本以外に対校する版本の存在が不明瞭な状態であったため、『夢占逸旨』の版本研究というテーマ自体が生じ難い状態であった。ところが、『夢占逸旨』の原刊本である①嘉靖本と②万暦本の存在により、これら複数の版本を総合的に検討することが可能となった。

筆者が『夢占逸旨』内篇に限り校勘作業を行ったところ、主な特徴として以下の四点を確認できた。

（ア）注釈者である陳堦の名は、①嘉靖本と②万暦本のみに記載されており、それ以降の版本（③嘉慶本・④道光本）では削除されている（本章における行論の便宜上、①嘉靖本・②万暦本を「系統Ⅰ」とする）。

（イ）しかし、内篇の内容に関して言えば、系統Ⅰと③嘉慶本はよく一致する（③嘉慶本を「系統Ⅱ」とする）。

（ウ）系統Ⅰ・Ⅱと④道光本との間には、およそ三百例を超える異同が確認できる[4]（④道光本を「系統Ⅲ」とする）。

（エ）但し、系統Ⅰ・Ⅱ・Ⅲの間には、例外的な異同が複数パターン認められる。

系統Ⅰ・系統Ⅱと系統Ⅲとの間に異同が三百超も見えることは注目すべき点であるが、ここで特筆すべきは（エ）の「例外的な異同」である。これは、『夢占逸旨』の版本系統が「系統Ⅰ＝系統Ⅱ≠系統Ⅲ」という単純な構図では語れないこと、また、版本流伝の過程において、③嘉慶本と④道光本とは異なる編集方針で校訂されていることを示唆していよう。そこで本章では、（エ）に該当する異同の詳細を中心に検討し、③嘉慶本と④道光本の性格および編集方針を確認しつつ、『夢占逸旨』の版本間の関係について整理したい。

版本間の異同について

今回の検討において、表にまとめて示すものは以下の四類である。なお、作表の都合上、同一版本の①嘉靖本と②

万暦本は一つにまとめず、分けて記している。

第1類…①嘉靖本・②万暦本、④道光本が同じ。③嘉慶本のみ異なる。（①②＝④≠③）

第2類…③嘉慶本、④道光本が同じ。①嘉靖本・②万暦本のみ異なる。（③＝④≠①②）

第3類…①嘉靖本・②万暦本、③嘉慶本、④道光本がすべて同じ。（①②＝③＝④）

第4類…①嘉靖本・②万暦本、③嘉慶本、④道光本が異なる。（①②≠③≠④）

〈第1類・表〉①嘉靖本・②万暦本、④道光本が同じ（③嘉慶本のみ異なる）

	①嘉靖本	②万暦本	③嘉慶本	④道光本	備考
1	復変而為一	復変而為一	復変而為一一	復変而為一	▲真宰
2	霾雨土也	霾雨土也	霾雨土也	霾雨土也	▲昼夜
3	湖東王繹金楼子曰	湖東王繹金楼子曰	湘東王繹金楼子曰	湖東王繹金楼子曰	※宗空
4	宋公夢鳥	宋公夢鳥	宋公夢鳥	宋公夢鳥	※宗空
5	己為鳥而集於其上	己為鳥集於啓身	己為鳥而集於其上	己為鳥集於啓身	※宗空
6	己化為鳥集於啓身	己化為鳥集於啓身	己化為鳥集於啓身	己化為鳥集於啓身	※宗空
7	羽泉	羽泉	羽淵	羽泉	※宗空
8	孌人媢始	孌人媢始	孌人媢始	孌人媢始	※宗空
9	郲荘子	郲荘子	郲荘公	郲荘子	※宗空
10	夢以其帷幕孟子之廟	夢以其帷幕孟子之廟	夢以其帷幕孟氏之廟	夢以其帷幕孟子之廟	※宗空

11	又壊室	又壊室	又壊戸	又壊室	※宗空
12	夢帝謂己	夢帝謂己	夢帝謂曰	夢帝謂己	宗空
13	国之所頼以止訛者也	国之所頼以止訛者也	国之所頼以正訛者也	国之所頼以止訛者也	※宗空
14	三皇之事	三皇之事	二皇之事	三皇之事	▲聖人
15	夢有五行之朕、朕有五行之隷	夢有五行之朕、朕有五行之隷	夢有五行之眹、眹有五行之隷	夢有五行之朕、朕有五行之隷	六夢
16	建厭之会	建厭之会	建厭之位	建厭之会	※六夢
17	昼有漫想也	昼有漫想也	昼有慢想也	昼有漫想也	▲古法
18	貍服之地	貍服之地	貍脤之地	貍服之地	※古法
19	削遠為近揉大為小者	削遠為近揉大為小者	削遠為近小者	削遠為近揉大為小者	古法
20	太子発	太子発	太子発	太子発	▲吉事
21	朕夢遂事寤驚予	朕夢遂事寤驚予	朕寤遂事驚予	朕夢遂事寤驚予	吉事
22	周公日立後嗣	周公日立後嗣	周公旦立後嗣	周公日立後嗣	※吉事
23	夜神呪可辟悪夢	夜神呪可辟悪夢	夜神呪可避悪夢	夜神呪可辟悪夢	吉事
24	傍人有聞者	傍人有聞者	旁人有聞者	傍人有聞者	感変
25	榻上	榻上	傝上	榻上	▲感変
26	傾倚歆邪	傾倚歆邪	傾奇歆邪	傾倚歆邪	感変
27	使知懼	使知懼	外内使知懼	使知懼	感変

例外を除き、(5) 第1類に該当する異同は二十七例認められる。『夢占逸旨』は、陳士元による本文と陳堦注（以下、「注」と略称）で構成されている。注には、本文が拠ったと考えられる、もしくは関連する典拠の書名と内容とが明示されており、時折陳堦による説明が入る。

〈第1類・表〉に挙げた二十七例のうち、本文における異同は三例（4・15・19）である。残り二十四例は注における異同であり、その多くが現在でも確認可能な典拠を引いている。もちろん文献によっては現行本のみでは明確にできないものもあろうが、それらの典拠を確認することで、異同の性格をある程度特定することは可能である。以下、数例を挙げながら、異同についての確認で明らかになったことをまとめていきたい。

この第1類から窺えるのは、③嘉慶本と④道光本の系統Ⅰに対する修訂の多寡と、③嘉慶本における修訂の性格である。二十七例のうち、③嘉慶本が系統Ⅰの失誤を正したと考えられるものは、十三例と第1類のほぼ半数を占める（〈第1類・表〉「備考欄」に「※」を附す(6)）。

3・8・9・10・18・22は人名や地名の誤りを正すものである。例えば、18では①嘉靖本、②万暦本、④道光本が「貍服」と作るのに対し、③嘉慶本は典拠元の『左伝』を踏まえて「貍脤」に作る。残りの五例も同様で、③嘉慶本が何らかの典拠元に従って校訂したものと思われる。

4・5・6・13などは、おおよそ形状の似た文字の誤りを正すものであろう。こうしたことは、③嘉慶本が典拠元を確認した上でよく校訂されているのに対して、④道光本はそれほど校訂が行き届いていないことを示していると考えられる。

しかし、その③嘉慶本にも失誤は認められる（1・2・14・17・20・25）。例えば1の場合、①嘉靖本、②万暦本、④道光本には「霾雨土也」（昼夜）、③嘉慶本には「霾雨士也」とあり、これは『詩経』邶風・終風の鄭箋から引いたものとされている。[7] しかし、『詩経』に見える「霾雨土也」の「霾」は、土砂が雨のように降る気象現象であるため、③嘉慶本の「土」は誤りだと判断できる。このように、他の五例も典拠元によって③嘉慶本の失誤であることが確認できる（〈第1類・表〉「備考欄」に「▲」を附す）。

以上のことから確認できるのは、③嘉慶本が『芸海珠塵』収録に至る過程で、底本となる系統Ⅰを典拠元に基づいて校訂するものであったこと、その一方で、④道光本においてはそのような校訂が行われていなかったことである。また、③嘉慶本も一定の失誤を残しているが、これらは底本の校訂という基本的方針を遂行する過程で生じた「取りこぼし」であったと見ることができる。

〈第2類・表〉③嘉慶本、④道光本が同じ（①嘉靖本・②万暦本のみ異なる）

	①嘉靖本	②万暦本	③嘉慶本	④道光本	備考
1	子産	子産	左伝子産	左伝子産	真宰
2	周官大卜	周官大卜	周官太卜	周官太卜	長柳
3	大公有徳	大公有徳	太公有徳	太公有徳	◆宗空
4	泣而為瓊瑰盈其襟	泣而為瓊瑰盈其襟	泣而為瓊瑰盈其懐	泣而為瓊瑰盈其懐	◆宗空
5	宋人代曹	宋人代曹	宋人伐曹	宋人伐曹	◆宗空
6	寔述於博物之子産	寔述於博物之子産	実述於博物之子産	実述於博物之子産	宗空
7	封大叔焉	封大叔焉	封太叔焉	封太叔焉	宗空
8	使大人占之	使大人占之	使太人占之	使太人占之	宗空

9	大人大卜之属	大人大卜之属	太人太卜之属	太人太卜之属	宗空
10	其神純粹	其神純粹	其神純粋	其神純粋	◆聖人
11	六書精蘊曰	六書精蘊曰	六書精蘊	六書精蘊	古法
12	繙綽古禄山怪夢	繙綽古禄山怪夢	幡綽古禄山怪夢	幡綽古禄山怪夢	◆古法
13	緑山夢衣袖長至階下	緑山夢衣袖長至階下	禄山夢衣袖長至階下	禄山夢衣袖長至階下	◆古法
14	太似夢見商之庭産棘	太似夢見商之庭産棘	太姒夢見商之庭産棘	太姒夢見商之庭産棘	◆吉事
15	清絜鮮好	清絜鮮好	清潔鮮好	清潔鮮好	感変

第2類に該当する異同は十五例認められ、うち本文における異同は三例（2・6・8）である。残り十二例は注における異同であり、うち系統Ⅰの失誤を③嘉慶本と④道光本がそれぞれ典拠元に拠り修訂したと考えられるものが七例（3・4・5・10・12・13・14）認められる（〈第2類・表〉「備考欄」に「◆」を附す）。例えば、12・13・14は人名の誤りを正した事例である。特に12・13の場合、①嘉靖本と②万暦本では同一段落内で正しい人名と誤った人名が混在しているが、[8] ③嘉慶本と④道光本では修訂されている。

この第2類では、第1類と同様、③嘉慶本の基本的方針（「底本の校訂」）が確認できる。但し第1類と異なるのは、③嘉慶本と同じ修訂が④道光本においてもなされていることである。このように、特定の箇所における修訂が③嘉慶本と④道光本に共通して見えることから考えられるのは、④道光本が先んじて刊行されていた③嘉慶本を参照した上で修訂を行っていた可能性である。もちろん、④道光本が独自に修訂を行った可能性も否定はできないが、仮に③嘉慶本を参照しつつ修訂を行ったとするならば、その参照も徹底されていなかったことが、第1類の事例から推測される。

〈第3類・表〉①嘉靖本・②万暦本、③嘉慶本、④道光本がすべて同じ

	①嘉靖本	②万暦本	③嘉慶本	④道光本	備考
1	聖人以魄摂魂、衆人以魂運魄	聖人以魄摂魂、衆人以魂運魄	聖人以魄摂魂、衆人以魂運魄	聖人以魄摂魂、衆人以魂運魄	真宰
2	孔融注	孔融注	孔融注	孔融注	衆占
3	三曰鐫	三曰鐫	三曰鐫	三曰鐫	昼夜
4	孔子夢三槐門	孔子夢三槐門	孔子夢三槐門	孔子夢三槐門	宗空
5	且避左右	且避左右	且避左右	且避左右	宗空
6	未嘗動也	未嘗動也	未嘗動也	未嘗動也	聖人
7	寸以内	寸以内	寸以内	寸以内	六夢
8	飛星奔星也	飛星奔星也	飛星奔星也	飛星奔星也	六夢
9	韋昭曰	韋昭曰	韋昭曰	韋昭曰	古法
10	先王致謹於天人之際	先王致謹於天人之際	先王致謹於天人之際	先王致謹於天人之際	古法
11	覚亦夢也	覚亦夢也	覚亦夢也	覚亦夢也	古法
12	四時之気	四時之気	四時之気	四時之気	吉事
13	先臘十日大儺	先臘十日大儺	先臘十日大儺	先臘十日大儺	吉事

14	少陰之厥	少陰之厥	少陰之厥	少陰之厥	感変
15	劉浩	劉浩	劉浩	劉浩	感変

この第3類に挙げるのは、正確に言えば版本間の異同ではない。筆者が典拠元と照合して初めて、①嘉靖本、②万暦本の失誤が、③嘉慶本や④道光本でも見落とされた結果、そのまま残ったと考えられるものである。但し、失誤の程度はさまざまで、明らかに文意が通らないものもあれば、文意自体は通るが典拠元の内容とは異なるものもある。前者の事例として6を見ると、典拠元の『荀子』では、心は睡眠時、漫然たる時、使役する時全てにおいて動き続ける（「心、臥則夢、偸則自行、使之則謀、故心未嘗不動也」）とするが、『夢占逸旨』では「未嘗動也」となり文意が通らない。また、7では「寸以内」の前にあるべき何らかの数字が脱落している。

その他、5の場合は典拠元の『左伝』から、晋の韓厥が夢の中で、翌朝の戦いでは戦車の左右を避けて乗るように父親から告げられた話を引く。この点は確かに『左伝』にも「且避左右」（成公二年）と見えるが、阮元の校勘記では「且」を「旦」に作る宋本の存在が指摘されている。③嘉慶本は嘉慶年間の刊行で、この時期は阮元が『十三経注疏』の校勘と出版を行った時期と近い。両者の前後関係は定かでないが、結果としては③嘉慶本、④道光本ともに阮元の校勘を反映しなかったものと考えられる。また、4の場合、典拠元の『金楼子』には「昔孔子夢三槐間、豊沛邦有赤蛇、化為黄玉、上有文曰卯金刀字、此其瑞矣」（巻二）とあり、三槐の夢を見た孔子が未来の帝王出現を知る話が見える。ところが、全ての版本は「孔子夢三槐門」となっている。(9)

以上、第3類は、系統Iの失誤が、その後の版本において残ったと考えられる事例であった。但し、各版本が成った時代には、現在確認できない典拠元の異本も存在していた可能性もあるため、これらが必ずしも失誤であるとは言い切れない。しかし、仮にこれらを明らかな失誤であると考えるならば、③嘉慶本が底本の校訂に意を置く一方、失誤も残していたとして、その校訂は必ずしも万全なものではなかったと言えるだろう。

〈第４類・表〉①嘉靖本・②万暦本、③嘉慶本、④道光本が異なる

	①嘉靖本	②万暦本	③嘉慶本	④道光本	備考
1	周礼大卜掌三兆之法	周礼大卜掌三兆之法	周礼太卜掌三兆之法	三兆	長柳
2	漢書天文志曰	漢書天文志曰	漢天文志曰	漢天文志	昼夜
3	太尹	太尹	大尹	衍尹公	■宗空
4	媧始	媧始	媧始	周始	■宗空
5	如董豊避枕沐之事	如董豊避枕沐之事	如董豊所避枕沐之事	如董豊所避之事	古法
6	荘子曰	荘子曰	列子曰	荘子	■古法
7	周之尹氏産	周之尹氏産	周之尹氏大治	周尹氏産	古法
8	順塗而誅其事	順塗而誅其事	順塗而詠其事	順塗而謎其事	■感変

第４類に該当する異同は八例認められ、全てが注におけるものである。典拠元を辿ると、系統Ⅰの失誤を③嘉慶本のみが正したと思われる事例は四例あり（〈第４類・表〉「備考欄」に「■」を附す）、残りの四例は失誤の修訂とも言えない程度の改字であった。

以下、③嘉慶本における修訂について、いくつか例を挙げて説明する。例えば６の場合、注に本来引用されている

のは『列子』周穆王篇の記述であるが、[10]系統Ⅰでは「荘子」となっている。これを踏まえ、③嘉慶本は系統Ⅰの「荘」を「列」に正して「列子」としたのであろうが、④道光本は単に「曰」を削除するにとどまる。

また、7からは、系統Ⅰの字句を改めるという処理の性格が、③嘉慶本と④道光本とでは異なることがわかる。7の場合、①嘉靖本、②万暦本に「周之尹氏産」とあるものを、③嘉慶本では「周之尹氏大治」、④道光本では「周尹氏産」に改めるが、実際に『列子』の原文には「周之尹氏大治」とある。③嘉慶本の字句が典拠元と同じであるこうした事例は比較的多く見られる。このことから、③嘉慶本における「底本の校訂」は、典拠があれば極力それに沿うよう意図されていた可能性が高いと言える。一方、④道光本の改訂方針は③嘉慶本と明らかに異なる。そこで以下、④道光本に見える他本との異同からこの点について確認したい。

④道光本の最も顕著な特徴は、細部にわたる字句の削減である。主な削減対象となるのは、「曰」「云」「其」など、文意に影響が及ばない程度の字句である。また、以下のように、最低限の情報を残す削字の跡も見られる。

・①嘉靖本、②万暦本が「周礼大卜掌三兆之」、③嘉慶本が「周礼太卜掌三兆之法」とするのに対し、「三兆」以外の字句を削除する（長柳、〈第4類・表〉1参照）。
・「武王」「文王」をそれぞれ「武」「文」とする（宗空）。
・「天幹十二」「地支十」をそれぞれ「天干」「地支」とする（六夢）。
・「孔子絶糧陳蔡之間」の「之間」を削除する（宗空）。
・①嘉靖本、②万暦本、③嘉慶本は「小雅斯干之詩曰、乃寝乃興、乃占我夢、吉夢維何、維熊維羆、維虺維蛇、大人占之、維熊維羆、男子之祥、維虺維蛇、女子之祥」とするが、④道光本は「小雅斯干、維熊維羆之詩註」と大幅に削除する（宗空）。

また、以下のように、「AB」を「BA」にするといった語順の変換も見受けられる。

・「治世」→「世治」、「死生」→「生死」（昼夜）
・「善美」→「美善」、「眉長」→「長眉」（宗空）
・「語怪」→「怪語」（聖人）

その他、特に独自の解釈が織り込まれた結果、字句の改変に至ったと思われる箇所もある。例えば、他版本や典拠元となる『荘子』に「成然寐、蘧然覚」とあるものを、④道光本は「成然夢、蘧然覚」（昼夜）とする。「寐」から「夢」への改字は、眠ることが必然的に夢を見ることに繋がるという発想に拠ったものと推測される。

以上のことから、④道光本の特徴は、③嘉慶本のように、典拠に忠実であることを目指して対象となる箇所を修訂するというよりも、字句や表現の削除や省略、改変を比較的自由に行う点にあると言えよう。理解に支障を来さない範囲内での字句削減は、読みやすい文章を提供することにも繋がり、一見読者への配慮とも取れそうだが、一方で商業主義もしくは独断的な行為とも取れる。また、誤字脱字のほか[11]、本文と注の混同や脱落が比較的見受けられること[12]、そして先に挙げた、「曰」などの字句の削減が実は徹底されていないことを踏まえれば、④道光本は修訂の精度が相当に疑わしい版本だと言える。

おわりに

本章では、『夢占逸旨』の版本間に見える異同を第1類～第4類に分類し、特に清代の版本である③嘉慶本、④道光本の性格について考察を進めた。『夢占逸旨』内篇は、主に程朱学の観点から夢と占夢について論じるものであり、後世においても明代夢書における先駆的成果として同書の意義は認められていた。清代以降は③嘉慶本によりその存在はより広く認知されるが、原初形態を残す系統Ⅰとの関係についてはそれぞれ異なる性質を持つと言える。

系統Ⅰに対する最大の情報改竄として両者に共通するのは、注釈者である陳堦の名を削除したことだが、本章の検討内容から言うならば、③嘉慶本は「底本の校訂」を基本方針とし、典拠元を丁寧に確認した跡が確認できる。

一方、これまでの考察から、④道光本は③嘉慶本ほどの精度を保つ版本ではないと考えられる。以下、異体字に対する処理の事例を一つ挙げよう。①嘉靖本、②万暦本に見える「枝鮮葉貫」（古法）は、『淮南子』俶真訓の「枝解葉貫」を引くものである（「鮮」は「解」の異体字）。そしてこの「鮮」を、③嘉慶本では「解」、④道光本では「鮮」に改めている。「鮮」が「解」の異体であることから推測すれば、③嘉慶本と④道光本がそれぞれ「鮮」を改める際、③嘉慶本は典拠元を踏まえた上で「解」と作ったのに対し、④道光本は誤って「鮮」と作った可能性が高いと考えられる。先にも述べた通り、④道光本における随意な改変は、『夢占逸旨』の本旨を大幅に変えるというよりも、微細な字句や表現の範囲に収まるものであった。しかし、こうした処理は誤字脱字といった失誤としても現れやすく、結果として版本の精度を落とすことにも繋がるであろう。以上の点から、やはり④道光本については粗雑という印象が拭えない。

ここで、本章にて取り上げた版本を対象に、再度その系統の特色をまとめると、おおよそ以下のようになろう。

系統Ⅰ…注釈者である陳堦の名を残す（①嘉靖本・②万暦本）。

系統Ⅱ…典拠元にも目配りしつつ、系統Ⅰの失誤の修訂に主眼を置く（③嘉慶本）。

系統Ⅲ…字句や表現の削除および省略、語順の変換を行うが、誤字や脱落などの失誤も目立つ（④道光本）。

③嘉慶本と④道光本が、注釈者である陳堦の名を削除したものであることを考えると、やはり原刊本である①嘉靖本と②万暦本の優位性を考えざるを得ない。しかし、本章で検討した通り、これらの原刊本には多くの失誤が認められた。したがって、『夢占逸旨』研究においては、①嘉靖本や②万暦本の原刊本を底本とした上で、これらに見える失誤を丁寧に校訂している③嘉慶本を参照することも必要になるだろう。

注

（1）　大木康氏は楊縄信『中国版刻綜録』をおおよその目安とし、宋から明末までの刊行点数のうち、約六五％を占める書物が嘉靖・万暦から崇禎にいたる明末に刊行されたものであると指摘している。大木康『中国明末のメディア革命――庶民が本を読む――』（刀水書房、二〇〇九年）

（2）　第四章参照。

（3）　呉省蘭、字は泉之。南匯の蔵書家で、乾隆年間の進士。博学多聞かつ書籍収集を好んだことで知られ、工部左侍郎、補侍講、侍読学士を歴任した。李珠安、陳偉芸『中国蔵書家辞典』（湖北教育出版社、一九八九年）呉省蘭が嘉慶中に刊行した『芸海珠塵』は全八集百三十六種を収め、後に女婿の銭熙輔により壬、癸の二集（四十二種）が刊行された。

（4）これらの異同については、筆者が①嘉靖本と②万暦本の入手以前に、③嘉慶本と④道光本を用いて作成した「『夢占逸旨』内篇訳注（一〜七・了）」（『中国研究集刊』第四十七〜五十六号、二〇〇八〜二〇一三年）をもとにしている。但し、本書で使用した道光本は、同治年間に修補が加えられている。そのため、道光本での修訂として挙げたものについては、同治修補との判別が今後の課題として残る。「解説」注（4）を参照。

（5）①嘉靖本と④道光本が同じであっても、比較対象となる③嘉慶本の対応部分が空格や字潰れで判読不明の場合は掲載の対象外としている。例えば、真宰篇の注に見える「徳流気薄而生者也」（①嘉靖本・②万暦本・④道光本）は、③嘉慶本では「徳流気薄而□□也」となっている。

（6）現時点では、③嘉慶本が①嘉靖本と②万暦本のどちらを底本としたのかを確定することは困難であるため、③嘉慶本の修訂対象については①嘉靖本と②万暦本の双方を含む「系統Ⅰ」という表現を暫定的に用いる。また、避諱の影響を受けた可能性は低いと考えられるが、6の「淵」「泉」については、唐高祖の諱を避けて「淵」を「泉」とする例があることを注記しておく。

（7）「霾雨土也」は実際は毛伝の記述だが、①嘉靖本と③嘉慶本は「詩箋云、霾雨土也」とし、④道光本は「毛詩邶詩箋、霾雨土也」としている。

（8）傍線部が誤字の部分。正しくは「幡綽」「禄山」。「如繙綽占禄山怪夢之類、柳氏旧聞曰、安禄山叛、黄幡綽陥在賊中、緑山夢衣袖長至階下、幡綽曰、当垂衣而治、禄山又夢殿中窓槅倒立、幡綽曰、革故従新、後禄山敗、玄宗自蜀帰詰問幡綽、幡綽曰、臣昔占夢必知其不可也、玄宗曰、何以知之、対曰、衣袖長者、出手不得也、窓槅倒者、胡不得也、玄宗笑而赦之。」（古法）

（9）「槐」はえんじゅの木。周王朝では三本の槐を植えて三公の座としたことから、転じて三公のことを言う。類似の記述は『宋書』符瑞志、『孝経援神契』にも見える。なお、本書の訳注篇では、文意の理解に支障がないと判断したもの以外については、典拠元に従い改めている。

（10）覚醒時間と睡眠時間がそれぞれ異なる「古莽之国」「中央之国」「阜落之国」の話や、資産家でありながら睡眠時は労役夫となる夢に苦しむ尹氏の話。

（11）例えば、宗空篇には「入」を「人」に、「晋」を「普」に、「行」を「興」に誤って作る事例が見え、感変篇には「蕉」を「焦」に作り、また、本来「饑人常夢飽」とあるはずの「飽」が脱落するなどの失誤が確認できる。

（12）例えば、他の版本では本文に入れられている「三夢、一曰致夢、二曰觭夢、三曰咸陟」（長柳）が、④道光本では前節の注の中に入れられている。また、①嘉靖本、②万暦本、③嘉慶本には『詩経』を引いて「無羊之詩曰、牧人乃夢、衆維魚矣、旐維旟矣、大人占之、衆維魚矣、実維豊年、旐維旟矣、室家溱溱」とするものが（但し③嘉慶本では「太人」）、④道光本では完全に脱落している（宗空）。

第四章　夢書の受容に関する考察――『夢占逸旨』を例として

はじめに

南宋の洪邁は、占夢が古代より重視されてきたことを指摘した上で、「今人復た此の卜に留意せず、市井の妄術 所在林の如しと雖も、亦た一箇も占夢を以て自ら名とする者無し。其の学殆ど絶ゆ」（『容斎随筆』続筆、「古人占夢」）と、占夢の衰退ぶりを伝えている。中国では古代より夢を占うという営みが脈々と受け継がれてきたにもかかわらず、宋代にあっては既に人々の興味関心が占夢から離れてしまっていた。となれば、その転機は一体どこにあったと考えられるだろうか。

この点については、沈既済「枕中記」と李公佐「南柯太守伝」に対する齋藤喜代子氏の指摘が示唆に富む。人生の盛衰を夢の中でひととおり体験した主人公が、夢から醒めた後に人生のはかなさを頓悟するというこれらの作品は、人生とは何かを考えさせるものである。このことを踏まえつつ、齋藤氏は唐代の文学傾向として、「夢そのものに対する興味から夢物語への興味の移行」および「記述から創作への移行」を挙げ、上の二作品がその転換点になったと指摘する。[1] 氏が指摘するこの傾向は唐一代で消失することなく、それ以降、特に明代に入るとより鮮明な形で現れる。その最たるものが、戯曲作家の湯顕祖（一五五〇～一六一六）による「玉茗堂四夢」である。

湯顕祖は、「実生活において夢に深い関心をもち、夢は現実の予兆であり、また現実と一致するものであると堅く信じていた人」であった。[2]「玉茗堂四夢」とは、「枕中記」「南柯太守伝」に取材した『邯鄲夢』『南柯夢』に、『還魂記』『紫釵記』を加えた四作品をいう。幻想的でありながらも現実味を帯びて読者に迫るこれらの作品は、夢と現実とが巧妙に連続した物語世界を展開する。では、幻想文学という枠組みの中で夢が華やかに描かれる一方、占夢はどのような状況においてどう語られたのであろうか。

一　明清の図書目録における夢書

古代より人々の精神的営為を支えてきた占夢については、それを現実的な方策として活用する立場と、それほどの価値を見出さない立場とがありながら、占夢の需要自体はその後も絶えることがなかった。[3]

歴代の史書が収める図書目録を見る限りにおいても、夢書自体は一定の範囲で供給・継承されていたことが窺える。[4]その多くは占辞が配列される「占夢書（～占夢書）」、「解夢書（～解夢書）」と称されるものであったが、その大半は散佚、もしくは岳麓書院蔵秦簡「占夢書」[5]や敦煌文書残巻のような断片的史料として僅かに現存するのみで、全体像や夢書間の関連性について知ることは困難なのが現状である。

ところが明代になると、占辞のみならず、まとまった理論を述べる夢書が複数確認できる。また、時代が変われば人々の生活はもちろん、興味関心の対象も変化する。そのため、夢に現れる事物や占辞の内容も随時変化していくが、[6]明代においては好古の傾向も関係してか、古い占辞なども積極的に収録されている。では、こうした夢書はどれほど流通していたのか。以下、明清の蔵書家による図書目録を見てみたい。

明代

○『趙定宇書目』

夢占類考

解夢書一本

夢占外旨

○『文淵閣書目』巻十五

夢書（一部一冊闕）

解夢書

○『内板経書紀略』

解夢書大全（二本七十葉）

○『行人司重刻書目』

帰雲別集（二十本二巻）

○『晁氏宝文堂書目』

古今紀夢要覧（類書類）

解夢厭恠書（陰陽類）

○『国史経籍志』巻四下　子類五行家占夢

占夢書三巻　京房

又一巻　崔元

又三巻　周宣
又一巻　竭伽仙人
又四巻　盧重元
夢雋一巻　柳璨
解夢録一巻　僧紹端
夢占逸旨八巻　国朝陳士元

清代

○『文選楼蔵書記』
夢占類考十二巻　明張鳳翼輯。長洲人。刊本。是書紀古今夢兆。自天象至説夢、分類三十有四。

○『蔵園訂補郘亭知見伝本書目』二　子部　術数類　雑技術之属
補　夢占類考十二巻（明張鳳翼撰）明万暦刊本。十行二十二字、黒口左右双闌。目後有「万暦乙酉孟夏信陽王氏梓行」一行。余蔵。四庫存目。

○『万巻精華楼蔵書記』巻八十五　術数類
夢林元解三十四巻　明何棟如撰　明本

○『鄭堂読書記』巻四十七
夢占逸旨六巻　芸海珠塵本

○『鄭堂読書記補逸』巻二十三

夢林元解三十四巻　明刊本亦陳士元撰、何棟如重輯。
四庫全書存目、心叔既撰夢占逸旨八巻、已付之梓。復得円夢秘策一書、亦八巻。

○『平津館鑑蔵記書籍』
夢書　洪頤煊集本

○『天一閣書目』
夢兆要覧二巻

○『浙江採集遺書総録』
夢占類考十二巻　刊本
右明長洲張鳳翼輯。
夢兆要覧　刊本
右明礼部尚書鄱陽童軒撰。乃考列史伝所載夢験。

○『虞山銭遵王蔵書目録彙編』
夢書一巻

○『持静斎書目』
夢占逸旨八巻　帰雲別集刊本　明陳士元撰

○『千頃堂書目』巻十三
童軒夢徴録　鄱陽人　案遺書目作夢徴要覧二巻
張幹山古今応験異夢全書四巻　揚州衛指揮

陳士元夢占逸旨八巻
張鳳翼夢占類考十二巻
解夢心鏡五巻
古今纂要夢珍故事三巻
古今記夢要覧二巻
古今夢徴

以上の書目のうち、大部な夢書と言えるのが、『夢占逸旨』『夢林玄解』『夢占類考』である（全て現存する）。これらの共通点として挙げられるのは、夢に現れる事象などを項目ごとに収集・配列した、いわば類書的性格を持つ部分が見えることである。例えば、『夢占逸旨』の場合、夢の生成論や占夢理論を説く内篇に対し、その補助的資料として豊富な夢の事例を収集した外篇が設けられている。『夢占逸旨』に限らず、さまざまな夢のモデルを提示するこれらの夢書が好奇の対象となったことは想像に難くない。では、こうした夢書は実際にどのような受容状況にあったのか。そこで本章では、『夢占逸旨』の流伝、および嘉靖年間原刊本が現在台湾の中央研究院歴史語言研究所傅斯年図書館（以下、「傅図」と略称）に所蔵される経緯など複数の視点から夢書受容の一端について考えたい。

二 『夢占逸旨』の流伝について

本節では、『夢占逸旨』の流伝、および諸版本について考察する。『夢占逸旨』の著者である陳士元は、豊富な著述を残し、その内容も博覧堅実と評価される学者であった。字は心叔、号は養吾。正徳十一年（一五一六）応城に生まれ、嘉靖二十三年（一五四四）には進士に及第する。その後、灤州の知となるが、その官吏人生は数年後にして突如終わりを告げる。その理由について、周亮工（一六一二〜一六七二）『因樹屋書影』は次のように記している。

先生攬揆の前一夕、夢に一老翁 冠袍款戸して入り、自ら斉卿孟軻と称す。翌日にして心叔生まれ、其の父遂に字して孟卿と曰う。後に嘉靖甲辰の進士に登り、灤州に刺たり。己酉三月上丁、孔廟に事うることあり、孟子に分献するも、木主故なくして自ら仆れ、型爵 皆地に堕つ。心叔之を悪み、遂に自ら免じて帰す。養吾子と称し、影を息めて読書す。故に著書甚だ富めり。(7)

祭祀時に孟子の木主が倒れたことを気に病んだ末の致仕であったという。これには、父親が見た夢から自身は孟子の生まれ変わりであるという思いが少なからずあったこと、または「少くして跅弛、奇気を負う」(8)という鷹揚かつ気儘な、常人とは異なる気質が関わっていたのかもしれない。(9)

この陳士元の『夢占逸旨』について、筆者はこれまで考察を進め、また内篇の訳注を作成するなど、その全貌解明に取り組んできたが、本書には不明な点も多い。その一つが版本の系統である。

『夢占逸旨』の流通状況について手がかりとなる『因樹屋書影』を見ると、陳士元は著述の多いことでも知られるが、その自撰集『帰雲別集』『外集』全篇の入手は困難であったという。(10)また、「帰雲別集十種七十四巻外集十種六十七巻　明刊本」を蔵する葉徳輝（一八六四〜一九二七）『郋園読書志』は、周亮工の言葉を踏まえて次のように述べる。

此れに拠れば、書は国初に在りて已に得ること易からず、今又た二百余年を歴し、更に希罕なり。此の集二三種を欠くと雖も、之を櫟園（周亮工の号）の見る所と較ぶれば、実に完帙たり。道光癸巳に涂氏重刻す。但だ別集十種有りて外集無し。何の故かを知らず。……今先生の『論語類考』『孟子雑記』は已に陳春の『湖海楼叢書』に刻入され、『夢占逸旨』『江漢叢談』は已に呉省蘭『芸海珠塵』に刻入され、『名疑』は已に張海鵬『借月山房叢書』に刻入され、『易象鉤解』は已に銭熙祚『守山閣叢書』に刻入され、其の余他種は多く近日趙尚輔編むところの『湖北叢書』に刻入さる。近く六七十年、已に家に其の書有り。而るに旧刻を求むること此くの如きは、已に宣鑪・成窯の如し。鼎彝と並べて貴ぶと雖も可なり。是の書曾て南匯呉稷堂侍郎省蘭の蔵する所たり。前に印記有り。(11)

葉徳輝所蔵の『帰雲別集』と『外集』には、一部佚したものもあるが、周亮工所蔵のものに比べれば篇数も多かったという。周亮工の時代においては入手困難であった陳士元の著作も、複数の叢書に刻入されてからは閲することも容易となり、『夢占逸旨』は呉省蘭『芸海珠塵』に収録されたことで広く読まれることになる。

現在最も容易に閲覧できるのは、『芸海珠塵』所収本（以下、「嘉慶本」と略称）であり、『帰雲別集』重刻本所収本（以下、「道光本」と略称）がこれに次ぐ。両種を比較すると、典拠の引用や書式にやや崩れたところが見える道光本に対し、嘉慶本は比較的整っている。だが、嘉慶本には道光本にない誤記も確認できるため、『夢占逸旨』の原初形態に近い版本を特定することは困難であった。しかし近年、筆者は明嘉靖壬戌（一五六二）刊本『夢占逸旨』（以下、「嘉靖本」と略称）が傅図に現存することを偶然に知り、実見調査を行った。(12)一部前章の内容と重複するが、以下、その際に確認することのできた三点を挙げる。

（一）嘉靖本には陳毅という人物による題記が書き入れられていること。
（二）嘉靖本の本文および注の内容は万暦本、嘉慶本とよく一致すること。
（三）『夢占逸旨』本文に附された注釈は、従来陳士元本人によるものとされていたが[13]、嘉靖本では子の陳堦による注となっており、いわゆる「自注」は「他注」であったこと。

（一）については、民国初期の陳毅が占夢をどう捉えていたかを窺わせるものであり、また同書が台湾へ流出した経緯を知るための情報を提供するものとして有益であろう。そして（二）からは、嘉慶本が『夢占逸旨』の原初形態に近い性格を持つ版本であると言うことができる。（三）については、どの段階で陳堦注（以下、「注」と略称）が削除されたのかが興味深い。そこで以下、調査によって得た情報に拠りつつ、『夢占逸旨』の周辺、とりわけ本書がどのような経緯で後世受容されるに至ったかについて考察を進めたい。

上述の通り、『帰雲別集』と『外集』所収の著作は、他の叢書に刻入されてから流通するようになったという経緯がある。この点を踏まえつつ、以下『夢占逸旨』の主な版本について暫定的に整理しておきたい。

最初に刊行されたのは、現在傅図に蔵されている嘉靖本である（以下、便宜上丸数字を附して「①嘉靖本」とする）。その後、万暦癸未（一五八三）に『帰雲別集』が刊行されるが、ここにも『夢占逸旨』が収録されている（以下、「②万暦本」）。その後、清の嘉慶年間には呉省蘭輯『芸海珠塵』に『夢占逸旨』が収録される（以下、「③嘉慶本」）。道光癸巳（一八三三）になると、『夢占逸旨』を収録した『帰雲別集』が重刻される（以下、「④道光本」）。

これら四種の版本についての概要は前章でも述べた通りである。①嘉靖本と②万暦本は、陳士元自身が刊行に携わった初期の版本であり、②万暦本の本篇冒頭、「夢占逸旨巻々一内篇」の下に「帰雲別集二十六」とある以外の異同は見られない。そして字体なども細部にわたり酷似するため、両者は同じ版木によるものと推測される。また、前章でも指摘したとおり、本文自体は③嘉慶本も①嘉靖本とよく一致する。そのため、陳堦の名が見えないことや、一部の文字が校訂されていることなどの相違も確認できるが（詳細については第三章を参照）、③嘉慶本は①嘉靖本、②万暦本に近い版本と考えられる。

一方、これらと系統を異にするのが④道光本である。その詳細については前章で述べた通り、書式の相違以外にも、一部本文と注が混同するなど粗雑な箇所も見える。これはおそらく、重刻時の誤刻もしくは意図的な改竄によるものと考えられる。以上のことから、『夢占逸旨』の版本は、その原初形態を伝える嘉靖本系統と、そうではない道光本系統の二つに大別することができる。

三　陳毅による題記

次に、①嘉靖本に記されている題記について、その詳細を確認する。

題記の筆者である陳毅（一八七三〜?）は、清末民初の学者、政治家、蔵書家である。その経歴の一部は『夢占逸旨』流伝の経緯に関わるため、以下簡単に触れておく。

陳毅、字は士可。湖北省漢陽府黄陂県に生まれる。湖北両湖書院（一八九三年に「自強学堂」、一九〇二年に「湖北方言学堂」と改称）に学び、中華民国期は北京政府の総統府秘書、蒙蔵事務局参事、蒙蔵院参事を歴任した。陳毅が注力した事業は、中国近代教育制度改革と対モンゴル政策である。

陳毅が学んだ湖北両湖書院は、洋務派官僚として知られる張之洞（一八三七～一九〇九）が両湖総督時に設立した学舎で、西洋の学問も積極的に取り入れていた[14]。その後、両湖書院の助教となった陳毅は、張之洞の命を受け、王国維（一八七七～一九二七）らとともに日本の学制と教育事情の視察に向かっている。陳毅の日本滞在は一九〇一年十二月から二ヶ月ほどであったが[15]、元朝史・辺疆史地にも関心を持つ陳毅は、視察の傍ら那珂通世ら東洋史の研究者とも交流を深めている[16]。

清朝末期は、西欧列強の進出に伴う中国の分断と日清戦争の敗戦を受けて、国家体制の改革と国力強化を急務とする一部の進歩的知識人が奔走した時代であった。こうした時流の中で、一九〇三年、近代中国における教育改革の一環として制定された「奏定学堂章程」（癸卯学制）は、日本の学制と教育現場に範を取る中国近代教育制度の基盤であり、その起草を担当したのが陳毅であった[17]。

その後、陳毅は対モンゴル政策における折衝に従事する。この政策は、清朝崩壊後にモンゴル王公らを中心に独立宣言したボグド・ハーン政権に対し、独立を容認しない構えの中華民国が執った強気な対モンゴル政策である。一九一四年には、ボグド・ハーン政権がロシアを後ろ盾に独立の実現を画策する流れを受けてキャフタ会議が開かれた。外蒙内蒙の統治をめぐるこの会議では、中華民国の宗主権のもとでの外蒙古の自治を容認するキャフタ協定が締結された。当時の蒙蔵院参事であった陳毅は、この会議で専使補佐を務めている[18]。その後、一九一七年に陳毅は庫倫《フレー》都護使に着任するが、一九一九～一九二〇年には、徐樹錚らの武装圧力によって外蒙古の自治が撤廃されてしまう。更に一九二〇～一九二一年に起こったモンゴル革命において、ロシア白軍のウンゲルンが庫倫攻撃を仕掛けると、防戦にあたった陳毅は敗北し、庫倫は陥落する。陳毅について、以後の経緯は不明である[19]。

以上が陳毅の略歴である。では、近代教育の推進に関わり、かつ西欧の学問に対する見識も備えた陳毅が記した

『夢占逸旨』の題記にはいかなる内容が書かれていたのか。

吾が宗　帰雲先生は著述宏富、明代に在りては当に升庵と並駕すべし。此の『夢占逸旨』は特に其の余事なるのみ。占夢の術　迷信に近きと雖も、然るに神意の間に何を以てか此の幻象を生ずるは、亦た心理学を講ずる者の解決するを至難とするの疑問なり。此の書は徴攬宏博、研究の資に供すべきと信ず。暇有りて廠肆に游び、偶ま此の本を獲、故に其の旨趣を簡端に掲げて、以て学子に告ぐ。光緒丁未十月十六日、博士泉主陳毅　京寓槐幄軒に識す。此の書近くは惟だ『芸海珠塵』にのみ刻本有るも、此の本は嘉靖原刊にして、至って得難きと為す。読者当に之を宝惜すべし。毅又た記す。黄陂陳毅(20)

嘉靖本の資料的価値、ならびに『夢占逸旨』の意義を簡潔に伝える内容である。また、占夢を「迷信に近」いとしながらも、夢の発生について問題を提起する点は、清末から民国への移行期に西洋科学、とりわけ心理学との関わりからなされた、夢に対する再評価の一側面を知る上でも貴重である。但し、陳毅の言う当時の「心理学」については注意を要する。

「心理学」が西周（一八二九〜一八九七）による訳語であることは周知の通りだが、これは現代における「心理学」とは異なる。現代における呼称は、十九世紀末から二十世紀初頭の近代教育制度において開設された「実験心理学」を指す。日本では、海外で学んだ実験手法を伝えた元良《もとら》勇次郎（一八五八〜一九一二）ら専門家による後進の育成と研究の推進が行われ現在に至る。一方の中国は、日本人による心理学関連の著作や翻訳を通して西学としての心理学を輸入したが、「心理学」という用語がすぐさま実験心理学の意味で中国人に認知されたわけではない。

そもそも中国ではギリシア同様「心」に関する議論が古代から行われており[21]、十七世紀には宣教師を経由する形で心についての学問（当時の神学的唯心論の色彩が強いもの）が流入していた[22]。そうしたこともあってか、「心理学」という用語の意味は、実験心理学が本格的に定着するまで曖昧な状態にあり、東アジア諸国が西学を受容する中で、漸次その内容を変えながら各国の学問体系の中で定着したものである。日本では哲学と心理学とが混在する状況が七〇年代まで続いたが[23]、両者の混在については中国でも同様で、論争を引き起こす契機にもなった。例えば、一九〇二年に陳黻宸が心理学は哲学を包摂すべきとの認識を示した（『新世界学報』「叙例」）のに対し、梁啓超（一八七三～一九二九）は次のような異論を唱えている。

日本人は英語の“psychology”を訳して心理学とし、“philosophy”を訳して哲学とした。両者の範囲は、はっきりと異なっている。我々の訳語を日本人に盲従させる必要はないとはいえ、日本人の訳語は、非常に工夫されており、欧文の語原ともよく符合しており、これを急に変えるのは容易ではない。……“psychology”と“ethics”（倫理学）はみな“philosophy”の一部である。哲学という分類を立てて、心理・倫理はみなこれに入れるのが適当であろう。（『新民叢報』第十八号、一九〇二年[24]）

近代教育の基幹ともなる学問体系をいかに構築するかをめぐり、学問の分類に注力された当時の状況を伝える記述である。またこの内容は、「心理学」という用語が日本で作られた“psychology”の訳語であるとの認識が当時の中国にあったことも示している。

こうした状況を踏まえれば、『夢占逸旨』の題記が書かれた一九〇七年は、日本で生まれた「心理学（psychology）」

という訳語が中国にも定着していた頃である。だが、中国における「心理学」という語への理解は、日本語におけるそれほど明瞭なものではなく、「哲学」と混同されかねない曖昧なものであったと考えられる。陳毅が占夢を「迷信に近」いとしながらも、一方で夢という現象の発生に関心を持ち、これを当時の「心理学」分野における課題としたことは、夢や占夢が従来とは異なる新たな段階で思索され始めていたことを示唆していよう。

四 『夢占逸旨』嘉靖本について

次に、①嘉靖本が傅図に所蔵されるまでの経緯について考えてみたい。筆者が確認したところ、①嘉靖本には陳毅の蔵書印とは別に「東方文化事業総委員会所蔵図書印」が押印されている。東方文化事業とは、一九二三年の「対支文化事業特別会計法」制定・公布後に推進された日中共同文化事業の総称である。一九一九年の五四運動等を背景に悪化した反日感情の沈静化を図るもので、日本はアメリカと同様、義和団賠償金（庚子賠款）から支出する形で対華文化事業を立ち上げることとし、一九二五年には実施機関となる東方文化事業総委員会を北京に設立した。(25)

東方文化事業の基本方針となる「汪・出淵協定」には、「三、北京に図書館及び人文科学研究所を設立する」という条目が記されている。これに従い、東方文化事業総委員会の直属機関として北京人文科学研究所が設置され、図書館設立のための東方文化図書館籌備処も開設された。しかし、その後は図書館設立よりも四庫全書の続修となる書籍の提要執筆を優先したことで、収集の対象も提要執筆に必要な書籍に限られることになる。(26)

書籍の購入が行われた期間は一九二五年から一九三四年の九年間であり、(27)一九三八年には図書館籌備処蔵書の書目を載せた『北京人文科学研究所蔵書目録簡目』が編まれ、その子部術数類「七雑技術」には「夢占逸旨八巻　明陳士

元撰　明嘉靖間刊本」と記されている。このことから、①嘉靖本が提要執筆の対象として選定されていたと推測される。「東方文化事業総委員会所蔵図書印」が押印されたのもこの時期であろう。ところが、実際に執筆された『夢占逸旨』の提要は「清嘉慶間刊本」となっており[28]、続修四庫全書には「拠華東師範大学図書館蔵清嘉慶呉氏聴彝堂刻芸海珠塵本」が収められている。①嘉靖本が結果として提要執筆時に参照されなかった理由としては、本書が提要執筆の対象として不適切と見なされた、もしくは提要執筆者が本書を参照することができなかった、意図的に参照を避けたことなどが考えられる。ただ、現時点において正確なところは不明である。

さて、当時の外交問題および総委員会内部の問題により、続修四庫全書提要の編纂作業は難航し、終戦後には一旦頓挫する。一九四五年には、民国政府が派遣した沈兼士によって、東方文化事業総委員会および北京人文科学図書館、上海近代科学図書館を接収する手続きが執られた。翌年には上記二つの図書施設が国民政府から中央研究院歴史語言研究所（史語所）に分与され、図書も史語所に特設された北平図書資料整理処に収蔵される[29]。

以上のことから、①嘉靖本流伝の経緯をまとめてみると、次のような推測が可能となろう。すなわち、一九〇七年に陳毅が偶然発見して購入した①嘉靖本は、モンゴル革命期に起こったロシア白軍による庫倫攻撃（一九二一年）の後に陳毅の手を離れた可能性が高い[30]。その後、続修四庫全書提要執筆事業を推進していた東方文化事業総委員会がその①嘉靖本を入手すると、本書は北京人文科学図書館に収蔵され、終戦後の一九四六年には史語所に移管される。しかし、周知の通り、史語所は一九四八年に台湾へ移設されるため、①嘉靖本もそれに伴って台湾に渡ることになった[31]。そして一九六〇年に傅図が設立されると、①嘉靖本は東方文化事業総委員会旧蔵書来源の善本として傅図に所蔵され現在に至る[32]。

五　明代における夢書の展開

以上、嘉靖本『夢占逸旨』の調査を契機とし、新たに得た情報およびその周辺について、僅かながら考察を行ってきた。ここで以下、本章の冒頭に立ち返り、『夢占類考』や『夢林玄解』など他書との関係からも、『夢占逸旨』受容の一端について考えておきたい。

『夢占逸旨』をはじめとする夢書を時系列に並べると以下のようになる。なお、『夢林玄解』には二種の版本（明崇禎年間刊と清康熙年間刊）が存在し[33]、それぞれに『夢占逸旨』をほぼ丸ごと引用する。ここではそれらを⑤崇禎本、⑥康熙本としておく。（①～④は再掲）

- 嘉靖四十一年（一五六二）刊本『夢占逸旨』（①嘉靖本）
- 万暦十一年（一五八三）刊本『帰雲別集』所収『夢占逸旨』（②万暦本）
- 万暦十三年（一五八五）刊本『夢占類考』
- 崇禎九年（一六三六）刊本『夢林玄解』所収『夢占逸旨』（⑤崇禎本[34]）
- 康熙年間刊本『夢林玄解』所収『夢占逸旨』（⑥康熙本）
- 嘉慶年間刊本『芸海珠塵』所収『夢占逸旨』（③嘉慶本）
- 道光十三年（一八三三）、『帰雲別集』重刻本所収『夢占逸旨』（④道光本）

『夢占逸旨』の受容という点から見ると、『夢占逸旨』を引く『夢林玄解』の持つ意味は重要である。本来、『夢占逸旨』は陳士元による本文と陳堦による注から成るが、その情報が明示されているのは①嘉靖本と②万暦本のみである。⑤崇禎本と⑥康熙本になると、『夢林玄解』の編輯者によって注と陳堦の名が削除され、陳士元による本文のみが引用されている[35]。そして、③嘉慶本と④道光本になると、陳堦の名だけが削除されて、注は残されたままになる。そのため、注が陳士元の「自注」と誤認される事態が生じる。陳堦の名が削除された理由については不明である。①～⑥のうち、現在最も広く伝わる『夢占逸旨』の版本は③嘉慶本だが、注については上述のような経緯があるため注意を要する。

ここで少し『夢林玄解』について触れておきたい。『夢林玄解』は、晋の葛洪や宋の邵雍に仮託し、「夢占」「夢原」をはじめとする複数のテーマに基づいて編纂された大型の夢書である。明末に刊行された崇禎年間刊本（国立公文書館蔵）、その後これを一部改竄して刊行された康熙年間刊本（中国社会科学院蔵）がある。『夢林玄解』は版本毎に編輯者が異なる。前者は何棟如らのグループによるもので、本体に収録されている『夢占逸旨』以外は、ほとんどが何棟如らの創作による。後者になると、次は李登なる人物が本書を原本と見せかけるために何棟如の序文と凡例を巧妙に改竄する。全体の構成についても、崇禎年間刊本が「夢原」「夢論」「夢禳」「夢占」とするのに対し、康熙年間刊本は「夢占」「夢原」「夢禳」「夢徵」と改編する[36]。

また、筆者が『夢林玄解』の各版本に載る『夢占逸旨』を確認したところ、以下の点が明らかとなった。（一）⑤崇禎本（「夢論」に収録）には「應城　養吾陳士元　纂輯」の横に「茂苑　紫水黄夢堂　増補」とあり、『夢占逸旨』が本来三十篇（内篇十、外篇二十）から成るところ、二十六篇しか見えないこと。（二）一部の篇名と本文とに改竄の跡が見えること[37]。一方の⑥康熙本（「夢原」に収録）には、⑤崇禎本のような改竄の跡は見られないこと。

⑤崇禎本のここまで大胆な改竄は、何棟如の序文に見える「此れ余と紫水氏の裒集して書を成し、陳公の未だ備わらざるを広むるの大指なり」との言葉を裏付けるものであろう。『夢占逸旨』に対して何棟如らが行った改竄の過程とそこから窺える夢観の変容については今後の課題とするが、少なくとも、陳士元は、何棟如らがその完遂を理想とした夢研究における指標的存在として見なされていたと推測する。(38)

おわりに

『夢占逸旨』『夢林玄解』などの夢書は占夢に限定しない、旺盛かつ多角的な夢へのアプローチを特色とする。また、歴代の史書の図書目録という範囲内ではあるが（注（4）参照）、これを時系列に眺めていけば、占夢書とおぼしき書名が大半を占める状態から、占夢に縛られることなく夢を探索するムードが次第に醸成されていく流れが浮き彫りとなる。

夢の探索という点で言うと、例えば、夢の根底にあるはたらきを了解する智慧（「通達之智」）を見据える点は『夢林玄解』における一つの特徴であるし、(39)「夢占」以外の部門も立てる点などは、占夢書の内容のみに夢の理解を委ねず、正しい占夢の方策を説く『夢占逸旨』にも通ずる。その『夢占逸旨』と言えば、程朱学、すなわち道学を主とする学問的立場から夢と実直に向き合いつつ夢の理論を展開し、実際の占夢においても人道的な夢観に基づき、慎重な態度と人間の徳性を重視するものであった。(40)

最後に、明代における大部な夢書群の編纂に関しては、それを自然発生的な現象とせず、その現象を強く惹起する要因が存在した可能性について考えることも忘れてはならないと思われる。この点については、夢書群の編纂が『牡丹亭還魂記』等の夢幻文学が隆盛を極めていた頃と時期を同じくするという事実にも目を向けてみる必要がありそうである。当時から傑作と称揚されていた『牡丹亭還魂記』は、「情」の発露が生死や夢現を超越する情至の物語であった。そして、作者の湯顕祖は「情」の対極にあるものとして、是非をただす名教に代表される「理」を置く。[41]「其れ文虔 晴を祈り、許份 雪を禱り、達奚武 雨を請うの夢は、則ち精誠感格し、上下流通す。亦た恒理なるのみ。未だ訝るに足らざるなり」（雷雨）[42]と、道学に拠って夢に普遍的な道理としての意義づけを行い、また占夢の是非を問うた『夢占逸旨』は、まさに「理」の方面から夢を探求したものである。

当時、自由奔放な感情の営みの中に文化の精粋を見出す時代精神が強く作用した明末において、「夢」は格好の素材であったに違いない。当時優勢を誇ったであろう「情」の夢物語と、一方で伝統的学問に根ざして夢と占夢を探求する「理」の夢研究がほぼ同時期に展開したという点は、明代の夢文化を考える上でも忽視できないと思われる。

注

（1）齋藤喜代子「中国文学における夢について」（『大東文化大学創立六十周年記念中国学論叢』、一九八四年）。
（2）岩城秀夫「湯顕祖研究」（『中国戯曲演劇研究』、創文社、一九七二年）。
（3）湯浅邦弘「中国古代の夢と占夢」（『島根大学教育学部紀要　人文・社会科学』二十二―二、一九八八年）。
（4）以下、主な史書の図書目録を列挙すると以下の通り。
○『漢書』巻三十芸文志…「黄帝長柳占夢十一巻」「甘徳長柳占夢二十巻」 ○『隋書』巻三十四経籍志…「占夢書三巻　京房撰」「占夢書一巻　崔元撰」「竭伽仙人占夢書一巻」「占夢書一巻　周宣等撰」「新撰占夢書十七巻　并目録」「夢書十巻」「解夢書二巻」「雑占夢書一巻」「目瞤書各一巻」（梁有師曠占五巻、東方朔占七巻、黄帝太一雑占十巻、和菟鳥鳴書一巻、王喬解鳥語経、嚏書、耳鳴書、目瞤書各一巻、董仲舒請禱図三巻、亡。） ○『旧唐書』巻四十七経籍志下…「占夢書二巻　又

三巻　周宣撰」○『新唐書』巻五十九芸文志三…「周宣占夢書三巻」「僧紹端神釈応夢書三巻」「詹省遠夢応録一巻」「盧重玄夢書四巻」「柳璨夢雋一巻」「周公解夢書三巻」「王升縮（或無「縮」字）占夢書十巻」「陳襄校定夢書四巻」○『宋史』巻二百六芸文志五「盧重玄夢書四巻」「柳璨夢雋一巻」「周公解夢書三巻」「王升縮（或無「縮」字）占夢書十巻」「陳襄校定夢書四巻」○『明史』巻九十八芸文志「張幹山古今応験異夢全書四巻　揚州衛指揮」「陳士元夢占逸旨八巻」「張鳳翼夢占類考」

（5）二〇〇七年に湖南大学岳麓書院が購入した秦簡二千百枚（香港の骨董市場に流出していたものであるため出土地は不明）に加え、二〇〇八年に香港の収蔵家が寄贈した全七十六枚の竹簡をまとめて「岳麓書院蔵秦簡（略称「岳麓秦簡」）」と呼ぶ。この岳麓秦簡の中に含まれていた「占夢書」と呼ばれる文献は、従来最古の占夢書とされてきた敦煌文書占夢書群を遥かに遡る占夢書として注目されている。

（6）例えば、敦煌文書「新周公解夢書」（P.3908）には「仏道音楽章第八」なる章があり、五代宋初における仏教と道教の影響を窺うことができる。ここでは鄭炳林『敦煌写本解夢書校録研究』（民族出版社、二〇〇五年）を参照。

（7）周亮工は明末清初の蔵書家。「先生攬揆之前一夕、夢一老翁冠袍款戸而入、自称斉卿孟軻。翌日而心叔生、其父遂字曰孟卿。後登嘉靖甲辰進士、刺灤州。己酉三月上丁、有事孔廟、分献于孟子、木主無故自仆、型爵皆堕地。心叔悪之、遂自免帰。称養吾子、息影読書。故著書甚富。」

（8）『東林党籍考』に引く『光諸県志』。

（9）陳士元と東林党との関係については不明である。東林党の領袖であった顧憲成（一五五〇～一六一二）が東林書院を開いたのは一六〇四年であり、陳士元の在年時期と重ならない。朱倓『明季社党研究』（一九四五年）には、「陳士元、楊建烈、宋師襄、喬承詔、潘雲翼、呉良輔、李喬崙、翁正春、朱大典、陳奇瑜、呉宏業。（乙丑丙寅間、正嚮用、先撥志始列漏網、何得列此。）」と東林党に名前が入ることが疑問視されており、胡鳴盛「陳士元先生年譜」（『国立北平図書館月刊』第三巻第五輯、一九二九年）も東林党関連に言及していないことから、陳士元の名が編入された理由は定かではないが、実際には東林党との関係はほぼないものと推測する。

（10）「楊升庵、朱鬱儀両先生著書最多、予既合刻其目。此外則陳心叔先生士元。……所著詩文、名帰雲集如干巻外、有論語類考廿巻、孟子雑記四巻、……夢占逸旨八巻、……。板帙浩繁、未易流伝。余旧蔵有六七種、今只存一二矣。後託家呉昉大令覓其全本、亦不可得。」（巻八）楊慎（一四八八～一五五九）については、『明史』に「明世記誦之博、著作之富、推慎為第一。詩文外、雑著至一百余種、幷行于世」（巻百九十二）とある。

（11）拠此、書在国初已不易得、今又歴二百余年、更希罕矣。此集雖欠二三種、較之櫟園所見、実為完帙。道光癸巳、涂氏重刻、但有別集十種、而無外集、不知何故。……今先生論語類考、孟子雑記已刻入陳春湖海楼叢書、夢占逸旨、江漢叢談已刻入呉省蘭芸海珠塵、名疑已刻入張海鵬借月山房叢書、易象鉤解已刻入銭煕祚守山閣叢書、其余他種多刻入近日趙尚輔所編湖北叢書。近六七十年、已家有其書。而求旧刻如此者、已如宣鑪成窯、雖与鼎彝並貴可也。是書曾為南匯呉稷堂侍郎省蘭所蔵、前有印記。

（12）筆者が二〇一二年に行った調査の際に記録した書誌情報は以下の通り。

〔刊記〕なし　〔匡郭〕十三・五cm、白色　〔紙型〕縦二十五・二cm、横十六・七cm　〔行数〕八行　〔字数〕十九字（割注十九字）〔版心〕第一冊には「夢旨内篇」、第二冊～第四冊には「夢旨外篇」とある。〔印記〕「士可」「博士泉蔵」「黄陂陳毅」「黄陂陳毅鑑蔵善本」「東方文化事業総委員会所蔵図書印」

一帙四冊。内題、外題、題簽なし。無魚尾、四周単欄。欄外（欄上）に、朱筆、墨筆、藍筆による書き込みあり。装丁しなおされており、裏打ち、裁ち切りあり。四針眼訂法。原型は留めておらず、丸入れ紙か。

〔第一冊〕三十一葉（巻一～二　題記半葉、自序一葉、目録二葉）、〔第二冊〕二十九葉（巻三～四）、〔第三冊〕四十二葉（巻五～六）第八葉、第九葉欠、〔第四冊〕二十七葉（巻七～八）

（13）光緒十一年（一八八五）重刊本『湖北通志』（中国省志彙編五、京華書局、一九六七年）八十三巻芸文七子部術数類に「夢占逸旨八巻　明陳士元撰」とあり、その注に「案是書嘉靖壬戌士元自序、十篇凡二巻外二十篇六巻幷自為之注、南匯呉省蘭刻入芸海珠塵中」とある。

（14）朱志経「張之洞和両湖書院」（『湖北師範学院学報』一九八七年第二期）。

（15）船寄俊雄『近代日本中等教師養成論争史論』（学文社、一九八八年）は、一九〇一年十一月、教科書編纂事業に日本での実

地調査は不可欠と考えた張之洞が、羅振玉に四、五名を率いて日本への渡航を要請したこと、その際に陳毅も視察団要員の一人に指名されたことについて述べている（二〇五〜二一八頁）。その他、呂順長『清末浙江与日本』（上海古籍出版社、二〇〇一年）を参照。

（16）中見立夫「「元朝秘史」渡来のころ——日本における「東洋史学」の開始とヨーロッパ東洋学、清朝「辺疆史地学」との交差——」（東アジア文化交渉研究別冊四、関西大学文化交渉学教育研究拠点ICIS、二〇〇九年）参照。

（17）王国維は、当時「章程」の起草に陳毅が果たした役割が大きかったことを次のように述べている。「今日之奏定学校章程、草創之者沔阳陳君毅、而南皮張尚書実成之。」（「奏定経学科大学文学科大学書後」一九〇六年、『教育世界』丙午第二期（一九〇六年二月百十八号）至丙午第三期（一九〇六年二月百十九号）、または『東方雑誌』第六期、一九〇六年）。

（18）李毓澍『外蒙古撤治問題』（中央研究院近代研究所、一九六一年）なお、漠北の「外蒙古（外蒙）」、漠南の「内蒙古（内蒙）」という呼称の別を初めて示したのは、祁韻士（一七五一〜一八一五）『皇朝藩部要略』においてであり（宮脇淳子『モンゴルの歴史　遊牧民の誕生からモンゴル国まで』、刀水書房、二〇〇二年）、清朝時に定められた区域名として用いられている。

（19）徐友春主編『民国人物大辞典　増訂版』（河北人民出版社、二〇〇七年）参照。「ウンゲルンの攻撃に不意を突かれた中国軍は算を乱して庫倫から逃げだし、撤退というより潰走であったらしい。何分にも東と南を囲れ、西方には手近な拠点がないままに、中国軍の大部分は陳毅もともに北方キャフタに逃げ込まざるを得なかった。」（磯野富士子『モンゴル革命』一二九〜一三〇頁、中央公論社、一九七四年）

（20）吾宗帰雲先生著述宏富、在明代当与升庵並駕、此夢占逸旨特其余事耳。占夢之術雖近迷信、然神意之間何以生此幻象、亦講心理学者至難解決之疑問。此書徵攬宏博、信可供研究之資。暇游廠肆、偶獲此本、故掲其旨趣於簡端、以告学子。光緒丁未十月十六日、博士泉主陳毅識於京寓槐幄軒。此書近惟芸海珠塵有刻本、此本係嘉靖原刊、至為難得、読者当宝惜之。毅又記。黄陂陳毅

（21）「魂」「精神」という語によって語られる「心」と夢との記述については、以下のようなものがある。「人之夢也、占者謂之魂行。」（『論衡』紀妖）、「夢者象也。精気動也。」（『太平御覧』巻三百九十七引く「解夢書」）、「夢者神游、依附仿仏。」（敦煌

遺書「新集周公解夢書」)、「夢者精神之運也。」（王昭禹『周礼詳解』）

(22) 楊鑫輝『心理学通史』第二巻（山東教育出版社、二〇〇〇年）

(23)『心理学通史』第二巻。また、「近世ニアリテモ其初代ニアリテハ猶ホ心理学ト純正哲学トノ混同セシヲ見ル、而シテ其両学ノ判然相分レタルハ極メテ近世ノ事ナリ」（井上円了『訂正増補　心理摘要』、一八九一年）

(24) 日人訳英文之 Psychology 為心理学。訳英文之 Philosophy 為哲学。両者範囲、截然不同。雖我輩訳名不必盲従日人、然日人訳此、実頗経意匠、適西文之語源相脗合、未易遽易之也。……Psychology 与 Ethics 即倫理学 皆為 Psychology 中的一門。吾以為宜立哲学一門、而心理倫理皆入之、似為得体矣。
日本語訳は、桑兵著、村上衛訳「近代「中国哲学」の起源」（石川禎浩、狭間直樹編『近代東アジアにおける翻訳概念の展開　京都大学人文科学研究所附属現代中国研究センター研究報告』、二〇一三年）による。

(25) 山根幸夫『東方文化事業の歴史――昭和前期における日中文化交流』（汲古書院、二〇〇五年）、山根幸夫「『続修四庫全書総目提要』と『続修四庫全書』」（『汲古』第三十六号、一九九九年）参照。

(26) 山根氏前掲書。

(27) 王雲五『続修四庫全書提要一』（台湾商務印書館、一九七二年）参照。

(28) 中国科学院図書館整理『続修四庫全書総目提要（稿本）』（斉魯書社、一九九六年）。なお、王雲五が平岡武夫を通じて京都大学人文科学研究所所蔵の提要原稿を出版した『続修四庫全書提要』一～十二（台湾商務印書館、一九七二～）は執筆された提要の一部であるためか、『夢占逸旨』の名は見えない。また、阿部洋（聞き手）「橋川時雄氏インタヴュー記録　東方文化事業総委員会・北京人文科学研究所」（インタヴュー記録E：日中文化摩擦4　特定研究「文化摩擦」、東京大学教養学部国際関係論研究室、一九八一年）参照。

(29) 湯蔓媛纂輯『傅斯年図書館善本古籍題跋輯録』第三冊（中央研究院歴史語言研究所、二〇〇八年）参照。

(30) 傅図「善東」書区、編有1,464号万余冊的古籍、即為張政烺挑選送南京者、其中大部分係明刊本、明抄本及稿本。該批典籍、多是動乱中由清末蔵書家散出者、故巻中有大量之名家手書批語、校記与題跋。（湯蔓媛纂輯『傅斯年図書館善本古籍題跋輯録』）。

（31）現在、傅図ホームページ（http://lib.ihp.sinica.edu.tw/c/rare/DAP/contentg/04-2-3-1.htm）には、「民国三十五年（1946）教育部移交接収自日本北平東方研究所為編纂《続修四庫全書》所蒐之善本書、共一万五千余種、後経本所張政烺等人就該批蔵書挑出本館未有或具史料価値的著作七百余種運台」とある。

（32）傅図所蔵の善本古籍には複数の来源があり、湯蔓媛氏前掲書および傅図ホームページにその概要が見える。両者が来源として挙げる数や内容はやや相違するが、東方文化事業総委員会旧蔵書を挙げる点は同様である。

（33）大平桂一「『夢林玄解』の成立　雲なす証言」（『中国文学報』八十二、二〇一二年）参照。

（34）胡鳴盛「陳士元先生年譜」には、嘉靖四十三年（一五六四）に『夢林玄解』成立の項が見える。しかし胡氏が仮託の疑いありとしていること、大平氏前掲論文も陳士元の関与はないとの結論を導いていることから、ここでは扱わない。

（35）⑤崇禎本、⑥康熙本を校本とし、①嘉靖本との異同を検討することは、『夢占逸旨』受容という点からも大いに興味深いが、後述の通り、⑤崇禎本における改竄の跡が甚だしいことなどから、本書訳注篇ではこれら二種については扱っていない。この点については今後の課題としたい。

（36）大平氏前掲論文。

（37）例えば、内篇では「長柳」「衆占」「宗空」「聖人」の篇名が、それぞれ「原始」「秘義」「釈妄」「無邪」となっている。

（38）大平氏は、『夢林玄解』に見える陳士元「夢林玄解小引」は何棟如による偽作であり、『夢占逸旨』全体がそのまま取り込まれた際に陳士元と関連づけられたものと指摘する。

（39）拙稿「『夢林玄解』小考――構成と編集意図――」（『中国語中国文化』第八号、二〇一一年）参照。

（40）論考篇第二章を参照。

（41）根ヶ山徹『明清戯曲演劇史論序説――湯顕祖『牡丹亭還魂記』研究』（創文社、二〇〇一年）参照。

（42）論考篇第二章注（37）参照。

訳注篇（『夢占逸旨』内篇巻一、巻二）

陳士元『夢占逸旨』内篇訳注

凡例

・本訳注は、陳士元『夢占逸旨』明嘉靖壬戌刊本（以下「嘉靖本」と略称、台湾中央研究院傅斯年図書館蔵）を底本とし、以下の三種を校本とする。（一）陳士元撰『帰雲別集』（万暦癸未刊本）所収『夢占逸旨』（以下、「万暦本」と略称、台湾中央研究院傅斯年図書館蔵）、（二）呉省蘭輯『芸海珠塵』（嘉慶中南匯呉氏聴彝堂刊本、百部叢書集成）所収『夢占逸旨』（以下、「嘉慶本」と略称）、（三）陳士元撰『帰雲別集』（道光癸巳応城呉毓梅校刊同治甲戌修補本、京都大学人文科学研究所蔵）所収『夢占逸旨』（以下、「道光本」と略称）

・本訳注は、【原文】【校異】【書き下し文】【現代語訳】【語注】から成る。【原文】【書き下し文】は、本文と注（陳堦による原注）とに分ける。【現代語訳】は本文のみを対象とするが、注において陳堦が説明する部分については一部対象とする。

・【原文】には読点を、【書き下し文】には句読点を打つ。空格や字潰れの場合は、その旨を【校異】に示し、校本も参照しつつ必要に応じて句読点を打つ。

・底本と校本との異同については、【原文】中の傍線部と丸数字とで示し、【校異】に詳細を記す。

・嘉靖本の状態を極力保つことを優先するが、注の典拠元の確認、および校勘によって、明らかに文意が通らない、もしくは誤字と思われる場合は、可能な範囲で校訂の対象とした。その際は、該当箇所を【　】（原文のみ）で囲み、校訂の詳細を【校異】に示した。なお、異同の対象となる複数の文字が、対象外の文字を挟むなどする場合は、対象外の文字を含むひとまとまりの範囲に傍線を附す。

・注における引用の殆どは、その書物の原文を翻案したものであり、誤引と思われるものもある。そのため、『夢占逸旨』本文の理解が困難な場合もある。本訳注ではこの点を可能な限り補うため、（一）注に引かれている書物のうち、現存が確認できるものについては、現行テキストの書名（注に書名の記載がない場合）、篇名、および該当箇所を各篇末の「訳者注」に引く。その際に使用した現行テキストは「引書一覧」にて示す。

・【語注】などにおいて参考文献の本文と注とを続けて引用する場合は、その書名を本文引用後に示し、続く注釈には「〇〇注」」「（〇〇疏）」とのみ示す（「〇〇注」に「〇〇疏」が続く場合も同様）。その場合は、両者を読点で分けることはしない。

〔例〕

「人肖天地之類、懐五常之性、有生之最霊者也。」（『列子』揚朱）「肖、似也。」（張湛注）

「其術則今八会其遺象也。」（『周礼』春官・占夢「以日月星辰占六夢之吉凶」鄭玄注）「按堪輿大会有八也、小会亦有八。」（賈公彦疏）

・文意の補足は〔　〕で、訳注者による注記は（　）で示した。

・本訳注では、通行の字体を用いる。常用漢字表と人名漢字表にある文字は新字体を用いる。また、本来簡体字で表記されているもの、旧字体、異体字なども、通行の字体に改めた。

・原文で書き分けられていない「已」「巳」「己」については、文脈に応じて判断した。

序文

【原文】

嘉靖壬戌之秋、八月既望、陳子坐蒲陽軒中、睠月色之漸高、忻桂華之始放、感盈虧之転轂、念栄瘁之循環、於是挙酒命酌、興発成酣、枕簟載清、隤然就寝、

【書き下し文】

嘉靖壬戌の秋、八月既望、陳子蒲陽の軒中に坐し、月色の漸く高まるを睠《かえり》み、桂華の始めて放《ひら》くを忻《よろこ》び、盈虧の転轂に感じ、栄瘁《えいすい》の循環を念《おも》う。是に於いて酒を挙げ酌を命じ、興《きょう》発《おこ》りて酣を成す。枕簟《ちんてん》は清きを載《もう》け、隤然《たいぜん》として寝に就く。

【現代語訳】

嘉靖壬戌の秋、八月既望、わたくしは蒲陽にある家中にて座し、明るさを増しながら満ちてゆく月に心惹かれ、木犀の開花に喜びを感じ、月の満ち欠けが止まることなく巡り続けることにも感じ入りつつ、巡りゆく栄枯盛衰に思いを馳せていた。そこで酒を挙げ酌を命じ、心ゆくまで飲むうち、酒興極まって心地よい気分になってきたので、寝具のきれいなものを敷いて、そのまま眠りについた。

【語注】

○蒲陽……湖広（現在の湖北省）徳安府応城県北部の地。「陽」は当地の古跡とされる「蒲騒城」の南を言うか。「蒲騒城　県北三十里。左伝桓十一年、楚屈瑕将盟貳軫。鄖人軍於蒲騒。」（『読史方輿紀要』巻七十七）○転轂……「轂」は車輪の中心で輻を集めて車軸を通す部分。「轂也者、以為利転也。輻也者、以為直指也。」（『周礼』冬官考工記・輪人）「利転者、轂以無有為用也。」（鄭玄注）、「三十輻共一轂、当其無有、車之用。」（『老子』第十一章）「転轂」は急速に回転する車輪。終わりと始まり（ここでは月の満ち欠け）が永続的に、かつ速く繰り返されることの譬え。[1] ○隤然……酒を飲んで体勢が崩れるさま。「隤」と「頽」とは通用。[2]「引觴満酌、頽然就酔、不知日之入。」（『柳河東全集』「始得西山宴游記」）

【原文】

夢皓眉之老叟、披霞服而降庭、授予①一函、金文眩目、宛科斗②之古篆、欲宣誦而未能、蔵襲袖間、猶恐遺脱、獲茲奇玩、心復生疑、乃再拝而問叟曰、予①与君遇、無乃夢乎、叟笑曰、何遇非夢、何夢非真、忽起譙声、予遂驚寤、晨興喟歎③、是何祥也、

【校異】

①万暦本、嘉慶本同じ。道光本「余」。
②万暦本、嘉慶本同じ。道光本「蝌蚪」。
③万暦本、嘉慶本同じ。道光本「余遂驚覚、坐而喟嘆」。

【書き下し文】

皓眉《こうび》の老叟《ろうそう》、霞服《かふく》を披《き》て庭に降り、予に一函を授くを夢む。金文目を眩《くら》まし、宛《あたか》も科斗の古篆のごとく、宣誦せんと欲するも未だ能わず。袖間に蔵襲するも、猶お遺脱するを恐る。茲の奇玩を獲《え》て、心に復た疑いを生ず。乃ち再拝し

て叟に問いて曰く、「予と君と遇うこと、乃ち夢なること無からんや」と。叟笑いて曰く、「何の遇《であい》か夢に非ざらん、何の夢か真に非ざらん」と。忽ち譙声《しょうせい》を起こせば、予遂に驚寤す。晨《あした》に興《お》きて喟嘆《きたん》するならく、「是れ何の祥なるや」と。

【現代語訳】

仙人の服を着た白眉の老人が庭に降りたち、私に一つの函〔に入った書〕を授ける夢を見た。まばゆいほど目のくらむ金文（金泥で書かれた文字）である。どうやら科斗文字のような篆書だが、声を出して読もうとしてもできなかった。私はその封書を落としはしないかと恐る恐る袖の中へ収めたが、この不思議なものを手にして、さらにある疑問が心に浮かんだ。そこで、老人に再拝してこう尋ねた。「私とあなたがこうしてお会いしているのは、夢ではないでしょうか」と。老人は笑ってこう言った。「どの出会いが夢でないものか。どの夢がまことのものでないものか。」そうして、突然「カッ」と叱責の声をあげたかと思うと、そのまま私は驚いて目を覚ました。明け方に起きて、「これは一体何の前触れなのか？」とため息をついた。

【語注】

○霞服……仙人の姿、服装。○金文……金泥で書かれた文字。金属器に鋳込まれた文字（鍾鼎文）ではない。○科斗之古篆……科斗（蝌蚪）は、オタマジャクシの形をした文字、古篆は春秋戦国時代から秦代に通行した大篆と小篆で、漢代以前に使用されていたとされる古文の一種。「科斗、虫名、蝦蟆子、書形似之。」（『経典釈文』尚書序「科斗」）○譙声……叱りとがめる声。

【原文】

研思終日、莫得其繇①、嗟、夫夜之遇叟②也、其真也耶、晨之喟歎③也、其夢也耶、将詢兆於占④人、慨煇経之墜地、輙拠見聞之末、撰茲内外之篇、用述微悰、題為逸旨、払常隠語、豈逭酔夢之譏、遁世朽夫、聊増噱譚之助爾、壬戌九日⑤、応城養吾道人陳士元識、

【校異】

①万暦本、嘉慶本同じ。道光本「由」。
②万暦本、嘉慶本同じ。道光本「所夢」。
③万暦本、嘉慶本同じ。道光本「嘆」。
④万暦本、嘉慶本同じ。道光本「古」。
⑤万暦本同じ。嘉慶本、道光本ともにこの記述はない。

【書き下し文】

研思すること終日なるも、其の繇《うらかた》を得ること莫し。嗟《ああ》、夫れ夜の叟に遇うや、其れ真なるか、晨《あした》の喟歎《きたん》するや、其れ夢なるか。将に兆《うらない》を占人に詢《たず》ねんとするも、煇経《うんけい》の地に墜つるを慨《なげ》く。輙ち見聞の末に拠りて、茲の内外の篇を撰し、用て微かな悰《おも》いを述べ、題して『逸旨《いっし》』と為す。常《かつ》ての隠語を払《たす》けんとするも、豈に酔夢の譏《そし》りを逭《のが》れんや。遁世の朽夫《きゅうふ》、聊か噱譚《きゃくたん》の助を増すのみ。壬戌九日、応城養吾道人陳士元識す。

【現代語訳】

一日中考えてみたが、その答えは得られなかった。ああ、夜に老人と遇ったことが現実なのか、早朝にため息をつ

いていたことが夢なのか。〔その夢の〕兆《うらない》を占人に尋ねようとしたが、煇経（周王朝の伝統的な占法）が既に見るべき影もないほど落ちぶれてしまっているのを悲しむことしかできない。そこで、僅かな見聞をたよりにこの内外の篇を撰し、微かな思いを述べ、『逸旨』と題した。昔から謎となっていた夢の解釈を明らかにしようとしたのだが、酔夢の譏りは免れないだろう。隠居した朽夫がいささか物笑いの種を提供するに過ぎないのだ。壬戌九日、応城養吾道人陳士元識す。

【語注】

○繇……うらかた。ここでは「老人と会う夢を見た理由」の意味でとる。○煇経……煇（太陽の日旁《ひがさ》）の形状から占夢を行う方策。「眡祲、掌十煇之法、以観妖祥、弁吉凶。」（『周礼』春官・眡祲）「煇謂日光気。」（鄭衆注）、「掌三夢之法、一曰致夢、二曰觭夢、三曰咸陟。其経運[3]十、其別九十。」（『周礼』春官・大卜）○常……かつて。「常、或作嘗。」（『詩経』魯頌・閟宮「居常与許」鄭箋）○隠語……本来の意味を言辞で隠したもの。謎。「謎、隠語也。」（『説文解字』新附字）ここでは夢に隠された本当の意味、意義を指すか。○払……たすける。「払……、輔也。」（『広雅』釈詁）○逭……のがれる。「逭、逃也。」（『説文解字』）○噱譚……笑い話。「噱、大笑也。」（『説文解字』）○壬戌九日……嘉靖四十一年（一五六二年）。

序・訳者注

（1）通於学者、若車軸転轂之中、不運於己、与之致千里、終而復始、転無窮之源。（『淮南子』説山訓）

（2）『礼記』曲礼上「凡遺人弓者、張弓尚筋、弛弓尚角」の鄭玄注に「皆欲令其下曲隤然順也」とあり、「隤」について『経典釈文』には「本又作頽。徒回反、順貌」とある。

（3）「運」と「煇」とは通用する。「運或為緷当煇、是視祲所掌十煇也。」（鄭玄注）また、衆占篇注（15）を参照。

夢占逸旨目録

真宰篇第一

夢占逸旨巻之一　内篇

前進士応城陳士元撰　男堦註

門人祝汝器周俯范囲校

【原文】

本文　真宰、窈冥、無象、無形、澒濛、渾穆、気数斯涵、

注　荘子曰*、若有真宰、而特不得其朕、

広成子曰*、窈窈冥冥、至道之極、

淮南子曰*、①古未有天地之時、窈窈冥冥、芒芠漠閔、澒濛鴻洞、莫知其門、

【校異】

①万暦本、嘉慶本同じ。道光本「古未有天地」。

*万暦本、嘉慶本同じ。道光本に「曰」字なし。

【書き下し文】

本文　真宰は、窈冥にして、象無く、形無し。澒濛《こうもう》は、渾穆《こんぼく》なり。気数は斯《ここ》に涵《い》る。

注 『荘子』に曰く、「真宰有るが若し。而れども特だ其の朕《あと》を得ざるのみ」と。(1)
広成子曰く、「窈窈冥冥、至道の極み」と。(2)
『淮南子』に曰く、「古《いにしえ》未だ天地有らざるの時、窈窈冥冥、芒芠漠閔《ぼうぶんばくびん》、澒濛は鴻洞として、其の門を知る莫し」と。(3)

【現代語訳】

真宰（万物創造の根源）は、奥深くてほの暗く、現象としてもあらわれず、姿形もない。形を成していないままの気が湧いて漂っており、そこには気数も含み込まれている。

【語注】

○真宰……万物生成の根源。主宰者。○窈冥……奥深くて暗く、測り知ることができないさま。「窈、深遠也。」「冥、窈。」（『説文解字』）「窈、各本作幽。」（段玉裁注）○澒濛鴻洞……澒濛は天地自然の元気。鴻洞は果てしなく相い連なるさま。「鴻洞、相連貌。」（『文選』洞簫賦「風鴻洞而不絶兮」李善注）○気数……気がめぐる法則。「上無固植、下有疑心、国無常経、民力必竭、数也。」（『管子』法法）「数、理也。」（房玄齢注）、「故有得其気清、聡明而無福禄者。亦有得其気濁、有福禄而無知者、皆其気数使然。」（『朱子語類』巻一）(4) ○涵……含む。入れる。「涵、容也。」（『詩経』小雅・巧言「僭始既涵」毛伝）、「道者涵乾括坤、其本無名。」（『抱朴子』道意）○門……万物を生み出す精妙な作用がはじまるところ。「衆妙之門。」（『老子』第一章）○広成子……老子の別称ともいう。「或云、即老子也。」（『経典釈文』荘子・在宥「広成子」）

【原文】

本文 ①気判陰陽、数苞終始、

注　周子曰、＊太極動而生陽、静而生陰、
列子曰、＊太易者、未見気也、易無形埒、易変而為一、一変而為七、七変而為九、九者究也②、乃③復変而為一④、
老子曰、＊道生一、一生二、二生三、三生万物、万物負陰而抱陽、

【校異】
①万暦本、嘉慶本同じ。道光本「動静陰陽、数包終始」(5)。「苞」と「包」とは通用する。「音包。本或作包。」（『経典釈文』荘子・天運「苞裹」）
②万暦本、嘉慶本同じ。道光本「九変者究也」。
③万暦本、嘉慶本同じ。道光本に「乃」字なし。
④万暦本、道光本同じ。嘉慶本は「一」を「一二」に作る。
＊万暦本、嘉慶本同じ。道光本に「曰」字なし。

【書き下し文】

本文　気は陰陽を判じ、数は終始を苞《か》ぬ。

注　周子曰く、「太極動にして陽を生じ、静にして陰を生ず」と。(6)

『列子』に曰く、「太易《たいい》とは、未だ気を見ざるなり。易は形埒《けいれつ》無し。易変じて一と為り、一変じて七と為り、七変じて九と為る。九は究なり。乃ち復た変じて一と為る」と。(7)

『老子』に曰く、「道は一を生じ、一は二を生じ、二は三を生じ、三は万物を生ず。万物は陰を負いて陽を抱く」と。(8)

【現代語訳】

未だ形を成さない気は陰陽の気に分かれ、それらの原理は、万物の始まりから終わりまでの全てのことを包括している。

【語注】

○太極……『易経』繋辞伝にいう宇宙万物生成の根本。「易有太極、是生両儀、両儀生四象、四象生八卦、八卦定吉凶、吉凶生大業。」（『易経』繋辞伝上）○太易……『列子』のいう宇宙万物生成の根本。『列子』天瑞篇では、感覚で把握できるものではない太易から[9]、以下「太初」「太始」「太素」と、具体的形象の生じる様子を段階的に記す[10]。○形埒……かたち。「埒、形也。」（『淮南子』本経訓「含気化物、以成埒類」高誘注）○道……『老子』のいう宇宙万物生成の根本。

【原文】

本文 天旋地凝、両間定位而人物生矣、

注 淮南子曰、*天運、地滞、輪転而無廃、
礼統曰、天地元気之所生、万物之祖也、

【校異】

*万暦本、嘉慶本同じ。道光本に「曰」字なし。

【書き下し文】

本文 天は旋《めぐ》り地は凝《さだ》まる。両間は位を定めて人物生ず。

注
『淮南子』に曰く、「天運《めぐ》り、地滞《とど》まり、輪転して廃《や》む無し」と。(11)
『礼統』に曰く、「天地は元気の生ずる所、万物の祖なり」と。(12)

【現代語訳】
天がめぐり、地がかたまる。天地が定まると、その間には人や物が生まれる。

【語注】
○両間……天と地との間、中間。○定位……天地それぞれの位置が定まり、「両間」が生じること。「形於上者謂之天、形於下者謂之地、命於其両間者、謂之人。」（韓愈「原人」）、「天地定位、山沢通気、雷風相薄、水火不相射。」（『易経』説卦伝）○廃……「廃、休也。」（『淮南子』原道訓「輪転而無廃」高誘注）○礼統……梁の賀述撰。『白虎通義』の形式に倣い礼制を統括する書（馬国翰『玉函山房輯佚書』）。なお、注が引く「天地元気之所生、万物之祖」の句は、『白虎通義』天地篇の記載と類似しており(13)、また「礼統曰、……」としてこの句を引く記載は、『太平御覧』のほか、『芸文類聚』や『後漢書』注（班固列伝）、『経典釈文』（荘子・天地「天地」）にも見える。

【原文】
本文　人葆沖①和肖乎天地、精神融貫無相盭也、
注　列子曰*、沖②和気者為人、
王介甫詩注曰*、人之精神与天地同流、此占夢之所以設也、

【校異】

①万暦本、嘉慶本同じ。道光本「中」。
②万暦本、嘉慶本同じ。道光本「沖」[14]。
*万暦本、嘉慶本同じ。道光本に「曰」字なし。

【書き下し文】

本文 人の沖和を葆《たも》つは天地に肖《に》る。精神は融貫し相い盭《そむ》く無きなり。

注 『列子』に曰く、「沖和の気は、人と為る」と[15]。
　王介甫詩注に曰く、「人の精神は天地と流れを同じくす」「此れ占夢の設くる所以なり」[16]と。

【現代語訳】

人間が気の調和を保っている状態は、天地にかたどるため、その精神は天地と通じ合い、背くことはない。

【語注】

○沖和（中和）……天地間の陰陽が中和した気（本篇注（8）参照）。「道生一、一生二、二生三、三生万物。万物負陰而抱陽、沖気以為和。」（『老子』第四十二章）○肖……にる、かたどる。「人肖天地之類、懐五常之性、有生之最霊者也。」（『列子』揚朱）「肖、似也。」（張湛注）○融貫……融会貫通。とけて一つとなり通じ合うこと。○盭……もとる、そむく。「盭、弼戻也。」（『説文解字』）「按此乖戻正字。今則戻行而盭廃矣。」（段玉裁注）○王介甫詩注……王安石『三経新義』所収の『詩経』解釈。『詩経新義』『詩義』とも呼ばれる。早くに亡佚しているが、輯佚書によってその一部を見ることができる（本篇（16）参照）。

【原文】

本文 天気為魂、地気為魄、

注 霊枢経曰*、天①之在我者徳也、地之在我者気也、徳流気薄而生者②也、故生之来謂之精、両精相搏謂之神、随神往来者謂之魂、並精而出入者謂之魄、

子産③曰*、物生始化曰魄、既生魄、陽曰魂、

列子曰*、精神者天之分、骨骸者地之分、属天清而散、属地濁而聚、

白虎通曰*、魂主於情、魄主於性、

高誘曰、魂人陽神也、魄人陰神也、

鄭玄曰、嘘吸出入者気也、耳目之精明者為魄、気則魂之謂也、

朱子曰*、魂属木、魄属金、所以言三魂七魄、是金木之数也、

【校異】

①万暦本、嘉慶本同じ。道光本「天地」。

②万暦本、道光本同じ。嘉慶本は「生者」の二字分が空格（「徳流気薄而□□也」）。

③万暦本同じ。嘉慶本、道光本ともに「左伝子産」。

*万暦本、嘉慶本同じ。道光本に「曰」字なし。

【書き下し文】

本文 天の気は魂と為り、地の気は魄と為る。

注

『霊枢経』に曰く、「天の我に在る者は徳なり。地の我に在る者は気なり。徳流れ気薄《せま》りて生るる者なり。故に生の来たるは之を精と謂い、両精相い搏《う》つは之を神と謂う。神に随いて往来する者は之を魂と謂い、精に並びて出入する者は之を魄と謂う」と(17)。

子産曰く、「物生まれて始めて化するを魄と曰う。既に魄を生ずれば、陽をば魂と曰う」と(18)。

『列子』に曰く、「精神は天の分。骨骸は地の分。天に属するは清にして散り、地に属するは濁にして聚まる」と(19)。

『白虎通』に曰く、「魂は情を主《つかさど》り、魄は性を主る」と(20)。

高誘曰く、「魂は人の陽神なり。魄は人の陰神なり」と(21)。

鄭玄曰く、「嘘吸して出入するは気なり。耳目の精明なるは魄と為す」と(22)。気とは則ち魂の謂いなり。

朱子曰く、「魂は木に属し、魄は金に属す。三魂七魄と言う所以は、是れ金木の数なり」と(23)。

【現代語訳】

天の気は魂となり、地の気は魄となる。

【語注】

○魂魄……人間の生命活動における源を示す概念。その解釈は一通りではないものの、魂魄がそれぞれ人間の精神と肉体とを示す対応関係にある、との認識はおおむね変わらない。また、「魂気帰于天、形魄帰于地」(『礼記』郊特牲)ともあるように、人の死後、魂魄はそれぞれが帰属する天地に帰るとされた。『夢占逸旨』では、「天気為魂、地気為魄」以下、更に気の属性(「清」「濁」)に応じた魂魄間の従属関係、魂魄の性格について記される。○薄……迫る。「薄、迫也。」(『左伝』僖公二十三年「薄而観之」杜預注)

○三魂七魄……『抱朴子』に初出。神々との連絡における体内の中継点とされる。[24]道教文献の中には、「三魂」「七魄」それぞれについて詳細な記載が見える。[25]三魂七魄の「魂」「魄」には複雑な性格が付与されており、整然とした魂魄二元論で理解することは難しい。[26]

【原文】

本文　気清者魄従魂、気濁者魂従魄、従魂為貴、従魄為賤、清魂為賢、濁魄為愚、此寿夭禍福之閫也、

注　丹鉛録曰、*霊魂為賢、厲魄為愚、軽魂為明、重魄為暗、揚魂為羽、鈍魄為毛、

【校異】

*万暦本、嘉慶本同じ。道光本に「曰」字なし。

【書き下し文】

本文　気の清なる者の魄は魂に従う。気の濁なる者の魂は魄に従う。魂に従えば貴と為り、魄に従えば賤と為る。清魂は賢と為り、濁魄は愚と為る。此れ寿夭禍福の閫《しきい》なり。

注　『丹鉛録』に曰く、「霊魂は賢と為り、厲魄は愚と為る。軽魂は明と為り、重魄は暗と為る。揚魂は羽と為り、鈍魄は毛と為る」と。[27]

【現代語訳】

気が清らかな者は、魄が魂に従う。気が濁っている者は、魂が魄に従う。魂に従えば高貴となり、魄に従えば卑賤

となる。清魂だと賢明になり、濁魄だと暗愚になる。これらは寿夭禍福を分ける境界である。

【語注】

○閫……門のしきい（門の内と外とを区画するために敷く横木）。転じて、あるものとあるものを区切る境界。ここでは、気の清濁や清魂濁魄に起因する属性の変化が、「寿夭禍福」を分ける要因となること。「閫、音苦本反。謂門限也。」（『史記正義』馮唐伝「閫以内者、寡人制之」）○丹鉛録……書名に「丹鉛」の語を冠する雑著数種の総称。主なものとして、『丹鉛余録』『丹鉛続録』『丹鉛閏録』（散佚するが『総録』に収録される）、楊慎自らが編集し直した『丹鉛摘録』、門人の梁佐が諸録を一編にまとめて重複を除き、分類整理した『丹鉛総録』などがある。編著者は楊慎（字は用修、号は升庵）。修撰、経筵講官を経て翰林学士となる。

【原文】

本文　有貴而賢、有賤而愚、有寿而福、有夭而禍、有貴而愚、有賤而賢、有寿而禍、有夭而福、世変無恒①、幾則先肇、
魂能知来、魄能蔵往、

注　魂強則善悟、魄強則善記、【衆人】②以魄摂魂、【聖人】②以魂運魄、

【校異】

①万暦本、嘉慶本同じ。道光本「常」。

②嘉靖本、万暦本、嘉慶本、道光本ともに「聖人以魄摂魂、衆人以魂運魄」。ここでは、典拠と考えられる『丹鉛続録』『関尹子』（本篇注（28）を参照）に従い改めた。

【書き下し文】

本文　貴にして賢なる有り、賤にして愚なる有り、寿にして福なる有り、夭にして禍なる有り。貴にして愚なる有り、賤にして賢なる有り、寿にして禍なる有り、夭にして福なる有り。世変じて恒無きも、幾は則ち先ず肇《はじ》まる。魂は能く来を知り、魄は能く往を蔵《おさ》む。

注　魂強ければ則ち善く悟り、魄強ければ則ち善く記す。「衆人は魄を以て魂を摂《ひき》い、聖人は魂を以て魄を運《めぐ》らす」と。(28)

【現代語訳】

〔こういうことなので、〕高貴で賢明、卑賤で暗愚、長寿で幸福、短命で不幸、ということがある。〔そうかと思えば〕高貴で暗愚、卑賤で賢明、長寿で不幸、短命で幸福、ということもある。〔このように、人の命運は〕世々変化して一定しないが、その幾《きざし》は先んじておこるものだ。魂は未来を知ることができ、魄は既往の事柄を記憶することができる。

【語注】

○幾……事のはじめの微かな動き。きざし。「幾者、動之微。吉之先見者也。」（『易経』繋辞伝下）○魂能知来、魄能蔵往……『丹鉛続録』魂魄に同様の記述が見える。「知来」「蔵往」については、『易経』繋辞伝上に「神以知来、知以蔵往」（神妙さによって未来を知り、明知によって既往の事象をおさめる）とあるが、「魂」「魄」との関連はない。

【原文】

本文　人之昼興也、魂麗於目、夜寐也、魄宿於肝、魂麗於目故能見焉、魄宿於肝故能夢焉、夢者神之遊、知来之鏡也、

注　朱子曰*、人之精神与天地陰陽流通、故昼之所為、夜之所夢、其善悪吉凶①各以類至、
荘子曰*、天地之鑑也、万物之鏡也、

【校異】

①万暦本、嘉慶本同じ。道光本「神知」。
＊万暦本、嘉慶本同じ。道光本に「曰」字なし。

【書き下し文】

本文　人昼に興《お》くれば、魂は目に麗《つ》く。夜に寐ぬれば、魄は肝に宿《とど》まる。魂の目に麗くが故に能く見、魄の肝に宿まるが故に能く夢む。夢は神の遊、来を知るの鏡なり。

注　朱子曰く、「人の精神は天地陰陽と流通す。故に昼の為す所、夜の夢むる所、其の善悪吉凶は各おの類を以て至る」と。(29)
『荘子』に曰く、「天地の鑑なり。万物の鏡なり」と。(30)

【現代語訳】

人が昼間起きていると、魂は目に付着する（魄が活動する）。夜間眠りにつくと、魄は肝にとどまる（魂が活動する）。魂が目に付着する昼間はものを見ることができ、魄が肝にとどまる夜間は夢を見ることができる。夢は精神が意識を離れて浮遊することで見るものであり、未来を映し出す鏡である。

【語注】

○人之昼興也～故能夢焉……これと類似する記述は、『丹鉛続録』魂魄、『関尹子』四符に見える。[31] 魂魄の一方が目や肝にとどまる間にもう一方が活動するという点については、劉文英『夢的迷信与夢的探索』（中国社会科学出版社、一九九七年）も、「〝魄宿于肝〟既能維持人的生命、又停止了耳目聴聞、這様魂就可以離身而外游」（三二頁）とし、魂は昼間「目」に付いて耳目の機能として働く（能見）。しかし、夜になると「魄宿于肝」となり、耳目を含む身体機能が休息する（魂が外遊できる）状態であると解釈する。○麗……付着する。「凡万民之有罪過、而未麗於法、而害於州里者。」（『周礼』秋官・大司寇）「麗、附也。」（鄭玄注）○知来之鏡……『荘子』における「天地之鑑」「万物之鏡」は、本来「聖人之心」のことを言う。その成玄英疏に「鑑天地之精微、鏡万物之玄賾」とあるように、「聖人之心」は、天地万物の霊妙で奥深い姿をありのまま映し出すとされる。ここでの「知来之鏡」とは、夢もまた、未来におこる事象の微妙なきざしを明確に映し出す「鏡」であることを言う。

【原文】

本文　故曰、神遇為夢、形接為事、

注　①列子曰*、神遇為夢、形接為事、②故昼想夜夢、形神所遇、③神凝者、想夢自消、
荘子曰、其寐也魂交、其覚也形開、

【校異】

①万暦本、嘉慶本同じ。道光本「荘子」。
②万暦本、嘉慶本同じ。道光本「昼想夜」。
③万暦本、嘉慶本同じ。道光本「神形不接、夢自消」。
＊万暦本、嘉慶本同じ。道光本に「曰」字なし。

【書き下し文】

本文 故に曰く、「神遇えば夢と為り、形接すれば事と為る」と。

注 『列子』に曰く、「神遇えば夢と為り、形接すれば事と為る。故に昼に想い夜に夢むは、形神の遇う所なり。神凝《さだ》まる者は、想夢自《おのずか》ら消ゆ」と[32]。『荘子』に曰く、「其の寐ぬるや魂交わり、其の覚むるや形開く」と[33]。

【現代語訳】

それで、「精神が外物に出会えば夢となり、肉体が外物と接触すれば知覚となる」と言うのだ。

【語注】

○神遇……精神が外物に接触して夢となること。『荘子』の「魂交」も同様。○形接……肉体が外物に接触して知覚現象となること。『荘子』の「形開」も同様。○神凝……精神がひっそりと静かで、外物に接触しないこと。「凝、静也。」(『荘子』逍遥遊「其神凝」成玄英疏) こうした様子は、道家における理想的な忘我の境地、もしくはそれを体現した「真人」「神人」の描写の中に見える[34]。

真宰篇第一・訳者注

(1) 若有真宰、而特不得其眹。(『荘子』斉物論)
(2) 広成子蹶然而起曰、善哉問乎。来。吾語女至道。至道之精、窈窈冥冥。至道之極、昏昏黙黙。(『荘子』在宥)
(3) 古未有天地之時、惟像無形、窈窈冥冥、芒芠漠閔、澒濛鴻洞、莫知其門。(『淮南子』精神訓)
(4) その他、三浦國雄『朱子と気と身体』(平凡社、一九九七年) 第一部第二章「歴史意識」中の四〇~五一頁を参照。なお、

Richard E. Strassberg 氏は、本節の「気数」を「all the permutations of qi-energy」、次節の「数苞終始」を「numbers issued forth making beginnings and ends」とする。「permutations（順列）」「number（数）」の語を用いる氏の訳出は、気のエネルギーが然るべき順列を備えていること、ならびに、それがあらゆる物事の終始を包括していることを示すものと考えられる（Richard E. Strassberg "*Wandering Spirits; CHEN SHIYUAN'S ENCYCLOPEDIA OF DREAMS*"/University Of California Press, Ldt. London, England 2008）。

（5）「気判陰陽」「動静陰陽」は、ともに注が引く『太極図説』によって解釈できる。すなわち、万物生成の過程において、「真宰」の「動静」により、「陰陽」の気という変化の原理が現れることを述べる句と考えられる。また、動静と陰陽とが連続する事例として、『朱子語類』に「元亨利貞、是備箇動静陰陽之理」（巻一）とある。

（6）無極而太極。太極動而生陽。動極而静、静而生陰。（『太極図説』）

（7）昔者聖人因陰陽以統天地。夫有形者生於無形、則天地安従生。故曰、有太易、有太初、有太始、有太素。太易者、未見気也。太初者、気之始也。太始者、形之始也。太素者、質之始也。気形質具而未相離、故曰渾淪。渾淪者、言万物相渾淪而未相離也。視之不見、聴之不聞、循之不得、故曰易也。易無形埒、易変而為一、一変而為七、七変而為九、九変者究也。乃復変而為一。（『列子』天瑞）

（8）道生一、一生二、二生三、三生万物。万物負陰而抱陽、冲気以為和。（『老子』第四十二章）

（9）『老子』第十四章「視之不見、名曰夷」も同様。「夷」と「易」とは通用する。「夷、易也。」（『詩経』周頌・天作「岐有夷之行」毛伝）

（10）本篇注（7）を参照。

（11）天運、地滞、輪転而無廃。（『淮南子』原道訓）

（12）礼統曰、天地者元気之所生、万物之祖也。（『太平御覧』巻一）

（13）天者何也。天之為言鎮也。居高理下、為人鎮也。地者、元気之所生、万物之祖也。地者易也。言養万物懐任交易変化也。（『白虎通』天地）

（14）「沖」は「沖」の異体字。校異①の「中」は「沖」と通用する。「沖即中也。又精誠篇『執沖含和』、淮南泰族訓沖作中、皆沖中通用之証。」（楊伯峻撰『列子集解』）
（15）清軽者上為天、濁重者下為地、冲和気者為人。故天地含精、万物化生。（『列子』天瑞）
（16）『詩義』の輯佚書としては、程元敏『三経新義輯考彙評（二）―詩経』（国立編訳館、一九八六年）、邱漢生輯校『詩義鉤沈』（中華書局、一九八二年）を参照。ともに、『呂氏家塾読詩記』小雅・斯干の注釈「（王氏曰、）人之精神与天地陰陽流通」を挙げるが、注文の引用とは完全に合致しない。一方で王安石『周官新義』春官・占夢には「人之精神与天地同流」「此占夢之所以設也」とあるため、注文の「王介甫詩注」が誤記の可能性もある。なお、『周官新義』についても、程元敏『三経新義輯考彙評（三）―周礼』（国立編訳館、一九八六年）を参照。
（17）岐伯答曰、天之在我者徳也。地之在我者気也。徳流気薄而生者也。故生之来、謂之精。両精相搏、謂之神。随神往来者、謂之魂。並精而出入者、謂之魄。（『黄帝内経霊枢』本神）
（18）及子産適晋、趙景子問焉。曰、伯有猶能為鬼乎。子産曰、能。人生始化曰魄、既生魄、陽曰魂。（『左伝』昭公七年）
（19）精神者天之分。骨骸者地之分。属天清而散、属地濁而聚。（『列子』天瑞）
（20）魂魄者何謂。魂猶伝伝也。行不休也。主於情。少陽之気、故動不息、于人為外、主于情也。魄者、猶迫然著人也。此少陰之気、象金石著人不移、主於性也。（『白虎通』性情）
（21）魂人之陽精也。陽精為魂。陰精為魄。（『呂氏春秋』禁塞「費神傷魂」高誘注）
（22）気謂嘘吸出入者也。耳目之聡明為魄。合鬼神而祭之。聖人之教致之。（『礼記』祭義「子曰、気也者神之盛也。魄也者鬼之盛也。合鬼与神教之至也」鄭玄注）
（23）魂属木、魄属金。所以説三魂七魄、是金木之数也。（『朱子語類』巻三）
（24）抱朴子曰、師言欲長生、当勤服大薬。欲得通神、当金水分形。形分則自見其身中之三魂七魄、而天霊地祇皆可接見、山川之神、皆可使役也。（『抱朴子』地真）
（25）「其爽霊、胎光、幽精三君、是三魂之神名也。」「其第一魄名尸狗。第二魄名伏矢。第三魄名雀陰。第四魄名呑賊。第五魄名

非毒。第六魄名除穢。第七魄名臭肺。此皆七魄之陰名也。身中之濁鬼也。」（『正統道蔵』第十九冊 洞神部「皇天上清金闕帝君霊書紫文上経」）その他、「太上除三尸九虫保生経」（『正統道蔵』第三十一冊 洞神部）や『雲笈七籤』巻五十四にも三魂七魄についての記載が見える。

（26）藤野岩友「『雲笈七籤』に見える三魂七魄」（『城南漢学』十二、一九七〇年）を参照。

（27）霊魂為賢、厲魄為愚。軽魂為明、重魄為暗。揚魂為羽、鈍魄為毛。（楊慎『丹鉛続録』魂魄）同様の記述は『関尹子』四符にも見える。

（28）「衆人以魄摂魂、聖人以魂運魄。」（『丹鉛続録』魂魄）、「衆人以魄摂魂者、金有余則木不足也。聖人以魂運魄者、木有余則金不足也。」（『関尹子』四符）

（29）或曰、夢之有占何也。人之精神与天地陰陽流通。故昼之所為、夜之所夢、其善悪吉凶、各以類至。（『詩集伝』小雅・斯干）

（30）聖人之心静乎。天地之鑑也、万物之鏡也。（『荘子』天道）

（31）「蓄魄之蔵、魂拘之。魂之游、魄因之。魂昼属目、魄夜属肝。寓目能見、舎肝能夢。」（『丹鉛続録』魂魄）、「蓄魄之蔵、魂倶之。魂之游、魄因之。魂昼寓目、魄夜舎肝。寓目能見、舎肝能夢。」（『関尹子』四符）

（32）子列子曰、神遇為夢、形接為事。故昼想夜夢、神形所遇。故神凝者、想夢自消。（『列子』周穆王）

（33）其寐也魂交、其覚也形開。与接為搆、日以心闘。（『荘子』斉物論）

（34）「心凝形釈、骨肉都融、不覚形之所倚、足之所履。」（『列子』黄帝）、「藐姑射之山有神人居焉。肌膚若氷雪、淖約若処子。不食五穀、吸風飲露。乗雲気、御飛龍、而遊乎四海之外。其神凝、使物不疵癘而年穀熟。」（『荘子』逍遥遊）

長柳篇第二

【原文】

本文 長柳之演、載諸芸牒、其詳不可得聞已[①]、

注 漢書芸文志曰[*]、黄帝長柳占夢十一巻、甘徳長柳占夢二十巻、

【校異】

①万暦本、嘉慶本同じ。道光本「矣」。

*万暦本、嘉慶本同じ。道光本に「曰」字なし。

【書き下し文】

本文 長柳の演は、諸を芸牒に載するも、其の詳は聞くを得べからざるのみ。

注 『漢書』芸文志に曰く、「黄帝長柳占夢十一巻。甘徳長柳占夢二十巻」と。[(1)]

【現代語訳】

長柳占夢の技術は、その名が『漢書』に記されているものの、その詳細についてはもはや聞くことができない。

【語注】

○黄帝長柳占夢十一巻……黄帝が占夢について記したとされる書。 ○甘徳長柳占夢二十巻……古代の天文暦法家である甘徳が占夢

について記したとされる書。『史記』天官書には、「昔之伝天数者」として「在斉甘公」とあり、その『集解』が引く徐広注に「或曰、甘公、名徳也。本是魯人」とある。だが一方で、『正義』には「七録云、楚人。戦国時、作天文星占八巻」とあるなど、その具体的な人物像などについては諸説ある。(2)

【原文】

本文　周官大卜①、掌三兆、三易、三夢之法、

注　周礼大卜、掌三兆之法②、一玉兆、二瓦兆、三原兆、掌三易之法③、一連山、二帰蔵、三周易、

【校異】

①万暦本同じ。嘉慶本、道光本「太」。

②万暦本同じ。嘉慶本「周礼太卜掌三兆之法」、道光本「三兆」。

③万暦本、嘉慶本同じ。道光本「三易」。

【書き下し文】

本文　周官大卜、三兆・三易・三夢の法を掌《つかさど》る。

注　『周礼』大卜、三兆の法を掌る。一に玉兆、二に瓦兆、三に原兆。三易の法を掌る。一に連山、二に帰蔵、三に周易。(3)

【現代語訳】

周官では大卜の官（卜筮官長）が、三兆・三易・三夢という占験の法を統括していた。

【語注】

○大卜……『周礼』に見える官名。『周礼』鄭玄注に「問亀曰卜。大卜、卜筮官之長」（春官・序官・大卜）とある。○三兆……「兆」は、亀卜の際にできる割れ目（『詩経』小雅・小旻の孔穎達疏に「兆者、亀之亹坼《びたく》」とある）。その割れ目によって吉凶を判断することから、占いの意味で用いられる。「三兆」は、玉兆・瓦兆・原兆という三種の卜形《うらかた》の総称。「玉」「瓦」「原」は、亀甲を焼いた時の割れ目が、それぞれ玉の裂け目、瓦の割れ目、高くて平らな場所にある田圃の割れ目と似ていることに由来する。(4) ○三易……連山・帰蔵・周易という三種の易の総称。なお、一九九三年には湖北省の王家台十五号秦墓から秦簡「帰蔵」と称される竹簡が出土しており、連劭名「江陵王家台秦簡与《帰蔵》」（『江漢考古』一九九六年第四期）など、関連研究の蓄積がある。

【原文】

本文 三夢、①一曰致夢、二曰觭夢、三曰咸陟、

注 周礼注曰、*致夢、言夢之所至、夏后氏作焉、觭、得也、言夢之所得、殷人作焉、咸、皆也、陟亦得也、言夢之皆得、周人作焉、

【校異】

①万暦本、嘉慶本同じ。道光本では、本文ではなく前節の注となっている。
*万暦本、嘉慶本同じ。道光本に「曰」字なし。

【書き下し文】

本文 三夢、一に曰く致夢《ちむ》、二に曰く觭夢《きむ》、三に曰く咸陟《かんちょく》。

注 『周礼』注に曰く、「致夢は、夢の至る所を言う。夏后氏作る。觭は、得なり。夢の得る所を言う。殷人作る。

咸は、皆なり。陟もまた得なり。夢の皆得るを言う。周人作る」と。(5)

【現代語訳】

三夢とは、一に致夢、二に觭夢、三に咸陟である。

【語注】

○三夢……致夢・觭夢・咸陟という三種の夢占いの総称。鄭玄によれば、それぞれ夏・殷・周における占夢の名称であるという。ここでの「致」「觭」「陟」は、夢として得ることを意味する（本篇注（5）参照）。

【原文】

本文　又以八命賛三兆、三易、三夢之占、以観吉凶、

注　周礼、以邦事作八命、一曰征、二曰象、三曰与、四曰謀、五曰果、六曰至、七曰雨①、八曰瘳、以八命、賛三兆、三易、三夢之占、以観国家之吉凶、以詔救政、注②云、国之大事有八、定作其辞③、以命蓍亀、又参之以夢也、

【校異】

①万暦本、嘉慶本同じ。道光本「両」。
②万暦本、嘉慶本同じ。道光本「註」。
③万暦本、嘉慶本同じ。道光本「詞」。

【書き下し文】

本文　又た八命を以て三兆・三易・三夢の占を贊《たす》け、以て吉凶を観る。

注　『周礼』、邦事を以て八命を作る。一に曰く征、二に曰く象、三に曰く与、四に曰く謀、五に曰く果、六に曰く至、七に曰く雨、八に曰く瘳《ちゅう》。八命を以て、三兆・三易・三夢の占を贊《たす》け、以て国家の吉凶を観、以て詔《つ》げて政を救う[6]。

注に云う、「国の大事に八有り。定めて其の辞を作りて、以て蓍亀《しき》に命ず。又た之に参するに夢を以てするなり」と[7]。

【現代語訳】

また、〔国家の大事として問う必要のある〕八種の命辞によって、三兆・三易・三夢の占事を補助し、吉凶をみる。

【語注】

○八命……八種の命辞。諸事に関する吉凶の判断を亀卜に命じる為政者の言葉。但し、『夢占逸旨』本文では、亀卜の八命であることは明記されていない。○征……敵の征伐、もしくは各国を巡視することについて問う[8]。○象……日食や月食、天体の運行などの天象について、その吉凶を占うこと。○与……共に事を為すことの可否を問う。○謀……物事の難易、または行政について問う。「咨事之難易為謀。」（『詩経』小雅・皇皇者華「周爰咨謀」毛伝）、「謀者、謀政事也。」（『詩経』周頌・訪落序「嗣王謀於廟也」鄭箋）○果……事の成否を問う、もしくは果断な行動を占う。後者について、鄭玄は楚の司馬子魚による亀卜を例として挙げる[9]。○至……人が来訪するかどうかを問う。○雨……降雨の時期を問う。○瘳……病が癒えるかどうかを問う。「瘳、疾瘉也。」（『説文解字』）○贊……補助する。「贊、助也。」（『礼記』中庸「可以贊天地之化育」鄭玄注）

【原文】

本文　夫兆①倚亀而徴、易頼蓍而顕、蓍亀外物也、聖人設教利用、猶足以通乎神明、稽乎大疑、

注　②易大伝曰、聖人以神道設教、
又曰、利用出入、民咸用之、謂之神、
又曰、③以通神明之徳、
④尚書洪範曰、汝則有大疑、謀及卜筮、

【校異】

①万暦本、嘉慶本同じ。道光本「以」。
②万暦本、嘉慶本同じ。道光本「易伝、聖人神道設教」。
③万暦本、嘉慶本同じ。道光本「以神明其徳」。
④万暦本、嘉慶本同じ。道光本「洪範」。

【書き下し文】

本文　夫れ兆は亀に倚りて徴《きざ》し、易は蓍《めどき》に頼りて顕《あき》らかなり。蓍亀《しき》は外物なるも、聖人教えを設けて利用すれば、猶お以て神明に通じ、大疑を稽《かんが》うるに足る。

注　易大伝に曰く、「聖人は神道を以て教えを設く」と(10)。
又た曰く、「利用出入して、民咸《み》な之を用うるは、之を神と謂う」と(11)。
又た曰く、「以て神明の徳に通ず」と(12)。

『尚書』洪範に曰く、「汝 則《も》し大疑有れば、謀《はかりごと》卜筮に及ぶ」と。(13)

【現代語訳】

そもそも亀卜は、亀甲によって吉凶のきざしが示され、易占は蓍によって吉凶のきざしが明らかになる。蓍や亀甲は外物だが、聖人は教義を設けてそれらを利用することで神妙なる智恵に通じ、大きな疑問を考えることができる。

【語注】

○外物……外界の物事。ここでは、心身の内的作用により生ずる夢に対し、外界の事物として蓍亀が挙げられている。(14) ○聖人設教……『易経』観の彖伝に、「観天之神道、而四時不忒。聖人以神道設教、而天下服矣」（聖人が一定した四時の循環を守る天道にのっとり政教を設けるため、天下の人々はそれに服する）とある。「神道」は、推しはかり難い神妙な道理。「観天之神道」の王弼注に「神則無形者也」とあり、その孔穎達疏に「神道者、微妙無方、理不可知、目不可見、不知所以然而然、謂之神道」とある。○利用出入……利益を享受できるよう、物を便宜的に用いること。○神明之徳……神妙なる領域（造物者）における明智の徳。○稽乎大疑、謀及卜筮……事を行おうとする際に疑いの余地があれば、卜筮に問うてから決定する。『書経』洪範の「洪範九疇」（治世における九つの大法）の一つ「稽疑」（疑わしい事を考える）に、疑義が生じた際は、卜筮に通じた人物を選んで取り立てるとある。「稽疑、択建立卜筮人、乃命卜筮。」（洪範）(15)

【原文】

本文 乃若夢本魂渉、非由外仮、度其端倪、探其隠賾、則栄枯得喪、烏得而違諸、

注 蓍亀外物、尚可以占[1]其栄枯得喪、而夢則発乎精神、非外物、比尤可占也、其[2]占有不応者、則不能度其端倪、探其隠賾爾、

【校異】

①万暦本、嘉慶本同じ。道光本に「其」字なし。
②万暦本、嘉慶本同じ。道光本に「其」字なし。

【書き下し文】

本文 乃ち夢の若きは魂の渉るに本づき、外由《よ》り仮るるに非ず。其の端倪《たんげい》を度《はか》り、其の隠賾《いんさく》を探れば、則ち栄枯得喪、烏《いず》くんぞ得て諸《これ》に違わん。

注 著亀《しき》は外物なれども、尚お以て其の栄枯得喪を占うべし。而るに夢は則ち精神より発《あらわ》れ、外物に非ざれば、比して尤も占うべきなり。其の占うも応ぜざる者有るは、則ち其の端倪を度り、其の隠賾を探ること能わざるのみ。

【現代語訳】

本文 ましてや夢というものは、魂があちらこちらへ渉りゆくことによって生じるもので、外から仮りうけたものではない。夢の意味を明らかにするための端緒を推しはかり、夢に隠された奥深い妙理を探れば、栄達や零落、利得や損失は、〔それを予知して〕間違えるはずがない。

注 〔陳堦による解説。以下訳出〕著《めどき》や亀甲は外物だが、それでもなお、栄達や零落、利得や損失について占うことができる。ところが夢は、〔人間の内的な領域にある〕精神より発生するものであって、外物ではないのだから、著亀よりも優先的に占うべきだ。夢を占ったものの、応験がなかったのなら、それは〔夢を占うこと自体が誤っているのではなく、占者が〕夢の端緒を推しはかり、夢に隠された奥深い妙理を探りあてることができなかったからに過ぎない。

【語注】

○度……推しはかって考える。「度亦謀也。」（『詩経』大雅・皇矣「爰究爰度」鄭箋）　○端倪……物事の起こる端緒。始まりのきざし。「端」は、物事のはし、いとぐち。「倪」は、きわ、はし。「反覆終始、不知端倪。」（『荘子』大宗師）「端、緒也。倪、畔（田の境界。際《きわ》、果て）也。反覆、猶往来也。終始、猶生死也。……故能去来生死、与化俱往。化又無極、故莫知端倪。」（成玄英疏）　○隠賾……隠れていて奥深いこと、道理。「探賾索隠。」（『易経』繋辞伝上）「賾謂幽深難見。」（孔穎達疏）

長柳篇第二・訳者注

（1）黄帝長柳占夢十一巻。甘徳長柳占夢二十巻。（『漢書』芸文志）

（2）また、黄帝や甘徳の名を冠した占夢書の存在は、両者と夢とが密接な関係を持つものと考えられていたことを示唆する。黄帝に関しては、『列子』周穆王篇に「欲弁覚夢、唯黄帝孔丘」とあり、夢を深く理解する聖人として黄帝の名を挙げている。また、占夢は天体の運行とも深く関わるとされていることから（『周礼』春官・占夢に「占夢、掌其歳時、観天地之会、弁陰陽之気、以日月星辰占六夢之吉凶」とある）、天文家である甘徳も占夢にゆかりのある人物とされたものと思われる。

（3）大卜、掌三兆之法。一曰玉兆、二曰瓦兆、三曰原兆、其経兆之体、皆百有二十、其頌皆千有二百。掌三易之法、一曰連山、二曰帰蔵、三曰周易、其経卦皆八、其別皆六十有四。掌三夢之法、一曰致夢、二曰觭夢、三曰咸陟、其経運十、其別九十。（『周礼』春官・大卜）

（4）『左伝』僖公二十八年「原田毎毎」の杜預注に「高平曰原」とある。また恵棟『九経古義』に、「高卬之田、坼如亀文、故曰原田。兆之璺罅有似高卬之田、故曰原兆」とある。

（5）「致夢、言夢之所至。夏后氏作焉。咸、皆也。陟之言得也。読如王徳翟人之徳。言夢之皆得。周人作焉。杜子春云、觭、読為奇偉之奇。其字当直為奇。玄謂、觭読如諸戎掎之掎。掎亦得也。亦言夢之所得。殷人作焉。」（『周礼』春官・大卜「掌三夢

之法」鄭玄注）「王徳翟人」は、『左伝』僖公二十四年に「王徳狄人」、その孔穎達疏に「荷其恩者謂之為徳」とあり、「徳」は恵みを享受することとされている。「諸戎掎」は『左伝』襄公十四年に見える。その杜預注に「掎其足也」（足を引っ張ってとらえること）とある。上記の注では、「徳」「掎」ともに、広く「得る」の意として理解される。

（6）以邦事作亀之八命。一曰征、二曰象、三曰与、四曰謀、五曰果、六曰至、七曰雨、八曰瘳。以八命者賛三兆、三易、三夢之占、以観国家之吉凶、以詔救政。（『周礼』春官・大卜）

（7）「国之大事待蓍亀而決者有八。定作其辞於将卜以命亀也。」（『周礼』春官・大卜「以邦事作亀之八命」鄭玄注）、「以此八事命卜筮蓍亀、参之以夢。」（『周礼』春官・大卜「以八命者賛三兆三易三夢之占」鄭司農注）

（8）「鄭司農云、征、謂征伐人也。象、謂災変雲物、如衆赤烏之属、有所象似。易曰、天垂象見吉凶。春秋伝曰天事恒象、皆是也。与謂予人物也。謀、謂謀議也。果、謂事成与不也。至謂至不也。玄謂、征亦云行巡守也。……与謂所与共事也。果謂以勇決為之。若呉伐楚。楚司馬子魚卜戦令亀曰、鮒（「鮒」字については、『周礼音義』に「左伝作魴」とある）也、以其属死之、楚師継之、尚大克之。吉、是也。」（『周礼』春官・大卜「以邦事作八命～八曰瘳」鄭玄注）以下、八命の各項目についても本注を参照。なお、「春秋伝」の引用は「天事恒象」（『左伝』昭公十七年）により、その杜預注に「天道恒以象類告示人」とある。

（9）呉伐楚、陽匄為令尹、卜戦不吉。司馬子魚曰、我得上流、何故不吉。且楚故、司馬令亀、我請改卜。令曰、魴也、以其属死之、楚師継之、尚大克之。吉。戦于長岸、子魚先死、楚師継之、大敗呉師、獲其乗舟余皇。（『左伝』昭公十七年）

（10）大観在上、順而巽、中正以観天下。観、盥而不薦、有孚顒若、下観而化也。観天之神道、而四時不忒、聖人以神道設教、而天下服矣。（『易経』観・彖伝）

（11）聖人以此洗心、退蔵於密、吉凶与民同患。神以知来、知以蔵往、其孰能与此哉。古之聡明叡知、神武而不殺者夫。是以明於天之道、而察於民之故、是興神物以前民用。聖人以此斉戒、以神明其徳夫。是故闔戸謂之坤、闢戸謂之乾。一闔一闢謂之変、往来不窮謂之通。見乃謂之象、形乃謂之器。制而用之謂之法、利用出入、民咸用之、謂之神。」（『易経』繋辞伝上）

（12）於是始作八卦、以通神明之徳、以類万物之情。（『易経』繋辞伝下）

（13）七、稽疑。択建立卜筮人、乃命卜筮、曰雨、曰霽、曰蒙、曰駅、曰克、曰貞、曰悔。凡七、卜五、占用二、衍忒。立時人作卜筮、三人占、則従二人之言。汝則有大疑、謀及乃心、謀及卿士、謀及庶人、謀及卜筮。（『書経』洪範）

（14）「蓍亀」が「神物」とされる場合もある。「是以明於天之道、而察於民之故、是興神物、以前民用。」（『易経』繋辞伝上）、「天生蓍亀、聖人法則之、以為卜筮也。」（『易経』繋辞伝上「天生神物、聖人則之」韓康伯注）、「進亀筮於上者、尊神物故先言之。」（『書経』洪範「汝則従、亀従、筮従、卿士従、庶民従、是之謂大同」孔穎達疏）

（15）『夢占逸旨』の注を見る限りでは、疑義が発生すれば即刻卜筮を執り行うとの意味で理解できる。しかし本来は、疑義が生じた場合、まず為政者自身が熟慮し、更に卿士（大夫、士も含む）および民衆に問うということであり、卜筮は、為政者を始めとする人間の考えだけでは定め難いとなった時に初めて執り行われる。本篇注（13）参照。

昼夜篇第三

【原文】

本文　昼夜一息也、古今一昼夜也、

注　①易大伝曰、通乎昼夜之道而知、

荘子曰*、死生為昼夜、

顔之推曰、千載一聖、猶旦暮也、

【校異】

①万暦本、嘉慶本同じ。道光本「易、通昼夜之道而知」。

*万暦本、嘉慶本同じ。道光本に「曰」字なし。

【書き下し文】

本文　昼夜は一息なり。古今は一昼夜なり。

注　易大伝に曰く、「昼夜の道を通じて知る」と[1]。

『荘子』に曰く、「死生は昼夜為り」と[2]。

顔之推曰く、「千載に一聖あるは、猶お旦暮のごときなり」と[3]。

【現代語訳】

昼夜が交代してめぐる一日の時間は、一呼吸の間と同じくらい短いものだ。古今という長い時間の流れも、昼夜がひとたびめぐるのと同じくらい短いものだ。

【語注】

○一息……しばらく、暫時。一呼吸するほどの短い時間。○昼夜之道……昼夜と同様、交互にめぐる万物生滅の移り変わり、また造化の働き。○千載一聖……千年に一度、聖人が現れること。

【原文】

本文　天地以春夏為昼、秋冬為夜、治世為昼、乱世為夜、

注　春夏闢戸、誠之通、秋冬闔戸、誠之復、治世[1]陽明、乱世陰濁、有昼夜之象、
荘子曰[*]、天有春夏秋冬旦[2]暮之期、

【校異】

①万暦本、嘉慶本同じ。道光本「世治」。
②万暦本、嘉慶本同じ。道光本「昼夜」。
＊万暦本、嘉慶本同じ。道光本に「曰」字なし。

【書き下し文】

本文　天地は春夏を以て昼と為し、秋冬もて夜と為し、治世もて昼と為し、乱世もて夜と為す。

注　春夏に戸を闢《ひら》くは、誠の通うなり。秋冬に戸を闔《とざ》すは、誠の復《かえ》るなり。治世の陽明、乱世の陰濁は、昼夜の象有り。

『荘子』に曰く、「天に春夏秋冬旦暮の期有り」と(4)。

【現代語訳】

天地は春と夏を昼とし、秋と冬を夜とし、治世を昼とし、乱世を夜とする。〔つまり、春夏と秋冬、治世と乱世は、昼と夜とがそうであるように、移り変わりながら変化する。〕

【語注】

○春夏闢戸……「闢戸」は扉を開くこと。『易経』繋辞伝上の「闢戸謂之乾」は、乾の働きによる万物の生育を、扉が外に向かって開くことになぞらえたもの(5)。季節で言えば、春と夏がその時期にあたる。○秋冬闔戸……「闔戸」は扉を閉じること。『易経』繋辞伝上の「闔戸謂之坤」は、坤の働きによって万物が収蔵される静かな状態を、扉が閉じていることになぞらえたもの(6)。季節で言えば、秋と冬とがその時期にあたる。また、「一闔一闢謂之変」（『易経』繋辞伝上）のように、「闢戸」「闔戸」は、扉が開いたり閉じたりするように陰陽が往来変化するとの意味で用いられる(7)。○誠之通・誠之復……「誠者、真実無妄之謂、天理之本然也。」（『中庸章句』第二十章「誠者天之道」朱注）、「天下之物、皆実理之所為、故必得是理、然後有是物。」（『中庸章句』第二十五章「誠者物之終始、不誠無物」朱注）「誠」は季節の変化、天体の運行、万物の生成として発現する自然そのものの働きを言う。「誠之通」は、造化のおおもとが万物を生育すること、「誠之復」は、万物が造化のおおもとに帰ること。「元始、亨通、利遂、貞正、乾之四徳也。通者、方出而賦於物、善之継也。復者、各得而蔵於己、性之成也。」（『通書』誠上第一「元亨、誠之通。利貞、誠之復」(8)朱注）

○昼夜之象……昼と夜とが交互に移り変わる様子。総じて、陰陽・剛柔・昼夜が示すような、交互に移り変わる変化のさま。『易経』繋辞伝上に「剛柔相推而生変化。……剛柔者、昼夜之象也」とあるのは、剛柔が昼夜のように相対し、また交互に循環して変化を生むものの象徴であることを言う。

【原文】

本文 天地有禨祥、皆其精神所発、

注 漢書天文志曰①、陰陽之精、其本在地、而上発於天、

【校異】

①万暦本同じ。嘉慶本「漢天文志曰」、道光本「漢天文志」。

【書き下し文】

本文 天地に禨祥《きしょう》有り。皆其の精神の発《あらわ》る所なり。

注 『漢書』天文志に曰く、「陰陽の精、其の本は地に在り、而して上りて天に発る」と。(9)

【現代語訳】

天地には、吉凶禍福のきざしとなるもの(さまざまな天象)がある。これらはみな、精神(天地の本質としての陰陽)が発現したものである。

【語注】

○禨祥……吉凶、またそのきざし。「是故因鬼神禨祥而為之立禁。」(『淮南子』氾論訓)「禨祥、吉凶也。」(高誘注) ○精神……天地における陰陽の精気。本文では、天地の精神がさまざまな天象(次節参照)となって発現することを述べている。

【原文】

本文 凡景星、卿雲、器車、醴泉之類、称為禎瑞者、天地之吉夢也、

注 孫氏瑞応図曰、*景星、状如半月、王者不敢私人則見、
史記曰、*郁郁紛紛、蕭索輪困、是為慶①雲、
孝経援神契曰、*天子孝、則景雲出游、
白虎通曰、*王者徳、及山陵、則景雲浮、器車出、徳及淵泉、則醴泉湧、

【校異】

①万暦本、嘉慶本同じ。道光本「卿」(10)。
＊万暦本、嘉慶本同じ。道光本に「曰」字なし。

【書き下し文】

本文 凡そ景星・卿雲・器車・醴泉の類をば、称して禎瑞と為すは、天地の吉夢なればなり。

注 『孫氏瑞応図』に曰く、「景星とは、状《かたち》半月の如し。王者敢えて人に私せざれば則ち見《あらわ》る」と(11)。
『史記』に曰く、「郁郁紛紛《いくいくふんぷん》、蕭索《しょうさく》 輪困《りんきん》たるは、是れ慶雲たり」と(12)。
『孝経援神契』に曰く、「天子孝なれば、則ち景雲出游す」と(13)。
『白虎通』に曰く、「王者の徳、山陵に及べば、則ち景雲浮かび、器車出づ。徳淵泉に及べば、則ち醴泉湧く」と(14)。

【現代語訳】

およそ、景星・卿雲・器車・醴泉の類を吉祥と言うのは、それらが天地の吉夢だからである。

【語注】

○景星……吉事を告げる大きな星。瑞星。「景星者、徳星也。其状無常、常出於有道之国。」（『漢書』天官書）、「景、大也。」（『爾雅』釈詁）○慶雲……卿雲、瑞雲。盛り上がり曲がりくねったような形状の美しい雲。○器車……瑞応となる器物と車。「器、謂若銀甕丹甑也」（『礼記』礼運「山出器車、河出馬図」鄭玄注）のように、珍奇な甕や甑であったり、「按礼緯斗威儀云、其政太平、山車垂鉤。注云、山車自然之車。垂鉤不揉治而自円曲」（孔穎達疏）とあるように、自然の造化の中で木がおのずと車の形を成したもの。
○醴泉……醴《あまざけ》のような甘みのある泉で、瑞祥の一つとされる。甘泉。「甘雨時降、万物以嘉。謂之醴泉。」（『爾雅』釈天）「醴泉者、水泉味甘如醴也。」（邢昺疏）○禎瑞……吉をあらわすしるし。「禎、祥也。」（『説文解字』）、「必有禎祥。」（『礼記』中庸）「禎祥、吉之萌兆。」（孔穎達疏）○孫氏瑞応図……孫柔之（不詳）撰。さまざまな瑞応について記す。○半月……半分に欠けた月。弦月。
○郁郁紛紛……美しく盛んなさま。「羽旄紛。」（『漢書』礼楽志）「紛紛、言其多。」（顔師古注）、「紛郁郁其難詳。」（『文選』張衡「南都賦」）「〔張〕銑曰、……郁郁、衆美貌。」（六臣注）○蕭索……めぐり纏うさま。「其為状也、散漫交錯、氛氳蕭索。」（『文選』謝霊運「雪賦」）「〔呂延〕済曰、皆飄流往来繁密之貌。」（六臣注）○輪囷……曲がりくねるさま。「囷」は丸いこと。「不稼不穡、胡取禾三百囷兮。」（『詩経』魏風・伐檀）「円者為囷。」（毛伝

【原文】

本文　祆星、霾霧、崩竭、夷羊之類、称為妖孽者、天地之悪夢也、

注　晋灼①曰、②祆星彗孛之属、
③詩箋云、霾雨④土也、

五音篇海曰、*霿不祥気也、
礼緯曰、山崩川竭、亡国之徵、
淮南子曰、*夷羊在牧、注云、*夷羊土神、殷之将亡、夷羊見於郊、

【校異】
①万暦本、嘉慶本同じ。道光本「云」。
②万暦本、嘉慶本同じ。道光本「妖」。
③万暦本、嘉慶本同じ。道光本「毛詩邶詩箋」。
④万暦本、道光本同じ。嘉慶本「士」。
＊万暦本、嘉慶本同じ。道光本に「曰」「云」字なし。

【書き下し文】

本文 祅星・霾霿《ばいふん》・崩竭《ほうけつ》・夷羊の類をば、称して妖孼《ようげつ》と為すは、天地の悪夢なればなり。

注 晋灼曰く、「祅星は彗孛《すいはい》の属なり」と。(15)

詩箋に云う、「霾は土雨《ふ》るなり」と。(16)

『五音篇海』に曰く、「霿は不祥の気なり」と。(17)

礼緯に曰く、「山崩れ川竭くは、亡国の徵なり」と。(18)

『淮南子』に曰く、「夷羊牧に在り」と。注に云う、「夷羊は土神なり。殷の将に亡びんとするや、夷羊郊に見《あらわ》る」と。(19)

【現代語訳】

祆星・霾霧・崩竭・夷羊の類を災いのきざしと言うのは、それらが天地における悪夢だからである。

【語注】

○祆星……凶星。○霾霧……「霾」は、風が吹いて土砂が雨のように天から降ってくること。○崩竭……山が崩れ川の水が尽きること。○夷羊……山奥に棲息する鹿の類。「夷羊在牧、飛鴻過野。」（『逸周書』度邑解）、「徐広曰、此事出周書及随巣子、云夷羊在牧。牧、郊也。夷羊、怪物也。」（『史記集解』周本紀「麋鹿在牧」）「麋《び》」は大鹿のこと。『礼記』月令に「芸始生、……麋角解」とあり、その孔穎達疏に「麋角解者、説者多、家皆無明。拠熊氏云、鹿是山獣。夏至得陰気而解角。麋是沢獣、故冬至得陽気而解角」とある。また、「夷羊（麋鹿）」が凶兆とされることについては『左伝』に記述が見える。[20] ○妖孽……災いのきざし。「国家将亡、必有妖孽。」（『礼記』中庸）「妖孽謂凶悪之萌兆也。妖、猶傷也。傷甚曰孽、謂悪物来為妖傷之微。」（孔穎達疏）○彗孛……彗星。ほうきぼし。

【原文】

本文　吉悪二夢、天地可占、而況於人乎、人為形役、興寝有常、覚而興、形之動也、寝而寐、形之静也、而神気游衍、則造化同流、

注　荘子曰*、人与天地精神往来、
淮南子曰*、肺主目、腎主鼻、胆主口、肝主耳、外為表而内為裏、開閉、張歙[1]、各有経紀、故頭円象天、足方象地、天有四時、五行、九解、三百六十六日、人亦有四支[2]、五臓、九竅、三百六十六節、天有風雨寒暑、人亦有取与喜怒、与天地参也、

是故審死生③之分、別同異之跡④、以反其性命之宗、所以養愛其精神、撫静⑤其魂魄也、
説苑曰＊、心応棘、肝応楡、我通天地、将陰夢水、将晴夢火、天地通我、

【校異】

①万暦本、嘉慶本同じ。道光本「翕」。
②万暦本、嘉慶本同じ。道光本「肢」。
③万暦本、嘉慶本同じ。道光本「生死」。
④万暦本同じ。嘉慶本「蹟」。道光本「迹」。
⑤万暦本、嘉慶本同じ。道光本「養」。
＊万暦本、嘉慶本同じ。道光本に「曰」字なし。

【書き下し文】

本文　吉悪の二夢は、天地をも占うべし。而るを況んや人においてをや。人の形役為るは、興寝に常有り。覚めて興《お》くるは、形の動なり。寝《い》ねて寐《い》ぬるは、形の静なり。而るに神気の游衍するは、則ち造化同流すればなり。

注　『荘子』に曰く、「人と天地とは精神往来す」と(21)。
『淮南子』に曰く、「肺は目を主り、腎は鼻を主り、胆は口を主り、肝は耳を主る。外を表と為して内を裏と為す。開閉・張歙《ちょうきゅう》は、各おの経紀有り。故に頭の円なるは天に象《かたど》り、足の方なるは地に象る。天に四時・五行・九解・三百六十六日有りて、人も亦た四支・五臓・九竅・三百六十六節有り。天に風雨寒暑有りて、人も亦た取与喜怒有るは、天地と参ずればなり」と(22)。

是の故に「死生の分を審らかにし、同異の跡を別《わか》ち、以て其の性命の宗に反《かえ》るは、其の精神を養愛し、其の魂魄を撫静する所以なり」と(23)。『説苑』に曰く、「心は棘に応じ、肝は楡に応じ、我は天地に通ず。将に陰ならんとすれば水を夢み、将に晴れんとすれば火を夢む。天地は我と通ず」と(24)。

【現代語訳】

吉夢と悪夢の二つは、天地さえも占えるのだから、人間を占えることは言うまでもない。人間の身体というものは、起きて活動することと眠りにつくことに一定のきまりがある。目覚めて起きるのは、身体が活動している状態である。体を横にして眠りにつくのは、身体が安静な状態である。ところが、〔横になって眠っていても、〕精神が自由に動き回るのは、それが造化という自然における変化の営みと流れを同じくしているためである。

【語注】

○游衍……自由に動き回ること。「游、行。衍、溢也。」(『詩経』大雅・板「及爾游衍」毛伝)「亦自恣之意也。」(孔穎達疏) ○張歙……広げることと閉じること。伸縮。「張、開也。歙、斂也。」(『経典釈文』荘子・山木「張歙」) ○経紀……すじみち。 ○九解……一説に、八方の分野と中央。「一説、八方中央。故曰九解。」(『淮南子』精神訓「九解」高誘注) ○九竅……人体にある九つの穴。

【原文】

本文 帰乎至虚、蘊乎至霊、熒魂不枯、精孶不沈、

注 揚子曰*、熒魂曠枯、精孶曠沈、

柳宗元注云*、熒魂司目之用者也、莩目睛①之表也、
呉秘注云*、熒魂精光也、精莩精之白也、

【校異】

①万暦本、嘉慶本同じ。道光本「精」。
*万暦本、嘉慶本同じ。道光本に「曰」「云」字なし。

【書き下し文】

本文　至虚に帰り、至霊に蘊《たくわ》うれば、熒魂《けいこん》は枯れず、精莩《せいふ》は沈まず。

注　揚子曰く、「熒魂は曠枯《こうこ》し、精莩は曠沈《こうちん》す」と。(25)
柳宗元注に云う、「熒魂は目の用を司るものなり。莩は目睛の表なり」と。(26)
呉秘注に云う、「熒魂は精光なり。精莩は精の白なり」と。(27)

【現代語訳】

精神が至虚へと帰り、至霊におさまれば、視覚も枯れ衰えることはなく、ひとみは〔失明のため〕落ちくぼむこともない。

【語注】

○至虚……極めて静かな虚無の領域。○蘊……蓄える、収蔵する。「蘊匱古今、博物多聞。」（『後漢書』周栄伝）「蘊、蔵也。」（范曄注）○至霊……極めて霊妙な領域。○熒魂・精孚……この二語については諸説ある。本節の「熒魂」は、視覚を司る魂（精神）

の性質を示す言葉。「熒」は明るいこと。「精孚」は、知覚器官であるひとみ（光を感知する角膜や瞳孔など、眼球の表面部分）のこと。「孚」は軽くて薄いこと（本篇注（26）参照）。なお、魂と視覚との関連については、真宰篇に「人之昼興也、魂麗於目、……魂麗於目故能見焉」とある。本節は、「熒魂」「精孚」の語を用い、魂の状態が視覚機能の状態を左右することを述べたもの。また、魂は昼間に視覚として機能するほか、夜間には夢見の現象をもたらすとされている（『荘子』斉物論「其寐也魂交」、『列子』周穆王「神遇為夢」）。このことから、昼夜を通して活動しうる魂の動静は、身体のそれと必ずしも一致するものではないと言える。（次節参照）○揚子……前漢の揚雄。字は子雲。蜀郡成都の人。辞賦に優れる一方で、儒教宣揚のために『法言』『太玄』を著した。○曠枯……衰えて枯れてしまうこと。「曠、空也、廃也。」（『漢書』賈山伝「曠日十年」顔師古注）○曠沈……衰えてなくなってしまうこと。○目睛之表……眼球、特に黒目部分の表面を覆う角膜。人の眼球は三種の膜（外側から強膜・脈絡膜・網膜）から成る球状で、透明体の角膜（黒目部分）は強膜（白目部分）の前面部のみを覆う。[28] ○精光……明るい光。「孟康曰、精、明也。」（『史記集解』天官書「天精而見景星」）

【原文】

本文 豈与寝興覚寐為動静哉、故形雖寐而神弗寐、或斂於寂、或通於触、神有触斂、則寐有夢否、

注 神触於形、然後有夢、無触則雖寐而不夢、

荘子曰*、成然寐①、蘧然覚、

②朱子曰、寤寐者、心之動静也、有思無思者、又動中之動静也、有夢無夢者、又静中之動静也、但寤陽而寐陰、寤清而寐濁、寤有主而寐無主、故寂然感通之妙、必於寤而言之、

【校異】

①万暦本、嘉慶本同じ。道光本「夢」。

②万暦本、嘉慶本同じ。道光本「朱子語類曰、夫子」。
＊万暦本、嘉慶本同じ。道光本に「曰」字なし。

【書き下し文】

本文　豈に寝興覚寐と動静を為さんや。故に形は寐《い》ぬると雖も神は寐ねず。或いは寂に斂まり、或いは触に通ず。神に触るると斂まると有れば、則ち寐ねて夢むると否と有り。

注　神は形に触れ、然る後に夢有り。触るること無ければ則ち寐ぬると雖も夢みず。

『荘子』に曰く、「成然として寐ねて、蘧然《きょぜん》として覚む」と(29)。

朱子曰く、「寤寐は、心の動静なり。思うこと有ると思うこと無きとは、又た動中の動静なり。夢むること有ると夢むること無きとは、又た静中の動静なり。但だ寤は陽にして寐は陰、寤は清にして寐は濁、寤は主有りて寐は主無し。故に寂然感通の妙は、必ず寤において之を言う」と(30)。

【現代語訳】

寝たり起きたりという身体の活動・静止に合わせて、精神も活動・静止するわけではない。身体は寝ていても精神は寝ておらず、静かにおさまっていることもあれば、何かに触れていることもある。つまり、精神は何かに接触したり静かにおさまったりすることがあるために、寝ていても夢を見たり見なかったりするのである。

【語注】

○成然・蘧然……心安らかなさまと、はっと驚くさま。「成然是間放之貌、蘧然是驚喜之貌。」（『荘子』大宗師「成然寐、蘧然覚」

成玄英疏）〇寤陽而寐陰、寤清而寐濁、寤有主而寐無主、故寂然感通之妙、必於寤而言之……「主」は一身の主宰者である「心」のこと。ここでの「寂然」は「心」の本体、「感通」は「心」の作用を言う。(31)「心」がその作用として発動する「感通」とは、覚醒時に万物の生育や活動の妙といった対象に関わって心が働くこと。(32)

【原文】

本文　神之所触、或逴、或邇、或永、或暫、晴晦異象、躋堕異態、栄辱異境、勝負異持、凡禎祥妖孽之類、紛沓而莫之綜核、雖疇昔所未嘗睹聞者、亦皆凝会於夢、此其一寐之所得、吉悪可従而占也、曾何分於昼夜、

注　孔子曰、死生存亡、窮達貧富、賢与不肖、毀誉、饑渇、寒暑、是事之変、命之行也、日夜、相代乎前、故夢亦猶是、

【書き下し文】

本文　神の触るる所、或いは逴《とお》く、或いは邇《ちか》く、或いは永《なが》く、或いは暫《みじか》し。晴晦《せいかい》は象を異にし、躋堕《せいだ》は態を異にし、栄辱は境を異にし、勝負は持を異にす。凡そ禎祥妖孽《ようげつ》の類は、紛沓にして之を綜核する莫し。疇昔《ちゅうせき》未だ嘗て睹聞せざる所の者と雖も、亦た皆 夢に凝会す。此れ其の一寐の得る所にして、吉悪は従りて占うべきなり。曾ち何ぞ昼夜を分けん。

注　孔子曰く、「死生存亡、窮達貧富、賢と不肖、毀誉、饑渇、寒暑は、是れ事の変、命の行なり。日夜、前に相い代わる」と。(33) 故に夢もまた猶お是くのごとし。

【現代語訳】

精神が触れるのは、空間的に遠いところのもの、近いところのもの、時間的に遥かなところのもの、近いところのもの〔と縦横無尽〕である。晴れと曇りとは天象の違いであり、上昇と下降とは動作の違いであり、栄誉と恥辱とは巡り合わせの違いであり、勝利と敗退とはそれぞれの持ち前の違いである。およそ吉祥や災いのしるしは、入り乱れていてはっきりとは分からず、すっきりとまとめることはできない。以前にまったく見聞きしたことのないものでも、みな夢の中に集まってくる。これは〔昼夜関係なく〕一眠りの間に得られるもので、そこから吉悪が占える。どうして昼夜を分けようか。

【語注】

○逴……遠い。「逴、遠也。」（『説文解字』）○邇……近い。「邇、近也。」（『詩経』周南・汝墳「父母孔邇」毛伝）○暫……わずかな時間。「暫、不久也。」（『説文解字』）○晴晦……空が晴れることと曇ること。「晦」は風雨による雲で空が暗くなること。「晦、昏也。」（『詩経』鄭風・風雨「風雨如晦」毛伝）○躋堕……上昇と下降。「躋、升也。」（『詩経』小雅・斯干「君子攸躋」毛伝）○紛杳……混雑するさま。紛至杳来。○綜核……物事を調べまとめて明らかにする。「私願偕黄髪、逍遥綜琴書。」（『文選』何邵「贈張華詩」）「善曰、……王粛周易注曰、綜、理事也。」（六臣注）○疇昔……以前。むかし。「疇」は発語の辞。「予疇昔之夜、夢坐奠於両楹之間。」（『礼記』檀弓上）「疇、発声也。昔、猶前也。」（鄭玄注）[34] ○凝会……かたまりあつまる。○是事之変、命之行也、日夜、相代乎前……死生や存亡、窮達や貧富などは、人間世界において生じる現象の変化、運命の流れであり、日夜代わる代わる目の前に現れる（本篇注（33）参照）。この記述を受けた「故に夢もまた猶お是くのごとし」とは、夢が常に止むことのない吉凶の変化の中から発現するものであり、夢は寝ている時にみるもの＝夜の領域に属する、という偏った考えを戒めるものである。

（1）精気為物、遊魂為変、是故知鬼神之情状、与天地相似、故不違。知周乎万物而道済天下、故不過。旁行而不流、楽天知命、故不憂。安土敦乎仁、故能愛。範囲天地之化而不過、曲成万物而不遺、通乎昼夜之道而知。故神無方而易無体。（『易経』繋辞伝上）

（2）生者、仮借也。仮之而生。生者、塵垢也。死生為昼夜。（『荘子』至楽）

（3）古人云、千載一聖、猶旦暮也。五百年一賢、猶比髆也。言聖賢之難得、疏闊如此。（『顔氏家訓』慕賢）

（4）孔子曰、凡人心険於山川、難於知天、天猶有春秋冬夏旦暮之期、人者厚貌深情。（『荘子』列禦寇）

（5）「闢戸謂之乾。」（『易経』繋辞伝上）「闢戸謂吐生万物也。若室之開闢其戸。」（孔穎達疏）

（6）「闔戸謂之坤。」（『易経』繋辞伝上）「闔戸謂閉蔵万物。若室之閉闔其戸。」（孔穎達疏）

（7）「開閉相循陰陽遞至、或陽変為陰、或開而更閉、或陰変為陽、或閉而還開、是謂之変也。」（『易経』繋辞伝上「一闔一闢謂之変」孔穎達疏）その他、「動而静、静而動、闢闔往来、更無休息。……動静如昼夜、陰陽如東西南北、分従方去。」（『朱子語類』巻九十四）、「問、陰陽動静以大体言、則春夏是動、属陽。秋冬是静、属陰。就一日言之、昼陽而動、夜陰而静。」（『朱子語類』巻九十四）

（8）「誠之通」「誠之復」については、朱子と弟子の間でも次のように議論されている。

「問、誠者、物之終始。看来凡物之生、必実有其理而生。及其終也、亦是此理合到那裏尽了。」（『朱子語類』巻六十四）

「正淳問、利貞者性情。曰、此是与元亨相対説。性情如言本体。元亨是発用処、利貞是収斂帰本体処。体却在下、用却在上。蓋春便生、夏便長茂条達、秋便有箇収斂撮聚意思、直到冬方成。……通書曰、元亨誠之通、利貞誠之復。通即発用、復即本体也。」（『朱子語類』巻六十九）

「問、元亨誠之通、利貞誠之復。元亨是春夏、利貞是秋冬。秋冬生気既散、何以謂之収斂。曰、其気已散、収斂者乃其理耳。曰、冬間地下気暖、便也是気収斂在内。曰、上面気自散了、下面暖底乃自是生来、却不是已散之気復為生気也。」（『朱子語類』巻九十四）

「問、通復二字。先生謂、誠之通、是造化流行、未有成立之初、所謂継之者善。誠之復、是万物已得此理、而皆有所帰蔵

之時、所謂成之者性。在人則感而遂通者、誠之通。寂然不動者、誠之復。」（『朱子語類』巻九十四）

（9）凡天文在図籍昭昭可知者、経星常宿中外官凡百一十八名、積数七百八十三星、皆有州国官宮物類之象。其伏見、蚤晩、邪正、存亡、虚実、闊陿、及五星所行、合散、犯守、陵歴、闘食、彗孛、飛流、日月薄食、暈適、背穴、抱珥、虹蜺、迅雷、風祆、怪雲、変気、此皆陰陽之精、其本在地、而上発于天者也。（『漢書』天文志）

（10）『史記』天官書の『正義』に「卿音慶」とある。

（11）孫氏瑞応図曰、景星者、大星也。状如半月、生於晦朔、助月為明、王者不私人則見。（『芸文類聚』巻一）

（12）若煙非煙、若雲非雲、郁郁紛紛、蕭索輪囷、是謂卿雲。卿雲、喜気也。（『史記』天官書）

（13）「天子孝、則景雲見。」（『太平御覧』巻八百七十二）、「天子孝、則慶雲見。」（『文苑英華』巻五百六十二）

（14）天下太平、符瑞所以来至者、以為王者承統理、調和陰陽、陰陽和、万物序、休気充塞、故符瑞並臻、皆応徳而至。……徳至山陵、則景雲出、芝実茂、陵出黒丹、阜出莲莆、山出器車、沢出神鼎。徳至淵泉、則黄龍見、醴泉湧、河出龍図、洛出亀書、江出大貝、海出明珠。（『白虎通』封禅）

（15）祅星彗孛之属也。（『漢書』天官書「辰星……天下大乱」晋灼注）

（16）「霾、雨土也。」（『詩経』邶風・終風「終風且霾」毛伝）「孫炎曰、大風揚塵土従上下也。」（孔穎達疏）

（17）「霧也。又氛亦同。不祥気也。」（『成化丁亥重刊改併五音類聚四声篇海』巻第十四）本書は、金の韓孝彦・韓道昭が編纂した字書『改併五音類聚四声篇海』（『五音篇海』）を、明の釈文儒らが删補したもの。

（18）「礼緯」については未詳。同文が『史記』周本紀に見える。「夫国必依山川、山崩川竭、亡国之徴也。川竭必山崩。」

（19）「逮至衰世、……江、河、三川、絶而不流、夷羊在牧。」（『淮南子』本経訓）「夷羊、土神。殷之将亡、見於商郊牧野之地。」（高誘注）

（20）「冬、多麋。」（荘公十七年）「麋多則害五稼、故以災書。」（杜預注）

（21）独与天地精神往来、而不敖倪於万物、不譴是非、以与世俗処。（『荘子』天下）

（22）肺主目、腎主鼻、胆主口、肝主耳、外為表而内為裏。開閉、張歙、各有経紀。故頭之円也象天、足之方象也象地。天有四時、五行、九解、三百六十六日。人亦有四支、五臓、九竅、三百六十六節。天有風雨寒暑、人亦有取与喜怒。故胆為雲、肺為気、肝為風、腎為雨、脾為雷、以与天地相参也。而心為之主。（『淮南子』精神訓）

（23）審死生之分、別同異之跡、節動静之機、以反其性命之宗、所以使人愛養其精神、撫静其魂魄、不以物易己、而堅守虚無之宅者也。（『淮南子』要略）

（24）『説苑』からの引用としては不詳だが、『関尹子』二柱篇に同文が見える。

（25）日有光、月有明。三年不目日、視必盲。三年不目月、精必矇。熒魂曠枯、糟莩曠沈。（『法言』修身）

（26）「宗元曰、熒、明也。熒魂司目之用者也。糟当為精。莩如葭莩之莩、目精之表也。言魂之熒明曠久則枯、精之軽浮曠久則沈、不目日月、目之用廃矣。以至於索塗冥行而已矣。」（『法言』修身「熒魂曠枯、糟莩曠沈」五臣音注）「葭莩《かふ》」とは、葦の茎の中にある薄い膜。転じて軽薄なものを指す。

（27）秘曰、熒、光。熒魂、神光。精莩、精之白也。故本精作糟、柳宗元云、糟当為精。言盲矇之患。神光久曠則枯、目精久曠則沈。於是以杖擿地而求路冥冥然行矣。（『法言』修身「熒魂曠枯、糟莩曠沈」五臣音注）

（28）内川恵二『視覚Ｉ　感覚・知覚の科学１』（朝倉書店、二〇〇七年）

（29）夫大塊載我以形、労我以生、佚我以老、息我以死。故善吾生者、乃所以善吾死也。今大冶鋳金、金踊躍曰我且必為鏌鋣、大冶必以為不祥之金。今一犯人之形、而曰人耳人耳、夫造化者必以為不祥之人。今一以天地為大鑪、以造化為大冶、悪乎往而不可哉。成然寐、蘧然覚。（『荘子』大宗師）

（30）寤寐者、心之動静也。有思無思者、又動中之動静也。有夢無夢者、又静中之動静也。但寤陽而寐陰、寤清而寐濁、寤有主而寐無主、故寂然感通之妙、必於寤而言之。（『朱子語類』巻百四十）

（31）『大学章句』第一章「欲修其身者、先正其心」朱注に「心者、身之所主也」とある。「寂然感通」については、『易経』繋辞伝上に「寂然不動、感而遂通天下之故」とある。また、「陳厚之問、寂然不動、感而遂通。曰、寂然是体、感是用。当其寂然時、理固在此、必感而後発。」（『朱子語類』巻七十五）、「心一也、有指体而言者〔寂然不動是也〕、有指用而言者〔感而遂通天下之故是也〕、惟観其所見如何耳。」（『二程集』「河南程氏文集」巻九「与呂大臨論中書」、〔　〕内は朱子注）を参照。

（32）某思、此窃謂人生具有陰陽之気。神発於陽、魄根於陰。心也者、則麗陰陽、而乗其気、無間於動静、即神之所会而為魄之主也。昼則陰伏蔵而陽用事、陽主動、故神運魄随而為寤。夜則陽伏蔵而陰用事、陰主静、故魄定神蟄而為寐。神之運、故虚霊知覚之体顕然呈露、有苗裔之可尋、如一陽復、後万核之有春意焉。此心之寂感所以為妙而於寤也為有主。神之蟄、故虚霊知覚之体、沈然潜隠、悄無蹤跡、如純坤月、万核之生性、不可窺其眹焉。此心之寂感所以不若寤之妙、而於寐也為無主。（陳淳『北渓大全集』巻六「詳寤寐動静」）

（33）「哀公曰、何謂才全。仲尼曰、死生存亡、窮達貧富、賢与不肖、毀誉、飢渇、寒暑、是事之変、命之行也。日夜相代乎前、而知不能規乎其始者也。」（『荘子』徳充符）「夫命行事変、不舍昼夜、推之不去、留之不停。故才全者、随所遇而任之。」（郭象注）

（34）「皆謂語辞、不為義也。」（『爾雅』釈詁「疇、孰、誰也」邢昺疏）、「誰昔、昔也。」（『詩経』陳風・墓門「誰昔然矣」鄭箋）、「誰、発語辞。」（『爾雅』釈訓「誰昔、昔也」郭璞注）

衆占篇第四

【原文】

本文 衆占非一、惟夢為大、

注 漢書芸文志曰①、＊雑占者、紀②百事之象、候善悪之徴、衆占非一、而夢為大、故周有其官、

【校異】

①万暦本、嘉慶本同じ。道光本「漢芸文志」。
②万暦本、嘉慶本同じ。道光本「記」。
＊万暦本、嘉慶本同じ。道光本に「曰」字なし。

【書き下し文】

本文 衆占は一に非ざるも、惟《た》だ夢のみを大と為す。

注 『漢書』芸文志に曰く、「雑占は、百事の象《かたち》を紀《しる》し、善悪の徴《しるし》を候《うかが》うなり。衆占は一に非ずして、夢もて大と為す。故に周に其の官有り①」と。

【現代語訳】

もろもろの占いはどれも同じではないが、その中でも特に夢だけは重視される。

【語注】

○衆占・雑占……日常生活における身近な物事の形象により、それが示す吉凶を占う類のもの。「百事之象」は、あらゆる物事のかたちのこと。『漢書』芸文志「雑占」の項には、夢のほか「武禁相衣器（衣類を製する日を占う）」や、「禳祀天文（日月星辰）」、怪現象、財物、魚、樹木や果実を対象とする占いの名が見える。○故周有其官……『周礼』では、亀卜・筮卜を司る「卜師《ぼくし》」「亀人《きじん》」「菙氏《すいし》」「占人《せいじん》」「簭人《ぜいじん》」に続いて「占夢」の官が置かれている。「占夢、掌其歳時、観天地之会、弁陰陽之気。」（『周礼』春官・占夢）

【原文】

本文　夢与兆易準、故三代尚焉、洛出丹書、乃設九疇、兆法著①矣、河出緑図、乃列八卦、易法行矣、

注　邵子曰*、円者河図之数、方者洛書之文、
春秋緯曰*、河以通乾②出天苞、洛以流坤出地符、

【校異】

①万暦本、嘉慶本同じ。道光本「著」。
②万暦本、嘉慶本同じ。道光本「天」。
*万暦本、嘉慶本同じ。道光本に「曰」字なし。

【書き下し文】

本文　夢は兆易に準《なぞら》う。故に三代焉《これ》を尚《とうと》ぶ。洛 丹書を出だせば、乃ち九疇《きゅうちゅう》を設け、兆法著《あらわ》る。河 緑図を出だせば、乃ち八卦を列《つら》ね、易法行わる。

注　邵子曰く、「円は河図の数、方は洛書の文」と。[2]
春秋緯に曰く、「河は乾に通ずるを以て天苞を出だし、洛は坤に流るるを以て地符を出だす」と。[3]

【現代語訳】

占夢は亀卜・筮卜を手本としているため、夏・殷・周の三代も占夢を重んじた。赤い文字で書かれた書物が洛水から現れたので、〔禹王は〕天下を治める九つの大法を設け、そこで兆法が著された。また、緑色で描かれた図が黄河から現れたので、〔伏羲は〕八卦を列ね、そこで易法が行われた。

【語注】

○洛出丹書、乃設九疇、兆法著矣、河出緑図、乃列八卦、易法行矣……古代聖人が洛書により洪範九疇を発し、河図により卦を画したという伝説。「洛書」（洛水に現れた亀の背に書かれた書）は、治水に従事する禹に与えられた瑞祥で、「洪範九疇」（洛書に記された九つの数に順序を与え、天下を治める九類の法としてまとめたもの）の起源とされる。『夢占逸旨』原文の「兆法」は、「洪範九疇」（五行・五事・八政・五紀・皇極・三徳・稽疑・庶徴・五福）のうち、「稽疑」（疑わしい事を考える）における亀卜を指す（偽孔伝「明用卜筮考疑之事」）。「河図」（黄河に現れた龍馬の背に描かれた図）は、伏羲に与えられた瑞祥で八卦の起源とされる。「劉歆以為虙羲氏継天而王、受河図、則而画之、八卦是也。禹治洪水、賜洛書、法而陳之、洪範是也。」（『漢書』五行志[4]）○円者河図之数、方者洛書之文……「円」は変転無窮なさま、「方」は秩序があり整然としているさま。「円者運而不窮、方者止而有分。」（『易経』繋辞上伝「蓍之徳円而神、卦之徳方以知」韓康伯注）また、張行成『皇極経世観物外篇衍義』巻四「円者河図之数、方者洛書之文」節は、河図について「地未成形、造物之初、天之気数也。故円以象天」、洛書について「地已成形、生物之後、地之形数也。故方以応地」と述べ、河図・洛書にそれぞれ「天・円」「地・方」の性質を見て取る。『衍義』では更に「易者道之変化、範者事之法則」と続いており、「天・円」は河図に由来する易の無窮に変化するさまを示し、「地・方」は洛書を起源とする九疇の秩序整然たるさまを示すものと考えられる。

【原文】

本文 占夢之秘、固性命之理而兆易之揆也、

注 呂氏読詩記曰、*人之精神与天地陰陽流通、故夢各①以類至、知此則可以言性命之理矣、

王充論衡曰、*占夢与占亀同、

【校異】

①万暦本、嘉慶本同じ。道光本「夢衍各」。

*万暦本、嘉慶本同じ。道光本に「曰」字なし。

【書き下し文】

本文 占夢の秘は、固《もと》より性命の理《ことわり》にして兆易の揆《のり》なり。

注 『呂氏読詩記』に曰く、「人の精神は天地陰陽と流通す。故に夢は各おの類を以て至る。此れを知れば則ち以て性命の理を言うべし」と。(5)

王充『論衡』に曰く、「占夢と占亀とは同じ」と。(6)

【現代語訳】

占夢の秘奥は、本来、人間の精神と天地陰陽が通じ合うということわりそのものであり、〔天地の変化にあまねく

通じるという〕亀卜・筮卜の法度そのものである。

【語注】

○性命之理……互いに変化流通しあう人性と天命の理法。『易経』説卦伝に「昔者聖人之作易也、将以順性命之理。是以立天之道、曰陰与陽。立地之道、曰柔与剛。立人之道、曰仁与義。兼三才而両之、故易六画而成卦」とある。ここでは、天地万物の事象が変化流通する中から世界の真実を知るところに占夢の秘奥があるということ。○兆易之揆……「揆」は、道理、のり。

【原文】

本文　三兆之体、其経皆百有二十、其頌皆千有二百、

注　周礼注曰*、頌謂繇也、三兆、体繇之数同、其名占異耳、百二十毎体十繇、体有五色、又重之以墨坼也、

【校異】

*万暦本、嘉慶本同じ。道光本に「曰」字なし。

【書き下し文】

本文　三兆の体、其の経 皆百有二十。其の頌 皆千有二百。(7)

注　『周礼』注に曰く、「頌とは繇《うらかた》を謂うなり。三兆は、体繇の数同じ。其の名占 異なるのみ。百二十は体ごとに十繇《ちゅう》あり、体に五色有り、又た之を重ぬるに墨坼《ぼくせき》を以てするなり」と。(8)

【現代語訳】

亀卜の三兆（玉兆・瓦兆・原兆）における亀甲の割れ目の形には、正当とされるものが全部で百二十あり、それらの占辞は全部で千二百ある。

【語注】

〇三兆之体、其経皆百有二十、其頌皆千有二百……「経」（『周礼』では「経兆」）は、亀卜において正当とされる兆（亀卜時に生じる割れ目）。「経兆者、謂亀之正経。」（『周礼』春官・大卜「其経兆之体」賈公彦疏）「体」は割れ目のかたち「体、兆象也。色、兆気也。墨、兆広也。坼、兆璺也。」（『周礼』春官・占人「君占体～卜人占坼」鄭玄注）〇頌謂繇也……「頌」「繇」は、亀卜の割れ目の状態に充てられた占辞。「繇之説兆、若易之説卦。」（『周礼』春官・大卜「其頌皆千有二百」賈公彦疏）〇三兆、体繇之数同、其名占異耳……玉兆・瓦兆・原兆における「体」「繇」の数はそれぞれ同じでも、名称と占いの内容は異なるということ。〇百二十毎体十繇、体有五色、又重之以墨坼也……「五色」は兆の気色。「墨」は大きな割れ目、「坼」は小さな割れ目。位の尊い者は「体」のみで占断すればよく、「色」や「墨」「坼」を見る必要はなかったとされる。「尊者視兆象而已、卑者以次詳其余也。」（『周礼』春官・占人「君占体」鄭玄注）、「体、王其罔害。」（『書経』周書・金縢）

【原文】

本文　三易之体、其経皆八、其別皆六十有四、

注　周礼注曰*、三易、卦別之数亦同、其名占異也、毎卦八、別者重之数、

【校異】

*万暦本、嘉慶本同じ。道光本に「曰」字なし。

【書き下し文】

本文　三易の体、其の経 皆八、其の別 皆六十有四。(9)

注　『周礼』注に曰く、「三易、卦別の数も亦た同じ。其の名占異なるなり。卦ごとに八あり。別とは之を重ぬるの数なり」と。(10)

【現代語訳】

筮卜の三易（連山・帰蔵・周易）における卦の形には正卦が全部で八あり、それを自乗したものは全部で六十四ある。

【語注】

○三易之体……『周礼』には「三易之法」とある。「体」は兆体のほか（前節参照）、卦体の意味としても用いられる。「体、兆卦之体也。」（『詩経』衛風・氓「爾卜爾筮、体無咎言」毛伝）、「依毛義、卜筮兆卦通得謂之体。」（孫詒譲『周礼正義』）○別……数を重ねる（自乗する）こと。○三易、卦別之数亦同、其名占異也……卦の数（八）と別の数（六十四）は、連山・帰蔵・周易を通して同じだが、名称（「連山」「帰蔵」「周易」）と占法は異なるということ。「連山帰蔵占七八、周易占九六、是占異也。」（『周礼』春官・大卜「其経卦皆八、其別皆六十有四」賈公彦疏）

【原文】

本文　三夢之煇、其経皆十、其別皆九十、

注　周礼、眂祲掌十煇之法、以観妖祥、弁吉凶、一曰祲、二曰象、三曰【鑴】(①)、四曰監、五曰闇、六曰瞢、七曰弥、八曰叙、九曰隮、十曰想、

鄭衆注云＊、煇日光気也、
鄭玄注云＊、王者於天日也、夜有夢、則昼視日旁之気、以占其②吉凶、凡所占者十煇、毎煇九変、此術今亡、

【校異】
①嘉靖本、万暦本、嘉慶本、道光本ともに「鐫」。ここでは『周礼』に従い「鑴」に改めた。
②万暦本、嘉慶本同じ。道光本に「其」字なし。
＊万暦本、嘉慶本同じ。道光本に「云」字なし。

【書き下し文】

本文　三夢の煇、其の経 皆十、其の別 皆九十。(11)

注　『周礼』、眡祲《ししん》は十煇《じゅううん》の法を掌《つかさど》りて、以て妖祥を観《み》、吉凶を弁ず。一に曰く祲《しん》、二に曰く象《しょう》、三に曰く鑴《けい》、四に曰く監《かん》、五に曰く闇《あん》、六に曰く瞢《ぼう》、七に曰く弥《び》、八に曰く叙《じょ》、九に曰く隮《せい》、十に曰く想《そう》。(12)

鄭衆注に云う、「煇は日の光気なり」と。(13)

鄭玄注に云う、「王は天における日なり。夜に夢有れば、則ち昼に日旁《ひがさ》の気を視て、以て其の吉凶を占う。凡そ占う所のものは十煇。煇ごとに九変す。此の術今は亡ぶ」と。(14)


【現代語訳】

占夢の三夢（致夢・觭夢・咸夢）を占う煇《ひがさ》について、正当とされるものは全部で十あり、分化したものは全部で九十ある。

【語注】

○三夢之煇、其経皆十、其別皆九十……「煇」は日旁《ひがさ》（太陽周辺の光や雲気からなる気象光学現象）。『周礼』春官・大卜には「三夢之法～其経運十、其別九十」とある。「運」と「煇」とは通用。「運或為緷、当為煇。」（鄭玄注）[15] ○十煇……十種類の日旁。「祲」は、陰陽の気が互いに侵しあってなされたもの。「梓慎曰、禘之日、其有咎乎。吾見赤黒之祲。非祭祥也。喪氛也。」（『左伝』昭公十五年）「象」は、赤い鳥の群れのように、ある形を象って現れた雲気。「是歳也、有雲如衆赤鳥。夾日以飛三日。」（『左伝』哀公六年）「鑴」は、太陽の周囲を囲む日旁。「鄭司農云、……鑴謂日旁気。四面反郷、如煇状也。」（『周礼』春官・眡祲「一曰祲～十曰想」鄭玄注）監は、上下両端から太陽を守るように向かう雲気。「闇」は、日食や月食により太陽光がなくなり、暗くなること。「瞢」は、太陽や月が見えても、光が弱く薄暗いこと。「弥」は、太陽が一筋の雲気で貫かれたようになったもの。白虹貫日。「叙」は、雲気が太陽の上で山のように並んだもの。「隮」は虹のこと。「虹者本名、因其為雨気上升、映日成采、故又謂之隮。」（孫詒譲『周礼正義』）「想」は、日旁の雑気が人や物の形に見えるもの。上述の「象」に似る。

【原文】

本文 夢与兆易、豈有隆降乎、武王伐紂、夢協朕卜、

注 周書泰誓、朕夢協朕卜、襲於休祥、
孔安国伝①（偽孔伝）云*、言夢卜倶合於美善②也、

【校異】

①嘉靖本、万暦本、嘉慶本、道光本ともに「孔融注」とするが、ここでは「孔安国伝」に改めた。
②万暦本、嘉慶本同じ。道光本「善美」。
*万暦本、嘉慶本同じ。道光本に「云」字なし。

【書き下し文】

本文　夢と兆易と、豈に隆降有らんや。武王紂を伐つに、「夢 朕《わ》が卜に協《あ》う」と。

注　周書泰誓、朕が夢 朕が卜に協い、休祥に襲《かさ》ぬ。(16)
孔安国伝に云う、「言うこころは夢卜 倶に美善に合するなり」と。(17)

【現代語訳】

占夢と亀卜・筮卜との間には、どうして優劣の区別があろうか。武王は紂を征伐する時、「私の夢は、私の占卜に合致していた」と言った。

【語注】

○朕夢協朕卜、襲於休祥……紂を討伐する際に武王が行った占いで、亀卜と夢が同じ吉（勝ち戦）を表すものとして合致したことを言う。「襲」は重なり合うこと。「休」はめでたいこと。「休、慶也。」（『爾雅』釈言）○美善……「美」は善いこと。「美、善也。」（『淮南子』修務訓「君子修美」高誘注）

【原文】

本文　衛史朝曰、筮襲於夢、武王所用、

注　左伝、孔成子①夢康叔謂己立元、又以周易筮之遇屯、史朝曰、元亨、又何疑焉、筮襲於夢武王所用也、弗従何為、

【校異】

①万暦本、嘉慶本同じ。道光本「夢康侯為己立元」。

【書き下し文】

本文 衛史朝曰く、「筮の夢に襲《かさ》なるは、武王の用いし所なり」と。

注 『左伝』、孔成子《こうせいし》 康叔の己に元《げん》を立てよと謂うを夢む。又た周易を以て之を筮して屯《ちゅん》に遇う。史朝曰く、「元《おおい》に亨《とお》る。又た何をか疑わん。筮の夢に襲なるは武王の用いし所なり。従わずして何をか為さん」と。(18)

【現代語訳】

衛の史朝は、「筮卜と夢とが合致するものであれば、武王もそれに従った」と言っている。

【語注】

○孔成子夢康叔謂己立元……衛の卿である孔成子と史官である史朝の夢に康叔（衛の始祖）が現れ、次の太子とその補佐役を指名した話。康叔は「元」を太子とし、孔成子の曾孫である圉と、史朝の子である史苟にそれを補佐させると告げる。○以周易筮之遇屯、史朝曰、元亨、又何疑焉、筮襲於夢武王所用也、弗従何為……屯卦「屯、元（年長のこと）亨」によって嗣子（年長の孟縶《もうちゅう》か、卦辞にある「元」を名とする元か）を選ぶにあたり、最終的には康叔の夢に従い元を選ぶこと。同様の話は次篇（宗空篇）「烝鉏夢康叔」節にも見える。

【原文】

本文 非達観陰陽之故、深究天人之際、其孰能与於此、

注 朱子曰、* 献吉夢、贈悪夢、其於天人相与之際、察之審、而敬之至矣、

王晦叔曰、*天人同流相応而不遠、先王必①立官、以観妖祥、弁吉凶、所以和同天人之際、使之無間也、

【校異】
①万暦本、嘉慶本同じ。道光本に「必」字なし。
*万暦本、嘉慶本同じ。道光本に「曰」字なし。

【書き下し文】
本文 陰陽の故を達観し、天人の際を深究するに非ざれば、其れ孰《たれ》か能く此れに与《あずか》らん。
注 朱子曰く、「吉夢を献じ、悪夢を贈る。其れ天人相与の際におけるや、之を察すること審《つまび》らかにして、之を敬むこと至れるなり」と。(19)
王晦叔曰く、「天人流れを同じくすること相い応じて遠からず。先王必ず官を立てて、以て妖祥を観、吉凶を弁ずるは、天人の際を和同し、之をして間無からしむる所以なり」と。(20)

【現代語訳】
陰陽がめぐり万物が生じるところのゆえんをあまねく見て取り、天と人とのかかわりを深く極めつくしていなければ、占夢を行うことなどできない。

【語注】
○献吉夢、贈悪夢……王のために集めた吉夢を献上し、不祥の夢を送り去ること。(21)「贈」は追いやること。「杜子春云、……贈謂逐疫。」（『周礼』春官・男巫「冬堂贈」鄭玄注）

衆古篇第四・訳者注

（1）雑占者、紀百事之象、候善悪之徵。易曰、占事知来。衆占非一、而夢為大。故周有其官。（『漢書』芸文志）
（2）円者星也。暦紀之数、其肇於此乎。方者土也。画州井地之法、其倣於此乎。蓋円者河図之数、方者洛書之文。故犧文因之而造易、禹箕叙之而作範也。（邵雍『皇極経世書』巻十三）
（3）故春秋説題辞曰、河以通乾出天苞、洛以流坤吐地符。（『水経注』巻十五）
（4）河図洛書を受けた「聖人」については諸説あり、必ずしも伏羲や禹に限られてはいないようである。「按中候握河紀、尭時、受河図龍銜、赤文緑色。」（『礼記』礼運「河出馬図」孔穎達疏）
（5）王氏曰、人之精神与天地陰陽流通。故夢各以其類至。先王置官、観天地之会、弁陰陽之気、以日月星辰、占六夢之吉凶。献吉夢、贈悪夢。知此則可以言性命之理矣。（呂祖謙『呂氏家塾読詩記』小雅・斯干）真宰篇注（16）を参照。
（6）夫占夢与占亀同。晋占夢者不見象指、猶周占亀者不見兆者為也。象無不然、兆無不審。人之知闇、論之失実也。（『論衡』卜筮）
（7）大卜、掌三兆之法。一曰玉兆、二曰瓦兆、三曰原兆。其経兆之体、皆百有二十。其頌皆千有二百。（『周礼』春官・大卜）
（8）頌謂繇也。三法、体繇之数同。其名占異耳。百二十毎体十繇。体有五色、又重之以墨坼也。五色者、洪範所謂曰雨、曰済、曰圛、曰蟊、曰尅。（『周礼』春官・大卜「其経兆之体、皆百有二十。其頌皆千有二百」鄭玄注）
（9）掌三易之法。一曰連山、二曰帰蔵、三曰周易。其経卦皆八、其別皆六十有四。（『周礼』春官・大卜）
（10）三易、卦別之数亦同。其名占異也。毎卦八。別者重之数。（『周礼』春官・大卜「其経卦皆八、其別皆六十有四」鄭玄注）
（11）掌三夢之法。一曰致夢、二曰觭夢、三曰咸陟。其経運十、其別九十。（『周礼』春官・大卜）
（12）眡祲、掌十煇之法、以観妖祥、弁吉凶。一曰祲、二曰象、三曰鑴、四曰監、五曰闇、六曰瞢、七曰弥、八曰叙、九曰隮、十曰想。（『周礼』春官・眡祲）
（13）鄭司農云、煇謂日光気也。（『周礼』春官・眡祲「掌十煇之法」鄭玄注）

（14）王者於天日也。夜有夢、則昼視日旁之気、以占其吉凶。凡所占者十煇。毎煇九変。此術今亡。（『周礼』春官・大卜「其経運十、其別九十」鄭玄注）

（15）「運」については、兪樾のように「運」を「数」と解し、占夢や煇と無関係とする異説もある。「謹按、上文経兆即以三卜言、経卦即以三易言、此文経運宜亦以三夢言、乃以視祲之十煇当之、失其義矣。運当読為員。荘子天運篇釈文曰、司馬本作天員、是其証也。古運員声近。説文見部、覞、従見、員声、読若運。然則、運之通作員、猶覞之読若運矣。説文員部、員、物数也。漢書高恵高后功臣表、坐事国人過員、師古曰、員、数也。其経員十者、其経有数十也。三夢以員言、猶三卜以兆言、三易以卦言也。鄭注失之。」（兪樾『群経平議』周礼「其経運十、其別九十」）

（16）天其以予乂民。朕夢協朕卜、襲于休祥。戎商必克。（『書経』周書・泰誓中）

（17）言我夢与卜倶合於美善、以兵誅紂必克之占。（『書経』周書・泰誓中「朕夢協朕卜、襲于休祥。戎商必克」偽孔伝）

（18）衛襄公夫人姜氏無子。嬖人婤姶生孟縶。孔成子夢康叔謂己、立元、余使羈之孫圉与史苟相之。史朝亦夢康叔謂己。余将命而子苟与孔烝鉏之曾孫圉、相元、史朝見成子、告之夢、夢協。晋韓宣子為政、聘于諸侯之歳、婤姶生子、名之曰元。孟縶之足不良、能行。孔成子以周易筮之曰、元尚享衛国、主其社稷、遇屯☳☵。又曰、余尚立縶、尚克嘉之。遇屯☳☵之比☷☵。以示史朝。史朝曰、元亨、又何疑焉。成子曰、非長之謂乎。対曰、康叔名之、可謂長矣。孟非人也。将不列於宗、不可謂長。且其繇曰、利建侯。嗣吉、何建、建非嗣也。二卦皆云、子其建之、康叔命之、二卦告之。筮襲於夢、武王所用也。弗従何為。弱足者居、侯主社稷、臨祭祀、奉民人。事鬼神、従会朝。又焉得居、各以所利。不亦可乎。故孔成子立霊公。十二月、癸亥、葬衛襄公。（『左伝』昭公七年）

（19）或曰、夢之有占何也。曰、人之精神与天地陰陽流通。故昼之所為、夜之所夢、其善悪吉凶、各以類至。是以先王建官設属、使之観天地之会、弁陰陽之気、以日月星辰占六夢之吉凶。献吉夢、贈悪夢。其於天人相与之際、察之詳而敬之至矣。（『詩集伝』小雅・斯干）

（20）王晦叔による当該記述については不詳。但し、王昭禹『周礼詳解』には「天人同流宜相応而不相遠、先王于天象必立法、以観妖祥、弁吉凶、所以和同天人之際、而使之無間、此眡祲之官所由設也」（巻二十二）とあるため、誤記の可能性もある。

(21)「季冬、聘王夢、献吉夢于王。王拝而受之。乃舎萌于四方、以贈悪夢、遂令始難駆疫。」(『周礼』春官・占夢)「因献群臣之吉夢於王、帰美焉。」(鄭玄注)「歳将尽、新年方至、故於此時贈去悪夢。」(賈公彦疏)

宗空篇第五

【原文】

本文　宗空生、問於通微主人曰、夢者幻也、与露電泡影等、

注　仏経曰、*一切有為法、如夢幻泡影、如露亦如電、応作如是観、

【校異】

＊万暦本、嘉慶本同じ。道光本に「曰」字なし。

【書き下し文】

本文　宗空生、通微主人に問《つ》げて曰く、「夢は幻なり。露・電・泡・影と等し。

注　仏経に曰く、「一切の有為法《ういほう》、夢・幻・泡・影の如く、露の如く亦た電の如し。応に是くの如き観を作すべし」と。(1)

【現代語訳】

宗空生が通微主人に告げて言った。「夢とは幻である。〔現れてはすぐに消えゆく〕露・電・泡・影と同じである。

【語注】

○宗空生・通微主人……本篇は、仏教の立場から夢に意味のないことを説く宗空生と、儒家の立場から夢の価値を論じる通微主人

の討論という形式を取る。「宗空」は、「空《くう》（世界における事物には実体がないとする仏教概念）を宗《たっと》ぶ」の意、「通微」は、「微（万物における微細な現象やきざし）に通ずる」の意。「通微、無不通。」（『通書』思第九）○一切有為法、如夢幻泡影、如露亦如電、応作如是観……因縁から生じるあらゆる事物は、夢・幻・泡・影のように無相ではかないものであるということ。

【原文】

本文　一切起滅、皆帰虚妄、主人曰、汝奚①不稽之古乎、軒轅氏有華胥、録図、風后・力牧之夢、

注　列子曰、*黄帝昼寝、而夢遊於華胥氏国、不知距中国幾千里。蓋非舟車足力之所及、神遊而已、黄帝既寤、怡然自得、又二十八年天下大治、幾若華胥氏国、

河図挺佐輔曰、*黄帝召天老而問焉、余夢見両龍挺白図、以授余於河之都、天老曰、河出龍図、洛出亀書、紀帝録、列聖人之姓号也、天其授帝図乎、黄帝乃祓斎七日、至翠嬀之川、大鱸魚泛白図蘭葉朱文、以授帝、名曰録図、②帝王世紀曰、*黄帝夢大風吹天下之塵垢皆去、又夢人執千鈞之弩、駆羊万群、帝寤歎曰、風為号令、執政者也、③垢去土后在也、天下豈有姓風、名后者哉。千鈞之弩異力者也、駆羊万群能牧民為善者也、天下豈有姓力、名牧者哉、依二占求之得風后、力牧、以為将相、因著夢経十一篇、

【校異】

①万暦本、嘉慶本同じ。道光本「女」。

②万暦本、嘉慶本同じ。道光本「黄帝」。

③万暦本、嘉慶本同じ。道光本「垢去后土者也」。

*万暦本、嘉慶本同じ。道光本に「曰」字なし。

【書き下し文】

本文　一切の起滅、皆虚妄に帰す」と。主人曰く、「汝　奚《なん》ぞ之を古に稽《かんが》えざらんや。軒轅氏に華胥・録図・風后・力牧の夢有り。

注　『列子』に曰く、「黄帝　昼寝《い》ねて、華胥氏の国に遊ぶを夢む。中国を距《へだ》つこと幾千里なるを知らず。蓋し舟車足力の及ぶ所に非ず。神　遊ぶのみ。黄帝　既に寤《さ》め、怡然《いぜん》として自得す。又た二十八年天下大いに治まる。幾《ほと》んど華胥氏の国の若し」と。(2)

『河図挺佐輔』に曰く、「黄帝　天老を召して問う。『余《われ》　夢に両龍白図を挺《ぬ》きて、以て余に河の都に授くを見る』と。天老曰く、『河は龍図を出《い》だし、洛は亀書を出だす。帝録を紀《しる》し、聖人の姓号を列《つら》ぬるなり。天　其れ帝に図を授けん』と。黄帝乃ち祓斎すること七日にして、翠嬀《すいき》の川に至る。大鱸魚　白図の蘭葉朱文なるを泛《うか》べて、以て帝に授く。名づけて録図と曰う」と。(3)

『帝王世紀』に曰く、「黄帝　大風吹きて天下の塵垢皆去るを夢む。又た人の千鈞の弩《おおゆみ》を執り、羊万群を駆るを夢む。帝　寤《さ》め歎じて曰く、『風は号令を為し、政を執る者なり。垢より土を去れば后在るなり。天下豈に姓は風、名は后なる者有らんや。千鈞の弩は異力ある者なり。羊万群を駆るは能く民を牧《やしな》い善を為す者なり。天下豈に姓は力、名は牧なる者有らんや』と。二占に依りて之を求めて風后・力牧を得。以て将相と為し、因りて『夢経』十一篇を著す」と。(4)

【現代語訳】

あらゆるものの生滅は、すべて虚妄でしかないのだ」と。通微主人が言った。「あなたは、なぜ夢のことをこれまでの歴史の中で考えようとしないのか。黄帝には、華胥・録図・風后・力牧の夢がある。

【語注】

○主人曰……通微主人の反論。以下、古代の帝王から孔子に至るまでの事例を列記し、夢が重要な役割を担ってきたことを示す。
○華胥……華胥の国。黄帝が夢の中で周遊したという太平の国。「華胥氏之国在弇州之西、台州之北。」（『列子』黄帝）、「何謂九州。……正西弇州曰并土、正中冀州曰中土、西北台州曰肥土、……」（『淮南子』墜士訓）○風后・力牧……黄帝が自身の夢をもとに得たとされる臣下。大風が塵芥を吹き飛ばす夢から「風后」という名を得、重い弩《おおゆみ》を持って羊の大群を駆り立てる人物の夢から「力牧」という名を得たという。「千鈞」は非常に重いことのたとえ（一鈞は三十斤）。

【原文】

本文　尭有攀天、乗龍之夢、

注　東観漢記曰*、和熹①皇后、夢捫天、天体若鍾乳、后仰噏之、以訊占夢、占夢者言、尭夢攀天而上、湯及天舐之、
此皆聖王之夢、
白孔六帖曰*、尭舜上聖符、域内②之休徴、注引夢書云、尭夢乗青龍上太山③、舜夢撃鼓、
路史曰*、尭夢御龍、以登雲天而有天下、

【校異】

①万暦本、嘉慶本同じ。道光本「憙」。
②万暦本、嘉慶本同じ。道光本「力」。
③万暦本、嘉慶本同じ。道光本「泰」。

＊万暦本、嘉慶本同じ。道光本に「曰」字なし。

【書き下し文】

本文　尭に攀天・乗龍の夢有り。

注　『東観漢記』に曰く、「和熹皇后、夢に天を捫《な》づ。天の体 鍾乳の若し。后 仰ぎて之を噏《す》えり。以て占夢に訊ぬ。占夢者言う、『尭は天に攀《よ》じて上《のぼ》るを夢み、湯は天に及びて之を舐む。此れ皆聖王の夢なり』」と。(5)『白孔六帖』に曰く、「尭舜の聖符を上《あ》ぐるは、域内の休徴なり」と。注に夢書を引きて云う、「尭は青龍に乗りて太山に上《のぼ》るを夢み、舜は鼓を撃つを夢む」と。(6)『路史』に曰く、「尭は龍を御して以て雲天に登るを夢みて天下を有《たも》てり」と。(7)

【現代語訳】

尭には天に登る夢、龍に乗る夢があった。

【語注】

○攀……つかまりよじ登ること。登攀《とうはん》。○尭舜上聖符、域内之休徴……「聖符」は、攀天や乗龍などの神聖な符祥のこと。これらの夢により、尭舜が為政者となったことを天下における幸いとする。

【原文】

本文　舜有長眉、撃鼓之夢、

注　帝王世紀曰、*舜夢眉長与髪等、尭乃賜以昭華之玉、老而命舜代己摂政、後魏温子昇撰舜廟曰、感夢長眉、明揚仄陋、撃鼓注見上、

【校異】

①万暦本、嘉慶本同じ。道光本「長眉」。
②万暦本、嘉慶本同じ。道光本に「注」字なし。
*万暦本、嘉慶本同じ。道光本に「曰」字なし。

【書き下し文】

本文　舜に長眉・撃鼓の夢有り。
注　『帝王世紀』に曰く、「舜　眉の長きこと髪と等しきを夢む。尭は乃ち賜うに昭華の玉を以てし、老いては舜に命じて己に代わりて政を摂らしむ」と。(8) 後魏　温子昇撰「舜廟」に曰く、「感じて長眉なるを夢み、仄陋《そくろう》を明揚す」と。(9)「撃鼓」注は上に見ゆ。

【現代語訳】

舜には長眉の夢・鼓を撃つ夢があった。

【語注】

○明揚仄陋……尭が禅譲するに適した人物を広く求め、舜が推挙されたことを言う。「明揚」は明らかに推挙すること。「仄陋」は側陋。辺鄙な場所や、そこにいる卑賤な身分の者。「明明揚側陋。」（『書経』尭典）「側陋者、僻側浅陋之処。意言不問貴賤、有人則

挙是、令朝臣広求賢人也。」（孔穎達疏）〇撃鼓注見上……前節「尭有攀天、乗龍之夢」の注が引く『白孔六帖』を参照。

【原文】

本文　禹有山書、洗河、乗舟過月之夢、

注　呉越春秋曰、*禹登衡山、夢赤繍文衣①男子、称玄夷蒼水使者、謂禹曰、欲得我山書者、斎於黄帝之岳、禹乃退、斎三日、登宛委発石得金簡玉字之書、言治水之要、遂周行天下、使益疏記之、名為山海経、
帝王世紀曰、*禹夢自洗於西河、
白孔六帖曰、*夏禹未遇時、夢乗舟月中過、

【校異】

①万暦本、嘉慶本同じ。道光本「衣文」。
*万暦本、嘉慶本同じ。道光本に「曰」字なし。

【書き下し文】

本文　禹に山書・洗河・乗舟過月の夢有り。

注　『呉越春秋』に曰く、「禹 衡山に登り、赤繍文衣の男子を夢む。玄夷蒼水の使いと称せし者、禹に謂いて曰く、『我が山書を得んと欲する者は、黄帝の岳に斎せよ』と。禹 乃ち退き、斎すること三日。宛委《えんい》に登り石を発《あば》いて金簡玉字の書を得れば、治水の要を言う。遂に天下を周行し、益をして之を疏記せしめ、名づけて『山海経』と為せり」と[10]。

『帝王世紀』に曰く、「禹 自《みずか》ら西河に洗うを夢む」と。(11)
『白孔六帖』に曰く、「夏禹 未だ時に遇わずして、舟に乗り月中を過ぐを夢む」と。(12)

【現代語訳】

禹には山書を得る夢・河で自分を洗う夢・船に乗り月を通り過ぎる夢があった。

【語注】

○衡山……会稽山。「括地志云、会稽山一名衡山。」（『史記正義』封禅書「禹封泰山、禅会稽」）　○宛委……会稽山の支峰。「在于九山東南天柱、号曰宛委」（『呉越春秋』巻六）、「括地志云、石箐山一名玉笥山、又名宛委山、即会稽山一峰也。」（『史記正義』太史公自序「上会稽、探禹穴」）　○玉字……玉のように美しい字、または意味内容のすぐれた文章。　○使益疏記之……「益」は、禹の治水を補佐していた伯益のこと。「疏記」は箇条書きに記録すること。「疏、分条之也。」（『漢書』匈奴伝「於是説教単于左右疏記」顔師古注）

【原文】

本文　湯有舐天之夢、

注　解①見前、

【校異】

①万暦本、嘉慶本同じ。道光本に「解」字なし。

【書き下し文】

本文　湯に天を舐むるの夢有り。

注　解は前に見ゆ。

【現代語訳】

湯には天を舐める夢がある。

【語注】

○見前……本篇「尭有攀天、乗龍之夢」節の注に既出。

【原文】

本文　桀紂有黒風、大雷之夢、

注　白孔六帖曰、*桀紂下臨、作寰中之不軌、注引夢書云、*桀夢黒風破其宮、紂夢大雷撃其首、

【校異】

*万暦本、嘉慶本同じ。道光本に「曰」「云」字なし。

【書き下し文】

本文　桀紂に黒風・大雷の夢有り。

注　『白孔六帖』に曰く、「桀紂 下臨して、寰中の不軌を作《な》す」と。注に夢書を引きて云う、「桀は黒風 其の宮を

破るを夢み、紂は大雷其の首《かしら》を撃つを夢む」と。(13)

【現代語訳】

桀王と紂王には、それぞれ黒風が宮殿を破壊する夢、大きな雷が自分の頭部に落ちる夢がある。

【語注】

○黒風……暴風。　○桀紂下臨、作寰中之不軌……桀王と紂王が、祭祀や軍事など国家運営に関わる法を遵守しなかったことを言う。「軌」は踏み行うべき常軌。「君将納民於軌物者也。故講事以度軌量謂之軌、取材以章物采謂之物。不軌不物謂之乱政。」（『左伝』隠公五年）「器用衆物不入法度、則為不軌不動。」（杜預注）

【原文】

本文　文王有日月、丈人、海婦之夢、

注　帝王世紀曰*、周文王①夢日月着其身、
荘子曰*、文王観於臧、見一丈夫②釣、欲授之政、明旦属大夫曰、昔者、寡人夢見良人、黒色而髯、乗駁馬而偏朱蹄、号曰寓政於臧丈人、庶幾民有瘳乎、遂迎臧丈人而授之政、
博物志曰*、太公為灌壇令、文王夢婦人当道哭、曰、吾是東海女、嫁為西海婦、今灌壇令当道、廢我行、我行必有大風雨、而【太】③公有徳、吾不敢以暴風雨過、文王明日召太公、三日三夜、果有疾風暴雨、従太公邑外過④、

【校異】
①万暦本、嘉慶本同じ。道光本「文王」。
②万暦本、嘉慶本同じ。道光本「人」。
③嘉靖本、万暦本「大」。嘉慶本、道光本「太」。ここでは『博物志』に従い「太」に改めた。
④万暦本、嘉慶本同じ。道光本「過去」。
＊万暦本、嘉慶本同じ。道光本に「曰」字なし。

【書き下し文】
本文　文王に日月・丈人・海婦の夢有り。

注　『帝王世紀』に曰く、「周文王　日月の其の身に着くを夢む」と。(14)
『荘子』に曰く、「文王　臧《ぞう》を観て、一丈夫の釣するを見、之に政を授けんと欲す。明旦　大夫に属《たの》みて曰く、『昔者、寡人夢に良人《りょうじん》を見る。黒色にして髯《ほおひげ》あり。駮馬《ばくば》にして偏《かたえ》の朱蹄《しゅてい》なるに乗る。号《よ》びて「政を臧丈人に寓《よ》せよ。民の瘳《い》ゆること有るに庶幾《ちか》からんか」と曰う』と。遂に臧丈人を迎えて之に政を授く」と。(15)
『博物志』に曰く、「太公　灌壇《かんだん》の令と為る。文王　婦人の道に当たりて哭するを夢む。曰く、『吾は是れ東海の女《むすめ》なり。嫁して西海の婦と為る。今　灌壇の令　道に当りて、我の行くを廃す。我行けば必ず大風雨有り。而るに太公に徳有れば、吾敢えて暴風雨を以て過ぎず』と。文王　明日太公を召す。三日三夜、果して疾風暴雨有り、太公の邑より外に過ぐ」と。(16)

【現代語訳】

文王には、日月・丈人・海婦の夢がある。

【語注】
○丈人……老人。「丈人、老而杖於人者。」（『淮南子』道応訓「狐丘丈人」高誘注）○寓政於臧丈人、庶幾民有瘳乎……文王が臧の地で出会った老人に政治を任せるならば、民も生き返ったようになるということ。

【原文】

本文　太公有輔星之夢、

注　尚書中候[①]篇曰[*]、太公未遇文王時、釣魚磻渓、夜夢得北斗輔星神、告尚以伐紂之意、

【校異】
①万暦本、嘉慶本同じ。道光本「侯」。
＊万暦本、嘉慶本同じ。道光本に「曰」字なし。

【書き下し文】

本文　太公に輔星の夢有り。

注　『尚書中候篇』に曰く、「太公未だ文王に遇わざる時、魚を磻渓に釣る。夜　夢に北斗輔星の神、尚に告ぐるに紂を伐つの意を以てするを得」と。[(17)]

【現代語訳】

太公には輔星の夢がある。

【語注】

○輔星……北斗七星の第六星開陽の伴星。「輔星明近、輔臣親強。斥小、疏弱。」（『史記』天官書）「在北斗第六星旁。」（『史記集解』孟康注）、「春秋運斗枢云、北斗七星、第一天枢、第二旋、第三機、第四権、第五衡、第六開陽、第七揺光。」（『芸文類聚』巻一）

【原文】

本文 孔子有先君、芻児、三槐、赤気之夢、

注 呂氏春秋曰、* 孔子絶糧①陳蔡②之間、昼寝、起曰、今者夢見先君、
孝経中契曰、* 孔子夢芻児捶麟傷前左足、
宋書曰、* 孔子、夜夢三槐之間、豊沛之邦有赤気、駆車、見芻児傷麟之左足、求薪覆之、
【湘】③東王繹金楼子曰、孔子夢三槐【間】④、豊沛有赤飆、起呼顔回、子夏、往観之、見赤蛇化為黄金、上有文曰卯金刀、応高祖起豊沛、

【校異】

①万暦本、嘉慶本同じ。道光本「粮」。
②万暦本、嘉慶本同じ。道光本「陳蔡」。
③嘉靖本、万暦本、道光本「湖」。嘉慶本「湘」。ここでは『金楼子』に従い「湘」に改めた。

④嘉靖本、万暦本、嘉慶本、道光本ともに「門」。ここでは『金楼子』に従い「間」に改めた。
＊万暦本、嘉慶本同じ。道光本に「曰」字なし。

【書き下し文】

本文 孔子に先君・匇児・三槐・赤気の夢有り。

注 『呂氏春秋』に曰く、「孔子 糧を陳蔡の間に絶つ。昼寝《い》ね、起きて曰く、『今者 夢に先君に見《まみ》ゆ』」と。(18)『孝経中契』に曰く、「孔子 匇児の麟を揰《う》ちて前左足を傷つくるを夢む」と。(19)『宋書』に曰く、「孔子、夜 三槐の間、豊沛の邦に赤気有るを夢む。車を駆らせるに、匇児の麟の左足を傷つくるを見、薪を求めて之を覆う」と。(20)湘東王繹『金楼子』に曰く、「孔子、三槐の間、豊沛に赤飆《せきひょう》有るを夢む。起きて顔回・子夏を呼び、往きて之を観るに、赤蛇の化して黄金と為るを見る。上に文有りて曰く『卯金刀』と。高祖の豊沛に起こらんとするに応ず」と。(21)

【現代語訳】

孔子には、先君・匇児・三槐・赤気の夢がある。

【語注】

○赤気・赤飆……赤色を帯びた気象現象。「気」は雲気、「飆」はつむじ風。○湘東王繹……南朝梁の元帝（蕭繹）。○三槐……「槐」はえんじゅの木。周王朝では三本の槐を植えて三公の座としたことから、転じて三公のことを言う。「面三槐、三公位焉。」（『周礼』秋官・朝士）○見赤蛇化為黄金、上有文曰卯金刀……「卯金刀」は漢の「劉」氏を指す。「漢姓卯金刀。」（『公羊伝』哀公

十四年「反袂拭面、涕沾袍」何休注）

【原文】

本文　女節①有接星之夢、

注　帝王②世紀曰*、黄帝時、有大星如虹、下流華渚、女節①夢接之意感、遂生少昊、

【校異】

①万暦本、嘉慶本同じ。道光本「接」。

②万暦本、嘉慶本同じ。道光本「黄帝」。

*万暦本、嘉慶本同じ。道光本に「曰」字なし。

【書き下し文】

本文　女節に星に接するの夢有り。

注　『帝王世紀』に曰く、「黄帝の時、大星の虹の如きもの有り。華渚に下流す。女節 夢に之と接し意に感ず。遂に少昊を生めり」と[22]。

【現代語訳】

女節には星に接触する夢がある。

【語注】

○女節……黄帝の妃。星と接触して子を産む話も感生帝説の一つ。

【原文】

本文　太姒有松柏棫柞之夢、

注　周書曰、*太姒　夢周庭之梓化為松柏棫柞、

【校異】

*万暦本、嘉慶本同じ。道光本に「曰」字なし。

【書き下し文】

本文　太姒《たいじ》に松柏棫柞《しょうはくよくさく》の夢有り。

注　『周書』に曰く、「太姒　周庭の梓　化して松柏棫柞と為るを夢む」と。(23)

【現代語訳】

太姒には、松柏と棫柞の夢がある。

【語注】

○松柏……松と柏は、人の節義あるさまのたとえ。「大寒之歳、衆木皆死。然後知松柏小彫傷。平歳則衆木亦有不死者。故須歳寒而後別之。喩凡人処治世、亦能自修整、与君子同。」（『論語』子罕「子曰、歳寒然後知松柏之後彫也」何晏注）○棫柞……たらのきとくぬぎ。「柞、櫟也。棫、白桜也。」（『詩経』大雅・緜「柞棫抜矣」鄭箋）なお、近年刊行された『清華大学蔵戦国竹簡（壹）』

（清華大学出土文献研究与保護中心編・李学勤主編、中西書局、二〇一〇年）には、この程寤篇と重複する内容が記されている。詳細については、湯浅邦弘「「程寤」考――太姒の夢と文王の訓戒――」（『清華簡研究』汲古書院、二〇一七年）、沈宝春「論清華簡〈程寤〉篇太姒夢占五木的象徴意涵」（簡帛網 http://www.bsm.org.cn/show_article.php?id=1412）等を参照。

【原文】

本文　伊母有臼水之夢、

注　王充論衡曰*、伊尹生時、其母、夢人謂己曰臼水出疾東走、母、明旦、視臼出水、即東走十里、顧其郷、皆為淵矣。

【校異】

*万暦本、嘉慶本同じ。道光本に「曰」字なし。

【書き下し文】

本文　伊母に臼水の夢有り。

注　王充『論衡』に曰く、「伊尹生まるる時、其の母、人の己に謂いて『臼《きゅう》の水を出だせば疾《はや》く東のかたに走れ』と曰うを夢む。母、明旦、臼の出水するを視、即ち東のかた十里を走る。其の郷を顧みれば、皆淵と為れり」と。(24)

【現代語訳】

伊尹の母には臼水の夢がある。

【原文】

本文 孔母有空桑、蒼龍之夢、

注 孔演図曰、*孔子母徴在、夢黒帝使請己、往語曰、汝乳必於空桑、覚若有感①、後②生孔子於空桑、宝櫝記曰、*孔子生之夜、有二蒼龍亘天降附徴在之房③、徴在因夢蒼龍而生孔子、有神女擎露、五老列庭、麟吐玉書之事、

【校異】

①万暦本、嘉慶本同じ。道光本「覚有感」。
②万暦本、嘉慶本同じ。道光本「后」。
③万暦本、嘉慶本同じ。道光本本「旁」。
＊万暦本、嘉慶本同じ。道光本に「曰」字なし。

【書き下し文】

本文 孔母に空桑・蒼龍の夢有り。

注 『孔演図』に曰く、「孔子の母徴在《ちょうざい》、黒帝の使い己を請うを夢む。往《ゆ》けば語りて曰く、『汝が乳すること必ず空桑においてせん』と。覚むるに感有るが若し。後に孔子を空桑に生めり」と。(25)『宝櫝記』に曰く、「孔子生まるるの夜、二蒼龍 天を亘り降りて徴在の房に附くこと有り。徴在は蒼龍を夢む

るに因りて孔子を生めり。神女 露を擎《ささ》げ、五老 庭に列し、麟 玉書を吐くの事有り」と。(26)

【現代語訳】

孔子の母には、空桑・蒼龍の夢がある。

【語注】

○汝乳必於空桑……空桑で子を産むと夢で告げられたこと。「乳」は子を生むこと。「乳、生也。」（『史記索隠』扁鵲倉公列伝「菑川王美人懐子而不乳」）「空桑」は地名。「空桑、地名。在魯也。」（『淮南子』本経訓「以薄空桑」高誘注）「空桑」の語は伊尹出生説話にも見えるが（本篇注（24）参照）、これについては地名とする説や「（伊尹の母の化身となる）霊木としての桑」とする説などがある。○孔演図……『春秋演孔図』。類似の記述は、『太平御覧』巻九百五十五、『芸文類聚』巻八十八、『路史』巻三にも見える。○神女擎露、五老列庭、麟吐玉書之事……「五老」は、孔子誕生に際して現れた五星（木火土金水）の精のこと。「周霊王立二十一年、孔子生於魯襄公之世。……又有五老列於徵在之庭、則五星之精也。」（王嘉『拾遺記』巻三）

【原文】

本文 比事皆孚、何為虚妄、生曰、此緯録稗説、六経未載也、

注 漢末、賀良等作緯書、言経之有緯也、

漢芸文志曰、*小説者流、蓋出於稗官、如淳曰、細米為稗、瑣砕之言也、

【校異】

*万暦本、嘉慶本同じ。道光本に「曰」字なし。

【書き下し文】

本文 事を比ぶれば皆孚《まこと》なり。何ぞ虚妄と為さんや」と。生曰く、「此れ緯録稗説《はいせつ》、六経未だ載せざるなり」と。

注 漢末、賀良ら緯書を作りて、経の緯有るを言うなり(27)。

漢芸文志に曰く、「小説者流は、蓋し稗官より出づ。如淳曰く、細米を『稗』となす。瑣砕《ささい》の言なり」と(28)。

【現代語訳】

これらの事は並べてみればどれもまことのことである。どうして嘘いつわりのものであろうか。」宗空生が言うに、「これらは緯書の記録や稗事に基づく話であって、六経も載せてはいない。」

【語注】

○六経未載也……ここでの「六経」は、『易経』『書経』『詩経』『礼記』『周礼』『春秋』をいうか。○賀良等作緯書、言経之有緯也……夏賀良は前漢哀帝時の待詔。国運復興のために、年号と国号の改変を上書した。その際の「赤精子之讖文」（本篇注（27）参照）とは、高祖の母が赤龍に感じて高祖を生んだとされることを踏まえた仮託と思われる。「赤龍感女媼、劉季興。」（『詩含神霧』）「赤龍」は、本篇「孔子有先君、芻児、三槐、赤気之夢」節の注に見える「赤飆」「赤蛇」とともに、高祖が火徳に応じる帝王であることを示すものであろう。「自神農黄帝下、歴唐虞三代而漢得火焉。故高祖始起、神母夜号、著赤帝之符、旗章遂赤、自得天統矣。」（『漢書』郊祀志）○稗官……君主が政務を執る際の参考とするために、民間の話を集めて記録した役人。○細米為稗……「稗」は、ひえのこと。細かい事柄の譬え。

【原文】

本文 主人曰、九齢之与、

注　礼記世子篇云、＊文王謂武王曰、女何夢矣、武①王対曰、夢帝与我九齢、文王曰、我百、爾九十、吾与爾三焉。文②王九十七乃終、武①王九十三而終、

【校異】
①万暦本、嘉慶本同じ。道光本「武」。
②万暦本、嘉慶本同じ。道光本「文」。
＊万暦本、嘉慶本同じ。道光本に「云」字なし。

【書き下し文】
本文　主人曰く、「九齢の与、
注　『礼記』世子篇に云う、「文王 武王に謂いて曰く、『女《なんじ》何をか夢む』と。武王対えて曰く、『帝の我に九齢を与うるを夢む』と。文王曰く、『我は百、爾《なんじ》は九十なり。吾 爾に三を与えん』と。文王は九十七にして乃ち終わり、武は九十三にして終わる」と。(29)

【現代語訳】
通微主人が言った。「〈周の文王が武王へ〉九年の寿命を与えたことや、

【原文】

本文　両楹之奠、
注　礼記①檀弓篇、夫子曰、予②疇昔之夜、夢坐奠於両楹之間、

【校異】

①万暦本、嘉慶本同じ。道光本「礼記檀弓」。

②万暦本、嘉慶本同じ。道光本「余」。

【書き下し文】

本文　両楹《りょうえい》の奠、

注　『礼記』檀弓篇、夫子曰く、「予《われ》疇昔《ちゅうせき》の夜、坐して両楹の間に奠せらるるを夢む」と(30)。

【現代語訳】

〔孔子が〕二本の柱の間で飲食をすすめられた夢は、

【語注】

○奠於両楹之間……「両楹」は堂上の東西にある大柱。自身が両楹の間で飲食をすすめられている夢と、殷人は両楹の間で殯《かりもがり》を行うことから、孔子は殷人である自身の死を予見した。

【原文】

本文　記於礼経、而春秋伝称夢尤繁、若晋侯夢熊、宋公夢【烏】①、

注　左伝、鄭子産②聘于③晋、晋侯疾久、韓宣子曰、寡君寝疾三月矣、今夢黄熊入於寝門、何厲鬼也、対曰、昔尭殛鯀羽山、其神化為黄熊、以入④羽【淵】⑤、実為夏郊、三代祀之、晋為盟主、其或未之祀也、韓宣子祀夏郊、晋侯有

間、

左伝、宋景公無子、取公孫周之子得与啓畜於公宮、未立、景公卒、【大尹⑥】立啓矣、得夢啓北首而寝於盧門之外、己為【烏①】而集於其上、咮加於南門、尾加於桐門、得曰、余夢美、必立、未幾六卿謀立得、是為宋昭公、占曰、北首死象也、宋門東曰盧門、北曰桐門、寝於東門之外失国象也、己化為【烏①】集於啓身、践啓之位也、

【校異】

①嘉靖本、万暦本、道光本「鳥」。嘉慶本「烏」。ここでは『左伝』に従い「烏」に改めた。
②万暦本、嘉慶本同じ。道光本「子産」。
③万暦本、嘉慶本同じ。道光本「於」。
④万暦本、嘉慶本同じ。道光本「人」。
⑤嘉靖本、万暦本、道光本「泉」。嘉慶本「淵」。ここでは『左伝』に従い「淵」に改めた。
⑥嘉靖本、万暦本「太尹」。嘉慶本「大尹」。道光本「衍尹公」。ここでは『左伝』に従い「大尹」に改めた。

【書き下し文】

本文　礼経に記さる。而して『春秋伝』は夢を称《あ》ぐること尤も繁《しげ》きこと、晋侯の熊を夢み、宋公の烏を夢むるが若し。

注　『左伝』、「鄭の子産 晋に聘《め》さる。晋侯 疾《や》めること久し。韓宣子曰く、『寡君 疾《やまい》に寝《い》ぬること三月なり。今 黄熊の寝門に入《い》るを夢む。何の厲鬼ぞや』と。対えて曰く、『昔、尭 鯀《こん》を羽山に殛《ころ》す。其の神 化して黄熊と為り、以て羽淵に入る。実《じつ》に夏の郊と為り、三代之を祀《まつ》る。晋は盟主と為りて、其れ或いは未だ之を祀らざるか』と。韓宣子 夏の郊を祀る。晋侯 間《い》ゆること有り」と。(31)

『左伝』、「宋の景公 子無し。公孫周の子 得《とく》と啓《けい》とを取りて公宮に畜《やしな》い、未だ立てず。景公 卒するに、大尹啓を立つ。得 啓の北首して盧門の外に寝《い》ね、己は烏となりて其の上に集《とど》まり、咮《くちばし》を南門に加え、尾を桐門《とうもん》に加うるを夢む。得曰く、『余《わ》が夢は美《よ》し。必ず立たん』と。未だ幾《いくばく》ならずして六卿謀りて得を立つ。是れ宋の昭公と為す。占に曰く、『北首は死の象なり』と。宋の門の東をば盧門と曰い、北をば桐門と曰う。東門の外に寝ぬるは国を失うの象なり。己 化して烏と為り啓の身に集まるは、啓の位を践《ふ》むなり」と。(32)

【現代語訳】

礼経(『礼記』)に記されている。それに、『春秋伝』は晋侯が熊を夢に見たり、宋公が烏を夢に見たりする話のように、とりわけ頻繁に夢のことを語っている。

【語注】

○今夢黄熊入於寝門、何厲鬼也…… 「黄熊」は獣の一種。一説に「黄能」とも。姿は熊に似ており、足は鼈や鹿に似るという。「亦作熊。音雄。獣名。能三足鼈也。解者云、獣非入水之物、故是鼈也。一曰、既為神何妨是獣。案説文及字林皆云能熊属。足似鹿。然則能既熊属。又為鼈類。」(『経典釈文』左伝昭公七年「黄能」) 「厲鬼」は死者の悪霊。「厲、悪也。」(『広韻』) ○昔堯殛鯀羽山、其神化為黄熊、以入羽淵、実為夏郊、三代祀之、晋為盟主……鯀(禹の父)は治水事業の不成功を理由に罰されたが、(33) その魂は夏・殷・周三代において祀られた。子産は、晋が諸侯の盟主として周王朝の祭祀を補佐すべき立場でありながら実際には従事していない(鯀を祀っていない)点を指摘する。「郊」は天(上帝)を南郊に祀る郊祭で、鯀も祀られた。「夏后氏亦禘黄帝而郊鯀、祖顓頊而宗禹。」(『礼記』祭法) ○北首死象也……北首は北枕。「死者北首、生者南郷。」(『礼記』礼運)

【原文】

本文　呂錡夢射月、声伯夢渉洹、

注　左伝、晋①呂錡、夢射月中之、退入於泥、占曰、姫姓日、異姓月、必楚王也、射而中之、退入於泥、必死矣、及戦、射共王中目、

左伝、声伯夢渉洹、或与已瓊瑰食之、泣而為瓊瑰、盈其【懐】②、声伯寤而懼不敢占③、

【校異】

①万暦本、嘉慶本同じ。道光本「普」。

②嘉靖本、万暦本「襟」。嘉慶本、道光本「懐」。ここでは『左伝』に従い「懐」に改めた。

③万暦本、嘉慶本同じ。道光本「遂不敢占」。

【書き下し文】

本文　呂錡《りょき》は月を射るを夢み、声伯は洹《かん》を渉るを夢む。

注　『左伝』、「晋の呂錡、月を射て之に中《あ》て、退きて泥に入《い》るを夢む。占に曰く、『姫姓《きせい》は日なり。異姓は月なり。必ず楚王ならん。射て之に中て、退きて泥に入るは、必ず死せん』と。戦うに及び、共王を射て目に中つ」と。[34]

『左伝』、「声伯　夢に洹を渉り、或るひと己に瓊瑰《けいかい》を与えて之を食《くら》わしむ。泣きて瓊瑰と為りて、其の懐に盈《み》つ。声伯　寤《ご》して懼れ敢えて占わず」と。[35]

【現代語訳】

呂錡は月を射る夢を見て、声伯は洹水を渉る夢を見た。

【語注】

○呂錡夢射月……晋の呂錡が楚と戦う前に見た夢。「月を射る」ことは、呂錡が楚の共王の目を射ることとなり、「退きて泥に入る」ことは、呂錡が楚の養由基《ようゆうき》に射返されて命を落とすこととなる。○声伯夢渉洹、或与己瓊瑰食之、泣而為瓊瑰盈其懐……洹水（現在の河南省北部を流れる安陽河）を渡った魯の声伯（子叔嬰斉）に、何者かが珠玉を食べさせようとし、また声伯の流す涙が珠玉となって懐に満ちた夢。この夢は古法篇にも見える（二八一頁）。「瓊《けい》」は宝玉、「瑰《かい》」は宝石。「瓊、玉。瑰、珠也。」（『左伝』成公十七年、杜預注）玉を口に入れることは、「含」（死者の口を満たす含みだま）の象徴とされる。「食珠玉、含象。」（『左伝』成公十七年、杜預注）、「大喪、賛贈玉、含玉。」（『周礼』天官・大宰）「含玉、死者口実、天子以玉。」（鄭玄注）、「孝子所以実親口也。縁生以事死、不忍虚其口。天子以珠、諸侯以玉、大夫以碧、士以貝、春秋之制也。」（『公羊伝』文公五年「王使栄叔帰含且賵。含者何。口実也」何休注）○声伯寤而懼不敢占……死者の含みだまを象徴する夢を不吉として恐れた声伯が占夢を戒めたこと（しかし三年後に占ったところ、翌日に亡くなる）。

【原文】

本文 魯昭夢襄公、宋元夢平公、

注 左伝、楚霊王成章華之台、願与諸侯落①之、魯昭公将往、夢襄公祖、梓慎曰、公不果行、襄公之適楚也、夢周公祖而行、今襄公実祖、君其不行、子服恵伯曰、行、先君未嘗適楚、故周公祖以道之、襄公適楚矣、而祖以道君、不行何之、三月、公如楚、

左伝、宋元公将如晋、夢太子欒即位於廟、己与先君平公服而相之、旦召六卿告焉、元公行卒於曲棘、

【校異】

①万暦本、嘉慶本同じ。道光本「楽」。

【書き下し文】

本文　魯昭は襄公を夢み、宋元は平公を夢む。

注　『左伝』、「楚の霊王 章華の台を成し、諸侯と之を落せんことを願う。魯の昭公 将に往《ゆ》かんとするに、襄公 祖するを夢む。梓慎《ししん》曰く、『公は行くを果たさざらん。襄公の楚に適《ゆ》くや、周公の祖するを夢みて行きぬ。今襄公 実《じつ》に祖す。君は其れ行かざらん』と。子服恵伯《しふくけいはく》曰く、『行かん。先君は未だ嘗て楚に適かざるが故に周公祖して以て之を道《みちび》く。襄公は楚に適けり。而して祖して以て君を道く。行かずして何《いづ》くに之《ゆ》かん』と。三月、公 楚に如《ゆ》く」と[36]。

『左伝』、「宋の元公 将に晋に如かんとするに、太子欒《らん》（宋の景公）廟に即位し、己と先君平公と服して之を相《たす》くるを夢む。旦《あした》に六卿を召して告ぐ。元公行きて曲棘《きょくきょく》に卒す」と[37]。

【現代語訳】

魯の昭公は襄公を夢に見て、宋の元公は平公を夢に見た。

【語注】

○魯昭夢襄公、宋元夢平公……いずれも、先代が現れる夢として挙げられている。○夢襄公祖……「祖」は、出発の際に道祖神を祭ること。○宋元公将如晋、夢太子欒即位於廟、己与先君平公服而相之、旦召六卿告焉、元公行卒於曲棘……宋の元公が、魯の昭公復帰のため晋に行こうとする時に見た、自分と先君が太子の即位を補助する夢。翌日、元公は六卿を召し、有事の際は自身の葬儀を先君よりも質素にせよと命じるものの、六卿は、葬儀の制度には背けないと拒む。その後、出発した宋公は曲棘（現在の河南省開封市蘭考県）で亡くなる。

【原文】

本文 晋文夢楚子、衛荘夢良夫、

注 左伝、晋侯夢被楚子伏己而盬其脳、晋侯懼、子犯曰、吉、我向上得天、楚伏其罪、吾且柔之矣、及戦楚師潰、左伝、衛荘公殺渾良夫、夢往北宮、見人登昆吾之観、被髪北面而譟曰、登此昆吾之虚、緜緜生之瓜、余為渾良夫、叫[①]天無辜、荘公[②]親筮之、胥弥赦占之、不敢実対、賞以邑、不受而逃、是年冬十一月、荘公為己氏所殺、

【校異】

①万暦本、嘉慶本同じ。道光本「教」。

②万暦本、嘉慶本同じ。道光本「荘公」。

【書き下し文】

本文 晋文は楚子を夢み、衛荘は良夫を夢む。

注 『左伝』、晋侯 楚子に己を伏して其の脳を盬《す》わるるを夢む。晋侯懼る。子犯《しはん》曰く、「吉なり。我は上に向かいて天を得、楚は其の罪に伏す。吾れは且つ之を柔にせり」と。戦うに及び楚師潰《つい》えたり。[38]

『左伝』、衛の荘公 渾良《こんりよう》夫《ふ》を殺す。夢に北宮に往《ゆ》き、人の昆吾《こんご》の観に登り、被髪北面して譟《さわ》ぎ、「此の昆吾の

虚に登れば、緜緜《めんめん》として生うるの瓜あり。余《われ》は渾良夫為り。天に辜《つみ》無きを叫ばん」と曰うを見る。荘公 親ら之を筮《ぜい》し、胥弥赦《しょびしゃ》 之を占い、「敢えて実《じつ》に対せず」と。賞するに邑を以てするも、受けずして逃ぐ。是の年冬十一月、荘公 己氏《きし》の殺す所と為る。[39]

【現代語訳】

晋の文公は楚の成王を夢に見て、衛の荘公は渾良夫を夢に見た。

【語注】

○晋侯夢被楚子伏己而盬其脳、晋侯懼・吾且柔之矣……夢の中で晋侯を押し伏せた状態で、その脳を吸った楚〔の成王〕は柔弱になるということ。脳はものを柔らかくする作用があるとされ（杜預注「脳所以柔物。」）、脳の近くにある動物の角の根本も柔らかいという。「夫角之末、蹙於脳而休於気。是故柔。柔故欲其埶也。白也者、埶之徴也。」（『周礼』冬官考工記・弓人）○衛荘公殺渾良夫……渾良夫は、衛の孔氏に仕える近習。「衛孔圉、取大子蒯聵之姉。生悝。孔氏之豎渾良夫、長而美。孔文子卒。通於内。」（哀公十五年）渾良夫は、衛の太子蒯聵《かいがい》（荘公）が亡命先から衛に戻り君主となる手助けをし、死罪を三回免除することを保証されたが（哀公十五年）、後にそれを越える罪を犯したとして荘公に殺された（哀公十七年）。○夢往北宮、見人登昆吾之観、被髪北面而譟曰、登此昆吾之虚、緜緜生之瓜、余為渾良夫、叫天無辜……夢で渾良夫の霊が昆吾氏の廃墟にある高楼に登り、臣下の礼として北面し叫ぶのを見たということ。「被髪」は、ザンバラ頭。「緜緜」は、瓜が初めて生えるさま。ここでは、瓜が生じ始めるように、小さなもの（太子だった以前の荘公）を大きなもの（衛の君主）にした功績が自分にあるのだから、自分に罪はないと訴えることを表す。○是年冬十一月、荘公為己氏所殺……卿の石圃《せきほ》が起こした内紛で国を追われ、逃げ込んだ戎州の己氏に殺されたことを言う（哀公十七年）。

【原文】

本文 烝鉏夢康叔、燕姞夢伯儵、

注 左伝、衛襄公夫人無子、嬖人婤【姶】① 生孟縶、烝鉏夢康叔謂己曰、立元、余使汝之曾孫圉与史苟相之、史朝亦夢康叔謂己曰、余将命而②子苟与孔烝鉏之曾孫圉相元、史朝見成子告之夢、夢協、元尚未生也、後【婤姶】③ 又生子曰元、孟縶之足不良、弱行、孔成子筮之乃立元、是為霊公、注云、*烝鉏孔成子名也、

史記、衛襄公有賤妾、幸之、有身④、夢有人謂曰、我康叔也、今若子必有衛、名而②子曰元、妾怪之、問孔成子、成子曰、康叔者、衛祖也、及生子、男也、名之曰元⑤、是為霊公、

僖公三十一年、衛成公亦夢康叔、詳左伝、茲不及載、

左伝、鄭文公有賤妾曰燕姞⑥、夢天使与己蘭曰、余為伯儵、而祖也、以是為而子、蘭有国香、既而文公見之、与之蘭而御之、燕姞⑦曰、妾不才、幸而有子、将不信、敢徴蘭乎、公曰、諾、生穆公、名之曰蘭、

【校異】

①嘉靖本、万暦本、道光本「始」。嘉慶本「姶」。ここでは『左伝』に従い「姶」に改めた。
②万暦本、嘉慶本同じ。道光本「爾」。
③嘉靖本、万暦本「婤始」。嘉慶本「婤姶」。道光本「周始」。ここでは『左伝』に従い「婤姶」に改めた。
④万暦本、嘉慶本同じ。道光本「娠」。
⑤万暦本、嘉慶本同じ。道光本「名曰元」。
⑥万暦本、嘉慶本同じ。道光本「鄭文公賤妾曰燕姞」。
⑦万暦本、嘉慶本同じ。道光本「姞」。

＊万暦本、嘉慶本同じ。道光本に「云」字なし。

【書き下し文】

本文　烝鉏《じょうしょ》は康叔を夢み、燕姞《えんきつ》は伯儵《はくしゅく》を夢む。

注　『左伝』、衛の襄公夫人　子無し。嬖人《へいじん》の婤姶《しゅうおう》　孟縶《もうちゅう》を生む。烝鉏（孔成子）康叔（衛の始祖）の己に謂いて「元を立てよ。余《われ》　汝の曾孫圉《ぎょ》と史苟《しこう》とをして之を相《たす》けしめん」と曰うを夢む。史朝《しちょう》も亦た康叔の己に謂いて「余将に而《なんじ》が子の苟と孔烝鉏の曾孫圉とに命じて元を相けしめんとす」と曰うを夢む。史朝　成子を見て之に夢を告げ、夢協《あ》うも、元は尚お未だ生まれざるなり。後に婤姶又た子を生み元と曰う。孟縶の足良ろしからず、弱行なり。孔成子　之を筮《ぜい》して乃ち元を立つ。是れ霊公為り。〔杜預〕注に云う、「烝鉏は孔成子の名なり」と。(40)

『史記』、衛の襄公に賤妾有り。之を幸《こう》し、身《はら》むこと有り。夢に人有りて謂いて曰く、「我は康叔なり。今若《なんじ》の子必ず衛を有《たも》つ。爾《なんじ》の子を名づけて『元《げん》』と曰わん」と。妾　之を怪しみて、孔成子に問う。成子曰く、「康叔は、衛の祖なり」と。子を生むに及び、男なり。之に名づけて元と曰う。是れ霊公為り。(41)

僖公三十一年、衛の成公も亦た康叔を夢む。『左伝』に詳し。茲《ここ》に載するに及ばず。(42)

『左伝』、鄭の文公に賤妾有りて燕姞と曰う。夢に天の使い　己に蘭を与えて曰く、「余は伯儵たり。而の祖なり。是を以て而の子と為さん。蘭に国香有り」と。既にして文公　之を見て、之に蘭を与えて之を御す。燕姞曰く、「妾は不才なるも、幸いにして子有り。将《も》し信ぜざれば、敢えて蘭を徴《しるし》とせんか」と。公曰く、「諾《だく》」と。穆公を生み、之に名づけて蘭と曰う。(43)

【現代語訳】

烝鉏は衛の始祖である康叔を夢に見て、燕姞は南燕の始祖である伯鯈を夢に見た。

【語注】

○烝鉏夢康叔、燕姞夢伯鯈……ともに始祖を夢に見る事例。○烝鉏夢康叔謂己曰～余将命而子苟与孔烝鉏之曾孫圉相元……衆占篇「衛史朝曰、筮襲於夢、武王所用」節を参照。○史朝見成子告之夢、夢協……「協」は合致する。「協、合。」（『書経』堯典「百姓昭明、協和万邦」偽孔伝）○僖公三十一年、衛成公亦夢康叔、詳左伝、茲不及載……衛の成公の夢に始祖である康叔が現れた夢。康叔は自分への供物が相《しょう》（夏后啓の孫）に取られていると告げる。しかし甯武子《ねいぶし》は、本来夏の土地である帝丘は夏の後裔（杞《き》や鄫《かい》）が祀るべきなのだから、衛が相を祀る必要はないとする。○鄭文公有賤妾曰燕姞、夢天使与己蘭曰、余為伯鯈、而祖也……姞は南燕の姓で、伯鯈は南燕の祖。○既而文公見之、与之蘭而御之、燕姞曰、妾不才、幸而有子、将不信、敢徴蘭乎……夢を見て間もなく、燕姞は彼女を見初めた文公から蘭を与えられる。その後懐妊したが、文公が信じないことのないよう、賜った蘭を妊娠の月数を数えるための証拠にしたということ。「懼将不見信、故欲計所賜蘭為懐子月数。」（『左伝』宣公三年「将不信、敢徴蘭乎」杜預注）

【原文】

本文　曹人夢振鐸、鄭人夢伯有、

注　左伝、宋人囲曹、初曹人或夢、衆君子立於社宮、而謀亡曹、曹叔振鐸請待公孫強、許之、旦而求之曹、無公孫強也、戒其子曰、我死、爾聞公孫強為政、必去之、及曹伯陽即位、好田弋、曹鄙人公孫強好弋、獲白雁献之、且言田弋之法悦之、因訪政事、大悦之、使為司城以聴政、夢者之子乃行、曹伯従強、計背晋而奸宋、宋人【伐】①曹、晋師不救、遂滅曹、執曹伯及司城強以帰、

左伝、鄭人相驚、以伯有為厲、或夢伯有介而行、曰壬子、余将殺帯也、明年壬寅、余又将殺段也、及壬子、駟

帯卒、壬寅、公孫段卒、国人愈懼、子産乃立②子孔之子公孫洩及伯有之子良止、伯有乃不為厲、

【校異】

①嘉靖本、万暦本「代」。嘉慶本、道光本「伐」。ここでは『左伝』に従い「伐」に改めた。

②万暦本、嘉慶本同じ。道光本「子産立」。

【書き下し文】

本文　曹人は振鐸《しんたく》を夢み、鄭人は伯有を夢む。

注　『左伝』、宋人 曹を囲む。初め曹人の或るひと夢む。衆君子 社宮に立ちて、曹を亡《ほろ》ぼさんことを謀る。曹叔《そうしゅく》振鐸《しんたく》 公孫強を待たんことを請い、之を許す。旦《あした》にして之を曹に求むるも、公孫強無きなり。其の子を戒めて曰く、「我死して、爾《なんじ》公孫強の政を為すと聞けば、必ず之を去れ」と。曹の伯陽 位に即くに及び、田弋《でんよく》を好む。曹の鄙人 公孫強は弋《いぐるみ》を好む。白雁《はくがん》を獲て之を献じ、且つ田弋の法を言えば之を悦《よろこ》ぶ。因りて政事を訪《と》い、大いに之を悦び、司城と為して以て政を聴かしむ。夢みし者の子 乃ち行《さ》る。曹伯 強に従い、晋に背きて宋を奸《おか》すを計る。宋人 曹を伐つも、晋師救わず。遂に曹を滅ぼし、曹伯及び司城の強を執《と》らえて以て帰る[44]。『左伝』、鄭人 相い驚かすに、伯有を以て厲《れい》と為す。或るひと 伯有の介《よろい》して行き、「壬子《じんし》、余 将に帯《たい》を殺さんとするなり。明年壬寅《みょうねんじんいん》、余 又た将に段を殺さんとするなり」と曰うを夢む。壬子に及び、駟帯《したい》 卒す。壬寅、公孫段 卒す。国人愈《いよいよ》 懼る。子産乃ち子孔の子公孫洩《こうそんせつ》及び伯有の子良止《りょうし》を立つるに、伯有 乃ち厲を為さず[45]。

【現代語訳】

曹人は曹の始祖である振鐸を夢に見て、鄭人は伯有を夢に見た。

【語注】

○初曹人或夢～許之……大勢の君子が曹を滅ぼす話をしていたところ、曹の始祖である曹叔振鐸が「公孫強が来るまで待ってほしい」と頼み、それが許された夢。○田弋……狩り。「田、謂四時田時。弋、謂弋鳧与雁。」（『周礼』夏官・司弓矢「田弋、充籠箙矢、共矰矢」賈公彦疏）飛んでいる鳥を捕らえるための矢を「弋《いぐるみ》」という。○鄭人相驚、以伯有為厲～明年壬寅、余又将殺段也……伯有は、鄭人に殺された鄭の大夫良霄《りょうしょう》のこと（襄公三十年「鄭人殺良霄」）。鄭人の夢に甲冑姿で現れ、自身の殺害を主導した大夫の駟帯と公孫段を祟る夢。「介」はよろいで武装すること。

【原文】

本文 趙盾夢叔帯、荀偃夢巫皐、

注 史記、趙盾夢見叔帯持要而哭甚悲①、已而笑、拊手且歌、盾卜之、兆、絶而後好、趙史援占之曰、此夢甚悪、非君之身、乃君之子、其後果有屠岸賈之禍、
左伝、中行②献子将伐斉、夢与厲公訟弗勝、公以戈撃之、首墜於前、跪而戴之、奉之以走、見梗陽人巫皐、他日、見巫皐於道、与之言同、巫曰、茲主必死、若有事於東方、則可以逞、献子乃沈玉禱河、会諸侯伐斉、斉師遁、明年春、献子癉疽③而卒、

【校異】

①万暦本、嘉慶本同じ。道光本「哭而又甚悲」。

②万暦本、嘉慶本同じ。道光本「興」。
③万暦本、嘉慶本同じ。道光本「痺」。

【書き下し文】

本文　趙盾は叔帯を夢み、荀偃《じゅんえん》は巫皐《ふこう》を夢む。

注　『史記』、趙盾 夢に叔帯 要《こし》を持して哭して甚だ悲しく、已にして笑い、手を拊ちて且つ歌うを見る。盾 之を卜し、「兆、絶えて後に好し」と。趙史援 之を占いて曰く、「此の夢甚だ悪し。君の身に非ずんば、乃ち君の子なり」と。其の後、果して屠岸賈《とがんか》の禍有り(46)。

『左伝』、中行献子 将に斉を伐たんとす。夢に厲公と訟《あらそ》いて勝たず。公 戈《ほこ》を以て之を撃ち、首《かしら》前に墜つ。跪《ひざまづ》きて之を戴き、之を奉じて以て走り、梗陽《こうよう》の人巫皐《ふこう》を見る。他日、巫皐を道に見、之と言うに同じ。巫曰く、「茲《こ》れ主必ず死せん。若し東方に事有れば、則ち以て逞《たくま》しくすべし」と。献子 乃ち玉《ぎょく》を沈めて河に禱《いの》り、諸侯に会し斉を伐つ。斉師遁《のが》る。明年春、献子 癉疽《たんしょ》ありて卒す(47)。

【現代語訳】

趙盾は先祖の叔帯を夢に見て、荀偃は巫皐を夢に見た。

【語注】

○趙盾夢見叔帯持要而哭甚悲、已而笑、拊手且歌……叔帯が腰に手をあてて激しく泣き、しばらくしてから手を打ち笑い歌う夢。叔帯は、趙の祖先。造父七世の子孫。周を去り晋の文公に仕える。「自造父已下六世至奄父、……奄父生叔帯。叔帯之時、周幽王無道、去周如晋、事晋文侯、始建趙氏于晋国。」（『史記』趙世家）○兆、絶而後好～其後果有屠岸賈之禍……「兆」は亀卜による割れ目。「絶而後好」は、一族が絶えるものの、後にまた繁栄するということ。「絶、家絶也。好、栄也。」（瀧川亀太郎『史記会注考証』趙世家）ここでいう「絶」は、趙盾の死後、趙氏誅滅を狙う屠岸賈が、晋の霊公弑殺時における趙盾の対応（国外におり、賊を討たなかったこと）を咎め、趙氏一族の誅殺を行ったことによるもの。○夢与厲公訟弗勝、公以戈撃之、首墜於前～若有事於東方、則可以逞……晋の荀偃（中行献子）が斉を討伐する際に見た夢。荀偃は、自身が弑殺した厲公と言い争いをして負け、公に切り落とされた頸を持って走り巫皐と会う夢を見る。巫皐もまた同様の夢を見ており、荀偃の死を予言する。「梗陽」は、現在の山西省太原市清徐県。「逞」は思い通りにふるまうこと。ここでは思いきって斉との戦争に臨むことを言う。「巫知献子有死徴。故勧使快意伐斉。」（『左伝』襄公十八年「巫曰今茲主必死」杜預注）、「逞、快也。」（『左伝』桓公六年「今民餒而君逞欲」杜預注）○沈玉禱河……戦地に赴く荀偃が黄河を渡る際、黄河の神に玉を捧げ、自らの死を覚悟して斉の討伐を誓ったことを言う。○癉疽……悪性の腫瘍。「癉疽、悪創。」（『左伝』襄公十九年、杜預注）

【原文】

本文　魏顆夢老人、韓厥夢其父、

注　左伝、晋魏顆敗秦師於輔氏、獲杜回、秦之有力人也、初、魏武子嬖有嬖妾、無子、嬖疾、命子顆曰、必嫁、疾甚則曰、必以殉、嬖卒、顆従治命嫁之、及輔氏之役、顆見老人結草以亢杜回、杜回躓而顚、故獲之、夜夢結草老人、曰、余乃而所嫁婦人之父也、爾用先人之治命、余是以報、左伝、晋師及斉侯戦于鞍①、斉師敗績、初、晋司馬韓厥夢其父子輿、謂己曰、【旦】②避左右、故韓厥御郤克中軍③逐斉侯、斉侯聞韓厥君子也、乃射韓厥之左右、皆仆而韓厥独免、

【校異】
①万暦本、嘉慶本同じ。道光本「於」。
②嘉靖本、万暦本、嘉慶本、道光本「且」。ここでは『左伝』（校勘記）に従い「旦」に改めた。
③万暦本、嘉慶本同じ。道光本「遇郤克中軍逐斉侯」。

【書き下し文】
本文　魏顆《ぎか》は老人を夢み、韓厥《かんけつ》は其の父を夢む。

注　『左伝』、晋の魏顆 秦の師を輔氏《ほし》に敗り、杜回《とかい》を獲たり。秦の力有る人なり。初め、魏武子《ぎぶし》犨《しゅう》に嬖妾《へいしょう》有るも、子無し。犨 疾《や》む。子の顆に命じて曰く、「必ず嫁せしめよ」と。疾甚《やまい》しければ則ち曰く、「必ず以て殉せしめよ」と。犨 卒す。顆 治命に従い之を嫁せしむ。輔氏の役《えき》に及び、顆 老人の草を結びて以て杜回を亢《さえぎ》るを見る。杜回躓《つまず》きて顚《たお》る。故に之を獲たり。夜 草を結びし老人を夢む。曰く、「余は乃ち而《なんじ》の嫁せしめし所の婦人の父なり。爾《なんじ》は先人の治命を用いたり。余 是を以て報ゆ」と(48)。
『左伝』、晋師及び斉侯 鞍《あん》に戦い、斉師敗績す。初め、晋の司馬韓厥 其の父子輿《しよ》を夢む。己に謂いて曰く、「旦《あした》に左右を避けよ」と。故に韓厥 郤克の中軍に御して斉侯を逐う。斉侯 韓厥の君子なるを聞き、乃ち韓厥の左右を射る。皆仆《たお》れて韓厥独り免る(49)。

【現代語訳】
魏顆は老人を夢見て、韓厥は自分の父を夢に見た。

【語注】

○魏武子犨有嬖妾、無子、犨疾、命子顆曰、必嫁、疾甚、則曰、必以殉……魏顆の父である魏武子（魏犨）は、発病時こそ愛妾を自身の死後に再嫁させるよう命じたものの、病が重くなると自身に殉死させるよう命じたこと。○治命……精神が正常な時に出す命令。対して、重症の中「必ず以て殉せよ」と命じた魏武子のように、精神状態の乱れた時に出す命令は「乱命」。○晋司馬韓厥夢其父子輿謂己曰～皆仆而韓厥独免……斉との開戦前に、父の子輿から車の左右両端に乗るなと夢の中で告げられた晋の韓厥は、元帥である郤克率いる軍において車中央の御者となり死を免れる。

【原文】

本文　穆子遇庚宗之婦、僖子納泉丘①之女、

注　左伝、叔孫穆子避僑如之難、奔斉、及庚宗、遇婦人宿焉、穆子至斉娶国氏、生孟丙、仲壬、夢天压己弗勝、顧見人黒而上僂、深目而豭喙②、号之曰牛助余、乃勝之、後、魯人召穆子、帰立為卿、所宿庚宗婦人、献以雉、其子奉雉以従、則昔所夢人也、又其名曰牛、遂③使為豎、謂之豎牛、豎牛長使為政、乃讒殺孟丙、遂仲壬、而穆子病、為豎牛所餓④以死、占曰、夢天压己、君寵⑤臨也、天不可勝⑥、勝天不祥、
左伝、孟僖子会⑦邾荘【公】⑧、盟於祲祥、泉丘人有女、夢以其帷幕孟【氏】⑨之廟、其女遂奔僖子、僖子使助副妾⑩薳氏之簉、乃生懿子及南宮敬叔、

【校異】

①万暦本、嘉慶本同じ。道光本「邱」。
②万暦本、嘉慶本同じ。道光本「啄」。

③万暦本、嘉慶本同じ。道光本「遂使為豎牛」。
④万暦本、嘉慶本同じ。道光本「餞」。
⑤万暦本、嘉慶本同じ。道光本は字潰れで判読不可。
⑥万暦本、嘉慶本同じ。道光本は字潰れで判読不可。
⑦万暦本、嘉慶本同じ。道光本「令」。
⑧嘉靖本、万暦本、道光本「子」。嘉慶本「公」。ここでは『左伝』に従い「公」に改めた。
⑨嘉靖本、万暦本、道光本「子」。嘉慶本「氏」。ここでは『左伝』に従い「氏」に改めた。
⑩万暦本、嘉慶本同じ。道光本「妾副」。

【書き下し文】

本文　穆子は庚宗の婦に遇い、僖子は泉丘の女《むすめ》を納《い》る。

注　『左伝』、叔孫穆子 僑如《きょうじょ》の難を避け、斉に奔る。庚宗に及び、婦人に遇い宿《しゅく》す。穆氏 斉に至り国氏に娶り、孟丙《もうへい》・仲壬《ちゅうじん》を生む。夢に天 己を圧して勝たず。顧みるに人の黒くして上僂《じょうる》、深目にして猳喙《かがい》なるを見る。之を号《よ》びて「牛《ぎゅう》 余を助けよ」と曰えば、乃ち之に勝てり。後、魯人 穆子を召し、帰りて立ち卿と為る。宿せし所の庚宗の婦人、献ずるに雉を以てす。其の子 雉を奉じて以て従えば、則ち昔夢みし所の人なり。又た其の名を牛と曰い、遂に豎と為らしめ、之を豎牛《じゅぎゅう》と謂う。豎牛長じて政を為さしむれば、乃ち譏して孟丙を殺し、仲壬を逐《お》う。而して穆子病めば、豎牛の餓えて以て死す所と為る。(50) 占に曰く、「天の己を圧するを夢むるは、君 寵臨せらるるなり。天は勝つべからず。天に勝つは不祥なり」と。
『左伝』、孟僖子《もうきし》 郰《ちゅ》の荘公に会し、祲祥《しんしょう》に盟《ちか》う。泉丘の人に女有り。其の帷《とばり》を以て孟氏の廟を幕《おお》うを夢む。其

の女 遂に僖子に奔り、僖子 副妾薳氏《いし》の簉《そえ》を助けしむ。乃ち懿子《いし》及び南宮敬叔《なんきゅうけいしゅく》を生む(51)。

【現代語訳】

叔孫穆子は、庚宗の地で婦人と遇い、孟僖子は泉丘〔の人〕の娘を迎え入れた。

【語注】

○黒而上僂、深目而豭喙……顔が黒く、背中が曲がって肩が前に突出し、目が落ちくぼんで牡豚のような口をしている。「僂」は背中の骨が盛り上がったさま。「豭」は牡豚。○僖子使助副妾薳氏之簉……「簉」は補佐。そえ。「簉、副倅也。薳氏之女為僖子副妾、別居在外、故僖子納泉丘人女、令副助之。」（『左伝』昭公十一年「僖子使助薳氏之簉」杜預注）

【原文】

本文　以至裸①童二豎、天使、河伯之名、罔不紛陳錯綴、

注　左伝、昭公三十一年十二②月、辛亥、朔、日食、是夜、趙簡子夢童子裸①而転以歌、旦占諸史墨、曰、吾夢如是、今而日食、何也、対曰、六年及此月也、呉其入郢乎、終亦弗克、入郢必以庚辰、日月在辰尾、庚午之日、日始有謫、火勝金、故弗克、

左伝、晋景侯、夢大厲被髪及地、搏膺而踊曰、殺余孫不義、余③得請於帝矣、壊大門及寝門而入、公懼入于④室、又壊【戸】⑤、公覚、召桑田巫、巫言如夢、公曰、如何、曰、不食新⑥麦矣、公疾、病、求医於秦、秦伯使医緩行、未至、公夢、疾為二豎子曰、彼良医也、懼傷我、其一曰、居肓之上、膏之下、若我何、医至曰、疾⑦在肓之上、膏之下、不可為也、公使甸人献新麦、召桑田巫、示而将殺之、未及食如廁、陷於廁而卒、

左伝、晋趙嬰通於趙荘姫、荘姫趙朔妻、嬰之姪婦也、明年春、嬰兄原与屏放嬰於斉、嬰夢天使、謂己曰、祭余、余福汝、嬰使問士貞伯、貞伯曰、不識也、既而告其人曰、神福仁而禍淫、淫而無罰、福也、祭其得亡乎、嬰祭之、明日而亡、

左伝、楚与晋戦、楚令尹子玉自為瓊弁玉纓未之服也、先戦、夢河神謂己曰、畀余、⑧余賜汝孟諸之麋、

【校異】

①万暦本、嘉慶本同じ。道光本は字潰れで判読不可。

②万暦本、嘉慶本同じ。道光本「一」。

③万暦本、嘉慶本同じ。道光本では、「得」と「請」の間が空格。

④万暦本、嘉慶本同じ。道光本「於」。

⑤嘉靖本、万暦本、道光本「室」。嘉慶本「戸」。ここでは『左伝』に従い「戸」に改めた。

⑥万暦本、嘉慶本同じ。道光本「新」。

⑦万暦本、嘉慶本同じ。道光本「君疾」。

⑧万暦本、嘉慶本同じ。道光本「賜女孟諸之」。

【書き下し文】

本文　以て裸童・二豎・天使・河伯の名に至りては、紛陳錯綴せざるなし。

注　『左伝』、昭公三十一年十二月、辛亥、朔、日食す。是の夜、趙簡子 童子裸《ら》して転び以て歌うを夢む。旦《あした》に諸《これ》を史墨《しぼく》に占わしむ。曰く、「吾が夢是くの如し。今にして日 食するは何ぞや」と。対えて曰く、「六年して此の月に及べば、呉 其れ郢《えい》に入《い》らんか。終《つい》にして亦た克たざらん。郢に入るは必ず庚辰を以てせん。日月は辰

尾に在り。庚午の日に、日に始めて謫《たく》有り。火は金に勝つ、故に克たず」と。(52)

『左伝』、晋の景侯、大厲 被髪地に及び、膺《むね》を搏《う》ちて踊り、「余が孫を殺すは不義なり。余 帝に請うことを得たり」と曰い、大門及び寝門を壊して入り、公懼れて室に入るも、又た戸を壊すを夢む。公覚め、桑田の巫を召す。巫の言 夢の如し。公曰く、「如何」と。曰く、「新麦を食らわざらん」と。公 疾《や》む。病《へい》なり。医を秦に求む。秦伯 医緩《かん》をして行かしむるも、未だ至らず。公 夢む。疾《やまい》二豎子と為りて曰く、「彼は良医なり。懼らくは我を傷つけん」と。其の一曰く、「肓《こう》の上、膏《こう》の下に居れば、我を若何せん」と。医 至りて曰く、「疾は肓の上、膏の下に在り。為《おさ》むべからざるなり」と。公 甸人《でんじん》をして新麦を献ぜしむるに、桑田の巫を召し、示して将に之を殺さんとす。未だ食うに及ばざるに廁《かわや》に如《ゆ》き、廁に陥りて卒す。(53)

『左伝』、晋の趙嬰《ちょうえい》 趙の荘姫に通ず。荘姫は趙朔の妻、嬰の姪婦《てっぷ》なり。明年春、嬰の兄原《げん》と屏《へい》 嬰を斉に放つ。嬰 天の使いを夢む。己に謂いて曰く、「余を祭れ。余 汝に福せん」と。嬰 士貞伯《していはく》に問わしむ。貞伯曰く、「識らざるなり」と。既にして其の人に告げて曰く、「神は仁に福して淫に禍す。淫にして罰無きは、福なり。祭れば其れ亡《に》ぐるを得んか」と。嬰 之を祭り、明日にして亡ぐ。(54)

『左伝』、楚 晋と戦う。楚の令尹子玉《れいいんしぎょく》 自《みずか》ら瓊弁玉纓《けいべんぎょくえい》を為《つく》るも未だ之を服さざりき。戦うに先んじ、河神を夢む。己に謂いて曰く、「余に畀《あた》えよ。汝に孟諸《もうしょ》の麋《ほとり》を賜わん」と。(55)


【現代語訳】

そのうえ、裸童・二豎・天使・河伯の名に至っては、あちらこちらに集め述べられている。

【語注】

○趙簡子夢童子裸而転以歌……「転」は転がりまわる。「転、婉転也。」（杜預注）○六年及此月也、呉其入郢乎～火勝金、故弗克……六年後の同月に呉が楚の郢に攻め入るが、呉には勝てないということ。ここでは日食の発生した場所（辰尾）と「謫」（太陽の異変）の徴候が現れていた時期（庚午）、更に五行相克の関係から占断を行っている。○夢大厲被髪及地、搏膺而踊曰、殺余孫不義、余得請於帝矣、壊大門及寝門而入……悪霊（趙氏の祖先）がザンバラ髪を振り乱し、胸を叩いて踊りながら景公に襲いかかってくる夢。「殺余孫」とは、成公八年に晋公が趙同・趙括を誅滅したこと。○不食新麦矣……今年収穫の麦は食べられない（その前に死ぬ）ということ。○居肓之上、膏之下、若我何……「肓」は横隔膜の上、「膏」は心臓の下。治療が困難な場所。子供の姿をした病が、自分たちは膏肓にいるのだから、医者はどうすることもできないと話す夢。○甸人……田野を管理する官名。「甸人、主為公田者。」（『左伝』成公十年「使甸人献麦」杜預注）○既而告其人曰、神福仁而禍淫、淫而無罰、福也、祭其得亡乎……嬰斉が自身の姪婦（甥の妻）と通じるという淫事を行いながら罰を受けていないことは福であり、また天を祭れば禍を避けられるということ。古法篇にも「趙嬰夢天使之類」とある（二七五頁）。○瓊弁玉纓……馬のたてがみの前にかける玉飾りの冠と胸がい。○先戦、夢河神謂己曰、畀余、余賜汝孟諸之麋……黄河の神が、自分に玉飾りを与えるよう子玉に告げる夢。「畀」は引き渡す。「麋」は水と草の交わるみぎわ。岸辺。「又作湄。音眉。水草交曰麋。」（『経典釈文』詩経・小雅・巧言「之麋」）

【原文】

本文　而邑姜之夢虞、寔述於博物之子産、[①]

注　左伝、晋侯有疾、鄭伯使公孫僑聘晋、且問疾、子産曰、当武王邑姜方娠大叔[②]、夢帝謂己[③]、余命而子曰虞、将与之唐、属諸参而、蕃育其子孫、及生有文在其手[④]、曰虞、遂以命之、及成王滅唐而封大叔焉[⑤]、故参為晋星、晋侯聞子産之言曰、博物君子也、

【校異】

①万暦本同じ。嘉慶本、道光本「実」。
②万暦本、嘉慶本同じ。道光本「太」。
③万暦本、道光本同じ。嘉慶本「夢帝謂曰」。
④万暦本、嘉慶本同じ。道光本「虞」。
⑤万暦本同じ。嘉慶本、道光本「太」。

【書き下し文】

本文　而して邑姜《ゆうきょう》の虞を夢むるは、寔《まこと》に博物の子産に述べらる。

注　『左伝』、晋侯 疾《やまい》有り。鄭伯 公孫僑《こうそんきょう》（子産）をして晋に聘し、且つ疾を問わしむ。子産曰く、「武王の邑姜方《まさ》に大叔を娠《はら》まんとするに当り、帝 己に『余 而《なんじ》が子に命《なづ》けて虞《ぐ》と曰わん。将に之に唐を与え、諸《これ》を参に属して、其の子孫を蕃育せんとす』と謂うを夢む。生まるるに及び文有ること其の手に在り、虞と曰う。遂に以て之に命《なづ》く。成王の唐を滅すに及びて大叔を封ず。故に参をば晋星と為す」と。晋侯 子産の言を聞きて曰く、「博物の君子なり」と(56)。

【現代語訳】

そして邑姜が虞という名を我が子に与えられる夢を見たことは、実に博識の子産によって語られているのだ。

【語釈】

○邑姜……武王の妃。　○晋侯有疾、鄭伯使公孫僑聘晋、且問疾……鄭の子産が晋侯の病の原因を問われたことを言う。晋の卜人は、実沈《じっしん》（日月星辰の神）と台駘《だいたい》（山川の神）の祟りが原因だとするが、子産は邑姜の見た夢を挙げてこれを否定する。○夢帝謂己、余命而子曰虞、将与之唐……天帝が邑姜の子に「虞」の名と「唐」の地を与えると告げた夢。唐はもと帝嚳の子である実沈が参星を祀ったとされる地で、その末代が唐叔虞という人物。天帝はその名を邑姜の子に与えると告げた。「帝天取唐君之名。」（『左伝』昭公元年「夢帝謂己、余命而子曰虞」杜預注）○及成王滅唐而封大叔焉、故参為晋星……夢により名を与えられた虞は、後に成王が滅ぼした唐の地に封ぜられて晋の開祖となる。これにより、晋は参星とゆかりのある唐に開かれた国となり、参星は晋星となる。「賈逵曰、晋主祀参、参為晋星。」（『史記集解』鄭世家「故参為晋星」）

【原文】

本文　往代君子、覧而業之、垂及千載、豈皆習誕而承贋邪、生曰、礼記諸篇、或雑漢語、左氏務博、未免浮誇、何足符信也、主人曰、汝以師心之識、錮其円神爾、

注　孔子曰、猶師心者也、

【書き下し文】

本文　往代の君子は、覧《と》りて之を業とし、垂るること千載に及ぶ。豈に皆誕なるを習いて贋なるを承けんや」と。生曰く、「『礼記』諸篇、或いは漢語を雑《まじ》う。『左氏』は博きに務むるも、未だ浮誇を免れず。何ぞ符信するに足らんや」と。主人曰く、「汝 心を師とするの識を以て、其の円神を錮《ふさ》ぐのみ。

注　孔子曰く、「猶お心を師とする者のごときなり」と。[57]

【現代語訳】

歴代の君子は、占夢を取り上げて自身の務めとし、後世に伝えること長きにわたった。どうしてみなでたらめを習い、いつわりを受け入れるだろうか」と。宗空生が言った、「『礼記』の諸篇には漢代の言葉が紛れ込んでいる。『左伝』は夢を見たことについての記事が広きに渉るよう務めているけれど、誇張が過ぎて現実的でない感を免れない。どうして信用するに足りようか」と。通微主人が言った、「あなたは自分の心に固執した狭い了見で神妙なことを知るのを妨げているのだ。

【語注】

○往代君子、覧而業之、垂及千載……君子（孔子や子産など）の言説により、夢の意義が後世に伝えられていくということ。○礼記諸篇、或雑漢語……『礼記』の編纂過程で漢代儒者の説が混入したため、孔子や弟子達の言説を純粋に伝えるものではなくなっていることを指す。○汝以師心之識、錮其円神爾……「師心之識」は、自身の心だけに従った認識。偏見。「師、猶師心也。夫物各師其成心、妄為偏執、将己為是、不知他以為非。」（『荘子』秋水「師是而无非、師治而无乱乎」成玄英疏）、「師、順也。」（『経典釈文』荘子・秋水「師是而无非」）「錮」は、ふさぐ。「円神」は、あらゆるところを窮まることなくめぐる神妙なはたらき。「蓍之徳円而神。」（『易経』繋辞伝上）

【原文】

本文 夫商周之書、小雅之詩、非聖人之所刪定者邪、高宗夢説、審象旁求、

注 [1]商書説命篇、王恭黙思道、夢帝賚予良弼、乃審厥象、俾以形旁求於天下、説築傅巖[2]之野、惟肖、爰立作相、置[3]諸其左右、史記、武丁夜夢得聖人、名曰説、以夢所見視群臣百吏皆非也、於是使百工営求之野、得説於傅険中、挙以為相、

【校異】

①万暦本、嘉慶本同じ。道光本「商」。

②万暦本、嘉慶本同じ。道光本は字潰れで判読不可。

③万暦本、嘉慶本同じ。道光本「置諸左右」。

【書き下し文】

本文　夫れ商周の書、小雅の詩、聖人の刪定する所のものに非ざるや。高宗は説《えつ》を夢みて、象《かたち》を審らかにし旁《あまね》く求む。

注　商書「説命」篇、王 恭しく默して道を思う。帝 予に良弼を齎《もたら》すを夢む。乃ち厥《そ》の象を審らかにし、形を以て旁く天下に求めしむ。説 傅巌《ふがん》の野に築く。惟れ肖《に》たり。爰《ここ》に立てて相《しょう》と作《な》し、諸《これ》を其の左右に置く。(58)

『史記』、武丁 夜に聖人を得るを夢む。名は説と曰う。夢に見る所を以て群臣百吏を視るも皆非なり。是に於いて百工をして之を野に営求せしめ、説を傅険《ふけん》の中に得、挙げて以て相と為す」と。(59)

【現代語訳】

商周の書、小雅の詩は、聖人が刪定したものではないのか。〔『書経』商書には〕高宗は傅説の夢を見ると、説の姿をつまびらかにして方々に探し求めたとある。

【語注】

○夢帝賚予良弼～爰立作相……武丁が天から良弼（補佐となる良き臣下）を賜る夢。夢と同じ姿の人物を探した武丁は、傅巌で働く説を見つけ宰相に抜擢した。「傅巌」は傅氏の巌（山崖）「伝、以傅為氏。此巌以傅為名、明巌傍有姓傅之民。故云傅氏之巌也。」（『書経』商書・説命上「説築傅巌之野」孔穎達疏）なお、『清華大学蔵戦国竹簡〔参〕』（中西書局、二〇一二年）には『書経』関連文献である『説命』が収録されている。上・中・下の三篇から成り、各篇の最終簡背面にはそれぞれ「傅説之命」との篇題が見える ○傅険……「傅巌」に同じ。「旧本作「険」、亦作「巌」也。」（『史記索隠』殷本紀「得説於傅険中」）

【原文】

本文 武王誓師、朕夢協卜、

注 解見第四篇、

【書き下し文】

本文 武王 師を誓《いまし》むるに、「朕《わ》が夢 卜に協《あ》う」と。

注 解は第四篇に見る。

【現代語訳】

武王は軍隊に号令を発するのに、「我が夢は卜に合致した」と言った。

【語注】

○解見第四篇……衆占篇第四「夢与兆易、豈有隆降乎」節（一六五頁）を参照。

【原文】

本文 而宣王築室考牧、有熊羆、虺蛇、衆魚、旐旟之夢、

注　①小雅斯干之詩曰、乃寝乃興、乃占我夢、吉夢維何、維熊維羆、維虺維蛇、大人占之、維熊維羆、男子之祥、維虺維蛇、女子之祥、
②無羊之詩曰、牧人乃夢、衆維魚矣、旐維旟矣、大人占之、衆維魚矣、実維豊年、旐維旟矣、室家溱溱、
小序曰、*斯干、宣王考室也、無羊、宣王考牧也、
陳氏曰、*室成而考之、故以人君之夢而言其祥、牧成而考之、故以牧人之夢而書其祥、

【校異】

①万暦本、嘉慶本同じ。道光本「小雅斯干、維熊維羆之詩註」。
②万暦本同じ。嘉慶本「無羊之詩曰、牧人乃夢、衆維魚矣、旐維旟矣、太人占之、衆維魚矣、実維豊年、旐維旟矣、室家溱溱」。道光本ではこの部分が脱落している。
*万暦本、嘉慶本同じ。道光本に「曰」字なし。

【書き下し】

本文　而して宣王は室を築き牧を考《な》し、熊羆《ゆうひ》・虺蛇《きだ》・衆魚《しゅうぎょ》・旐旟《ちょうよ》の夢有り。

注　小雅斯干の詩に曰く、「乃ち寝《い》ね乃ち興《お》き、乃ち我が夢を占う。吉夢 維れ何《こ》ぞ。維れ熊 維れ羆、維れ虺 維れ蛇、大人之を占う。維れ熊 維れ羆は、男子の祥、維れ虺 維れ蛇は、女子の祥」と。(60)
無羊の詩に曰く、「牧人乃ち夢む。衆 維れ魚、旐 維れ旟。大人 之を占う。衆 維れ魚は、実《まこと》に維れ豊年。旐 維れ旟は、室家 溱溱《しんしん》たらん」と。(61)
小序に曰く、「斯干、宣王 室を考すなり。無羊、宣王 牧を考すなり」と。(62)

陳氏曰く、「室成りて之を考す。故に人君の夢を以てして其の祥を言う。牧成りて之を考す。故に牧人の夢を以てして其の祥を書す」と。[63]

【現代語訳】

そして宣王は宮室を築き牧官をたてており、熊羆・虺蛇・衆魚・旐旟の夢がある。

【語注】

○考牧……ここでは、宣王が一度廃れた牧官をたて、牧畜事業を再開させたことを言う。「厲王之時、牧人之職廃。宣王始興而復之。」（『詩経』小雅・無羊「宣王考牧」鄭箋）「考」は物事が成就する。「考、成也。」（『礼記』礼運「事行有考也」鄭玄注）○熊羆・虺蛇……吉祥とされるもの。「熊羆在山、陽之祥也。故為生男。虺蛇穴処、陰之祥也。故為生女。」（鄭箋）「羆」は、ひぐま。「長頭高脚、猛憨多力、能抜樹木。」（『爾雅』釈獣「羆、如熊。黄白文」郭璞注）「虺」は、蛇の一種。まむしとも。「舎人曰、蝮、一名虺。……孫炎曰、……有牙、最毒。」（『爾雅』釈魚「蝮虺」邢昺疏）○衆魚・旐旟……「衆魚」は、大勢で魚を捕ること。「旐」「旟」は九旗の種類。「旐」は亀と蛇を描いた旗。「亀蛇曰旐。」（『詩経』小雅・出車「設此旐矣」毛伝）「旟」は隼を描いた旗。「鳥隼曰旟。」（『詩経』小雅・出車「彼旟旐斯」毛伝）○牧人……牧畜をつかさどる官。「牧人、養牲於野田者。」（『周礼』地官「牧人下士六人」鄭玄注）○大人……占夢の官。○室家溱溱……子孫が多いさま。「溱溱、子孫衆多也。」（『詩経』小雅・無羊「室家溱溱」鄭箋）○室成而考之……宮殿を建築し、落成式を行うこと。「考之者、設盛食以落之。」（『礼記』雑記下「路寝成則考之」鄭玄注）

【原文】

本文　又使大人[①]占之、致其厳重、未敢褻也、

注 斯干、[2]無羊之夢、皆以大人占之、
朱子曰、*大人[1]大卜[1]之属、占夢之官也、
孔氏曰、*左伝文公之夢、子犯占之、不必占夢之官、乃得占也、

【校異】
①万暦本同じ。嘉慶本、道光本「太」。
②万暦本同じ。嘉慶本「斯干、無羊之夢、皆以太人占之」。道光本ではこの部分が脱落している。
＊万暦本、嘉慶本同じ。道光本に「曰」字なし。

【書き下し文】

本文 又た大人《たいじん》をして之を占わしむ。其の厳重《げんちょう》を致し、未だ敢えて褻《あなど》らざるなり。

注 斯干、無羊の夢は、皆大人を以て之を占う。(64)

朱子曰く、「大人大卜の属は、占夢の官なり」と。(65)

孔氏曰く、「『左伝』文公の夢は、子犯 之を占う。必ずしも占夢の官ならずとも、乃ち占うを得」と。(66)


【現代語訳】

また〔宣王は〕占夢の官にこれら（熊羆・虺蛇・衆魚・旐旟の夢）を占わせており、夢を尊重し、決して軽んじることはなかった。


【語注】

○又使大人占之、致其厳重、未敢褻也……「厳重」は尊重すること。「褻」は、あなどる。「慢也。」（『経典釈文』礼記・曲礼上「褻之」）[67] ○斯干、無羊之夢、皆以大人占之……前節を参照。○大卜……卜筮官の長官。「問亀曰卜。大卜、卜筮官之長。」（『周礼』春官・序官「大卜」鄭玄注）○左伝文公之夢、子犯占之……本篇「晋文夢楚子」節の注を参照。

【原文】

本文　雖幽王之朝訛言莫懲、猶必召彼故老、訊之占夢、

注　小雅正月之詩[①]曰*、召彼故老、訊之占夢、朱善[②]曰*、故老明於臧否、占夢明於吉凶、国之所頼以【正】[③]訛者也、

【校異】

①万暦本、嘉慶本同じ。道光本「正月詩」。
②万暦本、嘉慶本同じ。道光本「朱子」。
③嘉靖本、万暦本、道光本「止」。嘉慶本「正」。ここでは『詩解頤』に従い「正」に改めた。
＊万暦本、嘉慶本同じ。道光本に「曰」字なし。

【書き下し文】

本文　幽王の朝訛言《かげん》懲《や》むこと無しと雖も、猶お必ず彼の故老を召し、之に占夢を訊ぬ。

注　小雅正月の詩に曰く、「彼の故老を召し、之に占夢を訊ぬ」と。[68]朱善曰く、「故老は臧否《ぞうひ》に明るく、占夢は吉凶に明るし。国の頼りて以て訛を正す所の者なり」と。[69]

【現代語訳】

幽王の時代には、嘘がはびこり止むことがなかったとはいえ、やはり必ず元老たちを召して占夢を問うたのである。

【語注】

○雖幽王之朝訛言莫懲、猶必召彼故老、訊之占夢……『詩経』小雅・正月に「正月、大夫刺幽王也」（小序）、「小人以訛言相陥、王不能察其真偽」（「憂心愈愈、是以有侮」孔穎達疏）とあり、虚言が横行していた幽王の統治を譏る詩とされる。本文からは、悪政下においても執り行われていた占夢の意義を確認する陳士元の意図が窺える。「故老」は元老のこと。○朱善……字は備万、元末明初、豊城（今の江西省豊城）の人。明の洪武五年（一三七二）の状元。その著書『詩解頤』は、詩における興・観・群・怨の意を明らかにしようとしたもの。○故老明於臧否、占夢明於吉凶、国之所頼以正訛者也……「正月」詩の解釈。国家の大事に関する「臧否」「吉凶」の判断も君主自ら行わず、「聖」と自称する元老たちや占夢に依存した結果、虚言が氾濫したことを嘆くもの。「君臣在朝、侮慢元老、召之不問政事、但問占夢。不尚道徳、而信徴祥之甚。」（鄭箋）ここでの引用の意図は、「正月」詩の大意を示すことではなく、王による占夢が執り行われていたという史実を示す点にある。

【原文】

本文　然則古人曷①嘗忽厥夢占哉、而緯稗所載、足用資択、胡可概以為寤而無弁也、

注　韻海曰*、寤、牛含切、寐語也、

【校異】

①万暦本、嘉慶本同じ。道光本「何」。

*万暦本、嘉慶本同じ。道光本に「曰」字なし。

【書き下し文】

本文　然らば則ち古人曷《なん》ぞ嘗て厥《そ》の夢占を忽《ゆるが》せにせんや。而して緯稗の載するところは、用《もっ》て資択するに足る。胡ぞ概《す》べて以て寤《がん》と為して弁ずる無かるべけんや」と。

注　『韻海』に曰く、「掃、牛含切。寐語なり」と。(70)

【現代語訳】

そうであれば、古の人はどうしてその夢占をおろそかにするだろうか。緯書や稗書に書いてあることでも、選びとるに足るのである。どうして〔緯書や稗書の言を〕総べて寝言のような取るに足らない言葉として語らないでおくことができるものか。」

【語注】

○寐語……寝言。ここでは戯言の意。

宗空篇第五・訳者注

（1）一切有為法、如夢幻泡影、如露亦如電。応作如是観。（『金剛般若波羅蜜経』）

（2）〔黄帝〕昼寝而夢遊於華胥氏之国。華胥氏之国在弇州之西、台州之北、不知斯斉国幾千万里。蓋非舟車足力之所及。神遊而已。其国無師長、自然而已。其民無嗜欲、自然而已。……都無所畏惜、都無所畏忌。入水不溺、入火不熱。……黄帝既寤、怡然自得、召天老、力牧、太山稽、告之曰、朕間居三月、斎心服形、思有以養身治物之道、弗獲其術、疲而睡、所夢若此、今知至道不可以情求矣。朕知之。朕得之。而不能以告若矣。又二十有八年天下大治。幾若華胥氏之国。（『列子』黄帝）

（3）河図挺佐輔曰、黄帝修徳立義、天下大治、乃召天老而問焉。余夢見両龍挺白図、以授余於河之都、天老曰、河出龍図、洛出亀書、紀帝録、列聖人之姓号、興謀治太平。然後鳳凰処之。今鳳凰以下三百六十日矣。天其受帝図乎。黄帝乃祓斎七日、至於翠嬀之川、大鱸魚折溜而至。乃与天老迎之。五色畢具、魚汎白図蘭葉朱文、以授黄帝。名曰録図。（『芸文類聚』巻十一）

（4）帝王世紀云、黄帝夢大風吹、天下之塵垢皆去。又夢人執千鈞之弩、駆羊万群。帝寤而歎曰、風為号令、執政者也。垢去土、后在也。天下豈有姓風名后者哉。夫千鈞之弩、異力者也。駆羊万群、能牧民為善者也。天下豈有姓力名牧者哉。於是依二占而求之、得風后於海隅、登以為相。得力牧於大沢、進以為将。黄帝因著占夢経十一巻。（『史記正義』五帝本紀「挙風后、力牧、常先、大鴻」）

（5）嘗夢捫天体。蕩蕩正青滑、有若鍾乳。后仰噏之。以訊占夢。言尭夢攀天而上、湯夢及天舐之。此皆聖王之夢。吉不可言。（『東観漢記』巻六）

（6）尭舜上聖符域内之休徴。〔注〕夢書曰、尭夢乗青龍上太山、舜夢撃鼓。（『白孔六帖』巻二十三）

（7）始帝在唐、夢御龍、以登雲天而有天下。（『路史』巻二十）

（8）帝王世紀曰……舜姚姓也。……年二十始以孝聞、尭以二女娥皇女英妻之、見舜於貳宮、設饗礼迭為賓主、南面而問政、命為司徒太尉、試以五典有大功二十。夢眉長与髪等、尭乃賜舜以昭華之玉、老而命舜代己摂政。（『太平御覧』巻八十一）

（9）後魏温子昇舜廟碑曰、懐山不已、龍門未闢、大道御世、天下為公、感夢長人、明揚仄陋。（『芸文類聚』巻十一）

（10）禹乃登山仰天而嘯。因夢見赤繡衣男子、自称玄夷蒼水使者、聞帝使丈命于斯、故来候之非厥歳月将告以期無為戯吟。故倚歌覆釜之山。東顧謂禹曰、欲得我山神書者、斎於黄帝巌岳之下、三月庚子登山、発石、金簡之書存矣。禹退又斎。三月庚子、登宛委山発金簡之書。案金簡玉字得通水之理。復返帰岳乗四載、以行川始於霍山。……遂巡行四瀆与益夔共謀行到名山大沢、召其神而問之、山川脈理、金玉所有、鳥獣昆虫之類、及八方之民俗、殊国異域、土地里数、使益疏而記之。故名之曰山海経。（『呉越春秋』巻六）

（11）帝王世紀曰……禹未登用之時、父既降在匹庶、有聖徳。夢自洗於河、観於河、始受図、括地象也。図言治水之意。（『太平御覧』巻八十二）

（12）夏禹未遇、夢乗舟月中過。（『白孔六帖』巻一）

（13）桀紂下臨、作寰中之不軌。〔注〕桀帝夢黒風破其宮、紂帝夢大雷撃其首。（『白孔六帖』巻二十三）

（14）帝王世紀曰……寤始文王継父為西伯、都于雍州之地、及受命復兼梁荊二州、化被于江漢之域。於是諸侯附之者六州、而文王不失臣節。先是文王夢日月之光著身、又鸑鷟鳴於岐、作武象之楽。（『太平御覧』巻八十四）

（15）文王観於臧、見一丈夫釣。而其釣莫釣。非持其釣有釣者也、常釣也。文王欲挙而授之政、而恐大臣父兄之弗安也。欲終而釈之、而不忍百姓之无天也。於是旦而属之大夫曰、昔者寡人夢見良人。黒色而髯、乗駁馬而偏朱蹄。号曰、寓而政於臧丈人。庶幾乎民有瘳乎。（『荘子』田子方）

（16）現行の『博物志』では「文王」ではなく「武王」とする。「太公為灌壇令。武王夢婦人当道夜哭、問之曰、吾是東海神女、嫁於西海神童。今灌壇令当道、廃我行。我行必有大風雨。而太公有徳、吾不敢以暴風雨過是毀君徳。武王明日召太公、三日三夜、果有疾風暴雨、従太公邑外過。」（『博物志校証』巻七）しかし、類似の記述が見える『捜神記』巻四、『初学記』巻二、『太平御覧』巻三百九十七、『太平広記』巻二百九十では、夢見の主体が「文王」となっている。詳しくは、範寧校証『博物志校証』（中華書局、一九八〇年）を参照。

（17）太公釣於磻渓。夜夢北斗神告以伐紂之意。尚書中候（『広博物志』巻二）

（18）孔子窮乎陳蔡之間、藜羹不斟、七日不嘗粒、昼寝。顔回索米、得而爨之、幾熟。孔子望見顔回攫其甑中而食之。選間、食熟、謁孔子而進食。孔子佯為不見之。孔子起曰、今者夢見先君、食潔而後饋。顔回対曰、不可。嚮者煤室入甑中、棄食不祥、回攫而飯之。孔子歎曰、所信者目也、而目猶不可信。所恃者心也、而心猶不足恃。弟子記之、知人固不易矣。故知非難也。孔子之所以知人難也。（『呂氏春秋』任数）

（19）孝経右契曰、孔子夜夢豊沛邦有赤煙気。起顔回、子夏侶往観之。駆車到楚西北范氏之廟、見芻児捶麟、傷其前左足、束薪而覆之。孔子曰、児、汝来姓為誰。児曰、吾姓為赤松子。孔子曰、汝豈有所見乎。曰、吾所見一獣。如麕羊頭、頭上有角、其末有肉方。以是西走。孔子発薪下、麟視孔子而蒙其耳、吐三巻書。孔子精而読之。（『太平御覧』巻八百八十九）

（20）魯公十四年、孔子夜夢三槐之間、豊沛之邦有赤煙気起。駆車、見芻児傷麟之左足、求薪覆之。（『宋書』巻二十七）

（21）漢高祖、名季、父名執嘉。母曰含始、入池中浴、見玉鶏銜赤珠、名曰玉英呑之有孕。昔孔子夢三槐間、豊沛邦有赤蛇、化

為黄玉。上有文曰、卯金刀字。（『金楼子』巻一）

（22）帝王世紀曰……又黄帝時、有大星如虹。下流華渚。女節夢接之意感、遂生少昊。（『芸文類聚』巻十）

（23）文王去商在程。正月、既生魄、太姒夢見商之庭産棘、小子発取周庭之梓、樹于闕間、化為松柏棫柞。寤驚以告文王。文王乃召太子発、占之于明堂、王及太子発並拝吉夢、受商之大命于皇天上帝。（『逸周書』程寤解）

（24）「伊尹且生之時、其母夢人謂己曰、臼出水疾東走、毋顧。明旦、視臼出水、即東走十里。顧其郷、皆為水矣。」（『論衡』吉験）同じ夢は『呂氏春秋』本味篇にも見える。「有侁氏女子採桑、得嬰児于空桑之中、献之其君。其君令烰人養之。察其所以然曰、其母居伊水之上、孕、夢有神告之曰、臼出水而東走、毋顧。明日視臼出水、告其隣、東走十里、而顧其邑尽為水、身因化為空桑。」

（25）孔演図曰、孔子母徴在遊大沢之陂睡。夢黒帝使請己。已往、夢交語曰、汝乳必於空桑之中。覚則若感。生丘於空桑中。（『太平御覧』巻三百六十一）

（26）周霊王二十一年、孔子生於魯襄公之世也。生之夜、有二蒼龍亘天下、来附徴在之房、因夢生夫子、有二神女擎香露於空中而来沐浴徴在、太常下奏鈞天楽、列於顔氏之房、空中有声云、天感生聖子、故降和楽。有五老列於庭、乃五星也。夫子生時、有麟吐玉書於里人之家。云、水精子之子、系周衰而素王。（『宝櫝記』）

（27）「侍詔夏賀良等言赤精子之讖、漢家暦運中衰、当再受命、宜改元易号。詔曰、漢興二百載、暦数開元。皇天降非材之佑、漢国再獲受命之符、朕之不徳、曷敢不通。夫基事之元命、必与天下自新、其大赦天下。以建平二年為太初元将元年。」（『漢書』哀帝紀）「諸以材技徴召、未有正官、故曰待詔。夏、姓也。賀良、名也。高祖感赤龍而生、自謂赤帝之精、良等因是作此讖文。」（応劭注）

（28）「小説家者流、蓋出於稗官。街談巷語、道聴塗説者之所造也。孔子曰、雖小道、必有可観者焉、致遠恐泥、是以君子弗為也。然亦弗滅也。閭里小知者之所及、亦使綴而不忘。如或一言可采、此亦芻蕘狂夫之議也。」（『漢書』芸文志）「九章、細米為稗。街談巷説、其細碎之言也。王者欲知閭巷風俗、故立稗官使称説之。」（如淳注）

（29）文王謂武王曰、女何夢矣。武王対曰、夢帝与我九齢。文王曰、女以為何也。武王曰、西方有九国焉、君王其終撫諸。文王

曰、非也。古者謂年齢、歯亦齢也。我百、爾九十、吾与爾三焉。文王九十七乃終、武王九十三而終。（『礼記』文王世子）

（30）夫子殆将病也。遂趨而入。夫子曰、賜、爾来何遅也。夏后氏殯於東階之上、則猶在阼也。殷人殯於両楹之間、則与賓主夾之也。周人殯於西階之上、則猶賓之也。而丘也殷人也。予疇昔之夜、夢坐奠於両楹之間。夫明王不興、而天下其孰能宗予。予殆将死也。蓋寝疾七日而没。（『礼記』檀弓）

（31）鄭子産聘于晋。晋侯疾。韓宣子逆客、私焉。曰、寡君寝疾。於今三月矣。並走群望。有加而無瘳。今夢黄熊入于寝門。其何厲鬼也。対曰、以君之明、子為大政。其何厲之有。昔堯殛鯀于羽山。其神化為黄熊、以入于羽淵、実為夏郊、三代祀之。晋為盟主、其或者未之祀也乎。韓子祀夏郊祀鯀、晋侯有間。（『左伝』昭公七年）なお、『国語』晋語八にも類似の記述が見える。

（32）宋景公無子、取公孫周之子得与啓、畜諸公宮。未有立焉。於是皇緩為右師、皇非我為大司馬、皇懐為司徒。……冬十月、公游于空沢。辛巳、卒于連中。……大尹立啓、奉喪殯于大宮。三日而後国人知之。司城茷使宣言于国曰、大尹惑蠱其君而専其利、令君無疾而死。死又匿之。是無他矣。大尹之罪也。得夢啓北首而寝於盧門之外、己為鳥（校勘記「烏」）而集於其上、咮加於南門、尾加於桐門、曰、余夢美、必立。（『左伝』哀公二十六年）

（33）当帝堯之時、……堯求能治水者、……帝堯乃求人、更得舜。舜登用、摂行天子之政、巡狩。行視鯀之治水無状、乃殛鯀於羽山以死。天下皆以舜之誅為是。於是舜挙鯀子禹、而使続鯀之業。（『史記』夏本紀）

（34）晋侯将伐鄭。……鄭人聞有晋師、使告于楚。……呂錡夢射月中之、退入於泥。占之曰、姫姓日也、異姓月也、必楚王也。射而中之、退入於泥、亦必死矣。及戦、射共王中目、王召養由基。与之両矢、使射呂錡、中項伏弢、以一矢復命。郤至三遇楚子之卒、見楚子必下、免冑而趨風、楚子使工尹襄、問之以弓。曰、方事之殷也。有韎韋之跗注、君子也。（『左伝』成公十六年）

（35）初、声伯夢渉洹、或与己瓊瑰食之。泣而為瓊瑰盈其懐、従而歌之曰、済洹之水、贈我以瓊瑰、帰乎帰乎、瓊瑰盈吾懐乎。懼不敢占也。還自鄭、壬申、至于貍脤而占之曰、余恐死、故不敢占也。今衆繁而従余三年矣。無傷也。言之之莫而卒。（『左伝』成公十七年）

（36）楚子成章華之台、願以諸侯落之。大宰薳啓疆曰、臣能得魯侯。薳啓疆来召公。……公将往、夢襄公祖。梓慎曰、君不果行、襄公之適楚也、夢周公祖而行。今襄公実祖。君其不行。子服恵伯曰、行。先君未嘗適楚、故周公祖以道之。襄公適楚矣。而祖以道。君不行何之。三月、公如楚。（『左伝』昭公七年）

（37）十一月、宋公元公将為公故如晋。夢大子欒即位於廟、己与平公服而相之。旦召六卿。公曰、寡人不佞、不能事父兄。以為二三子憂、寡人之罪也。若以群子之霊、獲保首領以没。唯是楄柎所以藉幹者。請無及先君。仲幾対曰、君若以社稷之故、私降昵宴。群臣弗敢知。若夫宋国之法、死生之度、先君有命矣。群臣以死守之、弗敢失隊。臣之失職、常刑不赦。臣不忍其死、君命祇辱。宋公遂行。己亥、卒于曲棘。（『左伝』昭公二十五年）

（38）晋侯夢与楚子搏。楚子伏己而盬其脳、是以懼。子犯曰、吉、我得天、楚伏其罪、吾且柔之矣。……己巳、晋師陳于莘北。……狐毛狐偃、以上軍夾攻子西。楚左師潰、楚師敗績。（『左伝』僖公二十八年）

（39）「衛侯夢于北宮、見人登昆吾之観。被髪北面而譟曰、登此昆吾之虚、緜緜生之瓜。余為渾良夫、叫天無辜。公親筮之、胥弥赦占之曰、不害。与之邑、寘之、而逃奔宋。……初、公登城以望見戎州。問之、以告、公曰、我姫姓也。何戎之有焉。翦之。公使匠久。公欲逐石圃。未及而難作。辛巳、石圃因匠氏攻公。……公入于戎州己氏。……既入焉、而示之璧曰、活我。吾与女璧。己氏曰、殺女、璧其焉往。遂殺之而取其璧。」（『左伝』哀公十七年）「緜緜瓜初生也。良夫善己有以小成大之功、若瓜之初生、謂使衛侯得国。」（杜預注）

（40）衆古篇注（18）を参照。

（41）初、襄公有賤妾、幸之、有身。夢有人謂曰、我康叔也。令若子必有衛、名而子曰元。妾怪之、問孔成子。成子曰、康叔者、衛祖也。及生子、男也。以告襄公。襄公曰、天所置也。名之曰元。襄公夫人無子、於是乃立元為嗣。是為霊公。（『史記』衛康叔世家）

（42）冬狄囲衛。衛遷于帝丘、卜曰、三百年。衛成公夢康叔曰、相奪予享。公命祀相、甯武子不可。曰、鬼神非其族類、不歆其祀。杞鄫何事。相之不享、於此久矣。非衛之罪也。不可以間成王周公之命祀。請改祀命。（『左伝』僖公三十一年）

（43）冬、鄭穆公卒。初、鄭文公有賤妾曰燕姞。夢天使与己蘭、曰、余為伯儵、余而祖也。以是為而子、以蘭有国香。人服媚之如是。既而文公見之、与之蘭而御之、辞曰、妾不才、幸而有子、将不信、敢徵蘭乎。公曰、諾。生穆公、名之曰蘭。（『左伝』宣公三年）

（44）宋人囲曹、鄭桓子思曰、宋人有曹。鄭之患也。不可以不救。冬、鄭師救曹、侵宋。初、曹人或夢、衆君子立于社宮、而謀亡曹。曹叔振鐸請待公孫強、許之。旦而求之曹、無之、戒其子曰、我死、爾聞公孫強為政、必去之。及曹伯陽即位、好田弋、曹鄙人公孫強好弋。獲白雁献之、且言田弋之説、説之、因訪政事、大説之。有寵、使為司城以聴政。夢者之子乃行。強言覇説於曹伯。曹伯従之。乃背晋而奸宋。宋人伐之。晋人不救。築五邑於其郊。曰、黍丘、揖丘、大城、鍾、邘。（『左伝』哀公七年）

（45）鄭人相驚以伯有、曰伯有至矣、則皆走不知所往。鑄刑書之歳二月。或夢伯有介而行。曰、壬子、余将殺帯也。明年壬寅、余又将殺段也。及壬子、駟帯卒、国人益懼、斉燕平之月。壬寅、公孫段卒、国人愈懼、其明月、子産立公孫洩及良止以撫之、乃止。子大叔問其故、子産曰、鬼有所帰、乃不為厲。吾為之帰也。大叔曰、公孫洩何為。子産曰、説也。為身無義而図説。従政有所反之、以取媚也。（『左伝』昭公七年）

（46）初、趙盾在時、夢見叔帯持要而哭、甚悲、已而笑、拊手且歌。盾卜之、兆、絶而後好。趙史援占之曰、此夢甚悪、非君之身、乃君之子、然亦君之咎。至孫、趙将世益衰。屠岸賈者、始有寵於霊公、及至於景公而賈為司寇、将作難、乃治霊公之賊以致趙盾、徧告諸将曰、盾雖不知、猶為賊首。以臣弑君、子孫在朝、何以懲辠、請誅之。韓厥曰、霊公遇賊、趙盾在外、吾先君以為無罪、故不誅。今諸君将誅其後、是非先君之意而今妄誅。妄誅謂之乱。臣有大事而君不聞、是無君也。屠岸賈不聴。韓厥告趙朔趣亡。朔不肯曰、子必不絶趙祀、朔死不恨。韓厥許諾、称疾不出。賈不請而擅与諸将攻趙氏於下宮、殺趙朔、趙同、趙括、趙嬰斉、皆滅其族。（『史記』趙世家）

（47）秋、斉侯伐我北鄙。中行献子将伐斉。夢与厲公訟弗勝。公以戈撃之、首隊於前。跪而戴之、奉之以走、見梗陽之巫皐。他日、見諸道、与之言同。巫曰、今茲主必死、若有事於東方、則可以逞。献子許諾。晋侯伐斉、将済河。献子以朱糸係玉二瑴而禱曰、斉環怙恃其険。負其衆庶、棄好背盟。陵虐神主。曾臣彪将率諸侯以討焉。（以上、十八年）……荀偃癉疽。生瘍於頭。……二月甲寅卒。（以上、十九年）（『左伝』襄公十八年、十九年）

（48）秋七月、秦桓公伐晋、次于輔氏。壬午、晋侯治兵于稷、以略狄土。立黎侯而還。及雒、魏顆敗秦師于輔氏、獲杜回。秦之力人也。初、魏武子有嬖妾、無子。武子疾。命顆曰、必嫁是。疾病則曰、必以為殉。及卒、顆嫁之、曰、疾病則乱。吾従其治也。及輔氏之役、顆見老人結草以亢杜回。杜回躓而顛、故獲之。夜夢之曰、余而所嫁婦人之父也。爾用先人之治命。余是以報。（『左伝』宣公十五年）

（49）韓厥夢子輿謂己曰、旦（校勘記「且」）辟左右。故中御而従斉侯。邴夏曰、射其御者、君子也。公曰、謂之君子而射之、非礼也。射其左、越于車下。射其右、斃于車中。（『左伝』成公二年）注に「郤克中軍」とあるのは、おそらく「郤克将中軍」によるもの。

（50）初、穆子去叔孫氏。及庚宗、遇婦人。使私為食而宿焉。問其行、告之故、哭而送之。適斉娶於国氏、生孟丙仲壬、夢天圧己、弗勝。顧而見人、黒而上僂。深目而豭喙、号之曰、牛助余、乃勝之。旦而皆召其徒、無之。且曰、志之。……魯人召之、不告而帰。既立。所宿庚宗之婦人、献以雉、問其姓。対曰、余子長矣。能奉雉而従我矣。召而見之、則所夢也。未問其名、号之曰牛。曰唯、皆召其徒、使視之、遂使為豎。有寵、長使為政。……〔穆子〕田於丘蕕、遂遇疾焉。豎牛欲乱其室而有之。強与孟盟、不可。……使拘而殺諸（孟丙）外。牛又強与仲盟、不可。……遂逐之（仲壬）、奔斉。疾急、命召仲。牛許而不召。杜洩見、告之飢渇、授之戈。対曰、求之而至、又何去焉。豎牛曰、夫子疾病、不欲見人。使寘饋于个而退。牛弗進、則置虚命徹。十二月、癸丑、叔孫不食、乙卯卒。（『左伝』昭公四年）

（51）孟僖子会邾荘公、盟于祲祥、修好、礼也。泉丘人有女。夢以其帷幕孟氏之廟。遂奔僖子、其僚従之。盟于清丘之社、曰、有子、無相棄也。僖子使助薳氏之簉。反自祲祥、宿于薳氏、生懿子及南宮敬叔於泉丘人、其僚無子。使字敬叔。（『左伝』昭公十一年）

（52）十二月、辛亥、朔、日有食之。是夜也。趙簡子夢童子裸而転以歌。旦占諸史墨曰、吾夢如是、今而日食何也。対曰、六年及此月也。呉其入郢乎。終亦弗克。入郢必以庚辰、日月在辰尾。庚午之日、日始有讁、火勝金、故弗克。（『左伝』昭公三十一年）

（53）晋侯夢大厲、被髪及地、搏膺而踊曰、殺余孫不義。余得請於帝矣。壊大門及寝門而入、公懼入于室、又壊戸。公覚。召桑田巫。巫言如夢、公曰、何如、曰、不食新矣。公疾病、求医于秦。秦伯使医緩為之。未至、公夢疾為二豎子曰、彼良医也。懼傷我焉。逃之。其一曰、居肓之上、膏之下、若我何。医至曰、疾不可為也。在肓之上、膏之下、攻之不可、達之不及。薬不至焉。不可為也。公曰、良医也。厚為之礼而帰之。六月、丙午、晋侯欲麦。使甸人献麦。饋人為之、召桑田巫、示而殺之。将食、張、如厠、陥而卒。(『左伝』成公十年)

(54)　春、原屏放諸(趙嬰)斉。嬰曰、我在、故欒氏不作。我亡、吾二昆其憂哉。且人各有能有不能。舎我何害、弗聴。嬰夢天使謂己祭余。余福女、使問諸士貞伯。貞伯曰、不識也。既而告其人。曰、神福仁而禍淫。淫而無罰、福也。祭其得亡乎。祭之之明日而亡。(『左伝』成公五年)

(55)　先戦、夢河神謂己曰、畀余、余賜女孟諸之麋。弗致也。大心与子西、使栄黄諫。弗聴、栄季曰、死而利国。猶或為之、況瓊玉乎。是糞土也。而可以済師。将何愛焉。弗聴。出告二子曰、非神敗令尹。令尹其不勤民。実自敗也。既敗、王使謂之曰、大夫若入、其若申息之老何。子西孫伯曰、得臣将死、二臣止之曰、君其将以為戮、及連穀而死。(『左伝』僖公二十八年)

(56)　晋侯有疾。鄭伯使公孫僑如晋聘、且問疾。叔向問焉曰、寡君之疾病、卜人曰、実沈台駘為祟。史莫之知、敢問此何神也。子産曰、昔高辛氏有二子、伯曰閼伯、季曰実沈。居于曠林。不相能也。日尋干戈、以相征討。后帝不臧、遷閼伯于商丘、主辰、商人是因、故辰為商星。遷実沈于大夏。主参。唐人是因、以服事夏商。其季世曰唐叔虞、当武王邑姜、方震大叔、夢帝謂己、余命而子曰虞。将与之唐、属諸参、而蕃育其子孫。及生有文在其手、曰虞。遂以命之、及成王滅唐、而封大叔焉。故参為晋星。……晋侯聞子産之言曰、博物君子也。(『左伝』昭公元年)

(57)　顔回見仲尼、請行。……願以所聞思其則、庶幾其国有瘳乎。……仲尼曰、悪。悪可。大多政、法而不諜、雖固亦无罪。雖然、止是耳矣、夫胡可以及化。猶師心者也。顔回曰、吾无以進矣、敢問其方。仲尼曰、斎、吾将語若。……。回曰、敢問心斎。仲尼曰、若一志、无聴之以耳而聴之以心、無聴之以心而聴之以気。聴止於耳、心止於符。気也者、虚而待物者也。唯道集虚、虚者、心斎也。(『荘子』人間世)

(58)　恭黙思道、夢帝賚予良弼。其代予言。乃審厥象、俾以形旁求于天下。説築傅巌之野。惟肖。爰立作相、王置諸其左右。(『書経』商書・説命)

（59）帝小乙崩、子帝武丁立。帝武丁即位、思復興殷、而未得其佐。三年不言、政事決定於冢宰、以観国風。武丁夜夢得聖人。名曰説。以夢所見、視群臣百吏皆非也。於是迺使百工営求之野、得説於傅険中。是時説為胥靡、築於傅険。見於武丁、武丁曰是也。得而与之語、果聖人、挙以為相、殷国大治。故遂以傅険姓之、号曰傅説。（『史記』殷本紀）

（60）下莞上簟、乃安斯寝。乃寝乃興、乃占我夢。吉夢維何。維熊維羆、維虺維蛇。大人占之。維熊維羆、男子之祥。維虺維蛇、女子之祥。（『詩経』小雅・斯干）

（61）牧人乃夢、衆維魚矣、旐維旟矣。大人占之。衆維魚矣、実維豊年。旐維旟矣、室家溱溱。（『詩経』小雅・無羊）

（62）「斯干、宣王考室也。」（『詩経』小雅・斯干小序）、「無羊、宣王考牧也。」（『詩経』小雅・無羊小序）

（63）陳氏曰、宮室成而考之、故以人君之夢而書其祥。牧成而考之、故以牧人之夢而書其祥。（『呂氏家塾読詩記』小雅・無羊）「陳氏」については、宋の陳知柔『詩声譜』もしくは宋の陳傅良『毛詩解詁』の可能性が高いと思われるものの、双方佚しており現在確認することができない。

（64）本篇注（60）（61）を参照。

（65）大人大卜之属、占夢之官也。（『詩集伝』小雅・斯干「大人占之」）

（66）正義曰、以占夢之官中士耳而言大人占之、明其法天人所為。故云、聖人占夢之法占之。聖人有法解則占之。故左伝文公之夢、子犯占之、簡子之夢、問諸史墨。不必要占夢之官、乃得占也。（『詩経』小雅・斯干「大人占之」孔穎達疏）

（67）黄焯『経典釈文彙校』（中華書局、一九八一年）に「褻字誤。宋本撫本並作褻」とある。

（68）召彼故老、訊之占夢。具曰予聖。誰知烏之雌雄。（『詩経』小雅・正月）

（69）訛言之人、是而謂之非、非而謂之是、其虚偽反覆甚矣。非有明哲之君、孰能弁而懲之哉。故老明於臧否者也。占夢明於吉凶者也。此国之所頼以正訛者也。（『詩解頤』巻二）

（70）『韻海』は不明。『集韻』には「寐中語也。一曰寐声」とある。

聖人篇第六

【原文】

本文　聖人無夢、茲蓋虚譚①云、

注　荘子曰、*聖人不思慮、不予謀、其寝不夢、其覚無憂、其神純【粋②】、其魂不罷、
列子曰、*古之真人、其覚自忘、其寝不夢、
淮南子曰、*所謂真人者、性合於道、其寝不夢、其智③不萌、其魄不払、其魂不騰、

【校異】

①万暦本、嘉慶本同じ。道光本「誕」。
②嘉靖本、万暦本「椊」。嘉慶本、道光本「粋」。ここでは『荘子』に従い「粋」に改めた。
③万暦本、嘉慶本同じ。道光本「志」。
*万暦本、嘉慶本同じ。道光本に「曰」字なし。

【書き下し文】

本文　聖人は夢無しと。茲《これ》蓋し虚譚の云いなり。

注　『荘子』に曰く、「聖人は思慮せず、予謀せず。其の寝《い》ぬるや夢みず、其の覚むるや憂い無し。其の神は純粋にして、其の魂は罷《つか》れず」と(1)。

『列子』に曰く、「古の真人は、其の覚むるや自《みずか》ら忘れ、其の寝ぬるや夢みず」と。(2)
『淮南子』に曰く、「所謂真人とは、性 道に合す。其の寝ぬるや夢みず、其の智は萌《きざ》さず、其の魄は払わず、其の魂は騰がらず」と。(3)

【現代語訳】

聖人は夢を見ないというのは、荒唐無稽の言である。

【語注】

○聖人無夢……道家思想においてしばしば取り上げられる命題の一つ。道を体得した「聖人」（または「真人」「至人」）の身体は、「入水不濡、入火不熱」（『荘子』大宗師）のように常人を超越し、その精神も「不思慮、不予謀」「虚無恬淡」（『荘子』刻意）と無垢で静寂なことから、「無夢」の境地に至るという。○其覚自忘……忘我の境地にある状態。○所謂真人者、性合於道、其寝不夢、其智不萌、其魄不払、其魂不騰……静寂の境地に至る真人の状態を述べる。「払」は去りゆくこと。「……払……、去也。」（『広雅』釈詁）(4)

【原文】

本文 人而無夢、槁形灰心之流、不寐不覚、不生不滅、所樹異教也、

注 荘子曰、*形如槁木、心如死灰、

仏経曰、*不生不滅、不垢不浄、

【校異】

＊万暦本、嘉慶本同じ。道光本に「曰」字なし。

【書き下し文】

本文　人にして夢むること無しとは、槁形灰心の流なり。寐《い》ねず覚めず、生まれず滅びずとは、異教を樹《た》つる所なり。

注　『荘子』に曰く、「形 槁木の如く、心 死灰の如し」と。(5)『仏経』に曰く、「不生《ふしょう》にして不滅、不垢《ふく》にして不浄」と。(6)

【現代語訳】

人でありながら夢を見ないというのは、枯木のように生気のない身体、冷たい灰のように熱気のない心のように寂寞無情で、人情に背く流派である。また、眠らず覚めず、生まれることもなく滅することもないというのは、異教（仏教）を宣伝するものである。

【語注】

○槁形灰心之流……無為を尊ぶ道家者流を指す言葉。「死灰槁木、取其寂莫無情耳。夫任自然而忘是非者、其体中独任天真而已、又何所有哉。故止若立枯木、動若運槁枝、坐若死灰、行若遊塵。」（『荘子』斉物論「形固可使如槁木、而心固可使如死灰乎」郭象注）
○異教……ここでは仏教の説を指す。「今異教之害、道家之説則更没可闢、唯釈氏之説衍蔓迷溺至深。」（『二程集』「河南程氏遺書」巻二上）　○不生不滅、不垢不浄……仏教の世界観を示す「空」について説く言葉。「不増不減」を加えて「六不《ろっぷ》」と称す。この世の存在物には実体がなく、諸法は空であること、すなわち消滅・垢浄・増減といった個々の事象などは本来把握できないことを言う。

【原文】

本文　聖人莫加於孔子、孔子壮則夢見周公、卒則夢奠両楹、豈語怪①哉、赤子之生、方浹旬日、其寝而寐、乳之弗受、携②之弗驚、已或逌然笑焉、或艴然怒③、寤以啼焉、謂之夢笑夢啼、徐而叩之④実未嘗寤也、夫赤子無感、何喜何怒、而夢有所成、則気為之充、而神為之使也、

注　五音篇海曰*、逌然笑貌、寤、呼骨切、臥驚貌、小児夢啼也、

淮南子曰*、形者生之舎也、気者生之充也、神者生之制也、人之所以眭然能視、瞥然能聴、分黒白、察醜美、別同異、明是非者何也、気為之充、而神為之使也、

程子曰*、心所感通、只是理也、如夢寐皆無形、只是有此理、

【校異】

①万暦本、嘉慶本同じ。道光本「怪語」。
②万暦本、嘉慶本同じ。道光本「儁」（「俊」は通字）。
③万暦本、嘉慶本同じ。道光本「怒焉、且寤」。
④万暦本、嘉慶本同じ。道光本「扣之」。
*万暦本、嘉慶本同じ。道光本に「曰」字なし。

【書き下し文】

本文　聖人は孔子に加うる莫し。孔子 壮んなるときは則ち夢に周公を見、卒するときは則ち夢に両楹《りょうえい》に奠せらる。豈に怪を語らんや。赤子《せきし》の生まれて、方《まさ》に旬日を浹《めぐ》らんとするや、其の寝《い》ねて寐《い》ぬれば、之に乳するも受けず、

之を携うるも驚かず。已にして或いは逌然《ゆうぜん》として笑い、或いは艴然《ふつぜん》として怒り、寣《おび》えて以て啼く。之を夢笑夢啼と謂う。徐《おもむ》ろにして之を叩くも実《まこと》に未だ嘗て寤《さ》めざるなり。夫れ赤子感ずること無ければ、何ぞ喜び何ぞ怒らん。而るに夢の成る所有るは、則ち気　之が充と為りて、神　之が使と為ればなり。

注

『五音篇海』に曰く、「逌然は笑う貌《さま》。寣《こつ》は、呼骨の切、臥驚の貌、小児の夢に啼くなり」と。(7)

『淮南子』に曰く、「形は生の舎なり。気は生の充なり。神は生の制なり。人の眭然《けいぜん》として能く視、瞥然《えいぜん》として能く聴き、黒白を分かち、醜美を察し、同異を別《わか》ち、是非を明らかにする所以の者は何ぞや。気　之が充と為り、神　之が使と為ればなり」と。(8)

程子曰く、「心の感通する所は、只だ是れ理なり。夢寐の皆無形なるが如きも、只だ是れ此の理有ればなり」と。(9)

【現代語訳】

聖人として孔子を超えるものはない。孔子は壮年時に周公を夢に見て、死期が近づいた時は両楹の間に食事を饗される夢を見た。どうして怪しげな話を語ったものだろうか。赤ん坊が生まれて十日間をまわる頃、横にして寝かしつけると、乳を与えようとしても飲もうとせず、懐に抱いても驚かない。〔このように熟睡していても、〕やがてゆったりと笑ったり、むっとして怒ったり、怯えて泣いたりする。これを夢に笑い夢に啼くと言う。この時に赤ん坊をゆっくりトントン叩いても全く目を覚まさない。そもそも赤ん坊が内的な心の動きや外界の刺激などを感じないのであれば、どうして喜んだり怒ったりするだろうか。それなのに夢が生じるのは、気が体中に充ちわたり、それを精神が統率しているためである。

【語注】

○孔子壮則夢見周公……孔子の理想は周王朝の礎を築いた周公旦の政治であり、周公の夢はその熱意の象徴であった。しかし、次第に周公の夢を見なくなったことから、孔子は自身の衰えを嘆く。「子曰、甚矣、吾衰。久矣、吾不復夢見周公。」（『論語』述而）○卒則夢奠両楹……両楹は堂上の東西にある大柱。孔子は、自身が両楹の間で食事を饗される夢と、両楹の間で殯《かりもがり》を行う殷人の慣習から、殷人の末裔である自身の死を予見した(10)。○逌然……自得のさま。ゆったりするさま。「逌音由。逌然、自得貌。」（『列子』力命「終身逌然」釈文）(11)　○艴然……気色ばむさま。怒るさま。「艴然不悦。」（『孟子』公孫丑上）「艴然、慍怒色也。」（趙岐注）○気為之充、而神為之使也……生命力としての気が心身に行き渡り、精神が心身の知覚や言動をコントロールする指揮者となること。○寣……おびえて眠れないさま。夜泣きするさま。「寣、臥驚也。一曰、小児号寣寣。」（『説文解字』）夜驚症のような慢性疾病は「病《へい》」。「病、臥驚病也。」（『説文解字』）○形者生之舎也、気者生之充也、神者生之制也……人の身体は生が宿る場所であり、気は生の動力であり、精神は生の統制者であるということ。本節の背景にあるのは、真宰篇に見える夢の生成理論と同様、天地と人との流通関係、および人の夢見が天地の気（魂魄）によるとの理論である（一一六、一二一頁）。本節では、天地と同様の調和を人の「気」「神」に求め、程子の説を引用しつつ、その統率者としての「理」を提示する。「理」については、衆占篇に「占夢之秘、固性命之理而兆易之揆也」とある。○眭然能視、瞀然能聴……「眭然」は仰ぎ見るさま。「仰目也。」（『説文解字』）「瞀然」は声を抑えて聞こうとするさまか(12)。○心所感通、只是理也、如夢寐皆無形、只是有此理……心が理と感通する妙用の一例として夢を挙げる。「理具於心、便有許多妙用。」（『北渓字義』巻上「心」）程朱学において、心は理と気を含み霊妙複雑な働きを持つとされる(13)。本節の文脈は、主に「神」を中心とする夢生成の論調(14)に「理」を付加することで、夢の価値を高めるものと考えられる。

【原文】

本文　聖人之心不異赤子、

注　①孟子曰、大人者不失其赤子之心者也、

【校異】

①万暦本、嘉慶本同じ。道光本「大人不失赤子之心」。

【書き下し文】

本文　聖人の心は赤子《せきし》に異ならず。

注　『孟子』に曰く、「大人は其の赤子の心を失わざる者なり」と。(15)

【現代語訳】

聖人の心は、赤ん坊と異なることがない。

【語注】

○聖人之心不異赤子・大人者不失其赤子之心者也……聖人の感情の在り方が赤子（嬰児）のそれと同様であることを言う。『孟子』の「大人者不失其赤子之心者也」節については、大人＝国君、赤子＝民衆と解する説以外にも、赤子を純粋な生命体と解する説など諸説ある。(16)道家思想において、赤子は「道」の象徴とされる。度々赤子に言及する『老子』では、赤子を精気に充ちて調和し、柔軟性に溢れる存在とする。(17)また『荘子』では、老子が「衛生之経」について赤子を理想として挙げている。(18)陳士元は、程朱学の立場から(19)純粋かつ無欲な赤子の心を提起することで、感情が発動しても妄夢は見ない「夢見る聖人」像（後節参照）と、それによる反「聖人無夢」論を展開する。

【原文】

本文　託神霊府、含陰吐陽、非無夢也、無妄夢以乱智爾、

注

淮南子曰、＊聖人託其神於霊府而帰於万物之和、又曰、含陰吐陽而万物和同、
孔穎達檀弓注曰、＊聖人五情同乎人、焉得無夢、
荀子曰、＊心臥則夢、故心【未嘗不動】①也、然而有所謂静者、不以夢劇乱智故謂之静、

【校異】

①嘉靖本、万暦本、嘉慶本、道光本ともに「未嘗動」。ここでは『荀子』に従い「未嘗不動」に改めた。
＊万暦本、嘉慶本同じ。道光本に「曰」字なし。

【書き下し文】

本文　神を霊府に託し、陰を含み陽を吐く。夢むること無きに非ざるなり。妄夢もて以て智を乱すこと無きのみ。

注　『淮南子』に曰く、「聖人は其の神を霊府に託して万物の和に帰す。又た曰く、「陰を含み陽を吐きて万物和同す」と(20)。
孔穎達檀弓注に曰く、「聖人の五情は人に同じ。焉くんぞ夢むること無きを得んや」と(21)。
『荀子』に曰く、「心 臥すれば則ち夢む。故に心未だ嘗て動かずんばあらざるなり。然《しか》而れども所謂静有りとは、夢劇を以て智を乱さざるが故に之を静と謂う」と(22)。

【現代語訳】

聖人は、精神を霊府に委ね、陰陽の変化に身を任せている。夢を見ないのではない。〔精神が純粋で静寂を保っているため、〕妄夢で智を乱すことがないだけである。

【語注】

○託神霊府、含陰吐陽……「霊府」は魂の宿る場所（心）。陰陽の変化（消長）に身を委ね、万物と和合すること。○聖人五情同乎人、焉得無夢……衆人と同様、聖人にも感情の発露がある以上、夢は見るということ。人間の感情とそれによる夢見については、『周礼』春官・占夢に噩夢・喜夢・懼夢が見える。○不以夢劇乱智……「夢」は夢想、「劇」はさまざまな思念が騒々しく去来する状態。「夢、想象也。劇、囂煩也。」（『荀子』解蔽「不以夢劇乱知謂之静」楊倞注）常時活動し続ける心のあるべきさまを説く『荀子』において、「夢」（夢または夢のような妄想めいた考え）は「静」なる状態を妨げるものとされる（本篇注（22）を参照）。

【原文】

本文 楊朱乃謂、五帝之事若覚若夢、其不免岐路之悲乎、

注 楊朱曰①、太古之事滅矣、三②皇之事若存若亡、五帝之事若覚若夢、三王之事或隠或顕、

【校異】

①万暦本、嘉慶本同じ。道光本「朱曰」。

②万暦本、道光本同じ。嘉慶本「二」。

【書き下し文】

本文 楊朱は乃ち謂わく、五帝の事は覚めたるが若く夢みたるが若しと。其れ岐路の悲を免れざるか。

注 楊朱曰く、「太古の事は滅せり。三皇の事は存《あ》るが若く亡《な》きが若し。五帝の事は覚めたるが若く夢みたるが若し。三王の事は或いは隠れ或いは顕《あらわ》る」と(23)。

【現代語訳】

楊朱はだから「五帝の事跡は、うつつのようでもあるし、夢のようでもある」と言った。〔夢を不確かなものだという楊朱は、〕こんなことだから岐路の悲を免れなかったのである。

【語注】

○楊朱……戦国中期の思想家。為我論（自己愛）や欲望肯定論を主幹とする言論は、当時「楊朱、墨翟の言天下に盈つ」（『孟子』滕文公下）状態であったとされる。○五帝之事若覚若夢……五帝の事跡についての真偽は定かでないことを言う。「五帝」については黄帝・顓頊・帝嚳・唐堯・虞舜など諸説ある。中でも黄帝は、「欲弁覚夢、唯黄帝孔丘」（『列子』周穆王）とされるように、夢と深い関わりを持つ。○其不免岐路之悲乎……陳士元の楊朱に対する論断の言葉。「楊朱泣岐」（『蒙求』）の故事に基づく[24]。つまり、夢を「不確かなもの」の代名詞として現実と対比させるだけの楊朱は、陳士元から見れば、現実と夢との本質的な関わりも理解しない者と映るのであろう。

聖人篇第六・訳者注

（1）「聖人之生也天行、其死也物化。静而与陰同徳、動而与陽同波。不為福先、不為禍始。感而後応、迫而後動、不得已而後起。去知与故、循天之理。故無天災、無物累、無人非、無鬼責。其生若浮、其死若休。不思慮、不予謀。光矣而不燿、信矣而不期。其寝不夢、其覚無憂。其神純粋、其魂不罷。虚無恬惔、乃合天徳。」（『荘子』刻意）、「古之真人、不逆寡、不雄成、不謨士。若然者、過而弗悔、当而不自得也。若然者、登高不慄、入水不濡、入火不熱。是知之能登仮於道者也若此。古之真人、其寝不夢、其覚無憂、其食不甘、其息深深。」（『荘子』大宗師）、「夫聖人用心、仗性依神、相扶而得終始。是故其寐不夢、其覚不憂。」（『淮南子』俶真訓）

（2）子列子曰、神遇為夢、形接為事。故昼想夜夢、神形所遇。故神凝者想夢自消。信覚不語、信夢不達。物化之往来者也。古

之真人、其覚自忘、其寝不夢。幾虚語哉。（『列子』周穆王）

（3）所謂真人者、性合于道也。……以死生為一化、以万物為一方、同精於太清之本、而游於忽区之旁、有精而不使、有神而不行、契大渾之樸、而立至清之中。是故其寝不夢、其智不萌、其魄不抑、其魂不騰。（『淮南子』精神訓）

（4）魂魄はそれぞれ天地に帰属するものとされる。「天気為魂、地気為魄。」（『淮南子』主術訓）『淮南子』の「其魄不抑」は地へ抑沈しないことを指し、「其魄不払」も同様の表現と考えられる。

（5）「南郭子綦隠机而坐、仰天而嘘、荅焉似喪其耦。顔成子游立侍乎前、曰、何居乎。形固可使如槁木、而心固可使如死灰乎。今之隠机者、非昔之隠机者也。」（『荘子』斉物論）、「形若槁木、心若死灰。」（『淮南子』精神訓）

（6）是諸法空相、不生不滅、不垢不浄、不増不減。（『般若波羅蜜多心経』）

（7）「逌然笑貌。」「寣、呼骨切、臥驚貌、一曰小児啼寣寣也。」（『成化丁亥重刊改併五音類聚四声篇海』）

（8）夫形者生之舎也。気者生之充也。神者生之制也。一失位則三者傷矣。是故聖人使人各処其位、守其職、而不得相干也。故夫形者、非其所安也而処之則廃、気不当其所充而用之則泄、神非其所宜而行之則昧。此三者、不可不慎守也。……今人之所以眭然能視、瞢然能聴、形体能抗、而百節可屈伸、察能分白黒、視醜美、而知能別同異、明是非者、何也。気為之充、而神為之使也。（『淮南子』原道訓）

（9）心所感通者、只是理也。知天下事有即有、無即無、無古今前後。至如夢寐皆無形、只是有此理。若言渉於形声之類、則是気也。物生則気聚、死則散而帰尽。有声則須是口、既触則須是身。其質既壊、又安得有此。乃知無此理、便不可信。（『二程集』「河南程氏遺書」巻二下）

（10）夫子曰、賜、爾来何遅也。夏后氏殯於東階之上、則猶在阼也。殷人殯於両楹之間、則与賓主夾之也。周人殯於西階之上、則猶賓之也。而丘也殷人也。予疇昔之夜、夢坐奠於両楹之間。夫明王不興、而天下其孰能宗予。予殆将死也。蓋寝疾七日而没。（『礼記』檀弓）

（11）唐人殷敬順所纂与宋人陳景元所補之釈文。（楊伯峻撰『列子集釈』例略）

（12）「瞀」は「覚」「営」と通用する。「覚、淮南子云、覚然能聴。」（『広韻』）、「瞀読疾営之営也。」（『淮南子』原道訓「瞀然能

聴」高誘注）「営」はまた「謍」と通用する。「如字。往来貌。説文作謍、云小声也。」（『経典釈文』詩経・小雅・青蠅「営営青蠅止于棘」）、「謍、小声也。从言从熒省声。詩曰、謍謍青蠅。」（『説文解字』）

（13）「心含理与気。」「理与気合方成箇心、有箇虚霊知覚、便是身之所以為主宰処。然這虚霊知覚、有従理而発者、有従心而発者、又各不同也。」（『北渓字義』巻上「心」）

（14）「夢者神之遊、知来之鏡也。」（真宰）、「神遇為夢。」（真宰）、「若夢本魂渉。」（長柳）

（15）孟子曰、大人者不失其赤子之心者也。（『孟子』離婁下）

（16）「大人謂君。国君視民当如赤子、不失其民心之謂也。一説曰、赤子嬰児也。少小之子専一未変化。人能不失其赤子時心、則為貞正大人也。」（『孟子』離婁下「孟子曰、大人者不失其赤子之心者也」趙岐注）「如老子所謂常徳不離復帰於嬰児之意同。」（偽孫奭疏）

（17）「載営魄抱一、能無離乎。専気致柔、能嬰児乎。」（第十章）、「知其雄、守其雌、為天下谿。為天下谿、常徳不離、復帰於嬰児。」（第二十八章）、「含徳之厚、比於赤子。」（第五十五章）

（18）老子曰、衛生之経、能抱一乎。能勿失乎。能無卜筮而知吉凶乎。能止乎。能已乎。能舎諸人而求諸己乎。能翛然乎。能侗然乎。能児子乎。児子終日嘷而嗌不嗄、和之至也。終日握而手不掜、共其徳也。終日視而目不瞚、偏不在外也。行不知所之、居不知所為、与物委蛇、而同其波。是衛生之経已。……児子動不知所為、行不知所之、身若槁木之枝而心若死灰。若是者、禍亦不至、福亦不来。禍福無有、悪有人災也。（『荘子』庚桑楚）

（19）「問、赤子之心、莫是発而未遠乎中、不可作未発時看否。曰、赤子之心、也有未発時、也有已発時。今欲将赤子之心専作已発看、也不得。赤子之心、方其未発時、亦与老稚賢愚一同。但其已発未有私欲。故未遠乎中耳。」（『朱子語類』巻五十七）、「厚之問赤子之心。曰、止取純一無偽。未発時雖与聖人同、然亦無知。但衆人既発時多邪僻、而赤子尚未然耳。」（同上）

（20）「無形而生有形亦明矣。是故聖人託其神於霊府、而帰於万物之初。視於冥冥、聴於無声。」「含陰吐陽而万物和同、徳也。」（『淮南子』俶真訓）、「故聖人不以人滑天、不以欲乱情、不謀而当、不言而信、不慮而得、不為而成、精通于霊府、与造化者為人。」（『淮南子』原道訓）

(21) 案荘子、聖人無夢、荘子意在無為、欲令静寂無事、不有思慮。故云、聖人无夢。但聖人雖異人者、神明同人者五情。五情既同、焉得無夢。故礼記文王世子有九齢之夢、尚書有武王夢協之言。（『礼記』檀弓「予殆将病也」孔穎達疏）

(22) 心臥則夢、偸則自行、使之則謀、故心未嘗不動也。然而有所謂静、不以夢劇乱知謂之静。（『荀子』解蔽）

(23) 「楊朱曰、太古之事滅矣、孰誌之哉。三皇之事若存若亡、五帝之事若覚若夢、三王之事或隠或顕、億不識一。当身之事或聞或見、万不識一。目前之事或存或廃、千不識一。」（『列子』楊朱）本来、楊朱のこの言葉は、人の認識や記憶が如何に薄弱なものかを知らず、目前の毀誉褒貶や死後の評価に煩悶する者達への批判である。

(24) 「墨子悲糸、楊朱泣岐。」（『蒙求』）分岐点に立ち未来の不確定性を悲観するさま。「楊朱哭衢涂、曰、此夫過挙蹞歩、而覚跌千里者夫。哀哭之。」（『荀子』王覇）、「揚子見逵路而哭之、為其可以南、可以北。墨子見練糸而泣之、為其可以黄、可以黒。」（『淮南子』説林訓）

六夢篇第七

【原文】

本文　六夢神所交、八覚形所接、六夢、一曰正夢、二曰噩夢、三曰覚夢、四曰寤夢、五曰喜夢、六曰懼夢、此六者夢之候也、

注　周礼注曰、*正夢者、無所感動、平安自夢也、噩夢者、驚愕而夢也、覚夢者、覚時所思念之而夢也、寤夢者、覚時道之而夢也、喜夢者、喜悦而夢也、懼夢者、恐懼而夢也、

【校異】

*万暦本、嘉慶本同じ。道光本に「曰」字なし。

【書き下し文】

本文　六夢は神の交わる所、八覚は形の接する所。六夢とは、一に曰く正夢《せいむ》、二に曰く噩夢《がくむ》、三に曰く覚夢《かくむ》、四に曰く寤夢《ごむ》、五に曰く喜夢《きむ》、六に曰く懼夢《くむ》。此の六者は夢の候《きざし》なり（1）。

注　『周礼』注に曰く、「正夢とは、感動する所無く、平安にして自《おのずか》ら夢むるなり。噩夢とは、驚愕して夢むるなり。覚夢とは、覚むる時 之を思念して夢むる所なり。寤夢とは、覚むる時 之を道《い》いて夢むるなり。喜夢とは、喜悦して夢むるなり。懼夢とは、恐懼して夢むるなり」と（2）。

【現代語訳】

六夢は精神が外物と交わって見るもので、八覚は肉体が外の現象と接して現れるものである。六夢とは、一に正夢、二に噩夢、三に覚夢、四に寤夢、五に喜夢、六に懼夢である。この六つは夢として現れ出たきざしである。

【語注】

○六夢神所交、八覚形所接……精神や身体がそれぞれ外界と接触することで生じる精神活動や事象、およびそれに対する内的反応。六夢（六候）は、睡眠時に人間が見る六種の夢。八覚（八徴）は、覚醒時に人間の意識に生じる八種の徴表。「神所交」「形所接」と類似の記述は真宰篇にも見える（一二二頁）。○一曰正夢、二曰噩夢、三曰覚夢、四曰寤夢、五曰喜夢、六曰懼夢……「正夢」は平静な状態で見る夢。「噩夢」は驚いて見る夢、魘夢。「思夢」は覚醒時に考えていたことを見る夢。「寤夢」は、目覚めていると思っていても実は夢であった状態。白昼夢。「喜夢」は喜びのあまりみる夢。「懼夢」は、恐ろしさのあまり見る夢。○候……きざし、兆候。

【原文】

本文 八覚、一曰故覚、二曰為覚、三曰得覚、四曰喪覚、五曰哀覚、六曰楽覚、七曰生覚、八曰死覚、此八者覚之徴也。

注 列子曰、*覚有八徴、夢有六候、

【校異】

*万暦本、嘉慶本同じ。道光本に「曰」字なし。

【書き下し文】

本文　八覚とは、一に曰く故覚、二に曰く為覚、三に曰く得覚、四に曰く喪覚、五に曰く哀覚、六に曰く楽覚、七に曰く生覚、八に曰く死覚。此の八者は覚の徴《しるし》なり。(3)

注　『列子』に曰く、「覚に八徴有り、夢に六候有り」と。(4)

【現代語訳】

八覚とは、一に故覚、二に為覚、三に得覚、四に喪覚、五に哀覚、六に楽覚、七に生覚、八に死覚である。この八つは覚醒時にあらわれる状況である。

【語注】

○一曰故覚、二曰為覚……「故」は、「神遇為夢、形接為事」（『列子』周穆王）の「事」と同様、特定の事象を知覚すること。「為」は、そうして知覚した対象に応じる行為のこと。「故、事也。」「為、作也。」（『列子』周穆王「一曰故、二曰為」張湛注）○三曰得覚、四曰喪覚、五曰哀覚、六曰楽覚、七曰生覚、八曰死覚……得失・哀楽・生死など、人が外界において知覚する状況。○此八者覚之徴也……ここでの「徴」は、漠然とした何かが起こるきざし（徴候）というよりは、より明らかに表出した状況（徴験）に近い。「徴、応也。」（『淮南子』修務訓「夫謌者楽之徴也」高誘注）

【原文】

本文　形神相感、夢覚有繇①、而造化真機融合無間、故占夢者掌其歳時、観天地之会、弁陰陽之気、審日月星辰之象、以参乎其夢、

注　周礼注曰*、歳時者、今歳、四時也、天地之会、陰陽之気、歳歳不同也、日月星辰、謂日月之行及合辰②所在、

【校異】

①万暦本、嘉慶本同じ。道光本「由」。

②万暦本、嘉慶本同じ。道光本「神」(5)。

*万暦本、嘉慶本同じ。道光本に「曰」字なし。

【書き下し文】

本文　形神相い感ずれば、夢覚に繇《うらかた》有り。而して造化真機は融合して間無し。故に占夢者は其の歳時を掌り、天地の会を観、陰陽の気を弁じ、日月星辰の象を審《つまび》らかにして、以て其の夢に参す(6)。

注　『周礼』注に曰く、「歳時とは、今の歳・四時なり。天地の会、陰陽の気は、歳歳同じからざるなり。日月星辰とは、日月の行及び合辰の在る所を謂う」と(7)。

【現代語訳】

肉体と精神は感応しあっているので、夢を見る状態と覚めている状態には関係がある。そうして〔このことは〕造化の働きと融合不離の状態である。そのため、占夢者はその歳時を掌握し、天地の会を観、陰陽の気を弁じ、日月星辰の現象を審かにした上で夢に加味する。

【語注】

○形神相感、夢覚有繇、造化真機、融合無間……宇宙生成論や天地人の流通関係（真宰篇を参照）に基づく世界観を背景に、人の

範疇である「形―神」「夢―覚」の問題を天地と結びつけ、歳時・陰陽・日月星辰を加味する『周礼』の占夢論を補足する。天地人の営為について「造化」を介して説く記述は昼夜篇にも見える(8)（一四五頁）。○歳時……春夏秋冬をめぐる一年。「歳時何謂。春夏秋冬也。時者、期也。陰陽消息之期也。」（『白虎通』巻九）○観天地之会、弁陰陽之気……『周礼』鄭玄注には「天地之会、建厭所処之日辰。陰陽之気、休王前後」（春官・占夢）とある。「天地の会を観る」とは、斗杓（北斗七星の柄の部分）が指すところの十二辰（建、または陽建）と、その建に対し一定の規則で配される厭《よう》（陰建）との関係から、月建（占う月の十二支）や日辰（占う日の十二支）における諸事の吉凶を判じること。「陰陽の気を弁ず」とは、陰陽家のいわゆる王相（休王）説を言う。五行相生・相剋説に基づき、五行間の相性を「王・相・死・囚・老」で示す。詳細は本篇「究制伐蔭義専之情、王相死休囚之実」節の【語注】を参照。○日月星辰、謂日月之行及合辰所在……太陽や月の運行、および太陽と月が会合する（黄道と白道の交差点付近で日食・月食が起こる）ところ。天体の運行領域は、十二次（周天を十二等分したもの）や二十八宿で示される。ここでの「星辰」は、辰（日月の会合）の位置を示す星座との意味合いも含む。「星辰者、所以制日月之行也。」（『黄帝内経素問』八正神明論）

【原文】

本文　夢有五行之朕①、朕①有五行之隷、

注　金木水火土、各有属隷、

【校異】

①万暦本、道光本同じ。嘉慶本「眹」(9)。

【書き下し文】

本文　夢に五行の朕《しるし》有り、朕に五行の隷《しもべ》有り。

注　金木水火土、各おの属隷有り。

【現代語訳】

夢には五行のきざしがあり、そのきざしにはそれぞれ五行に属する事象がある。

【語注】

○夢有五行之朕、朕有五行之隷……「朕」はきざし。「朕、兆也。」（『淮南子』詮言訓「遊無朕」高誘注）ここでは具体的な五行の特性（木・火・土・金・水）を言う。「隷」は付き従う、付随する。ここでは五行に従って配当されるさまざまな事象。五色・五方・五時・五音など（左図参照）。

五行	木	火	土	金	水
五方	東	南	中央	西	北
五色	青	赤	黄	白	黒（玄）
五時	春	夏	土用	秋	冬
五音	角	徴	宮	商	羽

【原文】

本文　五行布而支幹運、歴数順而歳時成、

注　天幹十①、甲乙木、丙丁火、戊己土、庚辛金、壬癸水、地支十二②、亥子水、寅卯木、巳午火、申酉金、辰戌丑未土、

【校異】
①万暦本、嘉慶本同じ。道光本「天干」。
②万暦本、嘉慶本同じ。道光本「地支」。

【書き下し文】
本文　五行布《し》かれて支幹運《めぐ》り、歴数順《めぐ》りて歳時成る。
注　天幹に十あり。甲乙は木、丙丁は火、戊己は土、庚辛は金、壬癸は水。地支に十二あり。亥子は水、寅卯は木、巳午は火、申酉は金、辰戌丑未は土。

【現代語訳】
五行が世界に行き渡ると、干支も五行に伴って循環し、暦が一巡りすると、一年（春夏秋冬）が完成する。

【語注】
○五行……洪範九疇（天下を治める九類の要綱）の第一に挙げられた「水・火・木・金・土」のこと。[10]『尚書大伝』では人間の生活に必要な五材とされるが、[11]漢代以降は時令との関連を強め、「木・火・土・金・水」の序列を基礎とする五行相生・相剋説へと発展した。[12]また、干支とも複雑に結びつけて暦に用いられたほか、軍事・医療・占卜においても広く利用された。○支幹……本来、干支（幹枝）はそれぞれ「一旬（十日）における日の名称」「一年（十二ヶ月）における月の名称」を示す。[13]○歴数順而歳時成……「歴数」は、こよみ。「歳時」は、春夏秋冬を一巡りする一年間。「寒往則暑来、暑往則寒来、寒暑相推而歳成焉。」（『易経』繫辞伝下）[14]○天幹十、甲乙木～申酉金、辰戌丑未土……十干十二支の五行配当を示す（次頁表参照）。「甲乙寅卯、木也。丙丁巳午、火也。戊己四季（季春・季夏・季秋・季冬）、土也。庚辛申酉、金也。壬癸亥子、水也。」（『淮南子』天文訓）[15]

	木	火	土	金	水
天干	甲乙	丙丁	戊己	庚辛	壬癸
地支	寅卯	巳午	辰戌丑未	申酉	亥子

【原文】

本文 於是考分至之節、建厭之位、

注 此言観天地之会也、春秋之中曰分、分者半也、九十日之半也、春秋二分之日、日出卯入酉、昼行地[①]上、夜行地下、皆一百八十二度半強、故昼夜長短同也、冬夏之中曰至、夏至者、陽極之至、陰気始至、日北至、日長之至、日影短至、故曰夏至也、冬至者、陰極之至、陽気始至、日南至、日短之至、日影長至、故曰冬至也、建厭之【位】[②]、日辰所会也、斗柄所建、謂之陽建、正月寅、二月卯、三月辰、順数也、日前一次、謂之陰建、正月戌、二月酉、三月申、逆数也、陰建即月厭也、厭対者、正月辰、二月卯、三月寅、亦逆数也、四月陽建於巳、破於亥、陰建於未、破於癸、是為陽破陰、陰破陽、故四月有癸亥、十月有丁巳、皆陰陽交会之辰、

【校異】

①万暦本、嘉慶本同じ。道光本「天」。

②嘉靖本、万暦本、道光本「会」。嘉慶本「位」。ここでは嘉慶本に従い「位」に改めた。

【書き下し文】

本文 是に於いて分至の節、建厭《けんよう》の位を考え、

注 此れを天地の会を観ると言うなり。春秋の中をば分と曰う。分とは半ばなり。九十日の半ばなり。春秋二分の

日、日は卯（正東）に出でて酉（正西）に入る。昼は地上を行き、夜は地下を行く。皆一百八十二度半強。故に昼夜の長短同じなり。冬夏の中をば至と曰う。夏至は、陽極の至なり。陰気始めて至り、日は北に至り、日は長きに之至り、日影の短きこと至る。故に夏至と曰うなり。冬至は、陰極の至なり。陽気始めて至り、日は南に至り、日は短きに之至り、日影の長きこと至る。故に冬至と曰うなり。建厭の位とは、日辰の会う所なり。斗柄の建《おざ》す所、之を陽建と謂う。正月は寅、二月は卯、三月は辰、順数なり。日の前一次、之を陰建と謂う。正月は戌、二月は酉、三月は申、逆数なり。陰建は即ち月厭《げつよう》なり。厭対《ようたい》は、正月は辰、二月は卯、三月は寅、亦た逆数なり。四月は巳に陽建し、亥に破る。未に陰建し、癸に破る。是れ陽 陰を破り、陰 陽を破ると為す。故に四月に癸亥有り、十月に丁巳有るは、皆陰陽交会の辰なり。

【現代語訳】

ここにおいて、分至の節や建厭の位を考え、

【語注】

○春秋二分之日、日出卯入酉、昼行地上、夜行地下、皆一百八十二度半強、故昼夜長短同也……春分日・秋分日には、太陽が春分点・秋分点（天の赤道と黄道の交点）を通過し、卯（正東）から出て酉（正西）に入る【図1】。この時、太陽は地平線の上下でそれぞれ同等の距離を移動するため、昼夜の長さも等しくなる。「皆一百八十二度半強」は、昼夜ごとにおける太陽の移動距離。『夢占逸旨』が引く渾天説では、太陽は昼に地上を巡り、夜に地下を巡る。そして春秋分には、太陽の地上移動距離と地下移動距離が等しくなる[16]【図1】。○夏至者、陽極之至～故曰冬至也……夏至は陽から陰、冬至は陰から陽の転換点とされる[17]。黄道上最北に位置する夏至点を太陽が通過する時、その南中高度は最高となり（日が最も長くなる）、日晷《につき》（日影）は最短となる。「冬至日晷長、夏至日晷短。」（『周髀算経』巻上）太陽は寅の方位（東北東）から出て、戌の方位（西北西）に入る【図1】。反対に、黄道上最南

に位置する冬至点を太陽が通過する時、その南中高度は最低となり（日が最も短くなる）、日晷は最長となる。太陽は辰の方位（東南東）から出て、申の方位（西南西）に入る【図1】。○建厭之位、日辰所会也……「建」は陽建。「厭」は陰建（後述）。○斗柄所建、謂之陽建、正月寅、二月卯、三月辰、順数也……「陽建」（月建）はその月の日没時に斗杓が指す方角を十二辰で示したもの。正月建寅（寅の方角を指す）、二月建卯（卯の方角を指す）のように、東→南→西→北と順行する。○日前一次、謂之陰建、正月戌、二月酉、三月申、逆数也、陰建即月厭也……「陰建」（月厭《げつよう》）は、太陽と月が交会する一つ前の分野。例えば正月建寅では、十二次の娵訾《しゅし》、十二辰の亥において交会する。この場合、亥の前の戌が陰建となる。同様に、二月建卯の陰建は酉、三月建辰の陰建は申となり、十二辰を逆行する[18]【図2】。○厭対者、正月辰、二月卯、三月寅、亦逆数也……厭対は陰建の対角線に位置する十二辰。前の語注からすると、正月戌・二月酉・三月申の厭対はそれぞれ辰・卯・寅となり、陰建同様に十二辰を逆行する【図2】。

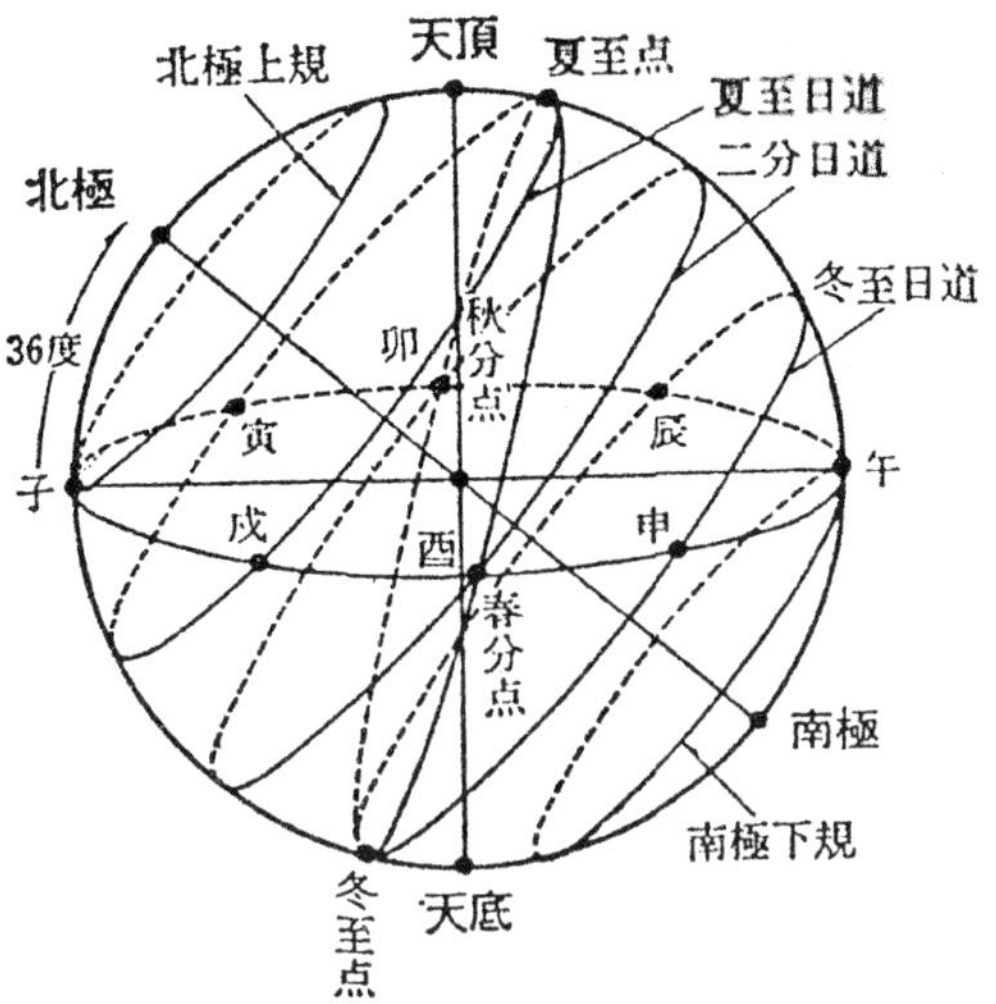

【図1】渾天図説による太陽の運行（橋本敬造『中国占星術の世界』36頁、東方書店、1993年）より

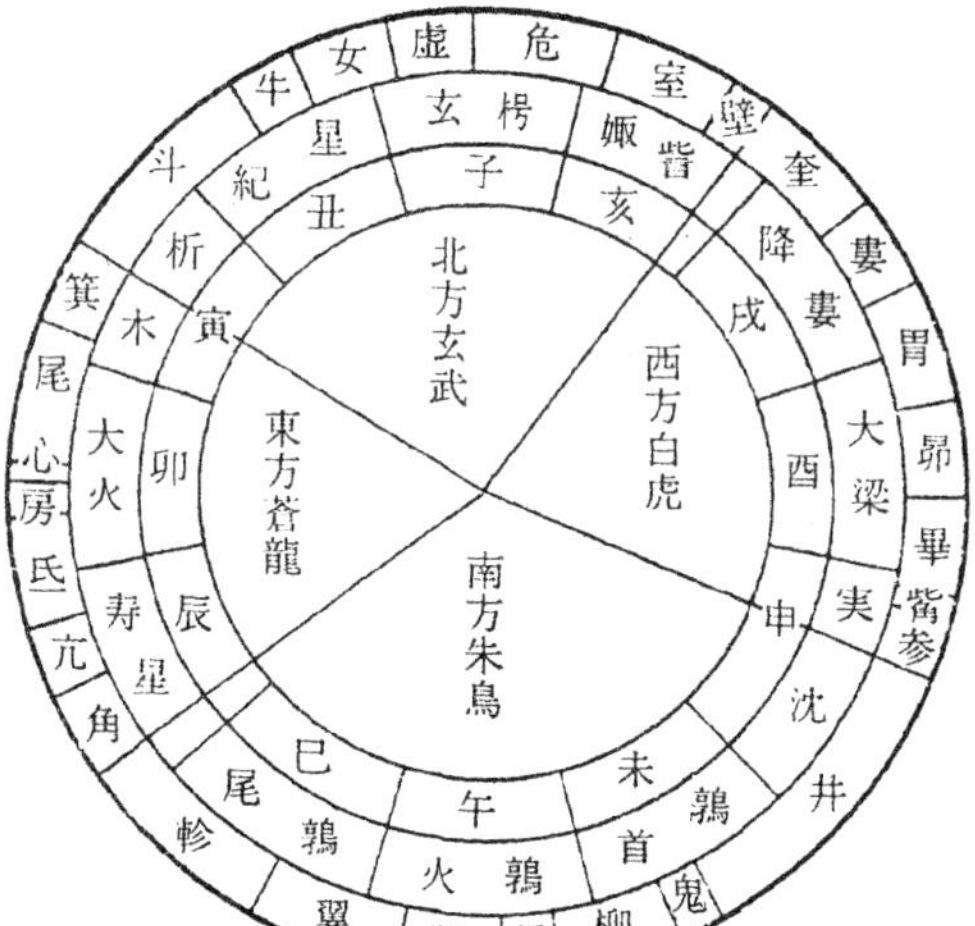

【図2】二十八宿・十二次・十二辰（橋本敬造『中国占星術の世界』67頁、東方書店、1993年）より

○四月陽建於巳、破於亥、陰建於未～皆陰陽交会之辰……陰陽理論と干支の組み合わせ（陰陽不将・陰陽退会・陰陽小会・陰陽交破など）から吉凶を占う(19)。四月の陽建は巳、亥はその対角線上に位置する。この時、陽〔建〕の巳は、それに対置する陰の亥を破るとされる。一方で陰建は未となり、その対角線上にある十干が癸とされる。この時、陰である未が陽の癸を破るとされる(20)。天道と地道における気の流れを観察し、陰陽五行も考慮して日選びや吉凶禍福を占う堪輿家の説とも関わる。

【原文】

本文　究制、伐、蔭、義、専之情、王、相、死、休、囚之実、

注　此言弁陰陽之気也、幹剋支曰制、支剋幹曰伐、幹生支曰蔭、支生幹①曰義②、幹①支此和曰専、春秋緯曰、王所勝者死、相所勝者囚、故春則木王、火相、土死、水休、金囚、夏則火王、土相、金死、木休、水囚、秋則金王、水相、木死、土休、火囚、冬則水王、木相、火死、金休、土囚也、

【校異】

①万暦本、嘉慶本同じ。道光本「干」。
②万暦本、嘉慶本同じ。道光本「曰衍義」。

【書き下し文】

本文　制《せい》・伐《ばつ》・蔭《いん》・義《ぎ》・専《せん》の情《まこと》、王《おう》・相《しょう》・死《し》・休《きゅう》・囚《いん》の実《まこと》を究め、

注　此れ陰陽の気を弁ずるを言うなり。幹の支に剋《か》つを制と曰い、支の幹に剋つを伐と曰い、幹の支を生むを蔭と曰い、支の幹を生むを義と曰い、幹支此れ和するを専と曰う。

春秋緯（『春秋運斗枢』）に曰く、「王の勝つ所は死、相の勝つ所は囚」と。(21) 故に春なれば則ち木王・火相・土死・水休・金囚。夏なれば則ち火王・土相・金死・木休・水囚。秋なれば則ち金王・水相・木死・土休・火囚。冬なれば則ち水王・木相・火死・金休・土囚なり。

【現代語訳】

制・伐・蔭・義・専、および、王・相・死・休・囚における実情を研究して明らかにし、

【語注】

○制伐蔭義専之情、王相死休囚之実……術数家の説。「制・伐・蔭・義・専」は、その日の干と支との関係によって択日を行う占法。「王・相・死・休・囚」は、主に五行の消長関係を用いる概念。「情」「実」は真理、ことわり。「情、理。」（『呂氏春秋』誣徒「得教之情」高誘注）なお、王相の名は『韓非子』『論衡』『淮南子』『白虎通』などにも見える。○幹剋支曰制、支剋幹曰伐、幹生支曰蔭、支生幹曰義、幹支比和曰専……干（母）と支（子）とに配当される五行の相生・相剋関係を表す。「水生木、木生火、火生土、土生金、金生水。子生母曰義、母生子曰保、子母相得曰専、母勝子曰制、子勝母曰困。以制（もと「勝」。王引之に従い改めた）撃殺、勝而無報。以専従事而有功。以義行理、名立而不墮。以保畜養、万物蕃昌。以困挙事、破滅死亡。」（『淮南子』天文訓(22)）○春則木王、火相、土死、水休、金囚～冬則水王、木相、火死、金休、土囚也……陰陽家のいわゆる王相（休王）説。季節ごとの五行の消長関係を「王（＝旺。盛ん）」「相（＝生。王を補佐する）」「死（王によって尽きる）」「休（＝老。王によって衰える）」「囚（相により間接的に捕捉される）」で示したもの(23)。例えば、春に木が「王《さか》」んとなる場合、五行相生説において木の子に当たる火は木を「相《たす》」け、木に剋される土は「死」に、五行相生説において木の母となる水は「休」み、五行相剋説において木を剋するも、同時に「相」である火から剋される金は「囚《とら》」われる(24)。

【原文】

本文　又探其宿舎之臨、

注　自①此以下、言日月星辰之象也、宿舎之臨、如正月日躔娵訾、於辰在亥、二月日躔降婁、於辰在戌之類、而二十八宿輪転於日辰、歴七元而始周、

【校異】

①万暦本、嘉慶本同じ。道光本に「自」字なし。

【書き下し文】

本文　又た其の宿舎の臨を探り、

注　此れ自り以下は、日月星辰の象を言うなり。宿舎の臨とは、正月に日は娵訾《しゅし》を躔《ふ》み、辰に於いては亥に在り、二月に日は降婁《こうろう》を躔み、辰に於いては戌に在るが如きの類。而して二十八宿は日辰を輪転し、七元を歴《へ》て始めて周《めぐ》る。

【現代語訳】

本文　また、天体のやどる場所を探り、

注　（陳堦による解説。以下訳出）これより以下は日月星辰の象を言う。天体のやどる場所は、〔例えば〕正月に太陽が十二次においては娵訾に入り、十二辰においては亥の位置にあり、二月に太陽が十二次においては降婁に入り、十二辰においては戌の位置にあるというもの。そうして二十八宿は干支をめぐり、七元を経過して初めて

一回りする。

【語注】

○宿舎之臨……天体のやどり。「七正、日月五星。……二十八宿、七正之所舎也。舎、止也。宿、次也。言日月五星運行、或舎於二十八次之分也。」（『史記索隠』律書「書曰七正、二十八舎」）十二次は、周天を十二等分したもので、天体のやどりを示す領域。星《せい》紀《き》・玄枵《げんきょう》・娵訾《しゅし》・降婁《こうろう》・大梁《たいりょう》・実沈《じっちん》・鶉首《じゅんしゅ》・鶉火《じゅんか》・鶉尾《じゅんび》・寿星《じゅせい》・大火《たいか》・析木《せきぼく》。歳星紀年法においては木星（歳星。約一年に一次進み、約十二年で天を一周する）の領域を示すために用いられた。また春秋戦国時代には、十二次と二十八宿による分野説と惑星の運行を関連づけて諸事を占ったとされる。中でも木星の運行は、諸国に禍福をもたらすとされたため特に重視された。(25) ○如正月日躔娵訾、於辰在亥、二月日躔降婁、於辰在戌之類……十二次と十二辰における太陽の位置を示す。十二次の配列が東↓北↓西↓南であるのに対し、十二辰の配列はそれに逆行する【図2】。○二十八宿……天の赤道周辺で設定された二十八の星座が持つ領域で、日月五星の位置を示す座標となる。「宿、音息袖反、又音粛。」（『史記正義』律暦志「太史公曰、……天地二十八宿」）、「宿、止也。」（『説文解字』）東方の七星（角《かく》・亢《こう》・氐《てい》・房《ぼう》・心《しん》・尾《び》・箕《き》）、南方の七星（井《せい》・鬼《き》・柳《りゅう》・星《せい》・張《ちょう》・翼《よく》・軫《しん》）、西方の七星（奎《けい》・婁《ろう》・胃《い》・昴《ぼう》・畢《ひつ》・觜《し》・参《しん》）、北方の七星（斗《と》・牛《ぎゅう》・女《じょ》・虚《きょ》・危《き》・室《しつ》・壁《へき》）のように四方（東西南北）に配当されるほか、分野（諸国や九野（天を中央と八方に分割したもの）にも対応する。また、日にも配当され暦注に利用された（次項参照）。○歴七元而始周……各日に配当された干支（六十周期）と二十八宿の循環を言う。ここでの「日辰」は日干支（十日十二辰）のこと。「日辰相配、故甲与子連。」（『論衡』詰術）、「十二支謂之十二辰、一時謂之一辰、一日謂之辰。……一日謂之一辰者、以十二支言也。以十干言之謂之今日、以十二支言之謂之今辰、故支干謂之日辰。」（『夢渓筆談』巻七）干支「甲子」と二十八宿「虚」にあたる日を起点とし、これ以降の六十日間を「一元」とする。以降、甲子へ戻る度に「二元」（甲子日は「奎」宿）、「三元」（甲子日は「畢」宿）……とし、「七元」が終わると再度一元（甲子日は「虚」宿）に戻る。一周（七元）には四百二十日（六十と二十八の最小公倍数）を要する。(26)

【原文】

本文　及五星所行、合、散、犯、守、陵、歴、闘、拍、彗、孛、飛、流之変、

注　五星之変、同舎曰合、変為妖星曰散①、【七寸②】以内光芒相及曰犯、居其宿曰守、相冒而過曰陵、経之曰歴、相撃曰闘、相偪曰拍③、彗星即掃星④、孛亦彗之属也、光芒偏指曰彗、芒気四出曰孛、【流⑤】星奔星也、自下而升曰飛、自上而降曰流、飛星之名有五⑥、流星之名有八、詳中興天文志⑦、

【校異】

①万暦本、嘉慶本同じ。道光本「則」。
②嘉靖本、万暦本、嘉慶本、道光本ともに「寸」。ここでは『史記』に従い「七寸」に改めた[27]。
③万暦本、嘉慶本同じ。道光本「逼為」。
④万暦本、嘉慶本同じ。道光本「彗星即掃星也」。
⑤嘉靖本、万暦本、嘉慶本、道光本ともに「飛」。ここでは『晋書』に従い「流」に改めた[28]。
⑥万暦本、嘉慶本同じ。道光本は「有」の下が空格。
⑦万暦本、嘉慶本同じ。道光本「中興天文志篇内」。

【書き下し文】

本文　五星の行く所、合《ごう》・散《さん》・犯《はん》・守《しゅう》・陵《りょう》・歴《れき》・闘《とう》・拍《はく》・彗《すい》・孛《はい》・飛《ひ》・流《りゅう》の変、

注　五星の変、舎を同じくするを合と曰い、変じて妖星と為るを散と曰い、七寸以内の光芒相い及ぶを犯と曰い、其の宿に居るを守と曰い、相い冒して過ぐるを陵と曰い、之を経るを歴と曰い、相い撃つを闘と曰い、相い偪《せま》るを拍と曰う[29]。彗星は即ち掃星、孛も亦た彗の属なり。光芒偏指するを彗と曰い、芒気四出するを孛と曰う[30]。

流星は奔星なり。下よりして升るを飛と曰い、上よりして降るを流と曰う。飛星の名に五有り、流星の名に八有り。『中興天文志』に詳し。(31)

【現代語訳】

五星の運行に関しては、合・散・犯・守・陵・歴・闘・拍・彗・孛・飛・流の変異、

【語注】

○合、散、犯、守、陵、歴、闘、拍、彗、孛、飛、流之変……「合」は、同じ星座内に位置すること。「散」は妖星（彗星）に変じて散ること。「犯」は星同士が接近してその光芒が七寸（角距離○・七度）以内に及ぶこと。「守」は惑星が特定の星座内に居続けること。「陵」は惑星が覆い被さるように通り過ぎること。「歴」は経過すること。「闘」はぶつかり合うこと。「拍」は星同士が迫りあうこと。「彗」は、ほうき星（尾が一方向に伸びる）。「孛」も、ほうき星（光芒が四方から出るもの）。「飛」は下方から上方に向けて飛ぶ流星。「二曰孛星、彗之属也。偏指曰彗、芒気四出曰孛。孛者、孛孛然非常、悪気之所生也。」（『晋書』天文志）「流」は下へと落下する星。○妖星……五行ないし五星の精気が変じて生じる星。凶兆とされる。「五星之変、各見其方、以為殃災、各以其日五色占知何国吉凶決矣。」（『文献通考』巻二百八十一）、「妖星、五行乖戻之気也。五星之精、散而為妖星、形状不同、為殃則一。」（『宋史』天文志）○奔星……流星の中でも大きなもの。（本篇注（31）を参照）○中興天文志……南宋に編まれた天文事象についての書。「宋中興天文志、採近世諸儒之論、其間固多可採。」（陸世儀『思弁録輯要』巻十四）

【原文】

本文　日月、薄、食、暈、適、背、鐍、抱、珥、虹、蜺之異、

注　孟康曰、日月無光曰薄、

【孟康】①曰、気往迫之為薄、虧毀為食、暈日旁祲気也、適日之将食先有黒之変也、背形如背字也②、鐍形如玉鐍也、抱気向日也、珥形点黒也、虹音齧、螮蝀也、雄曰虹、雌曰蜺、

【校異】

①嘉靖本、万暦本、嘉慶本、道光本ともに「韋昭」。ここでは『漢書』顔師古注に従い「孟康」に改めた。

②万暦本、嘉慶本同じ。道光本「如衍背字」。

【書き下し文】

本文　日月、薄《はく》・食《しょく》・暈《うん》・適《たく》・背《はい》・鐍《けつ》・抱《ほう》・珥《じ》・虹《こう》・蜺《げい》の異〔に及ぶ〕。

注　孟康曰く、「日月の光無きを薄と曰う」と(32)。

孟康曰く、「気往きて之に迫るを薄と為し、虧毀《きき》するを食と為す。暈は日旁の祲気《しんき》なり。適は日の将に食せられんとするに先ず黒の変有るなり。背は形 背字の如きなり。鐍は形玉鐍《ぎょくけつ》の如きなり。抱は気の日に向かうなり。珥は形 点の黒きなり」と。〔如淳曰く〕「虹は音齧《げつ》、螮蝀《ていとう》なり。雄を虹と曰い、雌を蜺と曰う」と(33)。

【現代語訳】

太陽と月に関しては、薄・食・暈・適・背・鐍・抱・珥・虹・蜺の変異〔に及ぶ〕。

【語注】

○薄、食、暈、適、背、鐍、抱、珥、虹、蜺之異……「薄」は、日月の光が薄くなること。あるいは日月の交錯によらない食。「食」は、天体が欠けたように見えること。「暈」は、淡光の雲気が日月の周辺に見える気象光学現象、ひがさ。「適」は太陽に影が入り

始める状態（日食における第一接触「初虧」）。「背」は、半環状の雲気が外に向かう状態。「鐍」は雲気によって太陽が玉鐍、すなわち玉製の銜環《はみかん》（轡を繋ぐ環）のような形になること。「抱」は黒い半環状の小雲気が内に向かって太陽を囲むこと。「珥」は雲気が太陽の左右対称に出ること。「虹」は光色の濃い虹。「蜺」は光色の淡い虹。〇暈日旁祲気也……「祲気」はひがさ。「祲、謂日旁雲気」（『周礼』春官・保章氏「以五雲之物弁吉凶、水旱降豊荒之祲象」賈公彦疏）または、災いを起こす妖気。「祲、妖気也。」（『左伝』昭公十五年「吾見赤黒之祲」杜預注）〇虹音齧、螮蝀也……「齧」は「虹」ではなく「蜺」の音。「虹、攻也。……蜺、齧也。」（『釈名』釈天）螮蝀（螮蝃）は『詩経』では婦道への違背を示す忌むべき現象とされている。「蝃蝀、虹也。夫婦過礼則虹気盛。君子見戒而懼諱之、莫之敢指。」（『詩経』国風・蝃蝀「蝃蝀在東莫之敢指」毛伝）「虹天気之戒。尚無敢指者、況淫奔之女、誰敢視之。」（鄭箋）、「螮蝀、虹也。」（『爾雅』釈天）〇雄曰虹、雌曰蜺……「にじ」のうち、「虹」は二重で色の鮮明なもの。「蜺」は色の淡いもの。「音義云、虹双出色鮮盛者為雄。雄曰虹。闇者為雌。雌曰蜺。虹是陰陽交会之気、純陰純陽則虹不見。若雲薄漏日、日照雨滴則虹生。」（『爾雅』釈天「螮蝀虹也」刑昺疏）

【原文】

本文 而変異又有伏顕、早晩、贏縮、重軽之差、繹其緒脈、剸其璺理、

注 占夢必察其端、猶治糸者掲其緒、治玉者開其璺也、

【書き下し文】

本文 而して変異も又た伏顕・早晩・贏縮・重軽の差有れば、其の緒脈を繹《たず》ね、其の璺理《ぶんり》を剸《さ》き、

注 占夢の必ず其の端を察すること、猶お糸を治むる者の其の緒《いとぐち》を掲げ、玉を治むる者の其の璺《ひび》を開くがごときなり。

【現代語訳】

本文　そしてこのような異変には、伏顕（隠れたり現れたり）・早晩（運行や出現の早晩）・贏縮（運行の遅速）・重軽（見え方の濃淡）といった違いがあるので、その端緒を見出してその意味をつきつめ、玉のひびのように細かな筋目を執りさばいていき、

注　（陳堦による解説。以下訳出）占夢において必ず天象の端緒を察することは、糸を紡ぐ者が繭の僅かな先端を見つけて取り上げ、玉を彫る者が玉の細かな割れ目を見つけて彫り進めるようなものである。

【語注】

○伏顕、早晩、贏縮、重軽……天体の運行や見え方について言う。「贏縮」は前進して本来の舎を越えること（贏）と、後退して本来の舎まで及ばないこと（縮）。「超舎而前為贏、退舎為縮。」（『漢書』天文志）「重軽」は天体の見え方（しっかりと色濃く見える・ぼんやりと薄く見える）を言うか。「重、厚也。」（『説文解字』）○繹其緒脈、剸其璺理……糸の先端を引き抜き、玉石の割れ目にまで切り込んで作業すること。「璺」は割れ目。「器破而未離謂之璺。」（『方言』巻六）転じて、物事の端緒や微細な異変を引き出して見極めること。○治糸……布を織ること。「以九職任万民。……七曰嬪婦化治糸枲」（『周礼』天官・大宰）「七曰嬪婦化治糸枲者、嬪婦謂国中婦人有徳行者。治理変化糸枲、以為布帛之等也。」（賈公彦疏）「枲《し》」は麻。○治玉……玉を研磨彫刻して装飾品を作ること。「追、猶治也」（『周礼』天官・追師《たいし》「追衡笄」鄭玄注）「追、治玉石之名。謂治玉為衡笄也。」（賈公彦疏）「追」は彫刻すること。「追、彫也。」（『詩経』大雅・棫樸「追琢其章」鄭箋）。衡笄《こうけい》は、こうがいなどの調髪道具。

【原文】

本文　然後六夢終始、八覚遅迅、庶幾可推①焉、

注 六夢八覚必験之天象、而後可断其吉凶、此周礼十煇之逸旨也、漢書曰、*五星之術、其来尚矣、可以占国、則可以占事、可以占事、則可以占人、

【校異】

①万暦本、嘉慶本同じ。道光本「推」。
②万暦本、嘉慶本同じ。道光本「可以断」。
＊万暦本、嘉慶本同じ。道光本に「曰」字なし。

【書き下し文】

本文 然る後に六夢の終始、八覚の遅迅、庶《ほとん》ど推《はか》るべきに幾《ちか》し。

注 六夢八覚は必ず之を天象に験し、而して後に其の吉凶を断ずべし。此れ『周礼』十煇の逸旨なり。『漢書』に曰く、「五星の術、其の来は尚《ひさ》し。以て国を占うべくんば、則ち以て事を占うべし。以て事を占うべくんば、則ち以て人を占うべし」と。(34)

【現代語訳】

本文 そうした後に六夢の全体、八覚の時期が検討できるのである。

注 （陳堦による解説。以下一部のみ訳出）六夢八覚については、必ずや夢を天象にて調べ、その後で吉凶を占断することができる。これが『周礼』十煇における逸旨（逸失した占夢の大要）である。

【語注】
○六夢八覚必験之天象、而後可断其吉凶、此周礼十煇之逸旨也……天象と夢との関係を造化の働きで説明し、天象の変異を理解することが「六夢」「八覚」を知る指針になりうるというこれまでの脈絡を踏まえると、「『周礼』十煇の逸旨」は、陳士元が『周礼』に対する洞察から導いた占夢の大要と言える。「逸旨」という語も、歳時に関わる詳細な知識を補いつつ、散逸した占夢の極意をつとめて明らかにする、という陳士元の思惑を含み置くものと言える。(35) ○五星之術、其来尚矣……邵雍『皇極経世書』に「五星之説、自甘公、石公始」（巻十三）とある。甘公（甘徳）と石公（石申）は古代の天文暦法家。『史記』天官書には「昔之伝天数者」として「在斉、甘公」「魏、石申」とあり、また、「徐広曰、或曰、甘公、名徳也。本是魯人」（『史記集解』）、「七録云、石申、魏人、戦国時作天文八巻也」（『史記正義』）とある。(36)

六無篇第七・訳者注

（1）「覚有八徴、夢有六候。奚謂八徴。一曰故、二曰為、三曰得、四曰喪、五曰哀、六曰楽、七曰生、八曰死。此八者（もと「此者八徴」だが、ここでは俞越の説に従い改めた）、形所接也。奚為六候。一曰正夢、二曰蘁夢、三曰思夢、四曰寤夢、五曰喜夢、六曰懼夢。此六者、神所交也。」（『列子』周穆王）、「一曰正夢、二曰噩夢、三曰思夢、四曰寤夢、五曰喜夢、六曰懼夢。」（『周礼』春官・占夢）

（2）『周礼』同箇所（本篇注（1）参照）の鄭玄注には、正夢は「無所感動、平安自夢」、噩夢は「杜子春云、噩当為驚愕之愕。謂驚愕而夢」、思夢は「覚時所思念之而夢」、寤夢は「覚時道之而夢」、喜夢は「喜悦而夢」、懼夢は「恐懼而夢」とある。

（3）（4）ともに本篇注（1）を参照。

（5）但し、六壬（五行と干支を配合した天盤・地盤を用いた占術）では「合神」なる語が使われることもある。『夢渓筆談』によると、「合神」は正月建寅に亥と合し、二月建卯に戌と合する類とある。天文学的な意味の「合（太陽と月の交会点）」との関連も考えられるが詳細は不明。『六壬大全』には「合和順之神」（巻一）とある。「六壬、天十二辰、亥曰登明、為正月将。

戌曰天魁為二月将。古人謂之合神、又謂之太陽過宮。合神者、正月建寅合在亥、二月建卯合在戌之類。太陽過宮者、正月日躔諏訾、二月日躔降婁之類。二説一也。此以顓帝暦言之也。」(『夢渓筆談』巻七)

(6) 占夢、掌其歳時、観天地之会、弁陰陽之気、以日月星辰占六夢之吉凶。(『周礼』春官・占夢)

(7)「其歳時、今歳四時也。天地之会、建厭所処之日辰、陰陽之気、休王前後。」(『周礼』春官・占夢「占夢、掌其歳時、観天地之会、弁陰陽之気」鄭玄注)「鄭云、其歳時、今歳四時也者、但天地之会、陰陽之気、年年不同。若今歴日今歳亦与前歳不同。故云、今歳四時也。云天地之会、建厭所処之日辰者、建謂斗柄所建、謂之陽建。故左還於天。厭謂日前一次、謂之陰建。故右還於天。故堪輿天老曰、仮令正月陽建於寅、陰建在戌。日辰者、日拠幹、辰拠支。」(賈公彦疏)、「日月星辰、謂日月之行及合辰所在。」(『周礼』春官・占夢「以日月星辰占六夢之吉凶」鄭玄注)

(8) 吉悪二夢、天地可占、而況於人乎、人為形役、興寝有常、覚而興形之動也、寝而寐形之静也、而神気游衍、則造化同流。(昼夜)

(9)「朕」と「眹」は、別字だが、ともに「きざし」の意味を持つ。

(10) 天乃錫禹洪範九疇、彝倫攸敘。……初一曰五行。……一、五行、一曰水、二曰火、三曰木、四曰金、五曰土。(『書経』周書・洪範)

(11) 書伝云、「水火者、百姓之求飲食也。金木者、百姓之所興作也。土者万物之所資生也。是為人用。」五行即五材也。……言五者、各有材幹也。謂之行者、若在天則五気流行、在地世所行用也。(『書経』周書・洪範「一、五行、一曰水、二曰火、三曰木、四曰金、五曰土」孔穎達疏)

(12) 五行者、五官也。比相生而間相勝也。故謂治逆之則乱、順之則法。(『春秋繁露』巻十三)

(13)「支干者、因五行而立之。昔軒轅之時、大撓之所制也。蔡邕月令章句云、大撓採五行之情、占斗機所建也。始作甲乙、以名日、謂之幹。作子丑、以名月、謂之支。」(『五行大義』巻二) 引用は、中村璋八、古藤友子『五行大義』上下(明治書院、一九九八年)による。「湯生於夏時、何以用甲乙為名。曰、湯王後乃更変名、子孫法耳。本名履、故論語曰、予小子履。履、湯名也。不以子丑何。曰、甲乙者幹也。子丑者枝也。幹為本、本質、故以甲乙為名也。」(『白虎通』巻九)

（14）「一歳、日月十二会。所会、謂之辰。」（『左伝』昭公七年）「公曰、何謂六物。対曰、歳時日月星辰是謂也。公曰、多語寡人辰而莫同、何謂辰。対曰、日月之会是謂辰」（杜預注）「正義曰、釈天云、載、歳也。夏曰歳、周曰年。李巡曰、載一歳莫不覆載也。孫炎曰、四時一終曰歳。取歳星行一次也。年取年穀一熟是言歳、即年也。時謂四時春夏秋冬也。日謂十日、従甲至癸也。月、従正月至十二月也。星、二十八宿也。辰、謂日月所会、一歳十二会、従子至亥也。」（孔穎達疏）、「馮相氏、掌十有二歳、十有二月、十有二辰、十日、二十有八星之位、弁其叙事、以会天位。」（『周礼』春官・馮相氏）

（15）その他、『論衡』は十二支を実際の動物に比して五行に配する。「寅、木也、其禽虎也。戌、土也、其禽犬也。丑、未、亦土也。丑禽牛、未禽羊也。木勝土、故犬与牛羊為虎所服也。亥、水也、其禽豕也。巳、火也、其禽虵也。子亦水也、其禽鼠也。午亦火也、其禽馬也。水勝火、故豕食虵。火為水所害、故馬食鼠屎而腹脹。」（物勢）

（16）「張衡渾儀注曰、……黄道斜截赤道者、即春秋分之去極也。斜截赤道者、東西交也。然則春分日在奎十四度少強、西交於奎也。秋分日在角五度弱、東交於角也。在黄赤二道之交中、去極倶九十一度少強。故景居二至長短之中、奎十四角五、出卯入酉、日昼行地上、夜行地下。倶一百八十二度半強。故昼夜同也。」ここでは、能田忠亮『東洋天文学史論叢』（恒星社、一九八九年）が洪頤煊による校本（『経典集林』所収）を良とするのに従い、洪頤煊校本「張衡渾天儀」を用いた。類似の記述は『唐開元占経』巻一にも見える。

（17）「夏日至則陰乗陽、是以万物就而死。冬日至則陽乗陰、是以万物仰而生。昼者陽之分、夜者陰之分。是以陽気勝則日修而夜短、陰気勝則日短而夜修。」（『淮南子』天文訓）、「冬至陰之復、夏至陽之復者、復謂反本、静為動本。冬至一陽生、是陽動用而陰復於静也。夏至一陰生、是陰動用而陽復於静也。」（『易経』復卦「象曰、雷在地中復先王以至日閉関」、王弼注「冬至陰之復也。夏至陽之復也」孔穎達疏）

（18）「厭謂日前一次、謂之陰建、蓋即日月所会前一次。如建寅之月、日月会於亥、厭在戌是也。」（呂飛鵬『周礼補注』巻三）また、正月建寅（夏正）における陽建・陰建・厭対の配列は次の通り。

月（夏正）	正	2	3	4	5	6	7	8	9	10	11	12
		春分月			夏至月			秋分月			冬至月	
陽建	寅	卯	辰	巳	午	未	申	酉	戌	亥	子	丑
陰建	戌	酉	申	未	午	巳	辰	卯	寅	丑	子	亥
厭対	辰	卯	寅	丑	子	亥	戌	酉	申	未	午	巳

(19)「堪輿」は術数家の語で、天道・地道を言う。また堪輿家の説は占夢においても何かしらの関連を持っていたとされるが詳細は不明。「其術則今八会其遺象也。」（『周礼』春官・占夢「以日月星辰占六夢之吉凶」鄭玄注）「按堪輿大会有八也、小会亦有八。」（賈公彦疏）

『淮南子』天文訓は「北斗之神有雌雄、十一月始建於子、月従一辰、雄左行、雌右行……雌（もと「太陰」だが、王引之の説に従い「雌」に改めた）所居辰為厭日、厭日不可以挙百事」とし、雄（陽建）と雌（陰建）の中でも「雌」のある日を万事について避けるべき「厭日」とする。また「数従甲子始、子母相求、所合之処為合、十日十二辰、周六十日、凡八合」（天文訓）という堪輿家の説は、「子（支・辰）」「母（干）」が甲子を起点に反対方向へ進むことを前提とするものであり、『夢占逸旨』本文の「四月癸亥」「十月丁巳」にも適用できる。そこで何寧氏の補説「八合者、陰建所対之日、合于陽建所対之辰也」に従うならば、四月癸亥は陰建（未）に対置する丑に相応する日（十干の癸）が、陽建（巳）に対置する辰（十二辰の亥）と合することを言うと考えられる。なお、銭大昕は『淮南子』の記述を踏まえ、八合を「二月乙酉・三月甲戌・四月癸亥・五月壬子・八月辛卯・九月庚辰・十月丁巳・十一月丙午」と推論する（『潜研堂文集』巻十四）。また『淮南子』では、八合の日が当該年の干支の前ならば大害となり、当該年の干支の後ならば無事であるという。「合於歳前則死亡、合於歳後則無殃。」（天文訓）

(20) 堪輿経曰、四月陽建於巳、破於亥、陰建於未、破於癸、癸陽也、為陰所破也。亥陰也、為陽所破也。是謂陽破陰、陰破陽。故四月癸亥為陰陽交破。十月陽建於亥、破於巳、陰建於丑、破於丁、丁陽也。為陰所破也、巳陰也、為陽所破也。是為陽破陰、陰破陽。故十月丁巳為陰陽交破。（『協紀弁方書』巻四）

(21) 春秋緯云、王者休、王所勝者死、相所勝者囚。仮令春之三月木王、水生木、水休。木勝土、土死。木王、火相、王所生者相。相所勝者囚。火勝金。春三月金囚。（『周礼』春官・占夢「占夢、掌其歳時、観天地之会、弁陰陽之気」賈公彦疏）

(22) 『抱朴子』にも類似した理論が見える。「抱朴子曰、霊宝経曰、所謂宝日者、謂支干上生下之日也。若用甲午乙巳之日是也。甲者、木也。午者、火也。乙亦木也。巳亦火也。火生於木故也。又謂義日者、支干下生上之日也。若壬申癸酉之日是也。壬者、水也。申者、金也。癸者、水也。酉者、金也。水生於金故也。所謂制日者、支干上克下之日也。若戊子己亥之日是也。戊者、土也。子者、水也。己亦土也。亥亦水也。五行之義、土克水也。所謂伐日者、支干下克上之日、若甲申乙酉之日是也。甲者、木也。申者、金也。乙亦木也。酉亦金也。金克木故也。他皆倣此、引而長之、皆可知之也。」（『抱朴子』登渉）

(23) 『五行大義』には、五行のほか、干支や八卦を「王・相・死・囚・老」に配する手法も見える。「休王之義、凡有三種。第一弁五行体休王、第二論支干休王、第三論八卦休王。」（巻二「論四時休王」）また、一部用語が異なるものの、同様の理論で王相説を述べるものもある。「木勝土、土勝水、水勝火、火勝金、金勝木。……木壮、水老火生金囚土死。火壮、木老土生水囚金死。土壮、火老金生木囚水死。金壮、土老水生火囚木死。水壮、金老木生土囚火死。」（『淮南子』墜形訓）

なお、表1は、王相説における季節ごとの関係。表2は、主な文献における王相の名称比較。

表1（王相説における季節ごとの関係）

四時	王	相	死	囚	休
春	木	火	土	金	水
夏	火	土	金	水	木
土用	土	金	水	木	火
秋	金	水	木	火	土
冬	水	木	火	土	金

表2（名称の比較）

	『白虎通』五行	『淮南子』墜形	『春秋運斗枢』	『五行大義』
木	王	壮	王	王
火	相	生	相	相
土	死	死	死	死
金	囚	囚	囚	囚
水	休	老	(休)	休

(24) 凡当王之時、皆以子為相者、以其子方壮、能助治事也。父母為休者、以其子当王気正盛、父母衰老、不能治事。……所畏為死者、以其身王能制殺之。所刻者為囚者、以其子為相、能囚讐敵也。（『五行大義』巻二）

(25)『左伝』『国語』における具体的な事例については、斉藤国治・小沢賢二『中国古代の天文記録の検証』(雄山閣、一九九二年)を参照。

(26) 案、日有六十、宿有二十八、四百二十日而一週。四百二十者、以六十与二十八倶可以度尽也。故有七元之説。一元甲子日起虚、以子象鼠而虚為日鼠也。二元甲子起奎。三元甲子起畢。四元甲子起鬼。五元甲子起翼。六元甲子起氐。七元甲子起箕。至七元尽而甲子又起虚。(『御定星歴考原』巻五)

(27) 同舎為合。相陵為闘、七寸以内必之矣。(『史記』天官書)

(28) 流星、天使也。自上而降曰流、自下而升曰飛。大者曰奔、奔亦流星也。(『晋書』天文志)

(29) 孟康曰、合、同舎也。散、五星有変則其精散為祆星也。犯、七寸以内光芒相及也。陵、相冒過也。……韋昭曰、自下往触之曰犯、居其宿曰守、経之為歴、突掩為陵、星相撃為闘也。(『漢書』天文志「及五星所行、合散犯守、陵歴闘食」顔師古注)

(30) 張晏曰、彗所以除旧布新也。孛気似彗。……孟康曰、飛、絶迹而去也。流、光迹相連也。(『漢書』天文志「彗孛飛流、日月薄食」顔師古注)本篇注(27)も参照。

(31) 中興天文志、流星有八。一曰天使、二曰天暉、三曰天雁、四曰天保、五曰地雁、六曰梁星、七曰営頭、八曰天狗。自上而降曰流、東西横行亦曰流。奔亦流也。流星之為天使者、有祥有妖。流星之為天暉天雁者、祥流星。夜隕而為天保者、亦祥流星。夜隕而為地雁為梁星者、妖流星。昼隕或夜隕而為営頭者、亦妖。流星之大者為奔星。奔星夜隕而為天狗、其妖甚矣。飛星有五。一曰天刑、二曰降石、三曰頓頑、四曰解銜、五曰大冒瀆。自下而升曰飛、飛星之為天刑者祥。自降石以下皆妖。(『文献通考』巻二百八十一)

(32)「孟康曰、……日月無光曰薄。京房易伝曰、日月赤黄為薄。或曰、不交而食曰薄。韋昭曰、気往迫之為薄、虧毀曰食也。」(『漢書』天文志「彗孛飛流、日月薄食」顔師古注)、「孟康曰、……食、星月相陵、不見者則所蝕也。」(『漢書』天文志「及五星所行、合散犯守、陵歴闘食」顔師古注)

(33) 孟康曰、(皆)〔暈〕、日旁気也。適、日之将食先有黒之変也。背、形如背字也。穴多作鐍、其形如玉鐍也。抱、気向日也。

珥、形点黒也。如淳曰、暈読曰運。𧈧或作虹。蜺読曰齧。螮蝀謂之𧈧、表云、雄為𧈧、雌為蜺。凡気（食）〔在〕日上為冠為戴、在旁直対為珥、在旁如半環向日為抱、向外為背。有気刺日為鐍。鐍、抉傷也。（『漢書』天文志「暈適背穴、抱珥虹蜺」顔師古注）

（34）現行本『漢書』には「漢書曰、五星之術」以降の句は見られないが、晁公武『郡斎読書志』には以下の記述が見える。「按洪範曰、歳月日時無易、百穀用成、乂用明、俊民用章、家用平康。月之従星、則以風雨（以上『書経』洪範）。泠州鳩曰、武王伐殷、歳在鶉火、月在天駟、日在析木之津、辰在斗柄、星在天黿（以上『国語』周語下）。以此言之、五星之術、其来尚矣。蓋可以占国、則可以占事。可以占事、則可以占人也。」（巻十四）

（35）また、天象を考慮した占夢の具体的な事例は『左伝』『史記』などに見える。『史記』亀策列伝（褚少孫補）では、博士衛平が宋の元王の夢（玄服を着た男の夢）を占う場面が見える。占いの道具を手に日月や北斗七星の動きを観察する衛平は、昨夜の干支と月の宿次に河川や気象の観察も加味し、夢に現れた男は神の使者である亀だと進言する。「衛平乃援式而起、仰天而視月之光、観斗所指、定日処郷。規矩為輔、副以権衡。四維已定、八卦相望、視其吉凶、介虫先見。今昔壬子、宿在牽牛。河水大会、鬼神相謀。漢正南北、江河固期、南風新至、江使先来。白雲壅漢、万物尽留。斗柄指日、使者当囚。玄服而乗輜車、其名為亀。王急使人問而求之。」

（36）但し、『史記』には、「夫自漢之為天数者、星則唐都、気則王朔、占歳則魏鮮。故甘石暦五星法、唯独熒惑有反逆行。逆行所守、及他星逆行、日月薄蝕、皆以為占」（天官書）と、甘・石による星占の対象が漢代のものと比べて簡易であったとある。また、「五星之術」について、五星占を含む天文占全体のこととして見た場合は、『後漢書』天文志にその来源を黄帝にまで遡る説も見えるが（「軒轅始受河図闘苞授、規日月星辰之象、故星官之書自黄帝始。至高陽氏、使南正重司天、北正黎司地。唐、虞之時羲仲、和仲、夏有昆吾、湯則巫咸、周之史佚、萇弘、宋之子韋、楚之唐蔑、魯之梓慎、鄭之裨竈、魏石申夫、斉国甘公、皆掌天文之官。仰占俯視、以佐時政、歩変擿微、通洞密至、採禍福之原、覩成敗之勢。秦燔詩書、以愚百姓、六経典籍、残為灰炭、星官之書、全而不毀。」）、これは秦焚書を免れたという「星官之書」の箔付けを意図したものとも考えられる。

古法篇第八

【原文】

本文　古法亡而夢不可占已①、帝王有帝王之夢、聖賢有聖賢之夢、輿台廝僕有輿台廝僕之夢、窮通虧益、各縁其人、凶人有吉夢、雖吉亦凶、吉不可幸也②、

注　如趙嬰夢天使之類、

【校異】

①万暦本、嘉慶本同じ。道光本「矣」。

②万暦本、嘉慶本同じ。道光本「不可幸也」。

【書き下し文】

本文　古法亡《ほろ》びて夢占うべからざるのみ。帝王には帝王の夢有り、聖賢には聖賢の夢有り、輿台廝僕《よだいしぼく》には輿台廝僕の夢有り。窮通虧益、各おの其の人に縁る。凶人に吉夢有れば、吉なりと雖も亦た凶、吉は幸いとすべからざるなり。

注　趙嬰《ちょうえい》　天の使いを夢むるが如きの類なり(1)。

【現代語訳】

古法がなくなり、夢は占うことができなくなった。とはいえ帝王には帝王の夢があり、聖賢には聖賢の夢があり、召使には召使の夢がある。夢により得られる験が困窮・衰退となるか、賛誉・栄達となるかは、各人が吉人か凶人かによる。凶人が吉夢を見た場合、夢象が吉といえども験は凶なので、その吉象は幸いとすることはできない。

【語注】

○古法……古来より伝わる法。「蜀人趙賓好小数書、後為易飾易文、……持論巧慧、易家不能難、皆曰非古法也。」（『漢書』儒林伝）ここでは古代の為政者が夢を占う際に用いたとされる術法を言う。「先王致祭於天人之際、可謂密矣、惜乎、古法不伝也」（輔広『詩童子問』）、「王者於天日也、夜有夢則昼視日旁之気以占其吉凶。凡所占者十煇、毎煇九変。此術今亡。」（『周礼』春官・大卜「其経運十、其別九十」鄭玄注）○輿台廝僕……召使などの卑賤な身分にいる者。「輿、衆也。……僕、僕豎主蔵者也。台、給台下微名也。」（『左伝』昭公七年「人有十等」孔穎達疏）、「廝、析薪者。輿、主駕車者。此皆言賤役之人。」（『漢書』厳助伝「廝輿之卒」顔師古注）[2]。○凶人有吉夢、雖吉亦凶、吉不可幸也……夢を見た後の禍福は、最終的に夢見た本人の徳性如何で決まることを言う。次節の内容と対をなす。「且凡人道見瑞而修徳者、福必成。見瑞而縦恣者、福転為禍。見妖而驕侮者、禍必成、見妖而戒懼者、禍転為福。」（『潜夫論』夢列）○趙嬰夢天使之類……宗空篇に既出（二一二頁）。晋の趙嬰斉は甥（趙朔）の妻（趙荘姫）と淫通したことで、兄（趙同と趙括）から斉に追放される。「夢天使」は、天を祭れば禍を免れると天の使者から告げられる夢。この夢について貞伯は、「淫事を行いながら罰を受けないのは福であり、天を祭れば禍から逃れられる」と解した。嬰斉は天を祭りその翌日に逃亡した。これは「凶人」である嬰斉が最終的に凶を免れるという「幸」に至った話であり、本文の文脈と一致するとは言えない。但し、趙氏没落については諸説ある。『左伝』には、嬰斉追放を恨んだ趙荘姫の計略で趙氏が没落に追い込まれたとの後日談が見えるものの、嬰斉が災禍に遭うとの記述は見られない。一方『史記』趙世家には、嬰斉を含む一族誅殺の記載が見えるため、本書がこちらに依拠した可能性は高い[3]。

【原文】

本文　吉人有凶夢、雖凶亦吉、凶猶可避也[1]、

注　如董豊避枕沐之事[2]、

【校異】

①万暦本、嘉慶本同じ。道光本「猶可避也」。

②万暦本同じ。嘉慶本「如董豊所避枕沐之事」。道光本「如董豊所避之事」。

【書き下し文】

本文　吉人に凶夢有るは、凶と雖も亦た吉、凶は猶お避くべきなり。

注　董豊の枕沐を避くるが如きの事。

【現代語訳】

吉人に凶夢があるというのは、夢象が凶のように思えてもそれは験として吉であるから、凶事はやはり回避できる。

【語注】

○董豊避枕沐之事……『晋書』符融伝に見える。董豊の夢は以下の通り。馬を南に走らせて川を渡った後、北に引き返して川を渡り、更にまた南に戻る。しかも馬は川の途中で止まり、鞭を打っても動かない。うつむくと二つの太陽が水面下にあり、馬の左側にある太陽は白く湿気ていて、右側の太陽は黒く乾燥していた。董豊はこの夢を不吉なものかと疑ったが、実際はこの夢のお蔭で、

自身を殺害しようとした男と妻の陰謀と、自身にかけられた妻殺しの容疑という凶事を回避した。(4)

【原文】

[本文] 是故夢有五不占、占有五不験、

神魂未定而夢者不占、

[注] 輔広曰、詳占夢之意、先王致【察】① 於天人之際、可謂密矣、惜乎、古法不伝也、後世之人、情性不治、昼之所為猶且昏惑瞀乱、不自知覚、則其見於夢寐者、率多紛紜乖戻、未必与天地之気相流通、縦有徴兆之可験者、亦須迂②回隠約、必待既験、而後可知、古法若存、未必能尽占也、

【校異】

①嘉靖本、万暦本、嘉慶本、道光本ともに「謹」。ここでは『詩童子問』に従い「察」に改めた。

②万暦本、嘉慶本同じ。道光本「遅廻」。

【書き下し文】

[本文] 是の故に夢に五不占有り、占に五不験有り。

神魂未だ定まらずして夢むる者は占わず。

[注] 輔広曰く、「占夢の意を詳らかにすれば、先王 察を天人の際に致すこと、密と謂うべし。惜しいかな、古法の伝わらざるや。後世の人、情性治まらず。昼の為す所すら猶お且つ昏惑瞀乱《こんわくぼうらん》し、自《みずか》ら知覚せざれば、則ち其の夢寐に見る者、率《おお》多くは紛紜乖戻《ふんうんかいれい》し、未だ必ずしも天地の気と相い流通せず。縦《たと》い徴兆の験とすべき者有るも、

亦た須らく迂回隠約し、必ず既に験あるを待ち、而して後に知るべし。古法若し存するも、未だ必ずしも能く占を尽くさざるなり」と。(5)

【現代語訳】

本文 それゆえ夢には占わない五つの状態があり、占には的中しない五つの状態がある。精神が不安定な状態で見た夢は占わない（五不占の一）。

注 （陳士元の論説と関わるため、以下訳出）輔広が言うには、「占夢の義理を詳しく述べると、それは先王が天人の間の諸現象を慎重に礼儀正しく取り扱うことが緻密であると言える。惜しいことだ、古法が伝わらないのは。後世の人間は情性が治まっていない。昼間の行いまで惑い乱れていてそれを自覚していないならば、夢に見るのは多くがデタラメで、必ずしも天地の気と通じ合うものではない。たとえ予兆となるものがあったとしても、それはふらふらとさまよっていてはっきりわからず、必ず夢の験が現実となってあらわれてから「ああ、あの時の夢はこういうことだったのか」と知ることができるのだ。だから情性が治まっていない以上、古法が現存していたとしても、きっちりと占えるわけではない。」

【語注】

○是故夢有五不占、占有五不験……古法が存在しないこと、夢の応験は夢象の吉凶だけで決まらないことを前節で問題提起した上で、占夢における禁忌である「五不占」「五不験」の説に及ぶ。これにより、天地と疎通しうる人間の精神および行為が占夢に不可欠であることを示す。○輔広……南宋の人（生卒年不明）。字は漢卿、号は潜庵。呂祖謙、朱熹に師事した。その学説は『四書纂疏』にも見える。『詩童子問』は、『詩集伝』の理解を補助するために朱子の教えや諸儒の説を録し、読詩の法を明らかにしたもの。

○昏惑瞀乱……暗愚で惑い乱れるさま。「思念煩惑」（『楚辞』九弁「中瞀乱兮迷惑」王逸注）○紛紜乖戻……雑多なものが入り乱れ、本来のあるべき状態から外れること。「紜、……数乱也。」（『玉篇』）○未必与天地之気相流通……気を介し天地と一体化する点に人間性の向上を認めるという道学の思考を反映した箇所だと考えられる。[6] ○迂回隠約……まわりくどく不明瞭なこと。○未必能尽占也……「尽」は詳しくする、余すところなく出す。「書不尽言、言不尽意。」（『易経』繋辞伝上）

【原文】

本文　妄慮而夢者不占、

注　六書精蘊曰*、其夢也邪、昼有邪想也、其夢也漫、昼有漫想也①、

【校異】

①万暦本、道光本同じ。嘉慶本「慢」。

*万暦本同じ。道光本、嘉慶本に「曰」字なし。

【書き下し文】

本文　妄慮して夢むる者は占わず。

注　『六書精蘊』に曰く、「其の夢や邪なるは、昼に邪想有ればなり。其の夢や漫《そぞ》ろなるは、昼に漫想有ればなり」と。[7]

【現代語訳】

妄りな考えの結果として見る夢は占わない。

【語注】

○妄慮而夢者……思念の具体的な性質と夢との相関関係について言及する。昼間の想念が夢に反映されることは比較的早い時期から認知されていた。「三曰思夢。」（『周礼』春官・宗伯）「覚時所思念而夢。」（鄭玄注）、「昼有所思、夜夢其事。」（『潜夫論』夢列）、「昼想夜夢、神形所遇。」（『列子』周王穆）○六書精蘊……元の魏校撰。文字を象数・天文など十二類に分別する字典。古文で小篆の誤りを正し、また小篆で古文の足りない部分を補う。

【原文】

本文 寤知凶阨者不占、

注 如声伯寤知凶阨而強占之類、左伝、声伯夢渉洹、食瓊瑰泣且歌焉、寤而懼不敢占也、及従公伐鄭至於貍【脤①】之地而占之曰、余恐死、故不敢占②、今過三年衆繁而従余矣、無傷也、占之、是暮声伯卒、杜預注云、伝戒数占夢③、

【校異】

①嘉靖本、万暦本、道光本「服」。嘉慶本「脤」。ここでは『左伝』に従い「脤」に改めた。
②万暦本、嘉慶本同じ。道光本「不敢占」。
③万暦本、嘉慶本同じ。道光本「杜預注、伝戒数占夢云」。

【書き下し文】

本文 寤《ご》して凶阨《きょうやく》なるを知る者は占わず。

注

声伯《せいはく》寤して凶阨なるを知るも強いて占うが如きの類。『左伝』、声伯夢に洹《えん》を渉《わた》り、瓊瑰《けいかい》を食らい泣きて且つ歌う。寤して懼れ敢えて占わざるなり。公に従い鄭を伐ち貍脤《りしん》の地に至るに及びて之を占いて曰く、「余 死を恐るるが故に敢えて占わず。今三年を過ぎて衆繁《おお》くして余に従う。傷《そこ》なうこと無きなり」と。之を占う。是の暮れに声伯卒す。杜預注に云う、「伝は数《しばし》ば夢を占うを戒む」と(8)。

【現代語訳】

夢から覚めて、それが凶兆だとわかるような夢は占わない。

【語注】

○声伯夢渉洹、食瓊瑰泣且歌焉……洹水を渡った魯の声伯（子叔嬰斉）が何者かに瓊瑰（珠玉）を食べさせられ、その涙が珠玉になり懐に満ちた夢。宗空篇に既出（一九六頁）。○従公伐鄭至於貍脤之地……鄢陵の戦い（成公十五年）の後、魯成公らによる鄭への攻撃が始まると声伯は従軍し、帰国時には貍脤へ立ち寄った。「冬、公、会単子、晋侯、宋公、衛侯、曹伯、斉人、邾人伐鄭」、「公孫嬰斉卒于貍脤」（『左伝』成公十七年）「貍脤、魯地也」（孔穎達疏）○今過三年衆繁而従余矣、無傷也……三年という時間の経過と臣下の増加によって、声伯が凶夢への警戒を解いたことを言う。このことは、他者からの「吉の集中」や他者への「凶の分散」という観念があったことを示唆する(9)。例えば「献吉夢于王、王拝而受之」（『周礼』春官・占夢）は、他者の吉夢を王のもとに集める王へのことほぎのようなものだと考えられる。○戒数占夢……占夢に限らず、占断ではむやみに占うことはしないとされた。「卜不習吉（卜法では前回の吉に重ねて再度卜することはできない）。」（『書経』虞書・大禹謨）、「卜筮不相襲也（卜筮は互いに重ねて行わない）。」（『礼記』表記）

【原文】

本文　寐中撼寎而夢未終者不占、

注　撼者人擾之使覚也、寎皮命切、驚病也、故夢景不終、①

【校異】

①万暦本、嘉慶本同じ。道光本「夢因之不能終也」。

【書き下し文】

本文　寐中《びちゅう》に撼《うご》かされ寎《おび》えて夢未だ終わらざる者は占わず。

注　撼は人の之を擾《みだ》して覚ましむるなり。寎は皮命の切。驚病なり。故に夢景終わらざるなり。

【現代語訳】

睡眠中に揺さぶられたり、精神不安による発作が起きて目を覚ましたために完結しなかった夢は占わない。

【語注】

○撼……揺り動かすこと。「揻」に通ずる。「揻、揺也。」(『説文解字』)また、「揻者、人擾之使覚也」の「擾」は外的な刺激によって夢見の状態を中断されることを指す。○寎……「驚病(驚風)」は精神不安や痙攣などの症状を引き起こす神経性疾患。⑩病理的原因に由来する「恍惚寝寐不安」「令人寐即驚恐憂恚」(『太平聖恵方』巻二十)などの睡眠障害によって夢が中断される場合を想定するものと考えられる。単に悪夢を見て目を覚ますのは「驚魘《きょうえん》」。

【原文】

本文 夢有終始、而覚佚其半者不占、

注 夢畢而覚、或忘其始、或忘其終、非全夢也、

【書き下し文】

本文 夢に終始有るも、而るに覚めて其の半ばを佚する者は占わず。

注 夢畢りて覚むるに、或いは其の始めを忘れ、或いは其の終わりを忘るるは、全き夢に非ざるなり。

【現代語訳】

夢自体は終始完結していても、目覚めてその半分を忘れてしまった夢は占わない。

【原文】

本文 占夢之人、昧厥本原者不験、

注 夢有本原、能通乎本原①、則天地人物与己一也、

【校異】

①万暦本、嘉慶本同じ。道光本「能通本原」。

【書き下し文】

本文 占夢の人、厥《そ》の本原に昧き者は験せず。

注 夢に本原有り。能く本原に通ずれば、則ち天地人物と己とは一なり。

【現代語訳】

夢を占う側の人間が占夢の原理に暗ければ的中しない。

【語注】

○夢有本原、能通乎本原、則天地人物与己一也……『夢占逸旨』は「真宰（万物創造の根源）」から宇宙生成論と夢の生成理論を説く（真宰篇を参照）。「夢有本原」とは、「真宰」から生じた陰陽二気を受ける天地人はもちろん、それらが見る夢も本源的な妙理を含むことを言うのであろう（『夢占逸旨』では天地も夢見る主体と考える）。そうした夢の「本原」に通じるということは、自身の気と天地万物の気との間に融和・循環の関係が成立することを意味する。「天地人物与己一」は、理念としての一体感を表す宋儒の言葉とも似る。「大而化之、只是謂理与己一。」（『二程集』「河南程氏遺書」巻十五）、「告顔子以克己復礼、克去己私以復於礼、自然都是這意思。……此意思纔無私意間隔、便自見得人与己一、物与己一、公道自流行。」（『朱子語類』巻六）

【原文】

本文 術業不専者不験、

注 占夢之術、必専習乃験、

【書き下し文】

本文 術業の専らならざる者は験せず。

注 占夢の術は、必ず専習すれば乃ち験す。

【現代語訳】

占夢の技術に専念しない者は的中しない。

【語注】

○術業不専者……ここでの「専」は、占法を占夢に限定するという意味ではなく、占夢の専門的知識や技術を持つことを言うと考えられる。伝世文献に見える占夢者の身分は、占夢専門者・非専門者・他の占いとの兼習者など多様である。また、具体的な占夢の過程では、象徴解釈・類推解釈・文字解釈などのほか、[11]周易理論を併用するものも見られる。本節の要点は、専門的身分の有無というよりも、より総合的かつ専門的な技術を駆使できる能力の有無にあると言える。

【原文】

本文　精誠未至者不験、

注　精誠①不通乎鬼神、不可占夢、

【校異】

①万暦本、嘉慶本同じ。道光本「不通鬼神」。

【書き下し文】

本文　精誠　未だ至らざる者は験せず。

注　精誠　鬼神に通ぜざれば、占夢するべからず。

【現代語訳】

純真で精一な真心が鬼神に通じるレベルに至らない者は的中しない。

【語注】

○精誠……真心、誠意。王符は「唯其時有精誠之所感薄、神霊之所告者、乃有占爾」（『潜夫論』夢列）とし、混じりけのない真心で感受した夢は占う意義があるとしている。中でも孔子が見たという周公の夢については、周公への精一な思いから見た夢と解釈されている。「孔子生於乱世、日思周公之徳、夜即夢之。此謂意精之夢也。」（『潜夫論』夢列）程伊川による「聖人存誠処也」（『二程集』「河南程子遺書」巻十八）との解釈も同様。(12) ○精誠不通乎鬼神……「鬼神」の含意には複数ある。(13) 五不験は夢の吉凶を正確に汲み取ることを目的とする。そのため、ここでの「鬼神」は、精誠を通して初めて知りうる総体的な変化そのものを指すと思われる。「与鬼神合其吉凶」（『易経』乾・文言伝）のように、千変万化の働きを伴う神霊のことを言うのであろう。(14) 本節は、鬼神の意向を通達する卜筮と同様の性格を占夢にも見出し、当人の誠心次第で吉凶禍福の変転を感受できることを強調している。「卜筮通鬼神之意。」（『書経』虞書・大禹謨「鬼神其依、亀筮協従」孔穎達疏）

【原文】

本文 ①削遠為近、揉大為小者、不験、

注 ②漢書芸文志曰、*弁凶阨之患、吉隆之喜、此聖人知命之術也、道之乱也、患出於小人強知天道、壊大以為小、削遠以為近、是③以道術破裂而難知也、

【校異】

①万暦本、道光本同じ。嘉慶本「削遠為近小者」。

②万暦本、嘉慶本同じ。道光本「漢芸文志」。
③万暦本、嘉慶本同じ。道光本「故」。
＊万暦本、嘉慶本同じ。道光本に「曰」字なし。

【書き下し文】

本文 遠きを削りて近しと為し、大なるを揉《た》めて小なりと為す者は、験せず。

注 『漢書』芸文志に曰く、「凶阨《きょうやく》の患、吉隆の喜を弁ずるは、此れ聖人の知命の術なり。道の乱るるや、患は小人強いて天道を知らんとし、大なるを壊して以て小なりと為し、遠きを削りて以て近しと為すに出づ。是を以て道術破裂して知り難きなり」と。⑮

【現代語訳】

本文 深遠なものを削って浅近なものとし、広大なものを歪曲して狭小なものとする者は的中しない。

注 （陳士元の論説と関わるため、以下訳出）『漢書』芸文志には次のようにある。「凶厄の憂患や吉祥の喜びを識別するのは、聖人が天命を知る術である。ところが治道が乱れると、小人が無理に天道（自然の法則）を知ろうとして、広大なものを狭小なものに、深遠なものを浅近なものにするという弊害が現れた。こうして道術（天道を知る手だて。またはそのための道徳学問）は打ち砕かれて、知ることが難しくなってしまった。」

【語注】

○揉……曲げてたわめること。○此聖人知命之術也……天地から享受する天性や天命を見極める術が聖人にあること。「易与天地準、故能弥綸天地之道。仰以観於天文、俯以察於地理、是故知幽明之故。……知周乎万物而道済天下、故不過。旁行而不流、楽天知命、故不憂。」（『易経』繫辞伝上）「是自知性命、順天道之常数、知性命之始終、任自然之理、故不憂也。」（孔穎達疏）○患出於小人強知天道……小人が無理に天道を知ろうとして混乱を招くこと。「小人蓋指張寿王之徒、見律暦志。」（顧実『漢書芸文志講疏』[16]）「天道」は天の運行、転じて天の道理。「天道遠、人道近。」（『左伝』昭公十八年）、「孔子論六経、紀異而説不書。至天道命不伝。」（『史記』天官書）○道術……天道を知るための手だて。[17]

【原文】

本文　依違両端者不験、

注　如【幡】①綽占禄山怪夢之類、柳氏旧聞②曰＊、安禄山叛、黄幡綽陥在賊中、【禄】③山夢衣袖長至階下、幡綽曰、当垂衣而治、禄山又夢殿中窓槅倒立④、幡綽曰、革故従新、後禄山敗、玄宗自蜀帰詰問幡綽、幡綽曰、臣昔占夢必知其不可也、玄宗曰、何以知之、対曰、衣袖長者、出手不得也、窓槅倒者、胡不得也、玄宗笑而赦之、

【校異】

①嘉靖本、万暦本「繙」。嘉慶本、道光本「幡」。ここでは『次柳氏旧聞』に従い「幡」に改めた。

②万暦本、嘉慶本同じ。道光本「白」。

③嘉靖本、万暦本「緑」。嘉慶本、道光本「禄」。ここでは『次柳氏旧聞』に従い「禄」に改めた。

④万暦本、嘉慶本同じ。道光本「倒文」。

＊万暦本、嘉慶本同じ。道光本に「曰」字なし。

【書き下し文】

本文　依違して端を両《わか》つ者は験せず。

注

幡綽《はんしやく》 禄山の怪夢を占うが如きの類。『柳氏旧聞』に曰く、「安禄山叛《そむ》き、黄幡綽 陥りて賊中に在り。禄山 衣袖の長く階下に至るを夢む。幡綽曰く、『当に衣を垂れて治むべし』と。禄山 又た殿中にて窓槅《そうかく》倒立するを夢む。幡綽曰く、『故《ふる》きを革《あらた》め新しきに従う』と。後に禄山敗れ、玄宗 蜀より帰りて幡綽に詰問す。幡綽曰く、『臣 昔占夢し必ず其の不可なるを知るなり』と。玄宗曰く、『何を以てか之を知る』と。対えて曰く、『衣袖の長きは、手を出ださんとするも得ざるなり。窓槅倒るるは、胡《のり》せんとするも得ざるなり』と。玄宗笑いて之を赦す」と。(18)

【現代語訳】

曖昧な態度をとり、二心を持つ者は的中しない。

【語注】

○依違……曖昧な態度を取ること。「孔子之言、解情而無依違之意。」（『論衡』問孔）○両端……ふたごころを持つ。この「両端」でも本文の文意は通るが、例えば『論衡』答佞篇には「佞人依違匿端」、『韓非子』二柄篇には「君見悪、則群臣匿端。君見好、則群臣誣能」とある。「匿端」は糸口を隠すの意。○如幡綽占禄山怪夢之類……黄幡綽（生卒年不明）は唐の玄宗に仕えた宮廷音楽家。事跡は『因話録』『楽府雑録』に見える。謀叛を起こした安禄山に捕らえられるも、禄山の夢を都合の良いように解釈して保身を図った。○柳氏旧聞……李徳裕撰『次柳氏旧聞』のこと。撰者が伝聞した玄宗時の宦官高力士《こうりきし》による宮中の回想録を収める。○窓槅……「槅子」「亮槅」とも。上半分が格子状になったスタンド式の窓。扉に似たしきり。「軒轅作帷帳、禹作屏、伊尹作亮槅、周公作簾。」（『広博物志』巻三十九）○胡……『蟫精雋』が引く『次柳氏旧聞』には「糊」とある。「胡」には「糊」の意味もある。「胡粉、胡、餬（「糊」と通用）也。」（『釈名』）倒れた窓は貼り付けられないこと（糊不得）と、胡人の安禄山に天下は取れないこと（胡不得）を兼ねた表現か。

【原文】

本文 故必有大覚、而後能占乎大夢、

注 荘子曰、[*]方其夢也、不知其夢也、夢之中又占其夢焉、覚而後知其夢也、且有大覚而後知此大夢也、[①]而愚者自以為覚、窃窃然知之固哉、

【校異】

①万暦本、嘉慶本同じ。道光本「愚者自以為覚」。

*万暦本、嘉慶本同じ。道光本に「曰」字なし。

【書き下し文】

本文 故に必ず大覚有り、而して後に能く大夢を占う。

注 『荘子』に曰く、「其の夢むるに方《あた》りて、其の夢なるを知らざるなり。夢の中に又た其の夢を占い、覚めて後に其の夢なるを知るなり。且つ大覚有りて後に此の大夢なるを知るなり。而るに愚者は自《みずか》ら以て覚めたりと為し、窃窃然として之を知るは固《こ》なるかな」と。(19)

【現代語訳】

だから、〔五不験に抵触しない〕真の目覚めた状態があって、その後に〔五不占に抵触しない〕占うに足る良き夢を占うことができる。

【語注】

○故必有大覚、而後能占乎大夢～且有大覚而後知此大夢也……『荘子』では生死の問題を覚夢になぞらえて説く。『荘子』において、「大覚（真のめざめ）」があって初めてわかる「大夢」とは、大いなる夢としての人生である。(20) 本節は、五不占と五不験を受けた文脈であることから、ここでの「大覚」は夢の本原に精通した悟道の状態を言い、「大夢」は占夢の対象たりうる適切な夢を言うと考えられる。○窃窃然……知ったふりをするさま。

【原文】

本文　不然、則覚亦夢也、

注　顔回問仲尼曰①、孟孫才其母死、居喪不哀、以善喪蓋魯国、回怪之、仲尼曰、吾特与汝其夢未始覚者邪②、且汝夢為鳥而厲乎天、夢為魚而没於淵、不識③、今之言者、其覚者乎、其夢者乎、

【列子曰】④、古莽之国、其民多眠五旬一覚、以夢中所為者実、覚之所見者妄⑤、中央之国、其民一寐一覚、以覚之⑥所為者実、夢之⑦所見者妄、阜落之国、其民常覚而不眠、周之尹氏⑧産、其下有役夫、夜夢為国君、其楽無比、而尹氏則夜夢為人僕趨走、杖撻無不至、尹氏友人曰、苦逸之復数之常也、若欲覚夢兼之、豈可得邪⑨、列子曰*、欲弁覚夢、惟黄帝、孔丘⑩、今無黄帝、孔丘⑪、孰弁之哉、

【校異】

①万暦本、嘉慶本同じ。道光本「問於仲尼」。
②万暦本、嘉慶本同じ。道光本「者衍邪」。
③万暦本、嘉慶本同じ。道光本「知」。

④嘉靖本、万暦本「荘子曰」、嘉慶本「列子曰」、道光本「荘子」。ここでは嘉慶本に従い「列子曰」に改めた。
⑤⑥万暦本、嘉慶本同じ。道光本「覚」。
⑦万暦本、嘉慶本同じ。道光本「夢」。
⑧万暦本同じ。嘉慶本「周之尹氏大治」、道光本「周尹氏産」。
⑨万暦本、嘉慶本同じ。道光本「耶」。
⑩万暦本、嘉慶本同じ。道光本は、この部分が字潰れとなっている。
⑪万暦本、嘉慶本同じ。道光本「子」。
*万暦本、嘉慶本同じ。道光本に「曰」字なし。

【書き下し文】

本文　然らずんば、則ち覚も亦た夢なり。

注　顔回　仲尼に問いて曰く、「孟孫才は其の母死するも、喪に居りて哀しまず。善く喪するを以て魯国を蓋う。回之を怪しむ」と。仲尼曰く、「吾は特《すなわ》ち汝と其の夢の未だ始めより覚めざる者か。且つ汝は夢に鳥と為りて天に厲《いた》り、夢に魚と為りて淵に没す。識らず、今の言う者は、其れ覚めたる者か、其れ夢むる者か(21)」と。『列子』に曰く、「古莽《こもう》の国、其の民多く眠り五旬にして一たび覚む。以《おも》えらく夢中の為す所の者は実にして、覚めて之れ見る所の者は妄なりと。中央の国、其の民一たび寐《ねむ》り一たび覚む。以えらく覚めて之れ為す所の者は実にして、夢に之れ見る所の者は妄なりと。阜落《ふらく》の国、其の民常に覚めて眠らず(22)。周の尹氏産あり。其の下に役夫有り。夜は夢に国君と為り、其の楽しみ比《たぐい》無し。而るに尹氏は則ち夜は夢に人僕と為りて趨走し、杖《じょう》撻《たつ》至らざる無し。尹氏の友人曰く、『苦逸の復するは数の常なり。若《なんじ》覚むるときも夢むるときも之を兼ねんと

欲すれば、豈に得べけんや』」と。(23)
『列子』に曰く、「夢覚を弁ぜんと欲するも、惟《た》だ黄帝・孔丘のみ。今や黄帝・孔丘無し。孰《たれ》か之を弁ぜんや」と。(24)

【現代語訳】

そうでなければ（大覚でもって大夢を占うことができなければ）、目が覚めていてもそれはまだ夢のように曖昧なままなのだ。

【語注】

○不然、則覚亦夢也……ここでは道家文献のような現実と夢との境界の不確かさについて述べるのではなく、目を覚ましている状態（覚）でも、それは「大覚」の域に及ばない、夢のように朦朧とした状態（夢）にあることを言う。(25) 輔広の言う「情性治まらず」「昏惑瞀乱」と同義。○吾特与汝其夢未始覚者邪～不識、知今之言者、其覚者乎、其夢者乎……母の喪中にありながら哀惜の情を見せない孟孫才を訝しく思う顔回に対し、孔子は生死や夢覚といった相対的価値観を超えた境地を披瀝する。「今話しているお前も、一体覚めた状態なのか、夢を見ている状態なのかわかったものではない」というのはその一環。○苦逸之復数之常也、若欲覚夢兼之、豈可得邪……苦楽とは、「昼は主人、夜は下僕」のように交互に往来するのが道理であり、昼夜ともに逸楽を享受することはできないということ。○欲弁覚夢、惟黄帝、孔丘……獲物の所有権を争う者たち（本篇注（24）参照）とは異なり、黄帝と孔子だけは夢覚の交錯する世界に翻弄されずに真実を見極められることを言う。「聖人之弁覚夢何邪。直知其不異耳。」（『列子』周穆王「欲弁覚夢、唯黄帝、孔丘」張湛注）

【原文】

本文　大覚者、剖宗、領竅、襲窾、重垠、

注　淮南子曰、*黄帝剖判大①宗、竅領天地、襲九窾、重九垠、枝解②葉貫万物百族、使各有経紀条位、

【校異】

①万暦本、嘉慶本同じ。道光本「太」。

②万暦本、嘉慶本同じ。道光本「鮮」。

*万暦本、嘉慶本同じ。道光本に「曰」字なし。

【書き下し文】

本文　大覚者とは、宗を剖《わか》ち、領竅《りょうきょう》し、窾《かん》を襲《かさ》ね、垠《ぎん》を重ぬるなり。

注　『淮南子』に曰く、「黄帝は大宗を剖判《ぼうはん》し、天地を竅領し、九窾を襲《かさ》ね、九垠を重ね、万物百族を枝解葉貫し、各おのをして経紀条位有らしむ」と。(26)

【現代語訳】

大覚者とは、大本を分かち、天地をまるごと治め、九天を積み重ね、九地を重ねる。

【語注】

○領竅……全体を治めること。「竅、通也。領、理也。」（『淮南子』俶真訓「竅領天地」高誘注）○襲窾、重垠……万物が存在する基盤となる天地の形状を作り上げること。「襲」は重ねる。「襲、因也。窾、法也。垠、形也。言因九天九地之形法以通理也。」（『淮南子』俶真訓「襲九窾、重九垠」高誘注(27)）○枝解葉貫万物百族、使各有経紀条位……『淮南子』では、太古の時代より下った神農

と黄帝の治世を、これまで芒昧な状態だった天地万物の別を明らかにし、秩序立てた時代としている。

【原文】

本文　奚啻弔詭、審測云哉、

注　荘子曰、*長梧子謂瞿鵲子曰、丘①也、与汝皆夢也、予謂汝②【夢③】亦夢也、是其言也、其名為弔詭、晋書曰、*索紞善占夢、太守陰澹従求占書、紞曰、昔入太④学、因一老父為主人。其人無所不知、又匿姓名、有似隠⑤者、紞従父老問占夢之術、審測而説、実無書也、

【校異】

①万暦本、嘉慶本同じ。道光本「某」。
②万暦本、嘉慶本同じ。道光本「女」。
③嘉靖本、万暦本、嘉慶本、道光本ともに「覚」。ここでは『荘子』に従い「夢」に改めた。
④万暦本、嘉慶本同じ。道光本「大」。
⑤万暦本、嘉慶本同じ。道光本は「隠」「者」の間が空格。
*万暦本、嘉慶本同じ。道光本に「曰」字なし。

【書き下し文】

本文　奚《なん》ぞ啻《た》だ弔詭《てきき》・審測と云うのみならんや。

注　『荘子』に曰く、「長梧子《ちょうごし》 瞿鵲子《くじゃくし》に謂いて曰く、『丘《きゅう》や、汝と与に皆夢むるなり。予の汝を夢むると謂うも亦

た夢なり。是れ其の言や、其れ名づけて弔詭と為す』」と。(28)

『晋書』に曰く、「索紞《さくたん》占夢を善くす。太守陰澹《いんたん》従いて占書を求む。紞曰く、『昔太学に入り、一老父に因りて主人と為せり。其の人知らざる所無く、又た姓名を匿《かく》し、隠者に似ること有り。紞父老に従いて占夢の術を問うも、審《つまび》らかに測りて説き、実《まこと》に書無きなり』」と。(29)

【現代語訳】

どうして「きわめて奇妙な話」「つまびらかに推しはかった説明」という言い方しかできないものか。

【語注】

○奚啻弔詭審測云哉……「弔詭」は極めて風変わりなこと。「弔」は至極。「音的。至也。」（『経典釈文』荘子・斉物論「弔詭」）「詭」は怪異のこと。陳士元にとって、不可解で曖昧な印象が拭えない「弔詭」「審測」は、占夢を語る上で十分な言葉ではなかったと考えられる。『夢占逸旨』において、占夢は充実した知識や技術、そして直覚的な明断さを備えるべきものと考えられていたようである。「大覚」は、占夢におけるそうした理想を凝縮した言葉であろう。○長梧子・瞿鵲子……ともに架空の人物で、長梧子は道の体得者、瞿鵲子は孔子の門弟とされる。『荘子』では、長梧子が瞿鵲子の質問を受けて聖人や生死観をめぐる「妄言」を展開する。○予謂汝夢亦夢也……『荘子』では万物斉同の観点から夢覚の対立を超えようとする。「これは夢だから〔現実と違って荒唐無稽だ〕」と言っても、現実だと思い夢を語っているこの時こそ夢かもしれない。夢か現実かによって是非を問うことの愚かさを語る一節。「即復夢中之占夢也。」（『荘子』斉物論「予謂女夢、亦夢也」郭象注）○索紞……字は叔徹。敦煌の人。儒学のほか陰陽天文にも明るく、占術に長けていたと言われる。(30)『晋書』の伝記には索紞が優れた占夢者であることを示す複数の逸話が見える。○実無書也……陰澹と索紞の会話から、占夢には占夢書の使用が当然とされていたことがわかる。(31)一方で、索紞のように書物によらない占夢も行われていたことは興味深い。索紞の占夢法は、陰陽五行説・易論・象徴解釈や析字法を駆使するものであり、広範な知識なしには成立しない「総合的占夢」とも言える体系を持っていたと言える。

古法篇第八・訳者注

（1）宗空篇の注（54）を参照。

（2）身分や品性によって夢も異なるという観念は、『潜夫論』夢列篇の「人夢」に近い。「貴人夢之即為祥、賤人夢之即為妖、君子夢之即為栄、小人夢之即為辱。此謂人位之夢也。」（『潜夫論』夢列）特に「帝王」「聖賢」の夢についての記録は伝世文献にも豊富に見えるが、紙幅の都合上割愛する。

（3）「〔屠岸〕賈不請而擅与諸将攻趙氏於下宮、殺趙朔、趙同、趙括、趙嬰斉、皆滅其族。」（『史記』趙世家）、「〔景公〕十七年、誅趙同、趙括、族滅之。」（『史記』晋世家）、「晋趙荘姫為趙嬰之亡故、譖之于晋侯曰、原屏将為乱、欒郤為徴。六月晋討趙同、趙括、武従姫氏畜于公宮。」（『左伝』成公八年）

（4）京兆人董豊游学三年而返、過宿妻家。是夜妻為賊所殺、妻兄疑豊殺之、送豊有司。豊不堪楚掠、誣引殺妻。融（符融）察而疑之問曰、汝行往還、頗有怪異及卜筮以不。豊曰、初将発、夜夢乗馬南渡水、返而北渡、復自北而南、馬停水中、鞭策不去。俯而視之、見両日在於水下、馬左白而湿、右黒而燥。寤而心悸、窃以為不祥。還之夜、復夢如初。問之筮者、筮者云、憂獄訟、遠三枕、避三沐。既至、妻為具沐、夜授豊枕。豊記筮者之言、皆不従之。妻乃自沐、枕枕而寝。融曰、吾知之矣。周易坎為水、馬為離、夢乗馬南渡、旋北而南者、従坎之離。三爻同変、変而成離。離為中女、坎為中男。両日、二夫之象。坎為執法吏。吏詰其夫、婦人被流血而死。坎二陰一陽、離二陽一陰、相承易位。離下坎上、既済、文王遇之囚牖里、有礼而生、無礼而死。馬左而湿、湿、水也、左水右馬、馮字也。両日、昌字也。其馮昌殺之乎。於是推検、獲昌而詰之、昌具首服曰、本与其妻謀殺董豊、期以新沐枕枕為験、是以誤中婦人。（『晋書』符融伝）夢から犯人を特定した符融（？～三八六）は、前秦の第三代皇帝符堅の季弟。符堅からの信用も厚く裁判に優れていた。

（5）詳占夢之意、先王致察於天人之際、可謂密矣。惜乎、古法不伝也。後世之人、情性不治。昼之所為猶且昏惑瞀乱不自知覚、則其見於夢寐者、率多紛紜乖戻、未必与天地之気相流通。縦有徴兆之可験者、亦須遅廻隠約、必待既験、而後可知。古法若存、未必能尽占也。(『詩童子問』)

(6)「或曰、夢之有占何也。曰、人之精神与天地陰陽流通。故昼之所為、夜之所夢、其善悪吉凶、各以類至。是以先王建官設属、使之観天地之会、弁陰陽之気、以日月星辰占六夢之吉凶。献吉夢、贈悪夢。其於天人相与之際、察之詳而敬之至矣。」(朱熹『詩集伝』小雅・斯干)、「天人同流宜相応而不相遠、先王于天象必立法、以観妖祥、弁吉凶、所以和同天人之際、而使之無間、此眡祲之官所由設也。」(王昭禹『周礼詳解』巻二十二)

(7)夜夢最可験学。其夢也邪、昼有邪想也、其夢也漫、昼有漫想也。(『六書精蘊』巻五)

(8)「初、声伯夢渉洹、或与己瓊瑰食之。泣而為瓊瑰、盈其懐、従而歌之曰、済洹之水、贈我以瓊瑰、帰乎帰乎、瓊瑰盈吾懐乎。懼不敢占也。還自鄭、壬申、至于貍脤而占之曰、余恐死、故不敢占也。今衆繁而従余三年矣。無傷也。言之之莫而卒。」(『左伝』成公十七年)「伝戒数占夢。」(杜預注)

(9)「正義曰、声伯之意、以初得此夢謂凶在己懼不敢占。今衆既繁多而従余三年。余之此夢凶災散在衆人、不在己也。故云無傷。」(『左伝』成公十七年「懼不敢占也」孔穎達疏) また、声伯の言う「余恐死、故不敢占也」は、夢を黙秘することで凶兆の発動を抑制しようとする態度があった可能性も示している。凶夢の黙秘を勧める記述は敦煌解夢書群にも見える。「凡人夜得噩夢、早起且莫向人説。」(S. 3908「新集周公解夢書」)

(10)風驚の場合、心臓の気血不足によるバランスの乱れに乗じて風邪《ふうじゃ》が体内に侵入することで発作的な症状が現れる。「夫風驚者、由体虚、心気不足、為風邪所乗也。心臓神而主血脈、心気不足則血虚。虚則血気乱、血乱則気幷於血、気血相幷、又被風邪所乗、故多驚、心神不安、名曰風驚也。」(『太平聖恵方』巻二十)『太平聖恵方』は宋の王懐隠らが編纂した医書で、臨床の立場から症例や処方について記す。全百巻。

(11)湯浅邦弘「中国古代の夢と占夢」(『島根大学教育学部紀要 人文・社会科学』二十二―二、一九八八年)

(12)『夢占逸旨』の言う「精誠」については、程伊川が示すような道学の体系における「誠」との関連にも留意すべきであろう。宋代における「誠」は、五徳の基盤としての根本的徳目という特徴が明確であった(藤井倫明「宋学における「聖」と「誠」――自然性への志向――」注十七、『中国哲学論集』二十三、一九九七年)。中でも『中庸』の「誠」は、天地鬼神と人とを貫通する根本原理（道）として理解されており、これは『夢占逸旨』の世界観にも通じると考えられる。

(13) 死者（祖先）の霊魂（「季路問事鬼神。」『論語』先進）、陰陽二気による造化の理（「鬼神者造化之跡也。」『周易程氏伝』第一、「鬼神者、二気之良能也。」張載『正蒙』太和）など。

(14) 問、謙彖云云。鬼神是造化之跡、既言天地之道、又言鬼神、何邪。曰、天道是就寒暑往来上説、地道是就地形高下上説、鬼神是就禍福上説、各自主一事而言耳。（『朱子語類』巻七十）

(15) 暦譜者、序四時之位、正分至之節、会日月五星之辰、以考寒暑殺生之実。故聖王必正暦数、以定三統服色之制、又以探知五星日月之会。凶阨之患、吉隆之喜、其術皆出焉。此聖人知命之術也、非天下之至材、其孰与焉。道之乱也、患出於小人而強欲知天道者、壊大以為小、削遠以為近、是以道術破砕而難知也。（『漢書』芸文志）

(16) 漢の武帝時（太初元年）の改暦をめぐり、張寿王が新暦（太初暦）反対の立場から妄説を振るったこと。「元鳳三年、太史令張寿王上書言、暦者天地之大紀、上帝所為。伝黄帝調律暦、漢元年以来用之。今陰陽不調、宜更暦之過也。……案漢元年不用黄帝調暦、寿王非漢暦、逆天道、非所宜言、大不敬。」（『漢書』律暦志）

(17) 天道全体、至遠至大、得其一端者為方術、得其全体者為道術。壊大為小、制遠為近、皆方術之所為。今之星命家、皆所謂小人而強欲知天道者。（姚明煇『漢書芸文志注解』）

(18) 「安禄山之叛也、玄宗忽遽播遷於蜀、百官与諸司多不知之。有陥在賊中者、為禄山所脅従、而黄幡綽同在其数、幡綽亦得出入左右。及収復、賊党就擒。幡綽被拘至行在、上素憐其敏捷釈之。有於上前曰、黄幡綽在賊中、与大逆円夢、皆準其情、而忘陛下積年之恩寵。禄山夢見衣袖長忽至階下、幡綽曰、当垂衣而治之。禄山夢見殿中槅子倒、幡綽曰、革故従新、推之多此類也。幡綽曰、臣実不知陛下大駕蒙塵赴蜀、既陥賊中、寧不苟悦其心、以脱一時之命。今日得再見天顔、以与大逆円夢、必知其不可也。上曰、何以知之。対曰、逆賊夢衣袖長者、是出手不得也。又夢槅子倒者、是胡不得也。以此臣故先知之。上大笑而止。（『次柳氏旧聞』）

(19) 方其夢也、不知其夢也。夢之中又占其夢焉、覚而後知其夢也。且有大覚而後知此其大夢也。而愚者自以為覚、窃窃然知之。君乎、牧乎、固哉。（『荘子』斉物論）

(20)「大覚」の語は『首楞厳経』にも「空生大覚中」と見えており、これは宋代士大夫の間でも関心の対象となっていたようである。「渠雖説空、又要和空皆無、如曰空生大覚中之類。」(『朱子語類』巻百二十六)「空生大覚中」とは、空《くう》が衆生の持つ仏性の中に生まれることを言う。また、林希逸も禅宗の用語を援用して「大覚」を解釈しており、当時において「大覚」の語が複合的な解釈を通じて理解されていたことがわかる。「夢覚之間、変幻如此。方其夢也、不知為夢、又於夢中自占其夢、既覚而後乃知所夢所占皆夢也。此等処皆曲尽人情之妙。……大覚、見道者也、禅家所謂大悟也。」(林希逸『荘子鬳斎口義』)

(21) 顔回問仲尼曰、孟孫才、其母死、哭泣无涕、中心不戚、居喪不哀。无是三者、以善処喪蓋魯国。固有无其実而得其名者乎。回壱怪之。仲尼曰、夫孟孫氏尽之矣、進於知矣。唯簡之而不得、夫已有所簡矣。孟孫氏不知所以生、不知所以死。不知就先、不知就後。若化為物、以待其所不知之化已乎。且方将化、悪知不化哉。方将不化、悪知已化哉。吾特与汝、其夢未始覚者邪。且彼有駭形而无損心、有旦宅而无情死。孟孫氏特覚、人哭亦哭、是自其所以乃。且也相与吾之耳矣、庸詎知吾所謂吾之乎。且汝夢為鳥而厲乎天、夢為魚而没於淵。不識、今之言者、其覚者乎、其夢者乎。(『荘子』大宗師)

(22) 西極之南隅有国焉、不知境界之所接、名古莽之国。陰陽之気所不交、故寒暑亡弁。日月之光所不照、故昼夜亡弁。其民不食不衣而多眠、五旬一覚、以夢中所為者実、覚之所見者妄。四海之斉、謂中央之国、跨河南北、越岱東西、万有余里。其陰陽之審度、故一寒一暑。昏明之分察、故一昼一夜。其民有智有愚、万物滋殖、才芸多方。有君臣相臨、礼法相持。其所云為不可称計。一覚一寐、以為覚之所為者実、夢之所見者妄。東極之北隅有国曰阜落之国、其土気常燠。日月余光之照。其土不生嘉苗、其民食草根木実、不知火食、性剛悍、彊弱相藉、貴勝而不尚義、多馳歩、少休息、常覚而不眠。(『列子』周穆王)

(23) 周之尹氏大治産、其下趣役者、侵晨昏而弗息。有老役夫筋力竭矣、而使之彌勤。昼則呻呼而即事、夜則昏憊而熟寐。精神荒散、昔昔夢為国君。居人民之上、総一国之事。遊燕宮観、恣意所欲、其楽無比。覚則復役。人有慰喩其懃者、役夫曰、人生百年、昼夜各分。吾昼為僕虜、苦則苦矣。夜為人君、其楽無比。何所怨哉。尹氏心営世事、慮鍾家業、心形倶疲、夜亦昏憊而寐。昔昔夢為人僕、趨走作役、無不為也。数罵杖撻、無不至也。眠中啽囈呻呼、徹旦息焉。尹氏病之、以訪其友。友曰、若位足栄身、資財有余、勝人遠矣。夜夢為僕。苦逸之復、数之常也。若欲覚夢兼之、豈可得邪。尹氏聞其友言、寛其役夫之程、減己思慮之事、疾並少間。(『列子』周穆王)

（24）鄭人有薪於野者、遇駭鹿、御而撃之、斃之。恐人見之也、遽而蔵諸隍中、覆之以蕉。不勝其喜。俄而遺其所蔵之処、遂以為夢焉。順塗而詠其事、傍人有聞者、用其言而取之。既帰、告其室人曰、向薪者夢得鹿而不知其処。吾今得之、彼直真夢矣。室人曰、若将是夢見薪者之得鹿耶。詎有薪者邪。今真得鹿、是若之夢真邪。夫曰、吾拠得鹿、何用知彼夢我夢邪。薪者之帰、不厭失鹿、其夜真夢蔵之之処、又夢得之之主。爽旦、案所夢而尋得之。遂訟而争之、帰之士師。士師曰、若初真得鹿、妄謂之夢。真夢得鹿、妄謂之実。彼真取若鹿、而与若争鹿。室人又謂夢仞人鹿、無人得鹿。今拠有此鹿、請二分之。以聞鄭君。鄭君曰、嘻。士師将復夢分人鹿乎。訪之国相。国相曰、夢与不夢、臣所不能弁也。欲弁覚夢、唯黄帝、孔丘。今亡黄帝、孔丘、孰弁之哉。且恂士師之言可也。（『列子』周穆王）

（25）「大覚」から外れる者＝五不験に該当する者である。『夢占逸旨』において「覚」「夢」よりも高い次元に設定された「大覚」「大夢」は、天地との均衡を保ちながら行われるべき占夢を語る上で不可欠な概念であったと考えられる。

（26）及世之衰也、至伏羲氏、其道昧昧芒芒然、吟徳懐和、被施頗烈、而知乃始昧昧晽晽、皆欲離其童蒙之心、而覚視於天地之間、是故其徳煩而不能一。乃至神農黄帝、剖判太宗、竅領天地、襲九窾、重九垠、提挈陰陽、嫥捖剛柔、枝解葉貫、万物百族、使各有経紀条貫、於此万民睢睢盱盱然、莫不竦身而載聴視。（『淮南子』俶真訓）

（27）Richard Strassberg 氏は、「窾」を "principles of nature"、「重」を "devote attention"、「九垠」を "nine forms of things" とする（"Wandering Spirits: *Chen Shiyuan's Encyclopedia of Dreams*"/University Of California Press, Ldt. London, England 2008）。本訳注も Strassberg 氏と同様、「窾」と「垠」をそれぞれ理法的、物質的な意味で解釈するが、「重」に対する氏の解釈についてはやや疑問が残る。

（28）「瞿鵲子問乎長梧子曰、吾聞諸夫子、聖人不従事於務、不就利、不違害、不喜求、不縁道。無謂有謂、有謂無謂、而遊乎塵垢之外。夫子以為孟浪之言、而我以為妙道之行也。吾子以為奚若。長梧子曰、是黄帝之所聴熒也、而丘也何足以知之。且女亦大早計、見卵而求時夜、見弾而求鴞炙。予嘗為女妄言之、女以妄聴之。奚旁日月、挟宇宙。為其吻合、置其滑涽、以隷相尊。衆人役役、聖人愚芚、参万歳而一成純。万物尽然、而以是相蘊。……夢飲酒者、旦而哭泣。夢哭泣者、旦而田獵。方其夢也、不知其夢也。夢之中又占其夢焉、覚而後知其夢也。且有大覚而後知此其大夢也。而愚者自以為覚、窃窃然知之。君乎、

牧乎、固哉。丘也与女皆夢也。予謂女夢亦夢也。是其言也、其名為弔詭。」(『荘子』斉物論)

(29) 太守陰澹従求占書、紞曰、昔入太学、因一父老為主人、其人無所不知、又匿姓名、有似隠者。紞因従父老問占夢之術、審測而説、実無書也。(『晋書』索紞伝)

(30) 索紞、字叔徹、敦煌人也。少遊京師、受業太学、博綜経籍、遂為通儒。明陰陽天文、善術数占候。司徒辟、除郎中、知中国将乱、避世而帰。郷人従紞占問吉凶、門中如市、紞曰、攻乎異端、戒在害己。無為多事、多事多患。遂詭言虚説、無験乃止。惟以占夢為無悔吝、乃不逆問者。(『晋書』索紞伝)

(31) 『晏子春秋』には、占夢者が景公の夢を占うために占夢書を取りに行こうとして晏子に止められる場面がある。「景公病水、臥十数日、夜夢与二日闘不勝。晏子朝、公曰、夕者夢与二日闘、而寡人不勝、我其死乎。晏子対曰、請召占夢者。出于閨、使人以車迎占夢者。至曰、曷為見召。晏子曰、夜者、公夢二日与公闘不勝。公曰、寡人死乎。故請君占、是所為也。占夢者曰、請反具書。晏子曰、毋反書。公所病者陰也、日者陽也。一陰不勝二陽、故病将已。以是対。」(内篇雑下)

吉事篇第九

【原文】

本文　吉事有祥、占事知来、周礼、季冬聘王夢、

注　周礼占夢注曰*、聘問也、夢者事之祥、吉凶之占在日月星辰、季冬日窮於次、星廻①於天、数将幾終、於是発幣而聘問焉、若②休慶之云爾、

【校異】

①万暦本、嘉慶本同じ。道光本「星衍廻」。
②万暦本、嘉慶本同じ。道光本「若若」。
＊万暦本、嘉慶本同じ。道光本に「曰」字なし。

【書き下し文】

本文　吉事に祥有り。事を占い来を知る。『周礼』、季冬　王の夢を聘《と》う(1)。

注　『周礼』占夢注に曰く、「聘は問なり。夢は事の祥。吉凶の占は日月星辰に在り。季冬　日は次《じ》に窮まり、星は天に廻り、数は将に幾《ほと》んど終わらんとす。是に於いて幣を発して聘問す。之を休慶するが若く云爾」と(2)。

【現代語訳】

吉事には前兆がある。将来おこる出来事の前兆となる夢を占い、未来を知るのである。『周礼』には「季冬には、王の夢を問う」とある。

【語注】

○季冬聘王夢……陰暦十二月に王の夢について占問すること。「聘」については、「発幣而聘問焉、若休慶之云爾」の語注、および本篇注（3）を参照。○夢者事之祥……「祥」は、きざし、前兆。吉凶どちらについても言う。「禎祥是善、妖孽是悪、散文祥中可以兼悪。夢者有吉有悪。故云夢者事之祥也。」（『周礼』春官・占夢「季冬、聘王夢、献吉夢于王、王拝而受之」賈公彦疏）、「夢者事之祥。人之精爽先見者也。吉凶或有其験、聖王採而用之、我卜伐紂得吉、夢又戦勝。」（『書経』周書・泰誓中「朕夢協朕卜、襲于休祥、戎商必克」孔穎達疏）、「以吉凶先見者、皆曰祥。」（『礼記』中庸「必有禎祥」孔穎達疏）○吉凶之占在日月星辰……天体運行の観察により吉凶を占断すること。「占夢、掌其歳時、観天地之会、弁陰陽之気。以日月星辰占六夢之吉凶。」（『周礼』春官・占夢）○季冬日窮於次、星廻於天、数将幾終……「次」は天体のやどりを示す十二次。「次、宿也。」（『呂氏春秋』季冬「是月也、日窮於次」高誘注）「窮」は太陽が十二次を一巡して元の位置に戻ることを言う。「謂去年季冬日次於玄枵。従此以来、毎月移次他辰、至此月窮尽、還次玄枵、故云日窮于次。」（『礼記』月令「是日也日窮于次」孔穎達疏）「星廻於天」は、星が天の二十八宿を一巡して元の位置に戻ることを言う。このように、日月星辰が天を移動して昨年の季冬と同じ位置に戻ると、暦数が一巡したことになる。「数将幾終」は、暦数がまさに一巡し終える直前の状況を言う。「幾、近也。以去年季冬、至今年季冬三百五十四日、未満三百六十五日、未得正終、唯近於終。」（『礼記』月令「数将幾終」孔穎達疏）○発幣而聘問焉、若休慶之云爾……「発幣」は礼物を贈ること。鄭玄注では、「聘」を吉夢について問う意とする。王のために以前の吉夢を占問し、更に王へ群臣の吉夢を献上し、礼幣を贈りことほぐことを言う。季冬の月には、悪夢を駆逐する行事と併せて、吉夢を献じる行事も行われるとされた(3)。

【原文】

本文　乃献吉夢以帰美於王、王拝而受之、重其祥也、周書程寤、史記、文儆、武儆四篇皆誥夢之詞、

注　汲冢周書程寤篇曰*、太【姒】①夢見商之庭産棘、太子発植梓於闕、化為松柏棫柞、寐覚、以告文王、文王乃召太②子発、占之於明堂、王及太子発並拝吉夢、受商之大命③于皇天上帝、
④史記篇曰、維正月、王在成周、昧爽、召三公、左史戎夫曰、今夕⑤朕夢遂事、寤驚予、乃取遂事之要戒、俾戎夫言之、朔望以聞、
文儆篇曰*、維文王告夢、懼後祀之無保、庚辰、⑥詔太子発曰、汝敬之哉、民物多変、民何向非利、嗚呼、敬之哉、以詔有司、夙夜⑦勿忘、若民之嚮、
武儆篇曰*、⑧惟十有二祀四月、王告夢、丙辰、出金枝、郊宝、開和、細書、命詔周公【旦】⑨立後嗣、属小子誦文及宝典、王曰、嗚呼、敬之哉、以詔賓小子曰、允哉、汝夙夜勤、心之無窮、

【校異】

①嘉靖本、万暦本「似」。嘉慶本、道光本「姒」。ここでは『逸周書』に従い「姒」に改めた。
②万暦本、道光本同じ。嘉慶本「大」。
③万暦本、嘉慶本同じ。道光本「於」。
④万暦本、嘉慶本同じ。道光本「史記」。
⑤万暦本、道光本同じ。嘉慶本「朕寤遂事驚予」。
⑥万暦本、嘉慶本同じ。道光本「召」。
⑦万暦本、嘉慶本同じ。道光本「無」。

⑧万暦本、嘉慶本同じ。道光本「維」。
⑨嘉靖本、万暦本、道光本「日」。嘉慶本「旦」。ここでは『逸周書』に従い「旦」に改めた。
＊万暦本、嘉慶本同じ。道光本に「曰」字なし。

【書き下し文】

本文 乃ち吉夢を献じて以て美《さいわい》を王に帰し、王拝して之を受く。其の祥を重んずればなり。『周書』程寤《ていご》・史記《しき》・文《ぶん》儆《けい》・武儆《ぶけい》の四篇は皆夢を詁《つ》ぐるの詞なり。

注 『汲冢周書』程寤篇に曰く、「太姒《たいじ》 夢に商の庭 棘を産じ、太子発《たいしはつ》 梓を闕《けつ》に植え、化して松柏《しょうはく》 棫柞《きょくよく》と為るを見る。寐覚して、以て文王に告ぐ。文王乃ち太子発を召し、之を明堂に占う。王及び太子発並びに吉夢を拝し、商の大命を皇天上帝より受く」と。(4)

史記篇に曰く、「維れ正月、王 成周に在り。昧爽、三公・左史戎夫を召して曰く、『今夕 朕遂事《すいじ》を夢み、予を驚かすに寤す。乃ち遂事の要戒を取り、戎夫をして之を言わしめ、朔望に以て聞かん』」と。(5)

文儆篇に曰く、「維れ文王夢を告げ、後祀の保つこと無きを懼る。庚辰、太子発に詔して曰く、『汝 之を敬まんかな。民物多く変ずるに、民の何ぞ非利に向かわん。嗚呼、之を敬まんかな。以て有司に詔し、夙夜忘るること勿れ。民の嚮《む》かうところに若《したが》え』」と。(6)

武儆篇に曰く、「惟れ十有二祀四月、王 夢を告ぐ。丙辰、金枝・郊宝・開和を出して書を細《つづ》り、周公旦に命じ詔して後嗣を立てしむ。小子《しょうし》誦《しょう》に文及び宝典を属《しょく》す。王曰く、『嗚呼、之を敬まんかな』と。詔を以て小子に寘《しめ》して曰く、『允《まこと》なるかな。汝 夙夜勤め、心之れ窮《と》まること無かれ』」と。(7)

【現代語訳】

そこで〔群臣たちが〕吉夢を献じて、王に祝福を捧げ、王が拝してこれを受けるのは、その前兆を重んじるからである。『逸周書』の程寤篇・史記篇・文儆篇・武儆篇の四篇は、全て夢を告げる言葉の記録である。

【語注】

○献吉夢以帰美於王……「献吉夢于王、王拝而受之」（『周礼』春官・占夢）。「美」は、さいわい。「美、福慶也。」（『周礼』秋官・行夫「行夫、掌邦国伝遽之小事、媺悪而無礼者」鄭玄注）○周書……『逸周書』のこと。後にいわゆる汲冢書とみなされ、『汲冢周書』とも呼ばれる。○誥……上に立つ者が下の者に対して告げること。「告」に通じる。「后以施命誥四方。」（『易経』后）、「命、令、禧、畛、祈、請、謁、訊、誥、告也。」（『爾雅』釈詁）また『逸周書』に「維文王告夢」（文儆解）、「惟十有二祀四月王告夢」（武儆解）とある。○太姒夢見商之庭産棘……文王の妃である太姒の夢。商の朝廷内にいばらが生えた夢を言う。「庭」は朝廷、王庭。「廷」に通じる。「棘」は荊棘、いばら。「棘、小木叢生、多棘難長。」（朱熹『詩集伝』国風・凱風）商が天から見放され、王朝として存命できなくなったことを暗示するものと考えられる。○太子発植梓於闕、化為松柏棫柞……太子発（後の武王）が周の王庭に生えていた梓を朝廷の中央に植えると、それが松柏棫柞に変化したこと。「梓」は喬木の一種で、優れた人材や王者の象徴。「若作梓材、既勤樸斲、惟其塗丹雘。」（『書経』周書・梓材）「梓、木名、木之善者、治之宜精。」（孔穎達疏）、「梓為百王。」（陸佃『埤雅』）「闕」には宮殿としての意味もあるが、清華簡「程寤」等から朝廷敷地内の中央という意味に取る。(8)「松柏」は、長寿や厳しい境遇に耐える節操のあるさま、大人君子に譬えられる。「譬如松柏陵寒而鬱茂、由其内心貞和故也。」（『礼記』礼器「如松柏之有心也」孔穎達疏）「棫柞」はクヌギとタラノキ。一説では「棫」「柞」ともに同一の樹木（クヌギ）を指す。「棫即柞也。其材理全白、無赤心者白桵。」（陸機『毛詩草木鳥獣虫魚疏』巻上「柞棫抜矣」）新しい葉が生えてから古い葉が落ちる性質を持つことから、徳をもって父子相承するさまに譬えられる。「柞之幹猶先祖也。枝猶子孫也。其葉蓬蓬喩賢才也。正以柞為興者柞之葉新将生、故乃落於地、以喩継世以徳相承者明也。」（『詩経』小雅・采菽「維柞之枝、其葉蓬蓬」鄭箋）○受商之大命于皇天上帝……「大命」は天命。「天監厥徳、用集大命、撫綏万方。」（『書経』太甲上）「皇天上帝」は天帝。「令民無不咸出其力、以供皇天上帝、名山大川、四方之神。」（『呂氏春秋』季夏）○昧爽、召三公、左史戎夫……「昧爽」は夜明け方。「三公」は太師・太傅・太保の大臣職、「左史」は天子の行動を記録する官吏で、「戎夫」はその名。○取遂事之要戒、俾戎夫言之、朔望以聞……「遂事」は、既にしてしまったこと。「遂事不諫。」（『論語』八佾）ここでは、亡国の出来事を夢に見て驚いた穆王が、そうした歴史の経緯を左史に要約して語らせ、己への戒めとしたこと。○後祀……後に祀る者、子孫。○民物多変、民何向非利……民は目先の利益に向かって行動するものだということ。「民物」は民の財物。「虞為政仁愛、念利民物。」（『後漢書』劉虞伝）○惟十有二祀……「祀」は「年」。○出金枝、郊宝、開和、細書……「金枝」「郊宝」「開和」は、それぞれ書物の篇名と考えられる。[9]「細」は「紬（つづる、寄せ集める）」。「紬史記石室金匱之書。」（『史記』太史公自序）○命詔周公旦立後嗣、属小子誦文及宝典……武王が周公旦に小子誦（後の成王）の後継について告げたこと。「文及宝典」については、誦を後嗣とする詔文と『逸周書』の宝典篇とする説など諸説ある。[10]○心之無窮……文意は不明。ここでは、「心之れ窮《と》まること無かれ」と読み、慎み努める気持ちが停滞せぬよう、との意味に取っておく。[11]

【原文】

本文　而代命継位之大猷、胥茲為決、夢可易占乎、或有悪夢感疫厲而成者、則亦以季冬舎萌于①四方、以贈之、

注　周礼占夢、舎萌於四方、以贈悪夢。注云②、萌兆也。贈送也、謂夢不吉、則求其所以③不吉之萌兆於四方而舎去之、以贈送其悪夢、使不復効也、説苑曰*、妖孽者、天之所以警天子諸侯也、悪夢者、所以警士大夫也、故妖孽不勝善政、悪夢不勝善行、賈誼書曰*、天子夢悪則修道、諸侯夢悪則修政、大夫夢悪則修身、

【校異】

①万暦本、嘉慶本同じ。道光本「於」。
②万暦本、嘉慶本同じ。道光本「注」。

③万暦本、嘉慶本同じ。道光本「則其所以」。
＊万暦本、嘉慶本同じ。道光本に「曰」字なし。

【書き下し文】

本文　而して代命継位の大猷《だいゆう》は、胥茲《みなここ》に決を為す。夢は占い易かるべきか。或いは悪夢の疫厲《えきれい》に感じて成らんとする者有れば、則ち亦た季冬を以て萌《きざし》を四方に舎《お》いて以て之を贈る。

注　『周礼』占夢、萌を四方に舎いて、以て悪夢を贈る。注に云う、「萌は兆なり。贈は送なり」と。謂うこころは、夢不吉なれば、則ち其の不吉なる所以の萌兆を四方に求めて之を舎去し、以て其の悪夢を贈送し、復た効ならざらしむるを謂うなり。(12)

『説苑』に曰く、「妖孽《ようげつ》は、天の天子諸侯に警する所以なり。悪夢は、士大夫に警する所以なり。故に妖孽は善政に勝たず、悪夢は善行に勝たず」と。(13)

『賈誼書』に曰く、「天子は悪しきことを夢むれば則ち道を修め、諸侯は悪しきことを夢むれば則ち政を修め、大夫は悪しきことを夢むれば則ち身を修む」と。(14)

【現代語訳】

そうして天命の移行や王位の継承といった大いなる事業は、みなここ（夢を告げたり拝したりすること）で決定を行う。〔過去においてもこうした事例が見える以上、〕夢は軽々しく占うべきだろうか。もし悪夢の中で疫気に感じ、それが現実となってしまいそうならば、季冬にその不吉なきざしを四方に捨てやるのである。

【語注】

○大猷……大いなる事業。「若昔大猷、制治于未乱、保邦于来危。」（『書経』周官）「言当順古大道、制治安国。」（偽孔伝）、「秩秩大猷、聖人莫之。」（『詩経』小雅・巧言）「猷、道也。大道治国之礼法。」（鄭箋）○疫厲……厄災をもたらす悪鬼。○舎萌于四方、以贈之……「舎萌」の解釈には諸説ある。杜子春は「萌」を「明」と解し、年末に疫を駆って四方に置くとする。鄭玄は「舎」を「釈」に、「舎萌」を「釈采」に解し、新菜を置くことで悪しきものを追いやる意とする。[15] ○妖孽……異常な現象。または災禍をもたらす兆候。「凡草物之類謂之妖。妖猶夭胎、言尚微。虫豸之類謂之孽。」（『漢書』五行志）

【原文】

本文　乃令方相氏行駆儺之政、

注　周礼占夢、令儺駆疫、夏官方相氏、帥百隷而時儺、
鄭玄曰*、贈悪夢之儺、行於季冬。蓋季冬日歴虚危、虚危有墳墓、四【司】①之気為厲鬼、将随強陰出害人、故命
有司大儺之也、

【校異】

①嘉靖本、万暦本、嘉慶本、道光本ともに「時」。ここでは『周礼』に従い「司」に改めた。

*万暦本、嘉慶本同じ。道光本に「曰」字なし。

【書き下し文】

本文　乃ち方相氏《ほうそうし》をして駆儺《くだ》の政を行わしむ。

【注】

『周礼』占夢、「儺して疫を駆らしむ」と。夏官方相氏に「百隷を帥いて時に儺す」と。鄭玄曰く、「悪夢を贈るの儺は、季冬に行う。(以下、孔穎達疏)蓋し季冬は日・虚・危を歴す。虚・危に墳墓有れば、四司の気は厲鬼と為り、将に強陰に随い出で人を害さんとす。故に有司に命じて大いに之を儺せしむ」と。[16][17]

【現代語訳】

そこで方相氏に追儺の儀式を行わせるのである。

【語注】

○方相氏……疫病や悪鬼の駆逐を司る官職。悪鬼を驚かせるために熊の皮を被り、黄金の目を四つ附した仮面を着け、上下それぞれ黒と朱の衣裳を身に纏い、矛を執り盾を掲げた姿をする。多数の属官を率いて駆儺に当たる。○駆儺之政……逐疫の行事、おにやらい。歳末に疫病を駆逐する儀式。『呂氏春秋』季冬、『礼記』月令に「命有司大難」とある(『呂氏春秋』は「難」を「儺」に作る。「大儺」については後述)。○百隷……多くの属官。○季冬日歴虚危、虚危有墳墓、四司之気為厲鬼、将随強陰出害人……太陽が二十八宿の虚と危を通過し、またそこに墳墓星が見えると、四司の気(後述)が悪霊となり、強力な陰気で害を与える。墳墓は墳墓四星、司中の四星官とも呼ばれる。「墳墓四星、在危下、主山陵悲惨事。」(『星経』巻下「墳」)この四星は「四司」、すなわち司命・司禄・司危・司中の四星官を言う。「史遷云、四司、鬼官之長。又云、墳墓四星、在危東南。是危虚有墳墓四司之気也。」(『礼記』月令「命有司大難」孔穎達疏)、「以送寒気」(孔穎達疏)○大儺……年に数回行われる儺の中でも年末の儺は「大儺」とされる。「此月之時、命有司之官大為難祭、令難去陰気。言大者、以季春唯国家之難、仲秋唯天子之難、此則下及庶人、故云大難。」(『礼記』月令「命有司大難」孔穎達疏)、「爾乃卒歳大儺、駆除賎厲。」(張衡「東京賦」、蔡邕『独断』(巻上)、『漢旧儀』(『後漢書』礼儀志中の注に引く))などを参照。大儺は後漢以降の王朝でも踏襲された(『隋書』礼儀志、『大唐開元礼』巻九十などを参照)。

【原文】

本文 而伯奇之神、載在漢書、

注 通典曰、*後漢、季冬先臘【一】①日大儺、謂之逐疫、選中黄門子弟百二十人為侲子、皆赤幘皁褠、執大鼗、作方相氏、与十二獣逐悪鬼於禁中、黄門倡、侲子和曰、伯奇食夢云云②、

【校異】

①嘉靖本、万暦本、嘉慶本、道光本ともに「十」。ここでは『通典』に従い「一」に改めた。

②万暦本、嘉慶本同じ。道光本「云」。

*万暦本、嘉慶本同じ。道光本に「曰」字なし。

【書き下し文】

本文 而して伯奇《はくき》の神は、載《こと》漢の書に在り。

注 『通典』に曰く、「後漢、季冬先臘《せんろう》一日大いに儺《だ》す、之を逐疫と謂う。中黄門《ちゅうこうもん》の子弟百二十人を選んで侲子《しんし》と為し、皆赤幘皁褠《せきさくそうこう》し、大鼗《だいとう》を執る。方相氏を作《た》て、十二獣と悪鬼を禁中に逐う。黄門倡《とな》え、侲子和して曰く、「伯奇夢を食う云云」と。(18)

【現代語訳】

そして伯奇の神については、記載が漢代の書物に見える。

【語注】

○伯奇之神……悪夢を食べるとされる神獣。その名は『後漢書』礼儀志に見えるが、それ以降も「漢儀、大儺侲子辞、有伯奇食夢」（『酉陽雑俎』八巻）のように、夢を食べるという性格は定着していたようである。また、敦煌文書『白沢精怪図』には「人夜得悪夢、旦起於舍東北被髪、呪曰、伯奇、伯奇、不飲酒、食完常食、高興地、其悪夢帰於伯奇、厭夢息、興大福、如此七呪、無咎也」（P.2682「敦煌本白沢精怪図両残巻」）のように、悪夢を見た後に家の東北に向いて髪を振り乱しながら、悪夢を伯奇のもとに祓う言葉を七回唱えることについて記されている。[19] ○漢書……「漢代の書」の意味と考えられる。[20] ○先臘一日……大晦日の前日を言う。「先臘一日、大儺、謂之逐疫。」（『後漢書』礼儀志中）、「大儺、逐尽陰気為陽導也。今人臘歳前一日、撃鼓駆疫、謂之逐除是也。」（『呂氏春秋』季冬「命有司大儺」高誘注） ○中黄門子弟百二十人為侲子……中黄門は、少府の宦者。「中黄門、奄人。居禁中在黄門之給事者也。」（『漢書』百官公卿表「中黄門皆属焉」顔師古注） 侲子は、逐疫を行う童子。「減逐疫侲子之半。」（『後漢書』和熹鄧皇后紀）「侲子、逐疫之人也。」（顔師古注） ○赤幘皁褠……赤い頭巾と黒く袂のない単衣。 ○大鼗……振りづつみ。「大鼗謂之麻、小者謂之料。」（『爾雅』釈楽）、「鼗如鼓而小。」（『周礼』春官・小師「小師掌教鼓鼗柷敔塤簫管弦歌」鄭玄注） ○十二獣……方相氏が厄災となる鬼たちを威嚇し追い払う際に率いる十二の神獣。甲・胇胃《ひつい》・雄伯・騰簡・攬諸《らんしょ》・伯奇・強梁・祖明・寄生委随・錯断・窮奇・騰根（『後漢書』礼儀志中）。

【原文】

本文　鵸鵌之鳥、著之山海経、

注　山海経曰、*翼望之山有鳥焉、其状如烏、三首大尾而善笑、名曰鵸鵌。①服之使人不夢魘、可以禦凶、

【校異】

①万暦本、嘉慶本同じ。道光本「服之可以使人」。

＊万暦本、嘉慶本同じ。道光本に「曰」字なし。

【書き下し文】

本文　鵸鵌《いよ》の鳥は、之を『山海経』に著す。

注　『山海経』に曰く、「翼望の山に鳥有り。其の状は烏の如く、三首大尾にして善く笑う。名づけて鵸鵌と曰う。之を服せば人をして夢魘《むえん》せず、以て凶を禦《ふせ》ぐべからしむ」と。(21)

【現代語訳】

鵸鵌の鳥については、『山海経』に著されている。

【語注】

○鵸鵌之鳥……烏に似た珍鳥。北山経にもその名が見える。呼称は一定していないようで、『逸周書』王会解には「奇幹善芳」ともある。(22)　○翼望之山……または土翠山とも言う。草木がなく、金や玉が多い。○服……毛皮や羽毛を身につける、または服用する意。○夢魘……夢にうなされること。

【原文】

本文　夜神之呪、述於酉陽雑俎、

注　段成式曰、夜神呪可辟①悪夢、呪曰、婆珊婆演帝、詳見続博物志、

【校異】

①万暦本、道光本同じ。嘉慶本「避」。

【書き下し文】

本文　夜神の呪は、『酉陽雑俎』に述ぶ。

注　段成式曰く、「夜神の呪は悪夢を辟《さ》くべし。呪して曰く、『婆珊婆演帝《ばさんばえんてい》』」と。[23] 詳《くわ》しくは『続博物志』に見ゆ。[24]

【現代語訳】

夜神の呪言については、『酉陽雑俎』にて述べている。

【語注】

○夜神之呪……「夜神」は『華厳経』などに見える婆珊婆演帝主夜神《ばさんばえんていしゅやじん》のこと（「婆珊婆演底」ともいう）。人々を恐怖諸難から守護する神。「此閻浮提摩竭提国迦毘羅城。有主夜神、名婆珊婆演底。……我於夜闇人静、鬼神盗賊、諸悪衆生、所遊行時、……我時即以種種方便、而救済之。」（『華厳経』巻六十八　入法界品《にゅうほっかいぼん》）[25] ○続博物志……宋の李石撰。体裁の大略は西晋の張華『博物志』に倣い、内容は宋代の逸聞を収めるなど『博物志』を補うが、附会の説も見られる（『四庫全書総目提要』）。

【原文】

本文　故鬱塁、桃梗、葦虎之設、亦舍萌贈悪之遺制云、

注　山海経曰*、東海中有度索山、上有大桃樹、蟠①屈三千里、其東北鬼門、万鬼出入、有二神人、一②曰神荼、一②曰鬱塁、閲領衆鬼之害人者、執以葦索、而用以食虎、於是黄帝法而象之、駆儺畢、因立桃梗於門、画鬱塁、葦虎之

象、漢制設桃梗、鬱壘、葦茭於百官宮府、又以葦戟、桃枝賜公卿、

【校異】

①万暦本、嘉慶本同じ。道光本「蟠」。
②万暦本、嘉慶本同じ。道光本「一名曰」。
＊万暦本、嘉慶本同じ。道光本に「曰」字なし。

【書き下し文】

本文　故に鬱壘《うつりつ》・桃梗《とうこう》・葦虎《いこ》の設くるも、亦た萌《きざし》を舎《お》きて悪を贈るの遺制と云う。

注　『山海経』に曰く、「東海中に度索山《どさくさん》有り、上に大桃樹有り、蟠屈すること三千里、其の東北の鬼門、万鬼出入す。二神人有り、一に曰く神荼《しんと》、一に曰く鬱壘《うつりつ》。衆鬼の人を害する者を閲領し、執るに葦索《いさく》を以てして、而して用以《もっ》て虎に食わしむ。是に於て黄帝法りて之に象《かたど》る。駆儺《くだ》畢わりて、因りて桃梗を門に立て、鬱壘・葦虎の象《ぞう》を画す。漢制 桃梗・鬱壘・葦茭《いこう》を百官の宮府に設け、又た葦戟《いげき》・桃枝を以て公卿に賜う」と。(26)

【現代語訳】

だから、鬱壘の画・桃人・葦の虎を設けるのも、また悪夢のきざしを捨てて悪しきものを追いやる古代制度の名残なのである。

【語注】

○鬱壘……神荼とともに百鬼を取り締まる神。「謹按、黄帝書、『上古之時、有荼与鬱壘昆弟二人、性能執鬼。度朔山上章桃樹、下

簡閲百鬼、無道理、妄為人禍害、荼与鬱塁縛以葦索、執以食虎。』於是県官常以臘除夕飾桃人、垂葦茭、画虎於門、皆追效於前事、冀以衛凶也。」（『風俗通義』祀典）○桃梗……桃の木で作った人形。「梗」は人形。「司馬云、土梗、土人也。遭雨即壊。」（『経典釈文』荘子・田子方「土梗」）桃は鬼が畏れる木と考えられた。「棓、大杖、以桃木為之、以撃殺羿。由是以来鬼畏桃也。」（『淮南子』詮言訓「羿死於桃棓」許慎注）○葦虎……葦の縄を飾り、門に虎を描くこと。○度索山……仙山。度朔山とも言う。○蟠屈……とぐろを巻くこと。○其東北鬼門、万鬼出入……鬼門の由来については諸説あるが、『山海経』では、桃木の枝の隙間で東北に向くところが鬼門とされている。東北の鬼門のほか、天門（西北）・地門（東南）・人門（西南）もあったとされる。[27] ○執以葦索、而用以食虎……「葦索」は、葦を寄り合わせて作った太い綱。「故用葦者、欲人子孫蕃殖、不失其類、有如萑葦。……虎者、陽物、百獣之長也、能執搏挫鋭、噬食鬼魅。」（『風俗通義』祀典）、「藋葦有叢。」（『淮南子』説林訓）○葦茭……葦で作った縄。「茭者、交易、陰陽代興也。」（『風俗通義』祀典）○葦戟・桃枝……葦で作った矛と桃の木で作った杖。

吉事篇第九・訳者注

（1）季冬聘王夢、献吉夢于王、王拜而受之。（『周礼』春官・占夢）

（2）聘問也。夢者事之祥。吉凶之占在日月星辰。季冬日窮于次、月窮于紀、星迴于天、数将幾終。於是発幣而問焉。若休慶之云爾。因献群臣之吉夢於王帰美焉。詩云、牧人乃夢、衆維魚矣、旐維旟矣。此所献吉夢。（『周礼』春官・占夢「季冬聘王夢、献吉夢于王、王拜而受之」鄭玄注）

（3）但し「発幣」の解釈には諸説ある。孫詒譲『周礼正義』は兪越の説を引き、「聘」は「聘名士」（『礼記』月令）の「聘」、すなわち「求める」意とする。また、季冬に王へ献上する夢は、群臣の夢ではなく王が一年間に見た吉夢であるとし、王がそれらを拝受するという。その場合、「発幣」は臣下から王に贈るのではなく、王が群神に贈る意になると考えられる。吉夢を拝する際に群神を祀ることについては、『帝王世紀』第五に「文王不敢占、召太子発、命祝以幣告於宗廟群神、然後占之於明堂。及発幷拝吉夢」とある。同様の記述は『潜夫論』夢列篇にも見える。

（4）文王去商在程、正月既生魄、太姒夢見商之庭産棘、小子発取周庭之梓樹于闕間、化為松栢棫柞。寤驚、以告文王、文王乃

召太子発占之于明堂。王及太子発並拝吉夢、受商之大命于皇天上帝。（『逸周書』程寤解）

（5）維正月、王在成周。味爽、召三公、左史戎夫曰、今夕朕寤、遂事驚予。乃取遂事之要戒、俾戎夫言之、朔望以聞。（『逸周書』史記解）

（6）維文王告夢、懼後祀之無保。庚辰、詔太子発曰、汝敬之哉。民物多変、民何嚮非利。……嗚呼、敬之哉。民之適敗、上察下遂。信何嚮非私。私維生抗、抗維生奪、奪維生乱、乱維生亡、亡維生死。嗚呼、敬之哉。汝慎守勿失、以詔有司、夙夜勿忘、若民之嚮引。（『逸周書』文儆解）

（7）「惟十有二祀四月、王告夢。丙辰、出金枝、郊宝、開和、細書、命詔周公旦立後嗣。属小子誦文及宝典。王曰、嗚呼、敬之哉。汝勤之無蓋。□周未知所周、不周商□無也。朕不敢望、敬守勿失、以詔賓小子曰、允哉。汝夙夜勤、心之無窮也。」（『逸周書』武儆解）「□」（『逸周書彙校集注（修訂本）』（上海古籍出版社、二〇〇八年）で「欠処」とされる）については、黄懐信らが諸家の補字を示す（本書では省略する）。

（8）本訳注では、清華簡（二〇〇八年に清華大学が香港の古物商から購入した竹簡）に収められている「程寤」も参照した。清華簡「程寤」には、文王の武王に対する訓戒が詳細に記されており、『逸周書』や「程寤」を研究する上で重要な意義を持つ。なお「程寤」の釈読については、湯浅邦弘「太姒の夢と文王の訓戒――清華簡「程寤」考――」（『中国研究集刊』崐号（総五十三号）、二〇一一年）、黄懐信「清華簡《程寤》解読」（簡帛網、二〇一一年三月二十八日）を参照。なお、清華簡「程寤」において、本文の「太子発植梓於闕」に相当する箇所は「廼小子発取周廷梓樹于厥間（廼《すなわ》ち小子発 周廷の梓を取りて厥《そ》の間に樹え）」（ここでは上記湯浅氏の釈読に拠った）と随分異なっている。

（9）金枝当作金版、版俗作板、与枝形近而誤。金版、見前大聚篇。荘子徐無鬼篇云、横説之則以詩書礼楽、縦説之則以金版、六弢。釈文引司馬彪、崔譔云、金版六弢、皆周書篇名。（孫詒譲『周書斠補』）

（10）『逸周書彙校集注（修訂本）』参照。

（11）盧文弨等の諸家によれば、残欠のため解読不能であるという（『逸周書彙校集注（修訂本）』）。

（12）「贈送也」を除く記述は鄭玄注に見えない。明の王応電『周礼伝』には「劉氏曰」として同様の記述が確認できる。「劉氏」

については、宋の劉彝『周礼中義』もしくは宋の劉恕『周礼記』の可能性が高いと思われるものの、双方佚しており現在確認することができない。

(13) 故妖孽者、天所以警天子諸侯也。悪夢者、所以警士大夫也。故妖孽不勝善政、悪夢不勝善行也。至治之極、禍反為福。（『説苑』敬慎）

(14) 晋文公出畋、前駆還白、前有大蛇、高若堤、横道而処。文公曰、還車而帰。其御曰、臣聞、祥則迎之、見妖則凌之。今前有妖、請以従吾者攻之。文公曰、不可。吾聞之曰、天子夢悪則修道、諸侯夢悪則修政、大夫夢悪則修官、庶人夢悪則修身。若是、則禍不至。今我有失行、而天招以妖、我若攻之、是逆天命也。（『新書』巻六）

(15) 詒譲案、舍釈、采菜、字並通。古凡祓禳之事、或有釈菜。……此贈悪夢、蓋用祓禳之礼、故亦有釈菜也。（孫詒譲『周礼正義』春官・占夢）

(16) 「遂令始難欧疫。」（『周礼』春官・占夢）、「方相氏、掌蒙熊皮、黄金四目、玄衣朱裳、執戈揚盾、帥百隷而時難、以索室駆疫。」（『周礼』夏官・方相氏）

(17) 「遂令始難欧疫。」（『周礼』春官・占夢）「季冬之月、命有司大儺」（鄭玄注）「此月之中、日歴虚危、虚危有墳墓、四司之気為厲鬼、将随強陰出害人也。故難之命有司者、命方相氏。」（孔穎達疏）。

(18) 「後漢、季冬先臘一日、大儺、謂之逐疫。其儀、選中黄門子弟年十歳以上、十二以下、百二十人為侲子。皆赤幘皁製、執大鼗。方相氏黄金四目、蒙熊皮、玄衣朱裳、執戈揚楯。十二獣有衣毛角。中黄門行之、冗従僕射将之、以逐悪鬼於禁中。夜漏上水、朝臣会、侍中、尚書、御史、謁者、虎賁、羽林郎将執事、皆赤幘陛衛。乗輿御前殿。黄門令奏曰、侲子備、請逐疫。於是中黄門倡、侲子和曰、甲作食殈、胇胃食虎、雄伯食魅、騰簡食不祥、攬諸食咎、伯奇食夢、強梁、祖明共食磔死寄生、委随食観、錯断食巨、窮奇、騰根共食蠱。」（『通典』巻七十八）また、本篇注（20）も参照。

(19) これと類似する内容は雲夢秦簡「日書」にも見えるが、そこでは「伯奇」ではなく「䝨踦」の名が記されている。このことから、漢以前にも「悪夢を食うことで辟邪を行う」存在があったことがわかる。詳細については、高国藩『敦煌民俗学』（上海文芸出版社、一九八九年）第二十章　敦煌民間信仰的『白沢精怪図』「第四節　敦煌本伯奇神話考索」を参照。なお、ここではP.2682の釈読も本書に拠る。

(20) 季冬之月、星廻歳終、陰陽以交、労農大享臘。先臘一日、大儺、謂之逐疫。其儀、選中黄門子弟年十歳以上、十二以下、百二十人為侲子。皆赤幘皁製、執大鼗。方相氏黄金四目、蒙熊皮、玄衣朱裳、執戈揚盾。十二獣有衣毛角。中黄門行之、冗従僕射将之、以逐悪鬼于禁中。夜漏上水、朝臣会、侍中、尚書、御史、謁者、虎賁、羽林郎将執事、皆赤幘陛衛。乗輿御前殿。黄門令奏曰、侲子備、請逐疫。於是中黄門倡、侲子和曰、甲作食殃、胇胃食虎、雄伯食魅、騰簡食不祥、攬諸食咎、伯奇食夢、強梁、祖明共食磔死寄生、委随食観、錯断食巨、窮奇、騰根共食蠱。……百官官府各以木面獣能為儺人師訖、設桃梗、鬱櫑、葦茭畢、執事陛者罷。葦戟、桃杖以賜公、卿、将軍、特侯、諸侯云。(『後漢書』礼儀志中)

(21) 『山海経』巻二に「西水行百里、至于翼望之山、無草木、多金玉。……有鳥焉、其状如烏、三首六尾而善笑、名曰鵸鵌、服之使人不厭、又可以禦凶」とあり、その郭璞注に「不厭夢也。周書曰、服者不昧」とある。

(22) 『逸周書彙校集注(修訂本)』を参照。

(23) 雍益堅云、主夜神呪、持之有功徳。夜行及寐、可已恐怖悪夢。呪曰、婆珊婆演底。(『酉陽雑俎』巻五)

(24) 段成式云、主夜神呪、可辟悪夢。呪曰、婆珊婆演帝。(『続博物志』巻六)

(25) 婆珊婆寅帝が当時において認知されていたことは、洪邁『夷堅志』にも見える。「予為礼部郎日、斎宿祠宮、与宋才成、裴侍郎夜語及神異事。宋云、吾旧苦畏、夢人授一偈、纔数字、覚而憶之、毎独処臨臥、輒誦百遍、覚心志自然、不復恐。予曰、非所謂婆珊婆演底乎。宋驚曰、未嘗言君、何以知之。予言、不唯知其名、且能究所出。宋請予道本末、予曰、始読段成式酉陽雑俎、載主夜神呪、曰婆珊婆演底、持之夜行及寐、可却恐怖悪夢、而莫暁其故。後読華厳経、乃得其説。」(補巻第十四)

(26) 「山海経又云、滄海之中、有度朔之山、上有大桃木、其屈蟠三千里、其枝間東北曰鬼門、万鬼所出入也。上有二神人、一曰神荼、一曰鬱壘、主閲領万鬼。悪害之鬼、執以葦索、而以食虎。於是黄帝乃作礼、以時駆之、立大桃人、門戸画神荼鬱壘与虎、懸葦索以御。」(『論衡』訂鬼)

(27) 「河図括地象曰、天不足西北、地不足東南、西北為天門、東南為地戸、天門無上、地戸無下。」(『周礼』地官・大司徒「日至之景」賈公彦疏)、「是古以西北為天門、東南為地戸、西南為人門、東北為鬼門。」(黄暉撰『論衡校釈』訂鬼「上有大桃木、

其屈蟠三千里、其枝間東北曰鬼門」校釈）

感変篇第十

【原文】

本文 感変九端、疇識其由然哉、

注 列子曰[*]、不識感変之所起者[①]、事至則惑其所由然、識感変之所起者、事至則知其所由然、知其所由然[②]、則一体之盈虚消息、皆通於天地、応於物類[③]、

【校異】

①万暦本、嘉慶本同じ。道光本「所由起者」。
②万暦本、嘉慶本同じ。道光本「知所由然」。
③万暦本、嘉慶本同じ。道光本「之応因物類」。
＊万暦本、嘉慶本同じ。道光本に「曰」字なし。

【書き下し文】

本文 感変九端、疇《たれ》か其の由りて然るを識《し》るや。

注 『列子』に曰く、「感変の起こる所を識らざる者は、事至れば則ち其の由りて然る所に惑う。感変の起こる所を識る者は、事至れば則ち其の由りて然る所を知る。其の由りて然る所を知れば、則ち一体の盈虚消息、皆天地に通じ、物類に応ず」と[1]。

【現代語訳】

感変（物に応じて動く変化）の九つの端緒について、なぜそうなるのか、わかるものだろうか。

【語注】

○感変……人間の精神と肉体がさまざまな事象と接触することで起きる変化。「夫変化云為、皆有因而然。」（『列子』周穆王「不識感変之所起者」張湛注）ここでの「感変九端」は、こうした「感変」の中でも占夢において知るべき変化の端緒が九種あるということ。○疇……ここでは反語ではなく疑問として読む。『書経』虞書・舜典に「帝曰、疇若予工（帝曰く、疇《たれ》か予《わ》が工《たくみ》を若《ととの》えんと）」（帝が言った、「誰が余の工業を整えるか」）とある。○不識感変之所起者、事至則惑其所由然……自身の精神が何と接触してどのような変化をきたしたかが充分にわかっていなければ、実際に事が起こった時に、理由が〔自身にあることが〕わからず戸惑うということ。「夫変化云為、皆有因而然、事以未来而不尋其本者、莫不致惑。」（『列子』張湛注）○識感変之所起者、事至則知其所由然……自身の精神が何と接触してどのような変化をきたしたかが充分にわかっていれば、実際に事が起こった時に、その理由もわかっているということ。「知八徴六候之常化也、是則識其所由矣。」（『列子』周穆王「知其所由然」盧重玄解）○一体之盈虚消息、皆通於天地、応於物類……「一体」は人体、「盈虚消息」は事物の生滅を言うが、ここでは人間の心身における陰陽の気の変動を指す。「天地盈虚、与時消息。」（『易経』豊）、「消息盈虚、終則有始。」（『荘子』秋水）陰陽の気を通じて天地と通ずる人間には、万物との接触によってさまざまな反応変化が起こることを言う。「物類」は物の種類、万物。

【原文】

本文 一曰気盛、二曰気虚、三曰邪寓、四曰体滞、五曰情溢、六曰直協、七曰比象、八曰反極、九曰厲妖、何謂気盛、陰気盛、則夢渉大水而恐懼、陽気盛、則夢大火而燔焫、陰陽倶盛、則夢相殺、上盛則夢飛、下盛則夢堕、甚饑則夢取、甚飽則夢予、肝気盛則夢怒、肺気盛則夢恐懼哭泣飛揚、心気盛則夢喜笑恐畏、脾気盛則夢歌楽身体重

不挙、腎気盛則夢腰脊両解不属、短虫多則夢聚衆、長虫多則夢相撃毀傷、此気盛之夢、其類可推也、

注 気盛之夢十有五、詳見黄帝霊枢経淫邪発夢篇、幷内経脈要精微論、但霊枢経無短虫長虫二夢、内経無心脾腎三夢、[1]【黄帝霊枢経】曰、陰気壮則夢渉大水而恐懼、陽気壮則夢大火而燔焫、陰陽倶壮則夢生殺、甚飽則夢予、甚飢則夢取、

【校異】

①嘉靖本、万暦本、嘉慶本ともに「列子曰、陰気壮則夢渉大水而恐懼、陽気壮則夢渉大火而燔焫、陰陽倶壮則夢生殺、甚飽則夢予、甚飢則夢取」。道光本「陰気感人盛則夢大水至夢与夢取五句、出列子(2)」。どの版本も本文を『列子』からの引用と明記するが、「上盛則夢飛、下盛則夢堕」の有無、「甚飢則夢取」と「甚飽則夢予」の前後関係などからして、本文における直接の出拠は『列子』ではなく『黄帝霊枢経』淫邪発夢篇とする方が妥当であろう。よって、ここでは「列子」を「黄帝霊枢経」に改めた。

【書き下し文】

本文 一に曰く気盛《きせい》、二に曰く気虚《ききょ》、三に曰く邪寓《じゃぐう》、四に曰く体滞《たいてい》、五に曰く情溢《じょういつ》、六に曰く直協《ちょくきょう》、七に曰く比象《ひしょう》、八に曰く反極《はんきょく》、九に曰く厲妖《れいよう》。何をか気盛と謂う。陰気盛んなれば、則ち大水を渉らんとして恐懼するを夢む。陽気盛んなれば、則ち大火ありて燔焫《はんぜつ》するを夢む。陰陽倶に盛んなれば、則ち相い殺すを夢む。上盛んなれば則ち飛ぶを夢み、下盛んなれば則ち堕つるを夢む。甚だ饑うれば則ち取るを夢み、甚だ飽けば則ち予《あた》うるを夢む。肝気盛んなれば則ち怒るを夢む。肺気盛んなれば則ち恐懼し哭泣し飛揚するを夢む。心気盛んなれば則ち喜笑し恐畏するを夢む。脾気盛んなれば則ち歌楽し身体重く挙がらざるを夢む。腎気盛んなれば則ち腰脊《ようせき》両《ふた》つながらに解かれて属せざるを夢む。短虫多ければ則ち聚衆するを夢み、長虫多ければ則ち相撃ちて毀傷す

るを夢む。此れ気盛の夢、其の類推すべきなり。

注

気盛の夢十有五、詳《くわ》しくは『黄帝霊枢経』淫邪発夢篇、(3)幷《なら》びに『内経』脈要精微論に見ゆ。(4)但し『霊枢経』に短虫・長虫の二夢無く、『内経』に心・脾・腎の三夢無し。『黄帝霊枢経』に曰く、陰気壮んなれば、則ち大水を渉らんとして恐懼するを夢む。陽気壮んなれば、則ち大火ありて燔焫するを夢む。陰陽倶に壮んなれば、則ち生殺を夢む。甚だ飽けば則ち予うるを夢み、甚だ飢うれば則ち取るを夢む。

【現代語訳】

一に気盛、二に気虚、三に邪寓、四に体滞、五に情溢、六に直協、七に比象、八に反極、九に厲妖である。何を気盛と言うのか。陰気が盛んであれば、大きな川を越えようとして、おそれる夢を見る。陽気が盛んであれば、大火事があり焼かれる夢を見る。陰陽の気がともに盛んであれば、殺しあう夢を見る。身体上部の気が盛んであれば飛ぶ夢を見るし、身体下部の気が盛んであれば落ちる夢を見る。ひどく飢えた場合であれば人から取る夢を見るし、飽き足りている場合ならば人に与える夢を見る。肝気が盛んであれば怒る夢を見る。肺気が盛んであれば、恐れおののいて哭泣したり飛んだりする夢を見る。心気が盛んであれば喜び笑い、何かに恐れを抱く夢を見る。脾気が盛んであれば、歌い楽しむも、身体が重くてあがらない夢を見る。腎気が盛んであれば、腰（下半身）と背骨（上半身）が離ればなれになって繋がらない夢を見る。短虫が多ければ人が集まる夢を見る。長虫が多ければ誰かと殴り合い負傷する夢を見る。これが気盛の夢であり、その類のものは推測できる。

【語注】

○気盛……五臓における気が余りあることで見る夢。○気虚……五臓における気が不足することで見る夢。○邪寓……邪気が五臟や他の器官に侵犯することで見る夢。○体滞……身体に対する外的刺激が反映されることで見る夢。○情溢……過度な感情の高まりから見る夢。○直協……夢で見たものと覚醒後に見るものが一致すること。○比象……象徴的な夢。○反極……夢に見たことと反対のことが起こること。○厲妖……悪鬼がとりつくことで見る夢。○肝気盛則夢怒～心気盛則夢喜笑恐畏……夢の内容によって疾病のある部位を特定し、気が過剰である状態を治癒するという臨床的知識に基づく。人の精神活動と五臟との関連については『黄帝内経素問』に「人有五臟、化五気、以生喜怒悲憂恐。……怒傷肝……喜傷心……思傷脾……憂傷肺……恐傷腎」（陰陽応象大論）とある。(5) ○短虫長虫……蟯虫、回虫の類か。また、虫が気盛とどのように結びつくかについては定かでない。『酉陽雑俎』には「歓喜根虫能見衆夢」（巻二）のように、虫が夢見に関わる内容が見える。(6)

【原文】

本文　何謂気虚、肺気虚、則使人夢見白物、見人斬血籍籍、得其時則夢見兵戦、腎気虚、則使人夢見舟船、溺人、得其時則夢伏水中、若有畏恐、肝気虚、則夢見菌香、生草、得其時則夢伏樹下、不敢起、心気虚、則夢見救火陽物、得其時則夢燔灼、脾気虚、則夢飲食不足、得其時則夢築垣蓋屋、此気虚之夢、其類可推也、

注　五臟気虚十夢、詳見内経盛衰論、蓋陽気有余、陰気不足故也、

【書き下し文】

本文　何をか気虚と謂う。肺気虚なれば、則ち人をして夢に白き物を見、人をして斬血籍籍たるを見せしめ、其の時を得れば則ち夢に兵戦を見る。腎気虚なれば、則ち人をして夢に舟船・溺人を見せしめ、其の時を得れば則ち水中に伏し、畏恐有るが若きを夢む。肝気虚なれば、則ち夢に菌香・生草を見、其の時を得れば則ち樹下に伏し、敢えて起きざるを夢む。心気虚なれば、則ち夢に火を救い陽物を見、其の時を得れば則ち燔灼《はんしゃく》するを夢

む。脾気虚なれば、則ち飲食足らざるを夢み、其の時を得れば則ち垣を築き屋を蓋うを夢む。此れ気虚の夢、其の類推すべきなり。

注　五臟気虚の十夢、詳しくは『内経』盛衰論に見ゆ。蓋し「陽気余り有りて、陰気足らざるが故なり」(7)と。

【現代語訳】

何を気虚と言うのか。肺気が虚になると夢に白い物を見たり、人が斬られて流血しバラバラに散らばる夢を見るし、ある時は戦争を夢に見る。腎気が虚の状態になると、大型小型の船や溺れた人の夢を見る。ある時は水中に潜り、何かを恐れているような夢を見る。肝気が虚の状態になると、夢で香草や草葉を見る。ある時は樹下に伏して、起きあがれない夢を見る。心気が虚の状態になると、火事を消したり陽気の盛んなもの（太陽や雷）を夢に見る。ある時は烈火に焼かれる夢を見る。脾気が虚の状態になると、飲食が足りないことを夢に見る。ある時は垣根（または城壁）や家屋を建築する夢を見る。これが気虚の夢であり、その類は推測できる。

【語注】

○気虚……五臓の気が不足することで見る夢は、五臓にそれぞれ対応する五行の性格を反映している。肺―金（白物や武器）、腎―水（舟船や溺人）、肝―木（菌香草木）、心―火（救火や陽物）、脾―土（築垣蓋屋）。○籍籍……縦横に散らばっていくさま。○救火……火消しをする。「以水救火。」（『墨子』兼愛下）○蓋陽気有余、陰気不足故也……陰気の欠乏によって陽気が相対的に過剰となること。すなわち、ここでの「虚」とは、陽気の不足ではなく陽気の過剰を意味する。(8)

【原文】

本文 何謂邪寓、厥気客於心、則夢見丘山、煙火、客於肺則夢飛揚、見金鉄之奇物、客於肝則夢山林、樹木、客於脾則夢見丘陵、大沢、壊屋①、風雨、客於腎則夢臨淵、没居水中、客於膀胱則夢遊行②、客於胃則夢飲食、客於大腸則夢田野、客於小腸則夢聚邑衝衢③、客於胆則夢闘訟自刳、客於陰器④則夢接内、客於項則夢斬首、客於脛則夢行走而不能前及、居深地、窌、苑中、客於股肱則夢礼節拝起、客於胞脯則夢溲便、此淫邪之夢、其類可推也、

注 厥気襲内十五夢、詳見霊枢経⑤、内経云、少【気】⑥之厥、令人妄夢、列子曰*、以浮虚為疾者、則夢揚、以沈実為疾者、則夢溺、

【校異】

①万暦本、嘉慶本同じ。道光本「物」。
②万暦本、嘉慶本同じ。道光本「飛」。
③万暦本、嘉慶本同じ。道光本「衝街衢」。
④万暦本、嘉慶本同じ。道光本「衍」。
⑥嘉靖本、万暦本、嘉慶本、道光本ともに「陰」。ここでは『黄帝内経素問』に従い「気」に改めた[9]。
⑤嘉靖本、万暦本では「経」「内」の間が空格。
*万暦本、嘉慶本同じ。道光本に「曰」字なし。

【書き下し文】

本文 何をか邪寓と謂う。厥気《けつき》心に客すれば、則ち夢に丘山・煙火を見る。肺に客すれば則ち夢に飛揚し、金鉄の奇物を見る。肝に客すれば則ち山林・樹木を夢む。脾に客すれば則ち夢に丘陵・大沢・壊屋・風雨を見る。腎に客すれば則ち淵に臨み、水中に没居するを夢む。膀胱に客すれば則ち遊行するを夢む。胃に客すれば則ち飲

食を夢む。大腸に客すれば則ち田野を夢む。小腸に客すれば則ち聚邑衝衢を夢む。胆に客すれば則ち闘訟して自《みずか》ら刳《さ》くを夢む。陰器に客すれば則ち接内を夢む。項《うなじ》に客すれば則ち斬首を夢む。脛《すね》に客すれば則ち行き走るも前及する能わずして、深地・窌《あなぐら》・苑《その》の中に居るを夢む。股肱に客すれば則ち礼節拝起を夢む。胞脯《ほうちん》に客すれば則ち溲便《しゅうべん》を夢む。此れ淫邪の夢、其の類推すべきなり。

注

厥気 内を襲うの十五夢、詳しくは『霊枢経』に見ゆ。『内経』に云う、「少気の厥は人をして妄りに夢みせしむ」と。(10)

『列子』に曰く、「浮虚を以て疾《やまい》を為す者は、則ち揚がるを夢む。沈実を以て疾を為す者は、則ち溺るるを夢む」と。(11)

【現代語訳】

何を邪寓と言うのか。邪気が心に宿れば丘山や煙火を夢に見る。肺に宿れば夢に飛揚したり、金鉄でできた珍物を見る。肝に宿れば山林樹木を夢に見る。脾に宿れば丘陵や大きな沢、壊れた建物や風雨を夢に見る。腎に宿れば淵の前に立ったり、水中に沈んでいく夢を見る。膀胱に宿れば飛行の夢を見る。胃に宿れば飲食の夢を見る。大腸に宿れば田野を夢に見る。小腸に宿れば集落や通りの夢を見る。胆に宿れば言い争ったり、自分で自分を斬りつける夢を見る。生殖器官に宿れば性交の夢を見る。うなじに宿れば斬首の夢を見る。脛に宿れば走っても前に進むことができず、深地や窪地、庭園の中にいる夢を見る。股肱に宿れば礼拝して立ちあがる夢を見る。膀胱と直腸に宿れば小便の夢を見る。これが淫邪の夢であり、その類は推測することができる。

【語注】

○厥気……邪気。「邪気客于心、則夢烟火、心脈気短、夜臥不寧。」（張元素『医学啓源』五臓六腑除心包絡十一経脈証法）、「厥気客於五蔵六府、則衛気独衛其外、行於陽、不得入于陰。行於陽則陽気盛、陽気盛則陽橋陥、不得入于陰、陰虚、故目不瞑。」（『黄帝内経霊枢』邪客）「厥」は病名。「凡厥者、陰陽気不相順接、便為厥。」（成無已『傷寒論注釈』弁太陰病脉証并治法第十）また、邪気が下から立ちあがり上部にのぼることで手足が冷える病についても「厥」という。「厥、逆気従下厥起上、行入心脇也。」（『釈名』釈疾病）○衢衢……四方八方に延びた通り。ちまた。○深地・窌……「深地」は城の周辺にめぐらせた堀。「窌」は窪地。「穿地曰窌。」（『周礼』考工記・匠人「囷窌倉城、逆牆六分」鄭玄注）○客於胞䐈則夢溲便……「胞䐈」は膀胱と直腸。「胞、溲脬也。䐈、大腸也。」（張介賓『類経』）「溲」は小便。「溲、小便也。」（『後漢書』張湛伝「遺失溲便」章懐注）○少気之厥、令人妄夢……「少気」は、三陽三陰の脈が微弱で体内の気が不足している状態。「三陽絶、三陰微、是為少気」（『黄帝内経素問』方盛衰論）。この「厥」は気の流れが逆流する厥逆の状態。厥逆の症状が重いと混迷した夢を見る。「気之少有厥逆、則令人妄為夢寐。其厥之盛極、則令人夢至迷乱。」（『黄帝内経素問』王氷注）『夢占逸旨』注は「少気之厥」による夢も邪寓の一部とするが、本来は気虚に関連するものと考えるべきであろう。○浮虚……陽明の気が原因で発症する皮膚のむくみ。「陽明所至為浮虚。」（『黄帝内経素問』六元正経大論）「浮虚、薄腫。」（王氷注）○沈実……気が沈んで重苦しいこと。

【原文】

本文　何謂体滞、口有含則夢強言而喑、足有絆則夢強行而躄、首堕枕則夢躋高而墜。臥藉徽縄則夢蛇虺、臥藉彩衣則夢虎豹、髪掛①樹枝則夢倒懸、此体滞之夢、其類可推也、

注　列子曰*、藉帯而寝者則夢蛇、飛鳥銜髪則夢飛、

【校異】

①万暦本、嘉慶本同じ。道光本「挂」。

【書き下し文】

本文 何をか体滞と謂う。口に含むこと有れば則ち強言せんとするも喑《いん》たるを夢む。足に絆有れば則ち強行せんとするも躄《へき》たるを夢む。首 枕より堕《お》つれば則ち高きに躋《のぼ》りて墜つるを夢む。臥して徽纆《きじょう》を藉《し》けば則ち蛇虺《だき》を夢み、臥して彩衣を藉《し》けば則ち虎豹を夢む。髪 樹枝に掛かれば則ち倒懸《とうけん》するを夢む。此れ体滞の夢、其の類推すべきなり。

注 『列子』に曰く、「帯《おび》を藉いて寝《い》ぬれば則ち蛇を夢む。飛鳥 髪を銜《ふく》めば則ち飛ぶを夢む」と。(12)

【現代語訳】

何を体滞と言うのか。口に何かを含んでいると、何かを無理に言おうとしても口がきけなくなる夢を見る。足に何か絡まっていると、無理に行こうとしても足が萎えて歩けなくなる夢を見る。頭が枕から落ちると、高い所に登って墜ちる夢を見る。寝る時に太い縄を下敷きにしてしまうと、蛇や蝮を夢に見るし、模様の鮮やかな衣服が敷いてあると虎や豹を夢に見る。毛髪が樹の枝に引っかかると、逆さまに吊られる夢を見る。これが体滞の夢であり、その類は推測することができる。

【語注】

○夢強言而喑……「強言」は、何とかしてものを言おうとすること。「喑」は言葉の不自由なこと。○足有絆則夢強行而躄……「強行」は押し切って無理に行こうとすること。「知足者富、強行者有志。」（『老子』第三十三章）「躄」は足が萎えて歩けなくなること。「躄、謂攣躄、足不得伸以行也。」（『黄帝内経素問』痿論「生痿躄也」王氷注）○徽纆……三本より合わせた太い綱。「徽、衺幅也。一曰三糾縄也。」「糾、縄三合也。」（『説文解字』）「三糾、謂三合而糾之也。」（段玉裁注）○倒懸……逆さにぶら下がること。「千歳蝙蝠、色白如雪、集則倒県、脳重故也。」（『抱朴子』仙薬）「県」と「懸」とは通用する。

【原文】

本文　何謂情溢、過喜則夢開、過怒則夢閉、過恐則夢匿、過憂①則夢嗔、過哀則夢救、過忿則夢詈、過驚則夢狂、此情溢之夢、其類可推也、

【校異】

①万暦本、嘉慶本同じ。道光本「過衍憂」。

【書き下し文】

本文　何をか情溢と謂う。喜びを過ぐれば則ち開くを夢み、怒りを過ぐれば則ち閉じるを夢み、恐れを過ぐれば則ち匿《かく》るるを夢み、憂いを過ぐれば則ち嗔《いか》るを夢み、哀しみを過ぐれば則ち救うを夢み、忿《ふん》なるを過ぐれば則ち詈《ののし》るを夢み、驚きを過ぐれば則ち狂うを夢む。此れ情溢の夢、其の類推すべきなり。

【現代語訳】

何を情溢と言うのか。過度に喜ぶと開く夢を見、過度に怒ると閉じる夢を見、過度に恐れるとかくれる夢を見、過度に憂えると怒る夢を見、過度に悲しむと救う夢を見、過度に癇癪を起こすと罵倒する夢を見、過度に驚くと狂う夢を見る。これが情溢の夢であり、その類は推測することができる。

【語注】

○過喜則夢開、過怒則夢閉……「開」は、閉じていたものが開く、または閉塞した状況が良い方に向かうこと。「閉」はその対義語。「開通光明」「閉塞幽昧」（『潜夫論』夢列）、「夢見行道中、百事開通、所求皆得。」（敦煌文書 S.0620「占夢書」橋道門篇第二十六）、「筮史占之、皆曰、不吉。閉而不通、爻無為也。」（『国語』晋語四）○嗔……憤然とする、かっとなる。「王長予為人謹順、事親尽色養之孝。丞相見長予輒喜、見敬予輒嗔。」（『世説新語』徳行）「瞋」に通じる。「瞋、怒也。……又作嗔。」（『広韻』）○忿……怒る、恨む。「忿、怒也。」（『広韻』）、「忿、怨也。」（『戦国策』秦五「伯主約而不忿」姚宏注）

【原文】

本文　何謂直協、夢君則見君、夢甲則見甲、

注　王充論衡曰、*人亦有直夢①、夢見甲、明日則見甲矣、夢見君、明日則見君矣、如夢甲与君、甲与君則不見也、甲与君不見、所夢見甲与君、象類之也、

【校異】

①万暦本、嘉慶本同じ。道光本「人有」。
*万暦本、嘉慶本同じ。道光本に「曰」字なし。

【書き下し文】

本文　何をか直協と謂う。君を夢むれば則ち君を見、甲を夢むれば則ち甲を見る。

注　王充『論衡』に曰く、「人に亦た直夢有り。夢に甲を見れば、明日は則ち甲を見、夢に君を見れば、明日は則

ち君を見るなり。如《も》し甲と君とを夢むるも、甲と君とは則ち見ざるなり。甲と君とを見ざれば、夢見る所の甲と君とは、之に象類せるなり」と。(13)

【現代語訳】

何を直協と言うのか。君主を夢に見れば実際に君主を見るし、甲を夢に見れば実際に甲を見る。

【語注】

○直夢……夢に見たものを覚醒後にも見ること。正夢《まさゆめ》。『論衡』は「直夢皆象也」（紀妖）とし、直夢はどれも仮像であり、その仮象は直接の経験の反映に過ぎないとする。「直夢」に類する語には、『潜夫論』の「直」「直応」（夢列）がある。○象類之也……夢で見た甲や君主は現実世界に実在するそれではなく、仮像に過ぎないこと。

【原文】

本文　夢鹿則得鹿、

注　列子曰*、鄭人有薪於野者、遇駭鹿、御而撃之、斃之、恐人見之也、遽蔵諸隍中、覆以蕉①、不勝其喜、俄而遺其所蔵処、遂以為夢焉、順塗而【詠】②其事、傍③人有聞者、用其言而取之、既帰告其室人曰、向薪者夢得鹿、而不知其処、吾今得之、彼直真夢者矣、室人曰、若夢薪者之得鹿耶、詎有薪者耶、今真得鹿、是若之夢真耶、夫曰、吾拠④得鹿、何用知彼夢我夢耶、薪者帰不厭失鹿、其夜真夢蔵之之⑤処、又夢得之之主、爽旦、案所夢而尋得之、遂訟而争之士師、士師曰、若初真得鹿妄謂之夢、真夢得鹿妄謂之実、彼真取若鹿、而与若争鹿、室人又謂夢認人鹿、無人得鹿、今拠有此鹿、請二分之、以聞鄭君、曰、嘻、士師将復夢分人鹿乎、訪之国相、国相曰、夢与

不夢、臣所不能弁也、

【校異】

①万暦本、嘉慶本同じ。道光本「焦」。
②嘉靖本、万暦本「誅」、嘉慶本「詠」。道光本「謎」。ここでは『列子』に従い「詠」に改めた。
③万暦本、道光本同じ。嘉慶本「旁」。
④万暦本、嘉慶本同じ。道光本「遽」。
⑤万暦本、嘉慶本同じ。道光本「之」。
＊万暦本、嘉慶本同じ。道光本に「曰」字なし。

【書き下し文】

本文　鹿を夢むれば則ち鹿を得。

注　『列子』に曰く、「鄭人に野に薪とる者有り。駭《おどろ》ける鹿に遇い、御して之を撃ち、之を斃《たお》せり。人の之を見んことを恐る。遽《にわ》かにして諸《これ》を隍中《こうちゅう》に蔵《かく》し、覆うに蕉《きあさ》を以てす。其の喜びに勝えず、俄《にわ》かにして其の蔵せる所の処を遺《わす》れ、遂に以て夢と為し、塗《みち》に順いて其の事を詠う。傍人に聞く者有り、其の言を用て之を取る。既に帰りて其の室人《つま》に告げて曰く、『向《さき》に薪とる者夢に鹿を得て、其の処を知らず。吾今之を得たり。彼は直だ真に夢みたる者なり』と。室人曰く、『若《なんじ》 薪とる者の鹿を得たるを夢むるか。詎《なん》ぞ薪とる者有らんや。今 真に鹿を得たり。是れ若の夢 真なるか』と。夫曰く、『吾の鹿を得たるに拠れば、何を用てか彼の夢我の夢を知らんや』と。薪とる者帰りて鹿を失えるに厭《あきた》らず、其の夜真に之を蔵せるの処を夢み、又た之を得たるの主を夢む。

爽旦、夢みし所を案じて尋ねて之を得たり。遂に訟《うった》えて之を士師に争う。士師曰く、『若（＝樵）は初め真に鹿を得て、妄りに之を夢なりと謂《おも》い、真に夢に鹿を得て、妄りに之を実《まこと》なりと謂えり。彼（＝傍人）は真に若が鹿を取りて、若と鹿を争い、室人も又た夢に人の鹿を認めたりとして、人の鹿を得ること無しと謂《い》う。今此の鹿有るに拠りて、之を二分せんことを請う』と。以て鄭君に聞《ぶん》す。曰く、『嘻《ああ》、士師将《はた》復《また》夢に人の鹿を分くるか』と。之を国相に訪《と》う。国相曰く、『夢と夢ならざると、臣の弁ずる能わざる所なり』と(14)。

【現代語訳】

鹿を夢に見ると鹿を得る。

【語注】

○鄭人～……獲鹿をめぐるこの話は、現実と夢との錯綜ぶりを登場人物それぞれの立場から描き、現実と夢の区別が実は曖昧なものにすぎないことを言わんとする。実際に「鹿を夢に見て鹿を得た」のは樵だが、それでも最初に鹿を得たこともいつしか夢の中の出来事へと変わっている。傍人の「〔樵が〕鹿を夢に見て〔その話を聞いた自分が〕鹿を得た」という思い込みも、傍人妻の「〔夫が〕鹿を得る夢を見て鹿を得た」という考えも、夢と現実とが錯綜したもの。○遽蔵諸隍中、覆以蕉……「隍中」は、から堀。「蕉」は、きあさ。○不勝其喜、俄而遺其所蔵処、遂以為夢焉、順塗而詠其事……獲物を得た喜びのあまり、その隠し場所を忘れ、とうとう獲物のことを夢だと思い、事の経緯を呟きながら歩いた。○士師……司法官。

【原文】

本文　夢粟則得粟、

注　解①見草木篇劉【殷】②夢籬下粟注、

【校異】

①万暦本、嘉慶本同じ。道光本に「解」字なし。
②嘉靖本、万暦本、嘉慶本、道光本ともに「浩」。ここでは『晋書』に従い「殷」に改めた。

【書き下し文】

本文　粟を夢むれば則ち粟を得。
注　解は草木篇「劉殷　籬下《りか》の粟を夢む」の注に見ゆ。(15)

【現代語訳】

粟を夢に見ると粟を得る。

【語注】

○草木篇……『夢占逸旨』外篇の草木篇。植物を夢に見た事例を収録する。○劉殷……経史に通じ、永嘉の乱の後は劉聡（五胡十六国時代、漢（前趙）の昭武帝。在位三一〇～三一八）に仕えて太保、録尚書事を歴任する。華北における学問の普及にも貢献した。また孝心の厚いことでも知られる。「夢籬下粟」は、西の垣根の下に粟があると言われる夢を見た殷がその場所を掘り起こしたところ、七年分の粟百石を得たという話。(16)　○籬……まがき。「籬、離也。以柴竹作之、疏離離也。」（『釈名』釈宮室）

【原文】

本文　夢刺客則得刺客、

注　五代史曰*、後梁康王友孜、目重瞳、嘗自負当為天子、貞明元年、使刺客入末帝寝中、末帝方寐夢刺客害己、既寤、聞①榻上宝剣鏗然有声、躍起、抽剣曰、将有変耶、乃索寝中得刺客、手殺之、

【校異】

①万暦本、道光本同じ。嘉慶本「傷」。

*万暦本、嘉慶本同じ。道光本に「曰」字なし。

【書き下し文】

本文　刺客を夢むれば則ち刺客を得。

注　『五代史』に曰く、「後梁の康王友孜《こうおうゆうし》、目は重瞳《ちょうどう》、嘗て当に天子と為るべきを自負す。貞明元年、刺客をして末帝の寝中に入らしむ。末帝寐《い》ぬるに方り刺客の己を害するを夢む。既に寤《ご》し、榻《ねだい》の上の宝剣鏗然《こうぜん》として声有るを聞き、躍起し、剣を抽きて曰く、『将に変有らんや』と。乃ち寝中を索《もと》めて刺客を得、手ずから之を殺す」と。(17)

【現代語訳】

刺客を夢に見ると実際に刺客が現れる。

【語注】

○康王友孜……後梁（九〇七～九二三）太祖の子である朱友孜（または朱友敬）。康王は封号。刺客を送り兄の末帝を暗殺しようと

したが、刺客の夢を見て身の危険を察知した末帝に殺された。○重瞳……一つの眼球に二つの瞳があること。貴人の相として知られ、舜や項羽も重瞳であったとされている。「舜目蓋重瞳子、又聞項羽亦重瞳子。」（『史記』項羽本紀）○貞明元年……九一五年。
○鏗然……金属や石のなる音。「鍾声鏗者、言金鍾之声鏗鏗然矣。」（『礼記』楽記「鍾声鏗」孔穎達疏）

【原文】

本文　夢受秋駕則受秋駕、

注　呂氏春秋曰、*尹儒学御三年而無得、夜夢受秋駕於師、明日往朝、其師呼而謂之曰、今日将教子①以秋駕、尹儒反走北面再拝曰、今昔臣夢受之、先為其師言所夢、固秋駕也、

【校異】

①万暦本、嘉慶本同じ。道光本「女」。
*万暦本、嘉慶本同じ。道光本に「曰」字なし。

【書き下し文】

本文　夢に秋駕を受くれば則ち秋駕を受く。

注　『呂氏春秋』に曰く、「尹儒 御を学ぶこと三年なるも得ること無し。夜 秋駕を師に受くるを夢む。明日 往きて朝す。其の師呼びて之に謂いて曰く、『今日将に子に教うるに秋駕を以てせん』と。尹儒 反走し北面再拝して曰く、『今昔 臣夢に之を受く』と。先に其の師の為に夢みし所を言うに、固《まこと》に秋駕なり」と。(18)

【現代語訳】

夢の中で秋駕を伝授されれば実際に秋駕を伝授される。

【語注】

○秋駕……馬を御する術。「秋秋、馬騰驤也。所謂秋駕、以善馭不覂逸也。」（『集韻』）同様の話は『淮南子』道応訓にも見える。(19)

【原文】

注 晋書曰、*或問殷浩、将涖官而夢棺、将得財而夢糞何也、浩曰、①官本臭腐、故得官而夢尸、銭本糞土、故得銭而夢穢、時人以為名言、

本文 此直協之夢、其類可推也、何謂比象、将涖官則夢棺、将得銭則夢穢、

【校異】

①万暦本、嘉慶本同じ。道光本「殷浩」。
*万暦本、嘉慶本同じ。道光本に「曰」字なし。

【書き下し文】

本文 此れ直協の夢、其の類推すべきなり。何をか比象と謂う。将に官に涖《つ》かんとすれば則ち棺を夢み、将に銭を得んとすれば則ち穢《けがれ》を夢むるなり。

注 『晋書』に曰く、「或るひと殷浩《いんこう》に問う、『将に官に涖かんとして棺を夢み、将に財を得んとして糞を夢むるは何ぞや』と。浩曰く、『官は本と臭腐なり。故に官を得るに而して尸を夢む。銭は糞土に本づく。故に銭を得

るに而して穢を夢むるなり』と。時人以て名言と為す」と。(20)

【現代語訳】
これが直協の夢であり、その類は推測することができる。何を比象と言うのか。官位につこうとすれば棺を夢に見るし、財産を得ようとすれば穢れたものを夢に見る。

【語注】
○将涖官則夢棺……敦煌文書 S.2222「周公解夢書残巻」に「夢見身入棺、遷進、吉」（雑事章第三）、「夢見棺木、得官、吉」（冢墓章第十一）とある。晋の索充が見た、棺が天から落ちてくる夢も同様。「索充初夢天上有二棺落充前。紞曰、棺者、職也。当有京師貴人挙君。二官者、頻再遷。」（『晋書』索紞伝）○将得銭則夢穢……敦煌文書S.3908「新集周公解夢書一巻」に「夢見路上屎尿、大得財」（舟車橋市穀章第十六）とある。○殷浩……東晋の人。字は深源。老子と易を好み、清談に優れた。将軍の位につくが、北伐に失敗し桓温に弾劾されて庶人に落とされた。『晋書』に伝あり。

【原文】

本文　将貴顕則夢登高、将雨則夢魚、

注　説苑曰、*将陰夢水、将晴夢火、

【校異】
*万暦本、嘉慶本同じ。道光本に「曰」字なし。

【書き下し文】

本文 将に貴顕ならんとすれば則ち高きに登るを夢み、将に雨ふらんとすれば則ち魚を夢み、

注 『説苑』に曰く、「将に陰ならんとすれば水を夢み、将に晴れんとすれば火を夢む」と。(21)

【現代語訳】

貴顕な位につこうとする場合は高所に登る夢を見るし、雨が降ろうとする場合は魚を夢に見る。

【語注】

○将貴顕則夢登高、将雨則夢魚……高所に登る夢が貴顕の予兆とされる説はよく見られるもので、例えば『論衡』には「以夢占之知、知楼台山稜、官位之象也」(紀妖)とある。また、敦煌文書S.3908「新集周公解夢書」には「夢見登山壟、主高貴」(舟車橋市穀章第十六)、S.0620「占夢書」に「夢見魚飛、天必雨」(龍蛇篇第三十)とある。(22) ○将陰夢水、将晴夢火……類似の記述は『列子』にも見えるが、「夢火」は「将陰」における現象となっており、「将晴」については記述がない。

【原文】

本文 将食則夢呼犬、将遭喪禍則夢衣白、将沐恩寵則夢衣錦、謀為不遂①則夢荊棘泥塗、此比象之夢、其類可推也、何謂反極、有親姻燕会、則夢哭泣、有哭泣、口舌、争訟、則夢歌舞、

注 荘子曰、*夢飲酒者、旦而哭泣、夢哭泣者、旦而田獵、

列子曰、*夢飲酒者憂、夢歌舞者哭、

【校異】
①万暦本、嘉慶本同じ。道光本は「軏」のような字に作るが不鮮明。
＊万暦本、嘉慶本同じ。道光本に「曰」字なし。

【書き下し文】
本文　将に食らわんとすれば則ち犬を呼ぶを夢み、将に喪禍に遭わんとすれば則ち白を衣《き》るを夢み、将に恩寵を沐《う》けんとすれば則ち錦を衣るを夢み、謀《はかりごと》為して遂げずんば則ち荊棘泥塗《けいちょくでいと》を夢む。此れ比象の夢、其の類推すべきなり。何をか反極と謂う。親姻燕会有れば、則ち哭泣するを夢む。哭泣・口舌《こうぜつ》・争訟有れば、則ち歌舞を夢む。
注　『荘子』に曰く、「夢に酒を飲む者は、旦《あした》にして哭泣す。夢に哭泣する者は、旦にして田獵《でんりょう》す」と。(23)
『列子』に曰く、「夢に酒を飲む者は憂い、夢に歌舞する者は哭す」と。(24)

【現代語訳】
何かを食べようとする場合は犬を呼ぶ夢を見、喪に遭う場合は白い衣服を着る夢を見、恩寵を受けようとする場合は錦衣を着る夢を見、事を謀ってもそれが成功しない場合はいばらや泥道を夢に見る。これが比象の夢であり、その類は推測することができる。何を反極と言うのか。婚姻という慶事によって姻族を得ることや宴会があれば、哭泣する夢を見る。実際に哭泣・いさかい・訴訟争いがあれば、歌い舞う夢を見る。

【語注】
○荊棘泥塗……障害になるもののたとえ。○親姻燕会……「親姻」は姻族、「燕会」は宴会。○有哭泣、口舌、争訟、則夢歌舞……

敦煌文書 S.3908「新集周公解夢書」に「夢見唱歌者、有口舌」（仏道音楽章第八）とある。

【原文】

本文 寒則夢暖、饑則夢飽、病則夢医、

注 列子曰*、将陰夢火、将疾夢食、
仏書云*、凍人夢衣、饑人夢飽、
蘇東坡詩曰、饑人忽夢飯甑裂、夢中一飽百憂失、
黄山谷曰*、饑人常夢飽①、病人常夢医、

【校異】

①万暦本、嘉慶本同じ。道光本「饑人常夢」。
*万暦本、嘉慶本同じ。道光本に「曰」「云」字なし。

【書き下し文】

本文 寒ければ則ち暖を夢み、饑うれば則ち飽くを夢み、病めば則ち医を夢む。

注 『列子』に曰く、「将に陰ならんとすれば火を夢み、将に疾ならんとすれば夢に食らう」と。[25]
『仏書』に曰く、「凍うる人は衣を夢み、饑うる人は飽くを夢む」と。[26]
蘇東坡詩に曰く、「饑うる人は忽ち飯甑《はんそう》の裂くるを夢む。夢中の一飽 百憂失す」と。[27]
黄山谷曰く、「饑うる人は常に飽くるを夢み、病める人は常に医を夢む」と。[28]

【現代語訳】
寒ければ暖かさを夢に見るし、空腹であれば満腹になる夢を見るし、病気になれば医者を夢に見る。

【語注】
○飯甑……米をふかすための竹のせいろ。

【原文】

本文　憂孝則夢赤衣絳袍、慶賀則夢麻苴凶服、此反極之夢①、其類可推也、何謂厲妖、強死之鬼、依人為殃。

注　左伝、鄭伯有為厲、子産曰、用物精多則魂魄強、匹夫匹婦強死、而魂魄猶能憑依於人、以為淫厲、況良霄三世執其政柄而強死為厲、不亦宜乎、

【校異】
①万暦本、嘉慶本同じ。道光本「此乃反極之夢」。

【書き下し文】

本文　孝を憂えば則ち赤衣絳袍《せきいこうぼう》を夢み、慶賀あれば則ち麻苴凶服《ましょきょうふく》を夢む。此れ反極の夢、其の類推すべきなり。何をか厲妖《れいよう》と謂う。強死の鬼、人に依りて殃《わざわい》を為す。

注　『左伝』、鄭の伯有《はくゆう》厲《おに》と為ること有り。子産曰く、「物精を用うること多ければ則ち魂魄強し、匹夫匹婦　強死すれば、而して魂魄猶お能く人に憑依し、以て淫厲《いんれい》と為る。況んや良霄《りょうしょう》は三世其の政柄を執りて強死して厲

と為る、亦た宜《むべ》ならずや」と。(29)

【現代語訳】

父母の喪に服することを案じていれば〔長寿の象徴である〕緋色の着物や深紅の上着を夢に見るし、めでたいことがあれば〔葬儀の象徴である〕杖や喪服を夢に見る。これが反極の夢であり、その類は推測することができる。何を厲妖と言うのか。非業の死を遂げて亡霊となった者が、人に憑依してわざわいを起こすのである。

【語注】

○赤衣絳袍……緋色の上着と深紅の着衣。「袍、丈夫著下至跗者也。袍、苞也。苞、内衣也。」(『釈名』釈衣服) ○麻苴凶服……「麻」「苴」はともに麻の雌株。「凶服」は喪服。 ○強死之鬼……「強死」は不自然に死ぬこと、非業の死を遂げること。「強、健也。無病而死、謂被死也。」(『左伝』文公十年「三君皆将強死」孔穎達疏) ○鄭伯有為厲……伯有(良霄)は公子去疾(鄭穆公の庶子)の孫。鄭人に殺された伯有は、襄公三十年、自身に手を下した者に対して祟りを起こした(二一〇三頁)。伯有についての事跡は、『左伝』襄公十一年、十三年、二十六年、二十七年、昭公七年に見える。伯有が鬼となることについて問われた子産は、人が生まれると最初に動くのは魄(生理機能の中枢)で、その後は陽の気が身中において魂となること、また身体を養う諸物から精良の気を多く摂取できれば魂魄の力は強くなること、強力な魂魄が人を怨む方向に向かえば祟りを起こす鬼になることを述べた。 ○淫厲……わざわい、たたり。

【原文】

本文 聚怨之人、鬼将有報、

注 白孔六帖曰*、休明之代、物不為妖、聚怨之人、鬼将有報、

【校異】

＊万暦本、嘉慶本同じ。道光本に「曰」字なし。

【書き下し文】

本文　聚怨の人は、鬼将に報いること有らんとす。

注　『白孔六帖』に曰く、「休明の代は、物妖を為さず。聚怨の人は、鬼将に報いること有らんとす」と。(30)

【現代語訳】

周囲から怨まれる人は、鬼がそれに応じた報いを与えようとする。

【語注】

○休明……徳が立派に輝いていること。「商紂暴虐、鼎遷于周。徳之休明、雖小重也。」（『左伝』宣公三年）○物不為妖……竈鳴や釜鳴のように、動植物や道具に異常な現象が生じること。「地鏡曰、宮中竈及釜甑鳴響者、不出一年有大喪。」（『唐開元占経』巻百十四）、「妖怪者、蓋精気之依物者也。気乱於中、物変於外。」（『捜神記』巻六）

【原文】

本文　其見之夢寐者、則由己之志慮疑猜、神気惛乱、然後鬼厲乗其類瑕、肆其怪孽、故禍災立著、福祉難祁也、乃若晋侯①受縶於秦伯、燕王貶徙於房州、則又其次矣、

注　左伝、秦伯執晋侯曰、亦晋之妖夢是践、

温公通鑑曰、*燕王忠貶徙房州、数有妖夢、

【校異】
①万暦本、嘉慶本同じ。道光本「候」。
*万暦本、嘉慶本同じ。道光本に「曰」字なし。

【書き下し文】
本文 其れ之を夢寐に見る者は、則ち己の志慮疑猜に由りて、神気惛乱《こんらん》し、然る後に鬼厲《きれい》其の類瑕《らいか》に乗じ、其の怪《かい》孽《げつ》を肆《ほしいまま》にす。故に禍災は立ちどころに著れ、福祉は祁《さか》んとなり難し。乃ち晋侯の縶《ちゅう》を秦伯に受け、燕王の房州に貶徙《へんし》せらるるが若きは、則ち又た其の次なり。

注 『左伝』、秦伯 晋侯を執《とら》えて曰く、「亦た晋の妖夢をば是れ践《ふ》むなり」と。(31)
温公『通鑑』に曰く、「燕王忠《えんおうちゅう》 房州に貶徙《へんし》せられんとするに、数《しば》ば妖夢有り」と。(32)

【現代語訳】
鬼を夢に見る者は、自分の思慮や疑念によって精神が乱れ、そうして後に悪鬼がその精神的な弱さに乗じて、妖しげな現象を欲しいままにするのである。だから禍災が立ちどころに起こり、幸いも盛んにはなり難い。晋侯（恵公）が秦伯（穆公）の捕虜となったことや、燕王が房州に流されたことは、そうした夢にならぶものである。

【語注】
○其見之夢寐者、則由己之志慮疑猜、神気惛乱……怯懦や憂慮といった人間の精神的弱さが鬼の夢を見ることに繋がるとする点に

ついては、『論衡』にも「独臥空室之中、若有所畏懼、則夢見夫人拠案其身矣。夫覚見臥聞、俱用由精神、畏懼、存想、同一実也」（訂鬼）とある。〇類瑕……「類」は、きず。「簡文云、疵也。」（『経典釈文』老子第四十一章「夷道若類」[33]）〇福祉……幸福。「海内福祉帰乎王公。」（『韓詩外伝』巻三）〇晋侯受縶於秦伯……晋の恵公が韓の戦で秦の穆公の捕虜となったこと。「十有一月壬戌、晋侯及秦伯戦于韓、獲晋侯。」（『左伝』僖公十五年）〇燕王貶徙於房州……燕王は唐の高宗の長男李忠（字は正本。六四三～六六四）。陳王、雍州牧を経て皇太子となるが、武則天が皇后になると太子を廃されて粱王となり、その後は房州刺史に貶される。刺客を恐れ女装して自衛するが、その後庶民に貶され麟徳元年（六六四）に死を賜った。〇晋之妖夢是践……この「妖夢」は、魯の僖公十年に晋の狐突が、驪姫の策略により命を落とした太子申生の亡霊に遭遇した白昼夢のことを言う。「忽如夢而相見。」（僖公十年「遇大子。大子使登僕」杜預注）ここで申生は弟である夷吾の非礼を批判し、晋を敗戦や内乱の災難にあわせると告げる。晋献公が卒すると、夷吾は秦の援助を受けて即位する（晋恵公）も、秦から離反したため、秦穆公は恵公を攻めてこれを捕虜とし、「妖夢を践む（狐突の見た妖夢のお告げ通りにした）」と言った。「狐突不寐而与神言、故謂之妖夢。」（僖公十五年「亦晋之妖夢是践、豈敢以至」杜預注）なお『論衡』は、鬼は妖気が人の形を取ったものであることやいくつかの型があることを述べ、申生の亡霊については姿も見えて言葉も聞こえる型だとする。「若夫申生、見其体、成其言者也。」（訂鬼）

【原文】

本文　此之謂①厲妖之夢、其類可推也、

注　凡此九端、感変雖殊、占応則一、或同而異、或異而同、未可拠其往規、即譚凶吉、王符夢列篇備矣、

【1】潜夫論夢列篇曰*、夢有直、有象、有精、有想、有人、有感、有時、有反、有病、有性、昔武王邑姜娠太叔、夢帝謂己、命爾子虞、而与之唐、及生、手文曰虞、因以為名、成王滅唐、遂以封之、此直夢也、詩曰、維熊維羆、男子之祥、此象夢也、孔子思周公徳、夜即夢之、此精夢也、人有思即夢其至、有憂即夢其事、此想夢也、

【2】今事、貴人夢之為祥、賤人夢之即為殃、君子夢之為栄、小人夢之為辱、此人夢也、陰雨之夢使人厭迷、陽旱之夢使人乱離、大寒之夢使人怨悲、大風之夢使人飄飛、此感夢也、春夢発生、夏夢高明、秋冬夢熟蔵、此時夢也、晋文公城濮之戦夢楚子伏己而盬其脳、本大悪也、及戦乃大勝、此反夢也。陰病夢寒、陽病夢熱、内病夢乱、外病夢発②、百病之夢、或散或集、此病夢也、人之心情好悪③不同、或以此吉、或以此凶、当各自察④、常占⑤所従、此性夢也、

【3】故先有所夢、後無差忒謂之直、比擬相肖謂之象、凝念注神謂之精、昼有所思、夜夢其事、乍吉乍凶⑥、善悪不信謂之想、貴賤賢愚、男女長少謂之人、風雨寒暑謂之感、五行王相謂之時、陰極則吉、陽極則凶謂之反、観其所疾、察其所夢謂之病、心情好悪於事有験謂之性、此十者、占夢之大略也、而決吉凶者、多失其類、豈覚為陽、寐為陰、陰陽之務相反故耶、此亦謂其不甚者爾⑦、如使夢吉事而己意大喜楽⑧、則真吉矣、夢凶事而己意大憂懼⑧、則真凶矣、所謂春夏夢生長、秋冬夢死傷也、

【4】凡察夢者、清絜⑨鮮好、貌堅体健、竹木茂美、宮室、器械、新成、方正、開通、光明、温和、升上、向興之象、皆為吉喜、謀従事成、穢臭汚濁、腐爛枯槁、傾倚⑩、欹邪、劓刖、不安、閉塞、幽昧、解落、墜下、向衰之象、皆為計謀不従、挙事不成、妖孽怪異、可憎可悪之事、皆為憂患、図画卵胎⑪、刻鏤非真、瓦器虚空、皆為欺紿⑫、倡優俳儛、併小児所戯弄⑬之物、皆為観笑、此其大都也、

【5】夢或甚顕而無占、或甚微而有応、何也、曰、所夢不察而憒潰冒名也、故亦不専信以断事、人相対計事尚有不従、況慌忽雑夢、亦何必乎、唯⑭有精誠所感、神霊所告者、乃可占耳、故君子之異夢非妄也、必有事故焉、小人之異夢非栄也、必有真機焉、今一寝之夢、或屢遷化、百物代至、而其主不能究道⑮之、故占者有不中、此非占之罪也、乃夢者過也、或其夢審矣、而占者不能連類博観、故其夢有不験、此⑯非書之陋、乃説之過也、故占夢之難者、読

其書為難也、

【6】夫占夢必審其変故、審其徴候、内考情意、外考王相、則吉凶之符可見也[17]、且[18]凡人之見瑞而修徳者、福必成、見瑞而縦恣者、福転為禍、見妖而驕侮者、禍必成、見妖而戒懼者、禍転為福、故太姒有吉夢、文王不敢康吉、祀於群神、然後占於明堂、並拝吉夢、修省戒慎、聞喜若憂、故能成吉、以有天下、虢公夢見蓐収賜之土田、自以為有吉、史嚚令国人賀夢、聞憂而喜、故能成凶、以滅其封、易曰[19]、使知懼、又明於憂患与故、凡有異夢感心、無問善悪、常恐懼修省、以徳迎之、乃能逢吉、

【校異】

①万暦本、嘉慶本同じ。道光本「此謂」。
②万暦本、嘉慶本同じ。道光本「夢衍発」。
③万暦本、嘉慶本同じ。道光本「悪好」。
④万暦本、嘉慶本同じ。道光本「有」。
⑤万暦本、嘉慶本同じ。道光本「当」。
⑥万暦本、嘉慶本同じ。道光本「乍凶乍吉」。
⑦万暦本、嘉慶本同じ。道光本「不慎者耳」。
⑧万暦本、嘉慶本同じ。道光本「亦」。
⑨万暦本同じ。嘉慶本、道光本「潔」。
⑩万暦本、道光本同じ。嘉慶本「奇欹」。『潜夫論』は「倚徴」に作る[34]。
⑪万暦本、嘉慶本同じ。道光本「胎卵」。
⑫万暦本同じ。但し、「給」にも似る。嘉慶本、道光本は「紿」。

⑬万暦本、嘉慶本同じ。道光本「戲弄」。
⑭万暦本、嘉慶本同じ。道光本「惟」。
⑮万暦本、嘉慶本同じ。道光本「通」。
⑯万暦本、嘉慶本同じ。道光本「非此」。
⑰万暦本、嘉慶本同じ。道光本「矣」。
⑱万暦本、嘉慶本同じ。道光本「且」。
⑲万暦本、道光本同じ。嘉慶本「外内使」。
＊万暦本、嘉慶本同じ。道光本に「曰」字なし。

【書き下し文】

本文 此れを之れ厲妖の夢と謂う。其の類推すべきなり。

注 凡そ此の九端、感変は殊なると雖も、占応あるは則ち一、或いは同にして異、或いは異にして同、未だ其の往規に拠るべからず。即ち凶吉を譚ずること、王符の夢列篇に備われり(35)。

【1】『潜夫論』夢列篇に曰く、「夢に直《ちよく》有り、象《しよう》有り、精《せい》有り、想《そう》有り、人《じん》有り、感《かん》有り、時《じ》有り、反《はん》有り、病《びよう》有り、性有り。昔 武王の邑姜《ゆうきよう》 太叔《たいしゆく》を娠《はら》む。帝の己に『爾《なんじ》の子に虞《ぐ》と命《なづ》け、之に唐を与えん』と謂うを夢む。生まるるに及び、手に文ありて虞と曰う。因りて以て名と為す。成王 唐を滅ぼし、遂に以て之に封ず。此れ直夢なり。詩に曰く、『維《こ》れ熊、維れ羆、男子の祥』と。此れ象夢なり。孔子、周公の徳を思い、夜は即ち之を夢む。此れ精夢なり。人に思うこと有れば即ち其の至るを夢み、憂い有れば即ち其の事を夢む、此れ想夢なり。

【2】今事 貴人之を夢むれば祥と為し、賤人之を夢むれば即ち殃と為し、君子之を夢むれば栄と為し、小人之を夢

むれば辱と為す。此れ人夢なり。陰雨の夢は人をして厭迷せしめ、陽旱《ようかん》の夢は人をして乱離せしむ。大寒の夢は人をして怨悲せしめ、大風の夢は人をして飄飛せしむ。此れ感夢なり。春は発生を夢み、夏は高明を夢み、秋冬は熟蔵を夢む。此れ時夢なり。晋文公 城濮の戦に楚子の己に伏して其の脳を盬《す》うを夢み、本と大いに悪《にく》むも、戦うに及び乃ち大勝す。此れ反夢なり。陰病なれば寒を夢み、陽病なれば熱を夢み、内病なれば乱を夢み、外病なれば発を夢む。百病の夢、或いは散じ或いは集まる、此れ病夢なり。人の心情好悪は同じからず、或いは此れを以て吉とし、或いは此れを以て凶とす。当に各おの自《みずか》ら察し、常に従う所を占うべきなり。此れ性夢なり。

【3】故に先に夢むる所有りて、後に差忒《さとく》すること無きは之を直と謂う。比擬相い肖《に》るは之を象と謂う。念を凝《さだ》め神を注ぐは之を精と謂う。昼に思う所有りて、夜に其の事を夢む。乍《たちま》ち吉にして乍ち凶、善悪の信ならざるは之を想と謂う。貴賤賢愚、男女長少は之を人と謂う。風雨寒暑は之を感と謂う。五行王相は之を時と謂う。陰極まれば則ち吉、陽極まれば則ち凶なるは之を反と謂う。其の疾する所を観て、其の夢むる所を察するは之を病と謂う。心情好悪の事に於いて験有るは之を性と謂う。此の十者は、占夢の大略なり。而るに吉凶を決する者は、多く其の類を失す。豈に覚は陽為り、寐は陰為りて、陰陽の務め相い反する故ならんや。此れ亦た其の甚だしからざる者を謂うのみ。如《も》使し吉事を夢みて己が意大いに喜楽すれば、則ち真に吉なり。凶事を夢みて己が意大いに憂懼すれば、則ち真に凶なり。所謂春夏には生長を夢み、秋冬には死傷を夢むるなり。

【4】凡そ夢を察する者は、清絜にして鮮好、貌は堅にして体は健、竹木は茂美、宮室、器械、新成、方正、開通、光明、温和、升上は、向興の象にして、皆喜と為して喜び、謀従い事成る。穢臭にして汚濁、腐爛して枯槁、傾倚、欹邪、劓刖《ぎげつ》、不安、閉塞、幽昧、解落、墜下は、向衰の象にして、皆計謀を為すも従わず、事を挙ぐる

も成らず。妖孽怪異、憎むべく悪むべきの事は、皆憂患と為す。卵胎を図画し、刻鏤するも真に非ず、瓦器の虚空なるは、皆欺紿《ぎたい》と為す。倡優俳儛《しょうゆうはいぶ》、併せて小児の戯弄する所の物は、皆観笑と為す。此れ其の大都なり。

【5】夢或いは甚だ顕らかなるも占無く、或いは甚だ微かなるも応ずること有るは、何ぞや。曰く、夢むる所は察せずして憯・潰・冒の名なり。故に亦た専ら信じて以て事を断ぜず。人相い対して事を計るも尚お従わざる有り。況んや慌忽の雑夢、亦た何ぞ必せんや。唯だ精誠の感ずる所、神霊の告ぐる所有る者は、乃ち占うべきのみ。故に君子の異夢は妄に非ざるなり。必ず事の故《ゆえ》有り。小人の異夢は栄に非ざるなり。必ず真の機《きざし》有り。今一寝の夢、或いは屢ば遷化し、百物代わるがわる至りて、其の主は之を究道する能わず。故に占者中《あた》らざること有り。此れ占の罪に非ず。乃ち夢者の過ちなり。或いは其の夢審らかなり。而るに占者は類を連ね博く観ること能わず。故に其の夢 験せざること有り。此れ書の陋に非ず。乃ち説の過ちなり。故に占夢の難きは、其の書を読むを難しと為すなり。

【6】夫れ夢を占うには必ず其の変の故を審らかにし、其の徴候を審らかにし、内は情意を考え、外は王相《おうしょう》を考うれば、則ち吉凶の符見るべきなり。且つ凡そ人の端を見て徳を修むる者は、福必ず成る。端を見て縦恣《ほうし》なる者は、福転じて禍と為る。妖を見て驕侮《きょうぶ》する者は、禍必ず成る。妖を見て戒懼する者は、禍転じて福と為る。故に太姒《たいじ》に吉夢有るも、文王は敢えて吉に康んぜず、群神を祀り、然る後に明堂に占い、並びに吉夢を拝し、修省戒慎し、喜を聞くこと憂うが若し。故に能く吉を成し、以て天下を有《たも》てり。虢公《かくこう》は蓐収《じょくしゅう》の之に土田を賜うを夢み、自《みずか》ら以て吉有りと為し、史嚚《しぎん》の国人をして夢を賀せしむるは、憂いを聞いて喜ぶなり。故に能く凶を成し、以て其の封を滅ぼせり。易に曰く、『懼れを知らしむ。又た憂患と故《ゆえ》とを明らかにす』と。凡そ異夢有れば心に感じて、善悪を問う無く、常に恐懼して修省し、徳を以て之を迎うれば、乃ち能く吉に逢う」と。

【現代語訳】

本文　これを厲妖の夢と言う。その他の類も推測することができる。

注　（陳堦による解説のため訳出）これら全ての九端は、全て感変（事物との接触によって生じる変化）が異なっても、占応がある（占いとしての結果＝占いとしてなんらかの結果が出る）という点では同じことである。とはいえ同じようでいて違い、違うようでいて同じであるため、既存のルールに従うこともできないのだが、吉凶（をどのように判断するか）についての話は、王符の夢列篇に備わっている。

【語注】

【1】○凡此九端、感変雖殊、占応則一……「九端」「感変」については本篇「感変九端、疇識其由然哉」節を参照。これまで述べてきた九端はその現れ方も内容も異なるが、何らかの意味を持って占いに供することができる点は同様であること。○往規……固定した方策。○王符夢列篇……王符、字は節信。安定郡臨涇県（現在の甘粛鎮原県）の人。諸学に精通したが、生涯一度も官途につかず閑居執筆に専念し、『潜夫論』を著した。王符は、当時の和帝、安帝期に深刻化した社会的腐敗を憂い、官僚政治や辺境管理、学問、風俗などさまざまな方面から社会の時弊を論じた(36)。○昔武王邑姜娠太叔〜成王滅唐、遂以封之……本篇「此謂厲妖之夢、其類可推也」節に前出。○詩曰、維熊維羆、男子之祥、此象夢也……『詩経』小雅の斯干に見える句。同様に象徴性のある夢は小雅の無羊にも見える。○孔子思周公徳、夜即夢之、此精夢也……意精の夢。ある特定のことについて深思して見る夢。『周礼』『列子』の「思夢」とも通ずる。「覚時所思念之而夢。」（『周礼』春官・占夢「三曰思夢」鄭玄注）○想夢……記想の夢。昼間に思ったことが反映される夢。

【2】○人夢……人位の夢。地位や立場に応じて見る夢。○感夢……風雨寒暑など陰陽の気に刺激されて見る夢。○時夢……応時の夢。「時」は四時のこと。季節ごとの特性を反映する夢。○晋文公城濮之戦〜此反夢也……「反夢」は極反の夢。晋文公の夢は宗空篇に前出（一九九頁）。○陰病夢寒、陽病夢熱〜此病夢也……体内の陰気もしくは陽気が標準を超えたり（実証）下回ったり

して（虚証）、陰陽のバランスを崩すことで見る夢。「陰病夢寒」は、陰気が盛んとなり身体を温める機能が低下するため寒さを感じる夢を見ること。「陽病夢熱」はその反対。本篇の「気盛」や『素問』脈要精微論の「陰気盛則夢渉大水而恐懼、陽気盛則夢大火而燔焫」も同様。「内病」は、身体に影響を与える内的要因（喜・怒・哀・悲・恐・驚・憂・思の七情）による病。「外病」は気候などの外的要因（風・寒・暑・湿・燥・火の六淫）による病。○性夢……性情の夢。夢の内容というよりも、夢に対する態度に言及する語。各々の心情により夢の吉凶を推測すること。

【3】○差忒……くい違うこと。「忒」は違うこと、変わること。「忒、変也。」（『詩経』瞻卬「鞫人忮忒」毛伝）○比擬相肖……「比擬」「相肖」ともに比較して似ていること。○凝念注神……精神を集中して思うこと。『論衡』の「精念存想」（訂鬼）も同様。○昼有所思、夜夢其事……『列子』に「昼想夜夢」（周穆王）とある。○五行王相……陰陽家のいわゆる王相（休王）説。五行相生・相剋説に基づき、五行間の相性を「王・相・死・休・囚」などで示す。六夢篇に前出（二五八頁）。「弁陰陽之気。」（『周礼』春官・占夢）「陰陽之気、休王前後。」（鄭玄注）○占夢之大略也……占夢の要点。「此其大略也。」（『孟子』滕文公上）「略、要也。」（趙岐注）○豈覚為陽、寐為陰、陰陽之務相反故耶……人の行動は、陽に属する覚醒時と陰に属する睡眠時に二分される。「臥夢為陰候、覚為陽占。」（『論衡』紀妖）占夢が「大略」通りにいかないのは、睡眠時の夢を覚醒時に占うという行為自体が、陰と陽との背反を招くためだとする考え方。王符からすれば、これは占夢の「類を失していた」者（もしくは「占夢の大略」に慎重な態度を取らない者）による詭弁の一種であったと考えられる。

【4】○貌堅体健……落ち着いて堅実なさま、身体が健康であること。○宮室、器械、新成、方正……「器械」は礼器と武具。「器械、礼楽之器及兵甲也。」（『礼記』大伝「異器械」鄭玄注）「方正」は建築や器具の仕上がりに歪みがないこと。○温和、升上……気候が温和なことと、昇進といった状況の向上。○穢臭汚濁、腐爛枯槁……汚臭のするものや、腐乱物、枯れた植物など。[37] ○傾倚、欹邪……一方に傾き歪んださま。「倚」は寄りかかる、「欹」は傾く。「邪」は「斜」に通じる。○劓刖……危うく不安定なさま。「劓刖、困于赤紱。」（『易経』困卦）、「荀王粛本、劓刖作臲卼、云不安貌。」（『経典釈文』易経・困卦「劓刖」）○図画卵胎……孵化していない卵や、胎生でまだ生まれていないものなどを描くこと。「卵胎、物之未成者、故為『見欺紿』。」（『潜夫論箋校正』王継培箋）○刻鏤非真……まがいものの彫刻。○欺紿……あざむくこと。○倡優俳儛……歌や雑技や踊り、道化芝居で観客を楽し

ませる芸人。○小児……直前の「倡優俳㑳」と文意が連続するものと考え、「侏儒（背丈の低い人間、芸人）」とほぼ同義と取る。「優倡侏儒」（『管子』立政九敗解）、「今俳優、侏儒」（『荀子』正論）○大都……概略、あらまし。「且命工人存其大都焉。」（韓愈「画記」[38]）

【5】○所夢不察而懵潰冒名也……「懵」は愚かであること、無知。「潰」は乱れること。「冒」は散乱すること。[39]○唯有精誠所感……ここでは己の純粋誠実な心が感じうることで見る夢。「精誠」は真心、誠意。「精誠相射。」（『潜夫論』交際）、「精誠感于内、形気動于天。」（『淮南子』泰族）○君子之異夢非妄也、必有事故焉、小人之異夢、非栄也、必有真機焉……「異夢」は、夢者にとって通常と異なるように感じる夢。君子にとっての異夢は、君子という高い人間性にそぐわない不合理なものではなく、何かしらの意味があって見るものであること。また小人にとっての異夢は、愚昧な者に似つかわしくない不可思議な夢でも、それは栄誉と関わるものではなく、神妙なはたらきを内に持つものであること。「真機」は玄妙の理。まことのきざし。○連類博観……類似するものを繋げながら、広く観察すること。

【6】○太姒有吉夢……吉事篇に前出（三〇六頁）。○虢公夢見蓐収賜之土田、自以為有吉……虢は周文王の弟である虢仲が封ぜられた地（西虢）。平王の東遷によって国を移し南虢となる。春秋時代、晋に滅ぼされる。蓐収は刑罰を司る神。西方・秋・白・金・刑などを象徴する。「蓐収、西方白虎金正之官也。」（『国語』晋語二「如君之言、則蓐収也」韋昭注）、「孟秋之月……其神蓐収。」（『礼記』月令）、「金正曰蓐収。」（『左伝』昭公二十九年）○史嚚令国人賀夢、聞憂而喜、故能成凶、以滅其封……史嚚は虢の太史。蓐収が虢公に「晋を汝の国に入らせよう」と告げた夢は、本来凶夢（晋に滅ぼされることの予兆）であったが、虢公は吉夢（晋が自国に投降する）と思いこみ、国民にその夢を祝福させた。○易曰、使知懼、又明於憂患与故……『易経』は人間行動の指針を示す書であり、そこに示される変化流転の道を観察すれば、人は畏懼すべきことがあると知り、憂患に遭遇した時はその理由を明らかにできるということ。[40]○凡有異夢感心、無問善悪、常恐懼修省、以徳迎之、乃能逢吉……異夢に対し「敢えて吉に康ん」じなかった文王と、「自ら以て吉有りと為」した虢公との対比、および『易経』の言葉を受け、異夢の吉凶を容易に確信せず、まずは道義に基づく行いを通じて夢に向かい合うことが重要であることを述べる。

感変篇第十・訳者注

（1）不識感変之所起者、事至則惑其所由然。識感変之所起者、事至則知其所由然。知其所由然、則無所怛。一体之盈虚消息、皆通於天地、応於物類。（『列子』周穆王）

（2）一体之盈虚消息、皆通於天地、応於物類。陰気壮則夢渉大水而恐懼。陽気壮則夢渉大火而燔焫。陰陽倶壮則夢生殺。甚飽則夢与、甚飢則夢取。是以以浮虚為疾者、則夢揚。以沈実為疾者、則夢溺。藉帯而寝則夢蛇、飛鳥銜髪則夢飛。将陰夢火、将疾夢食。飲酒者憂、歌舞者哭。子列子曰、神遇為夢、形接為事。故昼想夜夢、神形所遇。故神凝者想夢自消。信覚不語、信夢不達。物化之往来者也。古之真人、其覚自忘、其寝不夢。幾虚語哉。（『列子』周穆王）

（3）岐伯曰、陰気盛則夢渉大水而恐懼。陽気盛則夢大火而燔焫。陰陽倶盛則夢相殺。上盛則夢飛、下盛則夢堕。甚飢則夢取、甚飽則夢予。肝気盛則夢怒。肺気盛則夢恐懼哭泣飛揚。心気盛則夢善笑恐畏。脾気盛則夢歌楽身体重不挙。腎気盛則夢腰脊両解不属。凡此十二盛者、至而写之立已。（『黄帝内経霊枢』淫邪発夢篇）

（4）是知陰盛則夢渉大水恐懼。陽盛則夢大火燔灼。陰陽倶盛則夢相殺毀傷。上盛則夢飛、下盛則夢堕。甚飽則夢予、甚飢則夢取。肝気盛則夢怒。肺気盛則夢哭。短虫多則夢聚衆、長虫多則夢相撃毀傷。（『黄帝内経素問』脈要精微論）

（5）『類経』張景岳注では、五気を五蔵（心肺肝脾腎）から生じる気とし、更にそれらから生じる喜怒悲憂恐を五志とする（巻二）。

（6）元魏の瞿曇般若流支訳の『正法念処経《しょうぼうねんじょきょう》』に「若虫歓喜有力、多見諸夢、或善不善、以虫過故、以虫流行於心脈故、夢見衆相」（巻第六十五身念処品第七之二）とある。『正法念処経』は世尊による「正法念処法門」の広説で、主な内容は地獄・餓鬼・畜生・天上に関する事象である。「身念処品」は人体の生理現象を「風」「虫」で詳述し、中でも歓喜虫と臆念虫は人間の髄に宿り人に夢を見せる虫とされている。

（7）是以少気之厥、令人妄夢、其極至迷。三陽絶、三陰微、是為少気。是以肺気虚則使人夢見白物、見人斬血藉藉。得其時則夢見兵戦。腎気虚則使人夢見舟船溺人。得其時則夢伏水中、若有畏恐。肝気虚則夢見菌香生草、得其時則夢伏樹下不敢起。心気虚則夢救火陽物、得其時則夢燔灼。脾気虚則夢飲食不足、得其時則夢築垣蓋屋。此皆五蔵気虚、陽気有余、陰気不足、

合之五診、調之陰陽、以在経脈。（『黄帝内経素問』方盛衰論）

（8）一方で、「少気之厥、令人妄夢、其極至迷。三陽絶、三陰微、是為少気」（本篇注（7）参照）の「少気之厥」は体内の気が不足し、陰陽の気の流れが微弱で、両者のバランスも崩れてしまった状態。

（9）「少陰」は、中医学の病証名。「少陰病、下利清穀、裏寒外熱、手足厥逆、脈微欲絶。」この「少陰」について、金載斗訳注『夢占逸旨몽점일지』（은행나무、二〇〇八年十一月）は、腎虚の説明としての「少陰不至者、厥也」（『黄帝内経素問』脈解）を引くが、これは色欲過度による少陰腎経の経気が四肢に到達しえないことを言い、『夢占逸旨』の言う「気虚」「邪寓」の夢と相容れない。

（10）「厥気客于心、則夢見丘山烟火。客于肺則夢飛揚、見金鉄之奇物。客于肝則夢山林樹木。客于脾則夢見丘陵大沢壊屋風雨。客于腎則夢臨淵没居水中。客于膀胱則夢遊行。客于胃則夢飲食。客于大腸則夢田野。客于小腸則夢聚邑衝衢。客于胆則夢闘訟自刳。客于陰器則夢接内。客于項則夢斬首。客于脛則夢行走而不能前、及居深地窌苑中。客于股肱則夢礼節拝起。客于胞脯則夢溲便。凡此十五不足者、至而補之立已也。」（『黄帝内経霊枢』淫邪発夢篇）、「是以少気之厥、令人妄夢、其極至迷。」（『黄帝内経素問』方盛衰論）

（11）本篇注（2）を参照。

（12）本篇注（2）を参照。

（13）或曰、人亦有直夢。夢見甲、明日則見甲矣。夢見君、明日則見君矣。曰、然。人有直夢。直夢皆象也。其象直耳。何以明之。直夢者、夢見甲、夢見君、明日見甲与君。此直也。如問甲与君、甲与君則不見也。甲与君不見、所夢見甲与君者、象類之也。（『論衡』紀妖）

（14）鄭人有薪於野者遇駭鹿、御而撃之、斃之。恐人見之也。遽而蔵諸隍中、覆之以蕉、不勝其喜。俄而遺其所蔵之処。遂以為夢焉。順塗而詠其事。傍人有聞者、用其言而取之。既帰告其室人曰、向薪者夢得鹿而不知其処。吾今得之。彼直真夢者矣。室人曰、若将是夢見薪者之得鹿邪。詎有薪者邪。今真得鹿是若之夢真邪。夫曰、吾拠得鹿、何用知彼夢我夢邪。薪者之帰不厭失鹿。其夜真夢蔵之之処。又夢得之之主。爽旦案所夢而尋得之。遂訟而争之、帰之士師。士師曰、若初真得鹿妄謂之夢、真夢得鹿妄謂之実。彼真取若鹿而与若争鹿、室人又謂夢認人鹿無人得鹿。今拠有此鹿請二分之以聞鄭君。鄭君曰、嘻、士師将復夢分人鹿乎。訪之国相。国相曰、夢与不夢、臣所不能弁也。欲弁覚夢、唯黄帝、孔丘。（『列子』周穆王）

（15）「晋書曰、劉浩、事祖母極孝、家貧、夢人謂之曰、西籬下有粟。寤而掘之、得粟十五鐘、銘曰、七年粟百石、以賜孝子劉浩。自是食之七載方尽。」（『夢占逸旨』草木「劉浩夢籬下粟」注）但し、『晋書』では「劉殷」となっている（本篇注（16）を参照）。この点については『夢占逸旨』の版本間にも異同は見られない。避諱の可能性も低いため、ここでは嘉靖本の誤字が他版本にもそのまま引き継がれた事例としておく。この種の事例については『夢占逸旨』内篇にも複数見られる。論考篇第三章の第3類を参照。

（16）劉殷字長盛、新興人也。……嘗夜夢人謂之曰、西籬下有粟。寤而掘之、得粟十五鍾、銘曰七年粟百石、以賜孝子劉殷。自是食之、七載方尽。時人嘉其至性通感、競以穀帛遺之。殷受而不謝、直云待後貴当相酬耳。（『晋書』劉殷伝）

（17）梁康王友孜、目重瞳子、嘗竊自負、以為当為天子。貞明元年、末帝徳妃薨、将葬、友孜使刺客夜入寝中。末帝方寐、夢人害己、既寤、聞榻上宝剣鎗然有声、躍起、抽剣曰、将有変邪。乃索寝中、得刺客、手殺之。（『新五代史』太祖子康友孜）

（18）尹儒学御三年而不得焉。苦痛之夜夢受秋駕於其師。明日往朝其師望而謂之曰、吾非愛道也。恐子之未可与也。今日将教子以秋駕。尹儒反走北面再拝曰、今昔臣夢受之先為其師言所夢。所夢固秋駕。已上二士者可謂能学矣。可謂無害之矣。此其所以観後世已痛悼也。秋駕御法也。（『呂氏春秋』博志）

（19）尹需学御、三年而無得焉。私自苦痛、常寝想之。中夜、夢受秋駕于師。明日往朝、師望之、謂之曰、吾非愛道于子也、恐子不可予也。今日教子以秋駕。尹需反走、北面再拝曰、臣有天幸、今夕固夢受之。故老子曰、致虚極、守静篤、万物丼作、吾以観其復也。（『淮南子』道応訓）

（20）「或問浩曰、将莅官而夢棺、将得財而夢糞、何也。浩曰、官本臭腐、故将得官而夢尸。銭本糞土、故将得銭而夢穢。時人以為名言。」（『晋書』殷浩伝）また、『世説新語』文学篇にもほぼ同様の内容が見える。

（21）『説苑』の記述としては見当たらないが、『関尹子』に「曰心応棗、肝応楡。我通天地、将陰夢水、将晴夢火、天地通我」（二柱）とある。

（22）夢が自身（遵誨）ではなく他者の貴顕を暗示する場合もある。「太祖微時、客遊至漢東、依宗本、而遵誨憑藉父勢、太祖毎避之。遵誨嘗謂太祖曰、毎見城上紫雲如蓋、又夢登高台、遇黒蛇約長百尺余、俄化龍飛騰東北去、雷電随之、是何祥也。太祖皆不対。」（『宋史』董遵誨伝）

（23）夢飲酒者、旦而哭泣。夢哭泣者、旦而田獵。方其夢也、不知其夢也。（『荘子』斉物論）

（24）本篇注（2）を参照。

（25）本篇注（2）を参照。

（26）「仏書」については詳細不明。『維摩経義疏』仏道品第八に「如餓夫夢飯。無有飽斯」とある。

（27）飢人忽夢飯甑溢、夢中一飽百憂失。（蘇軾「次韻孔毅父久旱已而甚雨三首」）

（28）病人多夢医、囚人多夢赦、如何春来夢、合眼在郷社。（黄庭堅「謫居黔南十首」）

（29）趙景子問焉、曰、伯有猶能為鬼乎。子産曰、能。人生始化曰魄。既生魄。陽曰魂。用物精多、則魂魄強。是以有精爽至於神明。匹夫匹婦強死、其魂魄猶能馮依於人、以為淫厲。況良霄、我先君穆公之冑、子良之孫、子耳之子、敝邑之卿従政三世矣。鄭雖無腆。抑諺曰、蕞爾国、而三世執其政柄、其用物也弘矣、其取精也多矣。其族又大所馮厚矣、而強死能為鬼、不亦宜乎。（『左伝』昭公七年）

（30）当休明之代〔物不為妖〕、而聚怨之人〔鬼将有報〕。（『白孔六帖』巻九十）〔 〕内は、孔伝の続撰部分。

（31）「鄭以救公誤之、遂失秦伯、秦獲晋侯以帰、晋大夫反首抜舎従之。秦伯使辞焉曰、二三子何其慼也。寡人之従君而西也、亦晋之妖夢是践。豈敢以至。狐突不寐而与神言、故謂之妖夢。申生言帝許罰有罪。今将晋君而西以厭息。此語践厭也。」（『左伝』僖公十五年「晋之妖夢是践、豈敢以至」杜預注）、「晋侯改葬共大子。秋、狐突適下国、遇大子。大子使登僕、而告之曰、夷吾無礼。余得請於帝矣。将以晋畀秦。秦将祀余。対曰、臣聞之、神不歆非類、民不祀非族。君祀無乃殄乎。且民何罪。失刑乏祀。君其図之。君曰、諾。吾将復請。七日、新城西偏、将有巫者而見我焉。許之、遂不見。及期而往、告之曰、帝許我罰有罪矣。敝於韓。」（僖公十年）

（32）「房州刺史梁王忠、年浸長、頗不自安、或私衣婦人服以備刺客。又数自占吉凶。或告其事、秋、七月、乙巳、廃忠為庶人、徙黔州、因於承乾故宅。」（『資治通鑑』巻二百　但し、「数有妖夢」の一句は『資治通鑑』ではなく『旧唐書』『新唐書』に見える。「忠、年漸長大、常恐不自安、或私衣婦人之服、以備刺客。又数有妖夢、常自占卜。」（『旧唐書』巻八十六）、「俄徙房州刺史。忠寖懼不聊生、至衣婦人衣、備刺客。数有妖夢、嘗自占。事露、廃為庶人、囚黔州承乾故宅。」（『新唐書』巻八十一）

（33）天宝写本類作顡。之字宋本已誤、廬本改作疵。（『経典釈文彙校』）

（34）汪継培箋・彭鐸校正『潜夫論箋校正』（中華書局、一九八五年）には「諸臭汚腐爛、枯槁絶霧、傾倚徴邪」とあり、汪氏は「『徴』疑『欹』」とする。一方彭鐸氏は、「『欹邪』与『傾倚』義複」などの理由で汪説を疑い、「『徴』蓋『微』字之誤。微、読為『違』」とする。なお、張覚『潜夫論全訳』（貴州人民出版社、一九九九年）も同様の指摘をするが、『夢占逸旨』と汪継培箋については「義未安」とし、「乖」の可能性を提示する。

（35）『潜夫論』のテキストについては、『潜夫論箋校正』（前出）のほか、張覚『潜夫論全訳』（前出）、劉文英『夢的迷信与夢的探索』（中国社会科学出版社、二〇〇〇年）が校訂を行っている。嘉靖本『夢占逸旨』所収の『潜夫論』との間にもかなりの異同が認められるが、本書では嘉靖本を尊重しつつ、必要に応じて校異もしくは注釈を附す。

（36）『後漢書』王符伝、張覚『潜夫論全訳』前言「一、王符的生平事跡及其所処的時代」より。

（37）張覚氏校訂本には「穢臭汚濁腐爛、枯槁絶霧」とある。氏は「枯槁」を人間のやせ衰えたさま、「絶霧」を強健ではないさまとし、上の「貌堅体健」と対になるとする。

（38）現行本『潜夫論』は「大部」とする。「大部：大体。《夢占逸旨》引文作〝大都〞、也通。」（張覚氏注）

（39）「憯潰冒」三字並列、皆惛乱不明之意。……「憯潰冒名」即「憯潰冒之名」……俗語「細微末節」、「寛洪大量」之類、皆以三同義字為定語耳。（『潜夫論箋校正』）

（40）易之為書也、不可遠、為道也屢遷。変動不居、周流六虚、上下無常、剛柔相易、不可為典要、唯変所適。其出入以度、外内使知懼。又明於憂患与故、無有師保、如臨父母。（繋辞伝下）

解　説――『夢占逸旨』と陳士元について

（一）『夢占逸旨』概要

陳士元『夢占逸旨』は、夢に関する十のテーマについて論じる内篇二巻十篇と、内容ごとに夢を分類する外篇六巻二十篇とから成る。その内容は、陳士元による本文と、息子の陳堦による注で構成されている。注では本文の論拠として広汎な文献を引いており、その中には現在では貴重な逸文や異文も確認できる。例えば、内篇感変篇の注が引く『潜夫論』夢列篇の全文は、現行本『潜夫論』の闕を補完するものとして史料的価値が高い(1)。

内篇は、夢と占夢に対する陳士元の思想を示すものである。各篇の要点は次の通り。

真宰篇第一…夢の生成論について説く。
長柳篇第二…亀卜、易占に対する占夢の優位性を説く。
昼夜篇第三…天地と人との繋がりにおける夢の意義を説く。
衆占篇第四…多種多様な占いにおける占夢の位置づけを説く。
宗空篇第五…夢を虚妄とする宗空生と、それに反駁する通微主人との問答。

（以上、巻一）

聖人篇第六…道家文献における「聖人無夢」論への反駁。
六夢篇第七…夢の伝統的な分類と、占夢で天象を鑑みることとの重要性について説く。
古法篇第八…既に逸した「古法」の概観と独自の理論「五不占」「五不験」を説く。
吉事篇第九…吉夢と悪夢、および古来からの悪夢祓いについて説く。
感変篇第十…独自の観点から夢を分析した「九夢」について説く。
（以上、巻二）

一覧すると、夢や占夢についてさまざまな視点から論じるものであることがわかる。また、こうした点については、既に先行研究でも指摘されており、『夢占逸旨』が夢の理論書としての性格を色濃く有していたことが改めて確認できる。(2)

一方の外篇は、事象ごとに関連する占夢の事例を収集・整理したもので、編者による解説なども載せる。その構成は以下の通り。

天者篇第一　日月篇第二　雷雨篇第三　（以上、巻三）
山川篇第四　形貌篇第五　食衣篇第六　（以上、巻四）
器物篇第七　財貨篇第八　筆墨篇第九　字画篇第十　（以上、巻五）
科甲篇第十一　神怪篇第十二　寿命篇第十三　（以上、巻六）
鳳鳥篇第十四　獣群篇第十五　龍蛇篇第十六　（以上、巻七）

亀魚篇第十七　草木篇第十八　施報篇第十九　泛喩篇第二十（以上、巻八）

天と関わる「天者」「日月」「雷雨」に始まり、地上の自然物である「山川」、人間に関わる「形貌」「食衣」「器物」、そして什器や動植物などの項目へと続く。この天・地・人というおおよその枠組は、『芸文類聚』『太平御覧』を代表とする類書の形式を踏襲するものである。しかし、外篇は単なる資料の羅列に終始するわけではなく、占断を下す際の留意点を示すなど、内篇の思想的内容とも繋がるとおぼしき点も見える。詳細については、論考篇第二章を参照されたい。

『夢占逸旨』の版本のうち、現在最も閲覧が容易なのは清の嘉慶年間に刊行された呉省蘭輯『芸海珠塵』所収本（嘉慶中南匯呉氏聴彝堂刊本。以下、「嘉慶本」と略称）である。これは『百部叢書』のほか、『続修四庫全書』にも収められている。以下、『夢占逸旨』の内容を概観するために、『続修四庫全書総目提要』（子部術数類）の記述を挙げる。

明陳士元撰。士元字は心叔、嘉靖時の進士、官を歴すること灤州知州に至る。著す所の書に『易象鉤解』『五経異文』『孟子雑記』『荒史』『古俗字略』『夢林元解』『名疑』『姓匯』『姓觽』等有り。此の書は則ち夢事の経史子集に見ゆる者を採集して、駢偶の語を以て之を出だし、総じて分けて八巻と為す。内外両篇三十類、内篇十類曰く、真宰・長柳・昼夜・衆占・宗空・聖人・六夢・古法・吉事・感変。外篇二十類曰く、天者・日月・雷雨・山川・形貌・食衣・器物・財貨・筆墨・字画・科甲・神怪・寿命・鳳鳥・獣群・龍蛇・亀魚・草木・施報・泛喩。毎類若干の事あり、毎事の下、各おの疏《わ》かちて出処を挙ぐること、日月篇に孫権　呉を啓くを曰うに、『宋書』の孫堅妻　権を孕むに日懐に入るを夢むことを引きて之を解し、劉洲　漢を称するに、『晋書』の劉豹妻　魚変じて人と為るを夢みて孕むことを引きて之を解し、拓跋 魏を開くに、『魏書』の太祖母賀后 日の室を出づるを夢みて、内に感ずる事有るを引きて之を解し、耶律 遼を興すに、『金史』の太祖耶律億母蕭氏 日の懐中に墜つるを夢みて娠む事有るを引きて之を解するが如し。各篇均しく是くの如きなり。作書の旨に至れば、則ち自序有り、略して曰く、「嘉靖壬戌の秋、八月既望、酒を挙げ月に酌し、酣然として寝ねて夢むるに、老人に見《まみ》え一函を授けらるるも、金文目を眩《くら》まし、宛《あたか》も科斗の古篆のごとく、宣誦せんと欲するも未だ能わず。袖間に蔵襲するも、猶お遺脱するを恐る。譙声《しょうせい》忽ち起こり、遂爾として驚寤し、晨《あした》に興きて喟嘆《きたん》するも、其の繇《うらかた》を得ること莫し。嗟夫、夜の叟に遇うや、其れ真なるか、晨の喟歎するや、其れ夢なるか。将に兆《うらない》を占人に詢《たず》ねんとするも、煇経《うんけい》の地に墜つるを慨《なげ》く。輒ち見聞の末に拠りて、茲の内外の篇を撰し、用て微かな悰《おも》いを述べ、題して『逸旨《いっし》』と為す。常《かっ》ての隠語を払《たす》けんとするも、豈に酔夢の譏《そし》りを逭《のが》れんや。遁世の朽夫、聊か噱譚《きゃくたん》の助を増すのみ」と。然くの若き者は、則ち仍ち是れ喩情寄慨の文、興感託言の作、占夢と云うかな。然《し》而《か》れども其の書を読めば、頗る能く稽古の益を得。固より署題を以て術数に近しとして之を少とすべからざるなり。(3)

提要によると、本書は経史子集から収集した夢の事例を主に対句形式を用いて載せており、全八巻、内篇外篇三十類（篇）から成るという。また、収録する事項ごとに分け、その出拠を分条して示しているとし、外篇の日月篇を具体例として挙げている。

さらに提要は、撰修の経緯を記す自序の一部を引き、これは感情の高揚した状態にあり、感興の赴くままに書かれた文章であると指摘した上で、本書と占夢との関わりに疑義を呈する。ところが実際の内容は「稽古の益」を得られるものであるから、『夢占逸旨』との名から単なる術数書と軽んじてはならないとしている。

（二）『夢占逸旨』の諸版本と嘉靖本の位置づけ

『夢占逸旨』の諸版本と嘉靖本の位置づけについて、ここでは概要のみ記しておく。詳細については、論考篇第三章および第四章を参照されたい。

『夢占逸旨』が初めて刊行されたのは、明の嘉靖壬戌（一五六二）、陳士元四十六歳の時である（以下、「嘉靖本」と略称）。序文には、ある晩に不思議な夢を見たこと、しかしその夢を占おうにも古来からの伝統的な占法が失われてしまっていることなどを理由に、『夢占逸旨』内外篇を撰したと記されている。この「不思議な夢」の真偽はさておき、「微かな悰《おも》い」も述べたという『夢占逸旨』は、その後、万暦癸未（一五八三）に刊行された自撰集『帰雲別集』にも収録された（以下、「万暦本」と略称）。

陳士元の著述数は、楊升菴、朱鬱儀にも及ぶとされるほど豊富であったと言われる（後述）。しかし、陳士元の場合、著述の多さは必ずしも流通量と比例しなかったようである。明末清初において、陳士元の著述はそれほど読まれたわけではなかった。流れが変わったのは、清代中期以降に多数刊行された叢書に、陳士元の著述が収録されて以降である。『夢占逸旨』の場合は、『芸海珠塵』に収録されてから広く読まれたようである。また、道光癸巳（一八三三）には、呉毓梅によって『帰雲別集』（道光十三年応城呉毓梅校刊）が重刻され、同治十三年（一八七四）には修補本が刊行されたが、これにも『夢占逸旨』が収録されている（以下、「道光本」と略称(4)）。

従来の『夢占逸旨』研究においては、現在最も閲覧が容易な嘉慶本が基本的文献とされていた。これに次ぐのが道光本であり、万暦本になると希少版本とされる。日本国内において確認できるのは、嘉慶本と道光本（京都大学人文科学研究所蔵）のみであり、嘉靖本と万暦本に至っては、国内で所蔵するところを筆者は知らない。このような状況を踏まえると、『夢占逸旨』の原初形態を示す嘉靖本がいかに貴重なものであるかが知られる。

今回、筆者が現存することを確認した嘉靖本は、中央研究院歴史語言研究所傅斯年図書館蔵のものであるが、これには陳毅という清末民初の人物による題記が書き入れられている。その題記には、自国の教育改革を推進していた中国が、西洋の学問を積極的に輸入していた当時、夢というものが「心理学」において一定の意義を持つことが述べられており、近代中国における学問の一端を知ることができる。また、この陳毅の経歴は、嘉靖本の流通経緯を知る上でも興味深い。詳細については論考篇第四章を参照されたい。

その他、嘉靖本に見られる特徴として、嘉靖本の本文および注の内容が、嘉慶本とよく一致することが挙げられる。過去に筆者が実施した、嘉慶本と道光本との異同調査では、かなり多くの異同が認められた。しかし、清代の版本のみでは、異同の存在が確かにあったことを示すのみで、どちらが『夢占逸旨』の原初形態に近いものであるかを特定することは困難であった。嘉靖本の発見は、こうした問題を一挙に解決する道筋を整えるものである。

また、『夢占逸旨』本文が附す注は、従来陳士元本人によるものとされていたが、嘉靖本では子の陳堦による注となっている。このことから、従来のいわゆる「自注」は「他注」であったことが判明した。『夢占逸旨』の注はそのほとんどが典拠元からの引用だが、中には注釈者による解説も見える。そのため、その書き手が陳士元本人か他者かによって、注の意味合いも異なってくるだろう。

このように、嘉靖本がもたらす情報はこれまでに知られることのなかったものであり、今後の『夢占逸旨』研究はもちろん、明代の夢書研究においては、まずこの嘉靖本を基盤に据えた上で行われる必要があろう。

(三) 陳士元とその学問について

最後に、編著者である陳士元について、以下、地方志が載せる伝記をもとに、その経歴や学問について概観する。

陳士元、字は心叔。号は養吾。応城の人。嘉靖甲辰の進士に登り、灤州に知たり。能声有り。旋《つ》いで才に忌む者に中るを以て、官を棄てて去る。五岳を遍遊し、至るところ輒ち記述を為す。帰るに及び門を杜《ふさ》ぎ、書を著すこと四十年に垂んとす。著す所に『帰雲別集』有り、世に行わる。他、編輯する所の書目、四庫全書に採入せらる者甚だ夥し。士元 天姿は超邁、学問は淹博。一代の著述の富は、楊升菴、朱鬱儀より外は定らず士元を推す。而して『徳安郡志』は其の手に成る。応城の文献は尤も頼《よ》く以て墜《おとろ》えずと云う。没して郷賢に祀らる。(5)

陳士元(一五一六〜一五九七)、字は心叔、号は養吾。嘉靖二十三年(一五四四)の進士である。灤州の知州となるが、(6)数年後には致仕している。その原因には陳士元の才能を嫉む者の存在もあったようだが、また異なる状況も確認できる。周亮工『因樹屋書影』によると、孟子の木主(位牌)が倒れ、祭器まで落ちるという祭祀中の事故が、陳士元自らをして忌み畏れ、致仕を決意させたという。なぜ、孟子への祭祀時に起こったトラブルをそこまで気に病んだのか。

先生攬揆の前一夕、夢に一老翁 冠袍款戸して入り、自ら斉卿孟軻と称す。翌日にして心叔生まれ、其の父遂に字して孟卿と曰う。後に嘉靖甲辰の進士に登り、灤州に刺たり。己酉三月上丁、孔廟に事うることあり、孟子に分献するも、木主故なくして自ら仆れ、型爵皆地に堕つ。心叔之を悪み、遂に自ら免じて帰す。養吾子と称し、孟影を息めて読書す。故に著書甚だ富めり。(7)

父親が孟子を夢に見た翌日に陳士元が誕生したという経緯があり、父親は小名を孟卿と名づけたという。自身は孟子の生まれ変わりであるという思いが陳士元には少なからずあったのだろうか。そして、官吏生活の幕を自ら下ろす契機となったのが、孟子の木主の物理的な傾倒とそれを嫌悪する心理であったという。その決断自体は激しいものにも見えるが、それも「少くして跅弛、奇気を負う(8)」という鷹揚かつ気儘な、常人とは異なる気質も関わったとも考えられる。(9) 致仕後は著述活動に専念し、著述の多さは楊升菴、朱鬱儀(10)と比較されるほどであったという。没後は郷賢に祀られている。

現存する陳士元の自撰集『帰雲別集』（明万暦中刊本・清道光十三年応城呉毓梅刊本）は、『姓匯』四巻・『姓觿』十巻・『名疑集』四巻・『古俗字略』五巻・『漢碑用字』一巻・『俗用雑字』一巻・『夢占逸旨』八巻・『論語類考』二十巻・『孟子雑記』四巻・『易象鈎解』四巻・『易象彙解』二巻・『五経異文』十一巻の十種を収録しており、うち『易象鈎解』『五経異文』『論語類考』『孟子雑記』『古俗字略』『名疑集』が『四庫全書』に収録されている。また、『夢占逸旨』は、『古俗字略』のほか『易象彙解』と併せて『続修四庫全書』に収録されている。

『帰雲別集』のほか、『帰雲前集』『後集』『続集』『外集』も刊行される予定であったが、『帰雲別集』序文によれば、『別集』の鋟梓が完了した時点では、大部だという理由により『前集』『後集』『続集』は刊行の準備がなされておらず、『外集』はまだ鋟梓の途中であったという。(11)

呉毓梅による『帰雲別集』校刊の序文では、陳士元の著述のうち、刊行されたものは二十六種計二百五十余巻、未刊行のもの百余巻、散佚して伝わらないもの十余種であり、全体の著述量は四百巻を下らないとある(12)。しかしながら、陳士元がこれだけの著述を残しながらも、その現存数がさほど多くない理由について、胡鳴盛氏は、子孫にそれらを継続して保有できる経済的余裕がなかったためと述べている(13)。

次に、陳士元の学問の傾向について考えてみたい。

明代の学問傾向について、岡田武彦氏は次のように述べている。

> 儒学の面では理学（性学）が衰えて心学が栄え、その結果、いわゆる経学や訓詁の学が衰微し、経典の解釈においても自己の主観にもとづく独創的見解を下すことを喜ぶ風潮を生じた(14)。

「理学（性学）が衰えて心学が栄え」とは、官学であった朱子学が明初になると次第に心を重視しようとする傾向を見せ始めたこと、緻密な分析と博大なる知識をもとめた朱子学の特色がやや希薄化したこと、また王陽明の心学が嘉靖隆慶以後、一代を風靡するに至ったことを言う。このように、明代になると朱子学に特徴的な「理」の思想や、厳格な学問態度そのものに揺さぶりがかけられ、経学や訓詁の学も衰退の一途を辿る(15)。

そのような学問の世界において陳士元が修めたのは、典型的な宋学であった。周程の学に通じた余胤緒(16)に師事した後は、南京国子監で学んでいる。では、その学問態度は具体的にどのような形として現れたのだろうか。これがよくわかるものとして、ここでは『論語』の名物典故を考察対象とする『論語類考』、および孟子の事跡や孟子の言葉について諸書の見解を引きつつ自身の考察を立てる『孟子雑記』など、経書関連の著作についての論評を参考にしたい。

まず、『論語類考』の主な特色として挙げられるのは、特定のテーマごとに内容を分類する点、朱子『集注』に容易に従うことなくその誤りを指摘する点、また名物制度の解明による経義の闡発を行う点である。

内容は経文の篇章の序に従ふ解釈ではなく、従来の解釈書とは全然その趣を異にし、天象考・時令考・封国考……草木考の十八目に分類、且つ之を更に北辰・日月之食・夏時・暦数等四百九十四の細目に分けて、経文所載の名物度数の説明を加へて居る。毎条必ず先づ旧説を列ねて相参訂し、元案の二字を冠して断案を下して居るが集註に苟同することなく、その誤は明かに指摘して居る。……所引の諸説は朱子学関係の諸儒のみならず、漢唐諸儒にまで及び該博詳細を極めて居る。唯考証の証拠として引用してある諸書の中に越絶書、汲冢紀年等の偽書の含まれて居ることは注意を要する。又その考証も考証の為の考証にあらずして、集註の補遺緝綴の意、従つて名物制度の解明による経義の闡発を主旨とする故にその解釈の中に義利の微妙な点が窺はれるのである。(17)

また、『四庫全書総目提要』には、次のような評価も見える。

凡そ一切の杜撰浮談、薛応旂『四書人物考』に「有若、字子有」と称するの類の如きは、悉く糾正を為す。明代諸家の書と較べ、殊に根柢有り。特だ『論語』を専考するを以てし、四書を備えず。故に応旂の書の盛んに伝わるに及ばず。実に則ち之に過ぐること有るも及ばざること無きなり。(18)

『論語類考』の考察は、明代諸家の中でも根拠に基づいたものだとされている。また、陳士元はその注釈が誤りだと考えた場合、その注釈が朱子の注であっても異義を唱えている。(19)このように、陳士元の学問態度は、従来の注釈を無批判に採用せず、更に補足訂正を加えて原義を求めようとし、また「所引の諸説は朱子学関係の諸儒のみならず、漢唐諸儒にまで及び該博詳細を極め[20]」た点において、考証学的特色を持つものだと言える。そして、こうした点は、『孟子雑記』も同様のようである。以下、『孟子雑記』に関する『四庫全書総目提要』の記述を挙げる。

明の薛応旂『四書人物考』を撰するに、始め他書を採摭し、以て補伝を為す。而れども応旂 考証に長ならず、舛漏頗る多し。士元 此の書を詷輯し、第一巻は孟子の事跡を叙べ、後三巻は孟子の言を発明す。名は伝《ママ》記を以てするも、実は則ち経解多きに居る。其の援引する所も亦た皆な謹厳にして体有り、泛濫の卮言を為さず。……作る所の『論語類考』と均しく経義に裨有るを為す。故に今特に「四書類」に附す[21]。

陳士元の資料援引における態度は、厳密なものであると評価されている。例えば、第一巻は孟子の系源や生卒に関する諸説の検討を行うものであるが、特に生卒の問題に関する陳士元の考察については、後世においてもその妥当性が認められている[22]。その他第二～四巻では、「孟子の言を発明す」として、逸文・校引・引誤・註異などの項を設け、『孟子』を引く他書同士を比較し、字句や解釈の異同を示している。

以上、『論語類考』『孟子雑記』に対する後世の評価から窺える陳士元の著述方針を踏まえると、陳士元の学問態度は、自由な解釈を好む明代経学の風潮に乗った、「自己の主観にもとづく独創的見解を下すことを喜ぶ」ものではなく、豊富な資料を駆使して従来の説を補足しつつ、より経書の本義に近づこうという考証学的なものであったと言える。『名疑』『古俗字略』などの名義や文字に関する著作も、基本的には陳士元の謹厳な考証学的学問態度が反映されたものである[23]。そして、このように厳密な研究態度は、たとえ研究対象が占夢であっても変わらなかったと考えられる。なぜなら、陳士元にとって占夢は経書と同様、聖賢の精粋を伝えるものであったためである。資料的裏付けと精密な考察から経書の本義を明らかにしようとしたのと同様、実証的な手法により、占夢本来の意義を探り出そうとするところに『夢占逸旨』の本意があった。言い換えれば、陳士元にとって夢と占夢は、その本質や義理を探求すべき研究対象であった。『夢占逸旨』が術数書と軽んじてはならないと言われた理由はここにあるのだろう。

注

（1）詳細については、張覚『潜夫論全訳』上・下（貴州人民出版社、一九九九年）を参照。なお、劉文英「《潜夫論・夢列》校補」（『文史』第三十五、一九九二年）は、北京大学図書館蔵明万暦本陳士元『帰雲別集』所収の『夢占逸旨』を用いて、汪継培『潜夫論箋校正』（中華書局、一九七九年）との校異を記している。

（2）江口孝夫氏は、特に内外篇の区別をせず、『夢占逸旨』を「夢判断書としてだけではなく、夢の理論的な著述として、江戸時代には親しまれていた」ものとし、また、全篇の概要を記している（江口孝夫『日本古典文学　夢についての研究』、風間書房、一九八七年）。大平桂一氏は、内篇について「夢を見るメカニズムを解説し、夢を起源によって分類した原理論から成り立」つものと述べる。また、「陳士元が理論的に夢の本質を研究」したとの記述も、『夢占逸旨』の性格を示すものであろう（大平桂一氏「中国人の夢――古代から現代まで――」田中淡編『中国技術史の研究』、京都大学人文科学研究所、同朋舎、一九九八年）。

（3）夢占逸旨八巻　清嘉慶間刊本

明陳士元撰、士元字心叔、嘉靖時進士、歴官至灤州知州、所著書有易象鉤解、五経異文、孟子雑記、荒史、古俗字略、夢林元解、名疑、姓匯、姓觿等、此書則採集夢事之見于経史子集者、而以駢偶語出之、総分為八巻、内外両篇、三十類、内篇十類曰、真宰、長柳、昼夜、衆占、宗空、聖人、六夢、古法、吉事、感変、外篇二十類曰、天者、日月、雷雨、山川、形貌、食衣、器物、財貨、筆墨、字画、科甲、神怪、寿命、鳳鳥、獣群、龍蛇、亀魚、草木、施報、泛喩、毎類若干事、毎事之下、各疏挙出処、如日月篇曰、孫権啓呉、引宋書孫堅妻孕権夢日入懐解之、劉洲称漢、引晋書劉豹妻夢魚変為人而孕解之、拓跋開魏、引魏書太祖母賀后夢日出室内有感事解之、耶律興遼、引金史太祖耶律億母蕭氏夢日墜懐中有娠事解之、各篇均如是也、至于作書之旨、則有自序、略曰、嘉靖壬戌之秋、八月既望、挙酒酌月、酣然寝夢、見老人授一函、金文眩目、宛科斗之古篆、欲宣誦而未能、蔵襲袖間、猶恐遺脱、譙声忽起、遂爾驚寤、晨興喟歎、莫得其繇、嗟夫、夜之遇叟也、其真也耶、晨之喟歎、其夢也耶、将詢兆于占人、慨煇経之墜地、輒掇見聞之末、撰茲内外之篇、用述微悰、題為逸旨、払常隠語、豈逭酔夢之譏、遁世朽夫、聊増噱譚之助爾、若然者、則仍是喩情寄慨之文、興感託言之作、占夢云乎哉、然而読其書、頗能得稽古之益、固不可以署題近于術数而少之也、

なお、ここでは、中国科学院図書館整理『続修四庫全書総目提要〈稿本〉』三十四（斉魯書社、一九九六年）に拠る。

（4）現在、著者が所有するのは、「道光十三年応城呉毓梅校刊同治十三年修補本」、すなわち、正確にはオリジナルの道光十三年校刊本ではなく、これの同治十三年修補本である。同治年間の修補により異文が生じた可能性もあるため、本来ならば道光版と同治版間の校合も行うべきだが、資料の制約から、本書では道光校刊本の同治修補本を「道光本」として扱う。

（5）陳士元、字心叔。号養吾。応城人。登嘉靖甲辰進士、知灤州。有能声。旋以才中忌者、棄官去。遍遊五岳、所至輒為記述。及帰杜門、著書垂四十年。所著有帰雲別集、行世。他所編輯書目、採入四庫全書者甚夥。士元天姿超邁、学問淹博。一代著述之富、自楊升菴、朱鬱儀外定推士元。而徳安郡志成於其手。応城文献尤頼以不墜云。没祀郷賢。（中国方志叢書『湖北省徳安府志』二、巻十四、成文出版社、一九八九年）

（6）陳士元の在任期間は、嘉靖二十四年（一五四五、三十歳）から嘉靖二十八年（一五四九、三十四歳）までである。その間、郷賢の祭祀を助け興すために祠を建て、祭器を造り、穀倉を修繕して飢饉を救済している。「陳士元、……嘉靖二十四年之州任。建立郷賢祠、造祭器、修倉賑饑。……祀名宦。」（中国方志叢書『河北省　灤州志』二、巻十四、成文出版社、一九六九）

（7）先生攬揆之前一夕、夢一老翁冠袍款戸而入、自称斉卿孟軻。翌日而心叔生、其父遂字曰孟卿。後登嘉靖甲辰進士、刺灤州。己酉三月上丁、有事孔廟、分献于孟子、木主無故自仆、型爵皆堕地。心叔悪之、遂自免帰。称養吾子、息影読書。故著書甚富。

（8）『東林党籍考』に引く『光諸県志』。

（9）陳士元と東林党との関係についての詳細は不明である。東林党の領袖であった顧憲成（一五五〇〜一六一二）が東林書院を開いたのは一六〇四年からであり、陳士元の在年時期と重ならない。朱倓『明季社党研究』（一九四五年）には、「陳士元、楊建烈、宋師襄、喬承詔、潘雲翼、呉良輔、李喬崙、翁正春、朱大典、陳奇瑜、呉宏業。（乙丑丙寅間、正嚮用、先撥志始列漏網、何得列此。）」と、東林党に名前が入ることが疑問視されており、胡鳴盛「陳士元先生年譜」（『国立北平図書館月刊』第三巻第五輯、一九二九年）も東林党関連に言及していないことから、陳士元の名が編入された理由は定かではないが、実際には東林党との関係はほぼないものと推測する。

（10）楊慎は、明の新都の人。楊廷和の子。字は用修、号は升庵。官は修撰（国史の編修を司る官）、経筵講官を経て翰林学士となる。『明史』巻一九二に伝がある。朱謀㙔は、明の太祖の第十六子・朱権の七世の孫。字は鬱儀。万暦中、石城王府事を管理する。博学で朝廷の典故に通じる。『明史』巻一一七に伝がある。

（11）隠居有帰雲前集後集続集。皆酬応之作、鋟梓未竟。其史書論纂及宋元新史則巻帙繁多力綿不能鋟梓、姑棄置篋中。又有帰雲外集別集、皆随意撰述、種類不一。外集亦鋟梓未竟。惟茲別集鋟工告成、計書十種分為二十冊七十四巻。

（12）陳養吾先生著作其已板行者、二十六種計二百五十余巻、未板行者如新宋史新元史百余巻、史纂十巻、其散佚不伝者、若外国伝評経尚十余種、則所著不下四百余巻。

（13）其未刻者、有宋元新史各百余巻、史纂数十巻。先生没後、所著書籍、倶散佚不伝。子孫貧困、不能抱残守欠。（胡鳴盛編「陳士元先生年譜」）

（14）岡田武彦『王陽明と明末の儒学』九頁（明徳出版社、一九七〇年）

（15）明代経学に対しては、後世その空疎で恣意的な傾向が次のような評価によって指摘されている。
自宋末以逮明初、其学見異不遷、及其弊也党。主持太過、勢有所偏、才弁聡明、激而横決。自明正徳、嘉靖以後、其学各抒心得、及其弊也肆。空談臆断、考証必疎。（以下、『四庫全書総目』については、四庫全書研究所整理『欽定四庫全書総目』（整理本）（中華書局、一九九七年）による。）

経学非漢唐之精専、性理襲宋元之糟粕、論者謂科挙盛而儒術微、殆其然乎。（『明史』儒林伝）

(16) または余仍緒、字は思孝。号は玉崖。嘉靖五年の進士。

余仍緒、字思孝、応城人。幼穎異、性至孝従父。南雍師湛元明。悟周程、為学宗旨。登嘉靖丙戌進士、授南戸部主事。調吏部、歴考功司郎中。察計秉公、忤権貴。……仍緒端介純厚、篤志聖学、晩年講業西河。嘗門弟子曰、経師易求、身師難得。古人之書須体之身心、見之行事。方是有本之学。若本原不深、雖高才能文、又枝葉耳。従学者、皆宗其教。著有玉崖集遵古便覧。歿祀郷賢祠。（中国方志叢書『湖北省　徳安府志』二）

なお「南廱師湛元明」については、余胤緒が南京国子監で学んだ時の博士が甘泉であることを言う。「嘉靖　湛若水　元明、広州増城人。……嘉靖三年八月陞任。七年陞南京吏部右侍郎。終南京兵部尚書致仕。」（黄佐『南廱志』巻五職官年表上）、「悟周程、為宗旨。」（中国方志叢書『湖北省　徳安府志』二）

(17) 高田真治『論語の文献・注釈書』二一九頁（春陽堂蔵版、一九三七年）を参照。

(18) 凡一切杜撰浮談、如薛応旂四書人物考称「有若、字子有」之類、悉為糾正。較明代諸家之書、殊有根柢。特以専考論語、不備四書。故不及応旂書之盛伝。実則有過之無不及也。

(19) これについては、高田氏が例を挙げている。（ここでは高田氏が原文に施した訓点に従い訓読する。）

朱子の註を撃つたものには、例へば、礼儀考灌の条に、

〔先儒謂えらく、既に灌して往《のち》始めて尊卑を列し、昭穆を序す、孔子魯祀の僖を躋《のぼ》すを以て、逆と為し、故に観るを欲せず然るに既に灌するの後、何ぞ昭穆の序す可きか、〕朱子謂えらく魯の君臣浸し以て懈怠す、故に観るに足る無し、此れも亦た之を臆度するのみ、而るも孔子の意固より未だ発せざるなり。（『論語類考』巻一〇礼儀考　灌。引用者注）

というて居る。

(20) 高田氏前掲書を参照。

(21) 明薛応旂撰四書人物考、始採摭他書、以為補伝。而応旂不長於考証、舛漏頗多。士元嗣輯此書、第一巻叙孟子事跡、後三

巻発明孟子之言。名以伝記、実則経解居多。其所援引亦皆謹厳有体、不為泛濫之卮言。……与所作論語類考均為有裨於経義。故今特附於四書類焉。

（22） 小島祐馬・宇野哲人『中国の古代哲学』二二一～二二三頁（講談社、二〇〇三年）を参照。孟子の生卒について、小島氏は『孟子雑記』から陳士元の考証を引いている。「そこで陳士元はいろいろ考究した結果、『孟子譜』の説を否定しまして、孟子はおそらく周の安王の初年に生まれ、赧王の初年に歿したのではあるまいかといっております。はなはだ漠然とした説ではありますが、私はこの説が、そののち清代に入って出ましたいろいろな説に比べて、もっとも妥当な見解ではあるまいかと思います。」

（23） 『古俗字略』については、杉本つとむ編『異体字研究集成』二期八巻（雄山閣出版、一九九五年）に収録されており、編者による解題を附す。

あとがき

『夢占逸旨』との出会いは、筆者が大学院生として大阪大学の中国哲学研究室に在籍していた頃に遡る。当時の筆者は、中国における夢の思想を研究対象にしたいと思っていたが、この世界はなかなか摑みどころがなく悩むこともあった。そんな時、当時の指導教官であった湯浅邦弘先生から、『夢占逸旨』を修士論文で取り上げることを勧めてくださり、大学院修了後には、『中国研究集刊』で訳注を連載する機会を与えてくださった。こうして訳注の連載を開始したのが二〇〇八年であった。

「解説」と一部重複するが、訳注連載開始時の状況と本書刊行の経緯を述べるために、以下、『夢占逸旨』の諸版本について触れておきたい。

訳注連載開始時、筆者が把握していた版本は次の二種である。従来広く流布する呉省蘭輯『芸海珠塵』（嘉慶中南匯呉氏聴彝堂刊）所収本（嘉慶本）、次いで嘉慶本との異同が多く認められる別種の版本となる、陳士元『帰雲別集』（道光十三年〔一八三三〕応城呉毓梅校刊同治十三年〔一八七四〕修補本）所収本（道光本）である。まず悩んだのは、底本の選定であった。ともに清代の版本であるが、陳士元が嘉靖年間に刊行したものと近しいのはどちらなのか。この二種を比較すると、諸文献の引用および書式については嘉慶本の方が全体的に整然としているものの、中には道光本に見えない誤記も確認できるため、どちらが『夢占逸旨』の原初形態に近いかという問題については容易に判断しかねる状態であった。

そのため、従来の『夢占逸旨』関連研究では、道光本を底本として扱う前例がなかったこと、自撰集所収の道光本の方が原初形態に近い可能性が高いと考えたことから、筆者は道光本を底本とし、嘉慶本を校本として訳注作業に着手した。また、着手した年の二〇〇八年には、英語訳（Richard E.Strassberg氏による『夢占逸旨』の翻訳（"*Wandering Spirits: CHEN SHIYUAN'S ENCYCLOPEDIA OF DREAMS*"/University Of California Press, Ldt. London, England 2008）、韓国語訳（金載斗訳注『夢占逸旨몽점일지』、은행나무、二〇〇八年十一月）が出版されたこともあり、速やかに日本語訳の出版を進めたい気持ちもあった。が、結果として焦る必要はなかった。二〇一二年、上記二種の版本を遥かに遡る嘉靖年間刊本『夢占逸旨』（嘉靖本）、加えて万暦年間陳士元撰『帰雲別集』所収『夢占逸旨』（万暦本）が台湾の中央研究院歴史語言研究所傅斯年図書館に現存することを知ったのである。なぜ今までその存在に気づかなかったのかと自身の調査の甘さを責めながら、同年夏に実見調査を行ったところ、従来陳士元による自注とされていたものが実はそうでなかったことなど、新たに考察すべき問題が山積することとなった（詳細については「解説」を参照されたい）。当時連載中であった訳注についても、底本の変更、内容の再確認と修正が必要となったことから、「『夢占逸旨』内篇訳注（七・了）」ではこれらの状況を注記した上で、今後は改訂作業に移る旨を記し、内篇訳注の連載を終えたのであった。

その後、訳注本文については、底本を道光本から嘉靖本へ変更し、**【校異】【書き下し文】【現代語訳】【語注】**についても全面的な見直しを行った。ところが途中、一身上の都合により作業の中断を余儀なくされ、ようやく嘉靖本調査の概要を発表できたのは二〇一五年であった。それが、「夢書の受容に関する一考察——『夢占逸旨』を例として」（「初出一覧」を参照）である。また、版本間の異同については、「『夢占逸旨』版本の系譜と修訂意図について——内篇異同箇所の考察から」（「初出一覧」を参照）として執筆した。但し、後者については、誤認箇所のあったことがその後判明したため、本書にて修正を行っている。論考についても見直しを行い、最終的に「論考篇」と「訳注篇」を合わせた形にとりまとめるに至った次第である。

本書の刊行に至るまでは、大変多くの方の御協力があった。特に訳注の底本となる嘉靖本の閲覧と確認については容易でなく、傅斯年図書館に数度足を運ぶ必要があったが、嘉靖本の初回調査時には、松江工業高等専門学校の池田光子氏に御助力をいただいた。また、傅斯年図書館が蔵する嘉靖本と万暦本の確認については、大連外国語大学の大野裕司氏、金沢学院大学の佐々木聡氏にも大変お世話になった。厖大な文献を引く『夢占逸旨』内篇の訳注においては、大阪大学の井上了氏から多くの御教示をいただき、天文関係については、大東文化大学の田中良明氏に御教示いただいた。そして、今回原稿とりまとめのために必要な資料の閲覧にあたっては、大阪大学の草野友子氏および大学院生の鳥羽加寿也氏、菊池孝太朗氏、六車楓氏、渡辺葉月氏に便宜を図っていただいた。筆者の急な依頼にも快く対応下さったことに感謝申し上げる。なお、論考篇には、大学院在籍時に執筆したものも収録している。大阪大学の辛賢先生は、朱子学関係など不勉強であった箇所について御指導下さった。自身の至らなさを痛感すると同時に大変励まされた。改めて御礼を申し上げたい。また、『昭陽夢史』『夢林玄解』について研究を進めておられる、大阪府立大学の大平桂一先生からは、玉稿や書面を通して激励をいただき、同じ中国の夢に関する研究を進めていた筆者の支えとなった。改めて御礼申し上げたい。その他多くの先生方・先輩諸氏にも、多くの御指導を賜っている。この場を借りて心より御礼申し上げる。

また、嘉靖本『夢占逸旨』の画像掲載を許可して下さった中央研究院歴史語言研究所、そして、嘉靖本の閲覧手続きについて懇切丁寧な案内をして下さった傅斯年図書館のスタッフの方々に、心より感謝申し上げたい。そして、本書の刊行を御快諾下さった汲古書院の三井久人社長、筆者の体調を考慮しつつ校正スケジュールを組んで下さり、微細な箇所まで丹念に確認して下さった編集の小林詔子氏に、厚く御礼申し上げる。また、大学院在籍当時より、筆者の『夢占逸旨』研究を指導して下さった湯浅先生は、今回汲古書院への仲介の労を取って下さった。研究が遅々として進まない時期もあった筆者を温かく見守って下さったことに、改めて衷心より感謝申し上げる。

調査や考察の至らぬ箇所、学識不足による誤りなど、多くの課題を残していることは重々承知している。しかしながら、二〇〇八年に訳注の連載を開始して以降、蓄積してきた修正の反映と嘉靖本の紹介を形にするべく尽力してきた。ここで一度これらの成果を公開し、御批正を請う次第である。

二〇一九年一月

清水洋子

〔附記〕本書の刊行は、独立行政法人日本学術振興会平成三十年度科学研究費補助金「研究成果公開促進費」（学術図書）の交付によるものである（JSPS 科研費 JP18HP5003）。

初出一覧

・『夢占逸旨』外篇について（『待兼山論叢』第三十八号哲学篇、大阪大学大学院文学研究科、二〇〇四年十二月）
・『夢占逸旨』における陳士元の夢の思想――「真人無夢」をめぐって――（『東方宗教』第百五号、日本道教学会、二〇〇五年五月）
・陳士元『夢占逸旨』の占夢理論とその構造――『周礼』の占夢法との関係から――（『中国語中国文化』第五号、日本大学大学院文学研究科中国学専攻、日本大学文理学部中国語中国文化学科、二〇〇八年三月）
・夢書の受容に関する一考察――『夢占逸旨』を例として（『中国研究集刊』称号（第六十号）、大阪大学中国学会、二〇一五年六月）
・「『夢占逸旨』版本の系譜と修訂意図について――内篇異同箇所の考察から」（『福山大学人間文化学部紀要』第十七巻、二〇一七年三月）
・『夢占逸旨』内篇訳注（一）（『中国研究集刊』生号（第四十七号）、大阪大学中国学会、二〇〇八年十二月）（序文・真宰篇第一）
・『夢占逸旨』内篇訳注（二）（『中国研究集刊』麗号（第四十八号）、大阪大学中国学会、二〇〇九年六月）（長柳篇第二・昼夜篇第三）
・『夢占逸旨』内篇訳注（三）（『中国研究集刊』出号（第五十一号）、大阪大学中国学会、二〇一〇年十月）（衆占篇第四・宗空篇第五）

・『夢占逸旨』内篇訳注（四）（『中国研究集刊』崐号（第五十三号）、大阪大学中国学会、二〇一一年六月）（聖人篇第六・六夢篇第七）
・『夢占逸旨』内篇訳注（五）（『中国研究集刊』崗号（第五十四号）、大阪大学中国学会、二〇一二年六月）（古法篇第八）
・『夢占逸旨』内篇訳注（六）（『中国研究集刊』剣号（第五十五号）、大阪大学中国学会、二〇一二年十二月）（吉事篇第九）
・『夢占逸旨』内篇訳注（七・了）（『中国研究集刊』號号（第五十六号）、大阪大学中国学会、二〇一三年六月）（感変篇第十）

引書一覧（『夢占逸旨』本文の論拠として陳堦注が示し、筆者が訳注内でその典拠を確認・引用したものを対象とする。）

・『逸周書彙校集注（修訂本）』 黄懐信・張懋鎔・田旭東撰 上海古籍出版社標点本（二〇〇八）
・『淮南子集釈』 何寧撰 中華書局標点本（二〇〇六）
・『関尹子』 王雲五編 宋明善本叢書十種・明刊本『子彙』 台湾商務印書館（一九六九）
・温子昇「舜廟碑」 『漢魏六朝百三名家集』 松柏出版社（一九六四）
・『顔氏家訓集解』 王利器撰増補本 中華書局標点本（一九九三）
・『漢書』 班固撰 中華書局標点本
・『金楼子校箋』 蕭繹撰 許逸民校箋 中華書局標点本（二〇一一）
・『郡斎読書志校証』 晁公武撰 孫猛校証 上海古籍出版社（一九九〇）
・『芸文類聚』 欧陽詢撰 上海古籍出版社（一九九九）
・『皇極経世観物外篇衍義』 四庫全書珍本
・『黄庭堅全集輯校編年』 鄭永暁整理 江西人民出版社（二〇一一）
・『黄庭内経素問』 四部叢刊本
・『黄庭内経霊枢』 四部叢刊本
・『広博物志』 四庫全書本
・『呉越春秋』 四部叢刊本
・『後漢書』 范曄撰 中華書局標点本

・『国語集解』　徐元誥撰　中華書局標点本（二〇〇二）

・『金剛般若波羅蜜経』　『大正新修大蔵経』　大正一切経刊行会（一九二四）

・『三経新義輯考彙評（二）―詩経』　程元敏撰　国立編訳館（一九八六）

・『詩解頤』　朱善撰　『通志堂経解』（同治十二年粤東書局重刊本）

・『史記』　司馬遷撰（裴駰撰『史記集解』、司馬貞撰『史記索隠』、張守節撰『史記正義』）　中華書局標点本

・『詩義鉤沈』　邱漢生輯校　中華書局（一九八二）

・『資治通鑑』　司馬光撰編著　元胡三省音註　中華書局（一九五六）

・『詩集伝』　朱熹撰　四部叢刊本

・『詩童子問』　輔広撰　四庫全書本

・『十三経注疏』　上海古籍出版社

・『通書』『太極図説』　『周敦頤集』中華書局標点本（一九九〇）

・『朱子語類』　黎靖徳編　中華書局標点本（一九九九）

・『荀子集解』　王先謙撰　中華書局標点本（一九九六）

・『次柳氏旧聞』　王仁裕等撰　丁如明輯校　『開元天宝遺事十種』　上海古籍出版社（一九八五）

・『新五代史』　欧陽修撰　宋徐無党注　中華書局標点本

・『晋書』　房玄齢等撰　中華書局標点本

・『新書校注』　賈誼撰　閻振益・鍾夏校注　中華書局標点本（二〇一五）

・『水経注疏』　酈道元注　楊守敬・熊会貞疏　江蘇古籍出版社（一九八六）
・『説苑校証』　劉向撰　向宗魯校証　中華書局標点本（二〇〇〇）
・『成化丁亥重刊改併五音類聚四声篇海』　続修四庫全書本
・『宝櫝記』　陶宗儀等編『説郛三種』　上海古籍出版社（二〇一二）
・『山海経校注』　袁珂校注　上海古籍出版社標点本（一九八〇）
・『潜夫論箋校正』　汪継培箋　彭鐸校正　中華書局標点本（一九八五）
・『荘子集釈』　郭慶藩撰　中華書局標点本（一九九五）
・『宋書』　沈約撰　中華書局標点本
・『続博物志』　四庫全書本
・『蘇文忠公詩編註集成』　王文誥撰　台湾学生書局（一九六七）
・『太平御覧』　中華書局本（一九九八）
・『丹鉛続録』　四庫全書本（『丹鉛余録』所収）
・『中庸章句』　『四書章句』　中華書局標点本（一九九六）
・『通典』　杜佑撰　中華書局標点本（一九八八）
・『東観漢記』　四庫全書珍本（別輯）
・『二程集』　中華書局標点本（二〇〇四）
・『博物志校証』　範寧校証　中華書局標点本（一九八〇）
・『白孔六帖』　四庫全書本

・『白虎通疏証』　陳立撰　中華書局標点本（一九九四）
・『般若波羅蜜多心経』　『大正新修大蔵経』　大正一切経刊行会（一九二四）
・『文苑英華』　李昉等編　新文豊出版（一九七九）
・『文献通考』　馬端臨撰　新興書局（一九六三）
・『抱朴子内篇校釈』　王明撰　中華書局標点本（二〇〇二）
・『孟子正義』　焦循撰　中華書局標点本（一九九六）
・『酉陽雑俎校箋』　許逸民校箋　中華書局標点本（二〇一五）
・『楊子法言』　四部叢刊本
・『六書精蘊』　魏校撰　続修四庫全書本
・『呂氏家塾読詩記』　四部叢刊本
・『呂氏春秋校釈』　陳奇猷校釈　学林出版社（一九八四）
・『列子集解』　楊伯峻撰　中華書局標点本（一九九一）
・『老子校釈』　朱謙之撰　中華書局標点本（一九八四）
・『路史』　四庫全書珍本
・『論衡校釈』　黄暉撰　中華書局標点本（一九九〇）

著者紹介
清水　洋子（しみず　ようこ）

1974年生。石川県出身（旧姓上野）。専門は中国哲学。2006年、大阪大学大学院文学研究科博士後期課程修了。博士（文学）。現在、福山大学人間文化学部准教授。

〔著作一覧〕
湯浅邦弘編『名言で読み解く中国の思想家』（ミネルヴァ書房、2012年）、湯浅邦弘編『教養としての中国古典』（ミネルヴァ書房、2018年）

『夢占逸旨』の研究
――中国の「夢」の思想

平成三十一年一月二十九日　発行

著　者　清水洋子
発行者　三井久人
整版印刷　富士リプロ㈱

発行所　汲古書院
〒102-0072 東京都千代田区飯田橋二-五-四
電　話　〇三（三二六五）九七六四
FAX　〇三（三二二二）一八四五

ISBN978 - 4 - 7629 - 6623 - 1　C3010

KYUKO-SHOIN, CO., LTD. TOKYO.

The studies of *"Memg zhan yi zhi"*

——Thoughts of dreams in China——

by

Yoko SHIMIZU

2019

KYUKO-SHOIN

TOKYO

索　　引

＊配列は単漢字五十音順による。

論考篇索引

訳注篇索引

【凡例】訳注篇においては、『夢占逸旨』本文と陳堦注においてのみ採取した。